权威·前沿·原创

皮书系列为
"十二五""十三五"国家重点图书出版规划项目

BLUE BOOK

智库成果出版与传播平台

国际城市蓝皮书
BLUE BOOK OF WORLD CITIES

总编／王德忠

国际城市发展报告（2021）
ANNUAL REPORT ON WORLD CITIES (2021)

国际城市的"双循环"新变局

主　编／屠启宇
副主编／苏　宁　陶希东

社会科学文献出版社
SOCIAL SCIENCES ACADEMIC PRESS (CHINA)

图书在版编目(CIP)数据

国际城市发展报告.2021:国际城市的"双循环"新变局/屠启宇主编.——北京:社会科学文献出版社,2021.3
　(国际城市蓝皮书)
　ISBN 978-7-5201-8024-5

　Ⅰ.①国⋯　Ⅱ.①屠⋯　Ⅲ.①城市经济－经济发展－研究报告－世界－2021　Ⅳ.①F299.1

中国版本图书馆 CIP 数据核字(2021)第 038547 号

国际城市蓝皮书
国际城市发展报告(2021)
国际城市的"双循环"新变局

主　　编 / 屠启宇
副 主 编 / 苏　宁　陶希东

出 版 人 / 王利民
组稿编辑 / 邓泳红
责任编辑 / 吴　敏

出　　版 / 社会科学文献出版社·皮书出版分社 (010) 59367127
　　　　　地址:北京市北三环中路甲 29 号院华龙大厦　邮编:100029
　　　　　网址:www.ssap.com.cn
发　　行 / 市场营销中心 (010) 59367081　59367083
印　　装 / 天津千鹤文化传播有限公司

规　　格 / 开　本:787mm × 1092mm　1/16
　　　　　印　张:27.25　字　数:404 千字
版　　次 / 2021 年 3 月第 1 版　2021 年 3 月第 1 次印刷
书　　号 / ISBN 978-7-5201-8024-5
定　　价 / 128.00 元

本书如有印装质量问题,请与读者服务中心 (010-59367028) 联系

▲ 版权所有 翻印必究

致　谢

本书撰写获得如下资助：

上海社会科学院蓝皮书出版资助

上海市人民政府决策咨询研究基地屠启宇工作室2020年度研究阶段性成果（总报告B.2及丝路城市篇）

上海市软科学研究基地上海市创新型城市发展战略研究中心2020年度阶段性成果（创新城市篇）

欢迎关注本蓝皮书公众微信号："国际城市观察"

上海蓝皮书编委会

总　　编　王德忠

副 总 编　王玉梅　朱国宏　王　振　干春晖　王玉峰

委　　员　（按姓氏笔画排序）
　　　　　阮　青　朱建江　杜文俊　李　骏　李安方
　　　　　沈开艳　杨　雄　邵　建　周冯琦　周海旺
　　　　　荣跃明　姚建龙　徐锦江　徐清泉　屠启宇
　　　　　惠志斌

《国际城市发展报告（2021）》
编委会

顾　　问　（按姓氏笔画排列）
　　　　　　于信汇　王　旭　王德忠　宁越敏　朱建江
　　　　　　杨剑龙　连玉明　吴志强　吴缚龙　张幼文
　　　　　　张鸿雁　张道根　周振华　洪民荣　顾朝林
　　　　　　徐　威　诸大建　黄仁伟　曾　刚　潘世伟

编委会委员　（按姓氏笔画排列）
　　　　　　邓智团　刘玉博　闫彦明　纪慰华　李　健
　　　　　　杨传开　苏　宁　张剑涛　陈　晨　林　兰
　　　　　　胡苏云　陶希东　盛　垒　屠启宇　程　鹏
　　　　　　樊豪斌　薛泽林

作者简介

屠启宇 本书主编，博士，上海社会科学院城市与人口发展研究所副所长、研究员，博士生导师，上海市规划委员会社会经济文化专业委员，上海市城市总体规划（2017~2035）编制核心专家，北京市"十四五"规划专家咨询委员会委员，上海市人民政府决策咨询研究基地屠启宇工作室领军人物，上海市软科学研究基地"上海社会科学院创新型城市发展战略研究中心"首席专家，主要研究方向：城市战略规划、城市创新体系、社会系统工程。

苏　宁 本书副主编，博士，上海社会科学院世界经济研究所副研究员，研究室副主任，主要研究方向：城市经济、国际城市比较。

陶希东 本书副主编，博士，上海社会科学院社会学研究所研究员，研究室主任，主要研究方向：社会治理、城市管理。

胡苏云 博士，上海社会科学院城市与人口发展研究所研究员，主要研究方向：人口经济学、社会保障、医疗卫生改革和人口老龄化。

盛　垒 博士，上海社会科学院世界经济研究所研究员，主要研究方向：城市创新、城市产业发展。

李　娜　博士，上海社会科学院城市与人口发展研究所副研究员，主要研究方向：区域经济。

程　鹏　博士，上海社会科学院城市与人口发展研究所助理研究员，主要研究方向：城市开发与规划控制、公平城市与城市治理。

陈　晨　博士，上海社会科学院城市与人口发展研究所助理研究员，主要研究方向：城市规划、区域经济。

刘玉博　博士，上海社会科学院城市与人口发展研究所助理研究员，主要研究方向：城市经济、区域经济。

樊豪斌　博士，上海社会科学院城市与人口发展研究所助理研究员，主要研究方向：城市经济。

纪慰华　博士，上海市浦东改革与发展研究院助理研究员，主要研究方向：城市规划、城市创新。

余全明　上海社会科学院应用经济研究所博士研究生，主要研究方向：产业经济学。

张子彧　上海社会科学院世界经济研究所硕士研究生，主要研究方向：国际城市。

秦　群　上海社会科学院城市与人口发展研究所硕士研究生，主要研究方向：区域经济学。

刘文英　上海社会科学院世界经济研究所硕士研究生，主要研究方向：西方经济学。

黄玺铭 英国爱丁堡大学国际关系和计量统计系硕士研究生,主要研究方向:国际政治经济学。

商萌萌 同济大学建筑与城市规划学院硕士研究生,主要研究方向:城市规划。

郁奇民 上海东滩投资管理顾问有限公司咨询顾问,主要研究方向:社会治理、宏观经济。

詹春林 上海社会科学院城市与人口发展研究所硕士研究生,主要研究方向:人口资源学。

蒋　励 美国杜克大学公共政策学院研究生,主要研究方向:社会政策、国际关系。

邵孟浩 上海社会科学院世界经济研究所硕士研究生,主要研究方向:国际政治经济学。

夏　文 上海社会科学院人口资源环境经济学硕士研究生,主要研究方向:区域经济。

张梓芃 上海社会科学院世界经济研究所硕士研究生,主要研究方向:国际政治经济学。

张晓娣 博士,上海社会科学院经济研究所副研究员,主要研究方向:区域经济学。

吴真如 博士,上海社会科学院世界经济研究所助理研究员,主要研究方向:国际贸易、区域经济。

摘 要

《国际城市蓝皮书：国际城市发展报告》是由上海社会科学院全球城市发展战略创新团队开发的智库产品，定位是：为中国城市发展提供国际坐标系，至今已连续出版十年。

一 年度主题：国际城市的"双循环"新变局

2021年版"国际城市蓝皮书"的主题词是"双循环"。我们认为"双循环"不仅是中国城市所应采取的发展策略，也是所有国际化城市必须严肃考虑的选项，即在开放发展与本土扎根之间实现再平衡。新冠肺炎疫情全球蔓延，使全球卫生治理领域的重大问题迅速演变为对国际经济、政治、社会关系产生重大影响的"多米诺骨牌"。疫情影响之下，各国纷纷采取内顾化的"邻避"政策，国际人员交流快速萎缩，各国国内的社会经济互动也趋于萎缩。疫情成为推动全球化格局变化、产业链结构变化的重要催化剂。在外部链接强度急剧下降的状况下，作为国际要素流动枢纽的国际城市将发展视野逐渐转向自身综合能力的提升，以及与周边区域与本土经济的联动。在疫情防控形势较好的区域，城市群与都市圈的发展成为新的城市合作热点。国际城市强化自身体系化运行能力，以及与城市群、都市圈强化联系的举措，显示出城市与周边区域形成协作，在外部环境集聚变化过程中提升根植性与本土服务功能的新趋势。各国的国际城市都在谋划或已事实上进入内外部互动并存、注重开放性与根植性均衡发展的"双循环"状态。

在疫情重大冲击下,"一带一路"沿线城市的发展情况如何呢?本年度"丝路城市2.0"评价,在政策沟通指数下新纳入了反映城市公共卫生能力的一项三级指标。在138个样本国家的350个样本城市中,重要节点城市由上年度的23个增加到30个;次要节点城市数量与上年度基本持平,为18个(上年度为19个);一般节点城市由上年度的23个增加到28个。新加坡、首尔和曼谷居本年度推荐的中国城市开展合作城市的前三位。

二 专题报告:后疫情时代到来

本书的27篇专题报告介绍了后疫情时代城市在发展战略、经济恢复、城市韧性、社会包容、治理能力、数字化转型、空间规划等方面的再思考、再准备、再应对。

(1)城市创新篇。本篇解读了世界知识产权组织最新的"全球创新城市百强"情况、英国分类识别和差异化培育"潜在增长中心"的策略以及伦敦建设"欧洲人工智能之都"路线图,并就数字技术对于城市的变革机遇和包容性拓展予以分析。

(2)城市经济篇。本篇聚焦后疫情的经济恢复情况,介绍了城市经济恢复的关键原则以及精准投资和就业保障的策略经验。

(3)城市社会篇。本篇分别介绍了从医疗生态系统观评选"全球医疗中心城市"的结果及其启示,纽约作为超大城市建立长者服务生态系统的经验和中小城市利用建成环境促进健康公平的思路。

(4)城市文化篇。本篇首先介绍了伦敦、纽约、巴黎、东京4个获评最佳国际文化大都市的文化政策设计和文化硬件水平,再分别介绍了吉隆坡以提升国际影响力为导向的文创之城部署和澳大利亚小城南珀斯以社区为中心的下沉式文化规划。

(5)城市生态篇。本篇就应对气候变化,从需求端介绍了C40国际城市组织倡导"负责任消费"的思路,从供应端介绍了英国南约克郡4城市创建"氢能源经济圈"的构想等。

（6）城市治理篇。本篇介绍了学界基于美国各地市长演讲内容分析所得的当下城市治理中的重点和难点。显然，美国疫情蔓延使得各地城市治理能力都面临大考。竞相运用新技术手段成为世界各城市解决从加强治理、促进公平到提升产业效率的共同选项。

（7）城市空间发展篇。本篇首次同时兼顾了大、中、小城市的空间发展新智慧：英国如何通过激活"休眠型郊区"来破解大城市住房供应问题、美国中型城市规划引导新出行方式促进公平交通、美国最佳小城市的成功经验。

（8）丝路城市篇：本篇从全球、区域和典型城市三个层次，分别介绍了全球海洋中心城市的发展状况、阿拉伯地区城市化发展态势和菲律宾达沃市作为"一带一路"新兴节点城市的经济发展情况。

2020年国际城市十大关注

挖掘时代大势与国际城市发展的深层次的暗线
解读对国际城市发展当前以及未来的重大影响

一 城市作为疫情集中暴发地，治理能力经历大考

新冠肺炎疫情全球肆虐，城市作为人流、物流、资金流的汇集地，也成为疫情的集中暴发地。在中国，武汉"封城"雷厉风行，并在"封城"之后得到了全国乃至全球华人的支持和援助；在美国，由于严重的政治分歧，多地"封城"措施无法实施，纽约州长不得不含泪呼吁民众戴上口罩并保持社交距离；在英国，病毒变异、传染力骤增70%导致伦敦在圣诞节前夕"封城"，在此前的第二轮"封城"中，伦敦警察局在"封城"的首日逮捕了104个被警方称为"一群人无视新的防疫规定聚会"的人；在印度，不少城市"封城"期间为了阻止民众上街，警察手持木棍对"非法"出门的民众进行驱赶。

城市，作为现代文明的代名词，在新冠肺炎疫情的冲击之下却凸显出能力局限，如何提升城市的四种能力值得深思。一是供给保障能力，城市是人口聚集地，也是消费中心，新冠肺炎疫情导致的"封城"行动是否有相应的物资供应保障，这是引发人们思考的第一个问题；二是应急调配能力，"封城"只是阻断病毒传播，但更重要的是对患者进行治疗，如何有效调配应急物资和人员，这考验的是城市的应急能力；三是与民沟通能力，"封城"意味着民众的权利受到抑制而政府的权力得到扩张，在这一过程中，

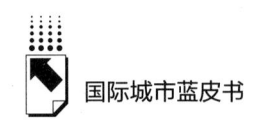

官民之间该如何保持有效沟通,这是影响疫情防控政策成效的关键;四是议题建构能力,新冠肺炎疫情导致的不确定性增加要求社会各界要形成统一共识,全城团结一心共同应对不确定性挑战,城市政府的议题建构能力则是确保这一过程能够顺利推进、城市抗疫这一长期战役能够取得胜利的关键。

二 新冠肺炎疫情重击已然步履蹒跚的全球化进程,国际化城市谋划对外开放与本土扎根再平衡

2020年,新冠肺炎疫情全球蔓延,经济全球化遭遇前所未有的挑战。截至2020年12月31日,全球感染新冠病毒患者超过8000万人。疫情影响之下,各国纷纷采取"封国""封城"政策,国际经济互动受到巨大影响。2020年上半年,全球外国直接投资同比下滑49%,上半年流入发达经济体的外国直接投资降至980亿美元,下降了75%,其中流入美国的外资为510亿美元,减少了61%。欧洲发达经济体更是出现了历史罕见的外资净流出。受"封城"影响,国际间人员流动集聚下降。2020年11月25日,国际航空运输协会的预测数据显示,2020年全球航空客运量将暴跌至18亿人次,比2019年的45亿人次下降60%。联合国贸易和发展组织的预测数据显示,2020年全球经济将收缩4.3%,两年内或将有1.3亿人陷入极端贫困。在这一趋势下,全球化在2020年呈现出速度趋缓和规模收缩态势。

在外部链接强度急剧下降的背景下,作为国际要素流动枢纽的国际城市将发展视野逐渐转向周边区域与本土经济。在疫情防控形势较好的区域,都市圈与城市群的发展成为新的城市合作热点。在中国提出"双循环"新发展格局后,2020年7月,中共中央政治局会议进一步提出推动城市群、都市圈一体化发展体制机制创新的要求,中国主要国际化城市在城市群、大都市圈中的辐射带动作用和区域协调作用进一步凸显。国际城市强化城市群、都市圈联系的现象,显示出城市与周边区域形成协作,在外部环境集聚变化

过程中提升根植性与本土服务功能的新趋势。同时，开放性城市也着力谋划对新一轮更高标准经贸合作的部署。2020年10月和11月深圳特区40周年与浦东新区30周年的庆祝活动，展现出中国城市推动形成高水平开放功能的发展方向。同时亚太地区高水平区域经济合作机制的建立与推进，进一步提升了国际城市服务周边跨国区域互动的需求。2020年11月15日，《区域全面经济伙伴关系协定》（RCEP）正式签署，标志着全球最大自贸区正式诞生。2020年11月和12月，中韩两国元首分别表态考虑加入《全面与进步跨太平洋伙伴关系协定》（CPTPP）。亚太地区区域经贸合作水平的提升，有助于区域内国际城市进一步形成基于本区域产业链、供应链合作的城市间互动网络。

三 "黑命贵"（BLM）等社会运动、动荡席卷各地城市，疫情造成生活就业困难进一步激化城市包容性矛盾

2020年5月25日，美国明尼苏达州白人警察通过跪压式暴力执法导致46岁的明尼阿波利斯黑人男子乔治·弗洛伊德死亡。该事件发生后，美国30多个城市爆发了大规模抗议示威活动，包括黑人、白人在内的成千上万民众走上街头，为非洲裔群体声讨公道，并向欧洲等其他城市快速蔓延，成为美国"黑命贵"（Black Lives Matter）运动自2013年发起以来规模最大的一次抗议活动。这是美国长期存在的种族矛盾在疫情期间受党派干预而呈现的一次突发式大冲突，与新冠肺炎疫情导致的健康不平等、就业困境等诸多因素相叠加，对全球城市的多元化、包容性发展带来了巨大的挑战。具体而言，这一事件对具有高度国际化的全球城市产生两大影响：一方面，"黑命贵"运动加剧了美国城市的社会撕裂，如何加强多族群的利益均衡、努力增加就业，真正构筑一个既具包容又具活力的国际大都市，成为后疫情时代全球城市的一个长期性艰巨任务；另一方面，此次"黑命贵"运动中有大量白人参加的事实表明，除了种族不平等以外，欧美国际大都市还面临着严

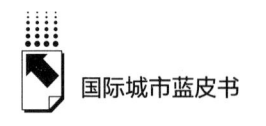

重的贫富分化和教育、医疗、就业等普遍性不平等问题，如何高度关注"沉默的大多数"，解决好整体不平等问题，是任何一座全球城市未来需要高度关注的重大议题。

四 东京奥运会推迟举办，城市需要警惕大事件大项目遭遇波折的风险

受疫情影响，东京奥组委和国际奥委会宣布将原定于2020年举办的第32届夏季奥运会延期至2021年7月23日举行。这项重大赛事的延期给日本带来了不可估量的全方位损失，不仅导致门票、餐饮、住宿、电视转播等关联消费骤降，还重创了全球赞助商和利益相关的本土企业。据估算，日本在筹备2020年奥运会的近7年过程中，已耗资约250亿美元，为最初成本预算的4倍之多。SMBC日兴证券公司预测，2020年度推迟举办奥运会将给日本带来的GDP损失约7.8万亿日元，约合741亿美元，约占日本往年GDP的1.4%。即使奥运会2021年得以举办，日本也将面临巨大的经济损耗，据英国BBC推算，日本直接经济损失将达118亿美元。

在全球化时代，城市热衷于通过举办大型赛事、承接有国际影响力的论坛、开展国际艺术节等"大事件、大项目"，吸引全球目光、促进本土投资、拉动城市增长并寻找潜在合作机遇。这是城市得以跻身全球竞争佼佼者行列的重要机遇。但历史上由突发事件造成国际盛事延期或取消的现象屡有发生，德国柏林、日本东京和芬兰赫尔辛基的夏奥会与冬奥会都曾被迫取消，除新冠肺炎疫情之外诸如、寨卡病毒也曾给奥运会主办方带来困扰，对主办国家造成始料未及的影响。国际盛事既蕴含机遇，也存在风险，城市发展需十分警惕或预留充足弹性空间以应对因国际性大事件、大项目中止而带来的风险，从城市发展全生命周期的视角看待国际盛事，优先制定能够链接未来发展目标、优化城市空间的超前战略，增强城市弹性，才能使国际盛事在城市本体开出绚烂之花。

五　灾后恢复起于灾难伊始，考验城市灾后恢复能力

2020年1月23日，武汉"封城"，随后政府出台了稳定生产、企业纾困、复产复工、发放消费券和开展地摊经济等政策，维护经济社会稳定，发掘经济潜力和加快经济恢复。米兰则是通过紧急拨款、延期偿付、增加政府预算、重启法令等措施，减轻疫情影响和加快经济复苏。伦敦于12月20日再度"封城"，导致经济刺激政策等受到影响，部分灾后恢复工作暂停甚至倒退至初期阶段。

灾后恢复工作推进的前提是灾难可控，否则工作将会停滞甚至倒退。灾后恢复工作起于灾难伊始，考验了城市灾后恢复规划和执行能力。首先，初期灾后恢复在"稳"，必须解决城市居民的生活安全需求，评估灾难所造成的损失和灾后恢复需求，确定恢复工作的时间表和优先级，为灾后恢复做好准备工作。其次，中期灾后恢复在"渡"，承接初期灾后恢复工作，推动中期恢复顺利过渡，确保中长期灾后恢复工作精准衔接，避免重复工作。再次，长期灾后恢复在"合"，将灾后恢复长期规划与城市发展规划相结合，避免灾后恢复工作与城市发展背道而驰。最后，灾后恢复规划在"执"，确定恢复工作的具体执行部门和监督部门，强化各部门的执行能力，保障各部门之间的沟通顺畅，保质保量完成恢复工作。

六　疫情冲击引发城市规划多问题维度和多空间层次再思考

2020年，新冠肺炎疫情的迅速蔓延严重影响了人们的日常生活和城市秩序，引发了各界对于城市的疫情防控和后疫情时代以人为本高质量发展的多维度再思考。其一，对城市规划的根本问题进行反思。以1845年英国发布公共卫生法为开端，现代城市规划的发展与公共卫生紧密相关，当公共卫生防疫再次成为城市规划中不可回避的话题时，城市发展回归到对人的安全

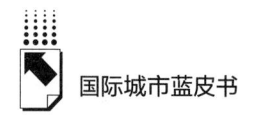

和健康的关注成为普遍共识。其二，对与疫情防控直接关联的城市公共卫生设施和生命线系统安全的反思。武汉、纽约、伦敦、米兰、圣保罗等城市在大规模疫情暴发时都面临公共卫生设施严重不足的挑战，火神山、雷神山医院的快速建立，以及将其他公共设施改建为"方舱医院"取得了良好效果，预留应急场地和设施，保障防疫物资、生活物资的供应生命线安全，建设更加健全的公共卫生体系成为国际城市发展新的目标和任务。其三，对多层次空间格局未来发展的思考。在宏观的区域层面，人口和经济联系紧密的都市圈和城市群成为疫情蔓延的重要路径，而在都市圈和城市群范围内协同防疫抗疫、联合复工复产的成效也较为显著。未来，城市之间既要加强互联互通，平衡因"封城"、停航、分流、检疫大规模运用而折射出的城市综合性枢纽与分布式网络之间的矛盾，也要设置必要的生态和安全屏障。在中观的城市层面，疫情的蔓延引发了人们对高密度人居环境的讨论，一种观点认为高密度人居环境是造成疫情快速蔓延的关键，另一种观点则认为密度不是最决定性因素。但人们可以达成共识的是，城市规模聚集与空间格局不能只考虑规模经济效益，需要防范安全风险，综合考虑经济需要、生活需要、生态需要、安全需要。在微观的社区层面，社区作为高密度人居环境中最小的公共生活单元，居家隔离引发针对社区生活圈公共空间配置和城市设计优化的广泛讨论，如何营造一个宜居、健康的居住环境，是城市发展中的一个永恒话题。

七 城市面临风险和冲击有增无减，加快数字化转型提升城市韧性

2020年城市发展最大的外部冲击是受新冠肺炎疫情的巨大影响，城市发展和城市治理能力面临挑战，城市韧性接受考验。2020年受新冠肺炎疫情影响，1月23日中国武汉第一个"封城"，3月开始意大利、西班牙、法国、英国等全球大多国家先后宣布全国"封城"，12月以色列、法国、英国等国家甚至又实行了一年内的第二次、第三次"封城"，这些"封城"举措

导致经济萧条、社交隔离，城市经济、社会、文化和治理受到系统性考验。此外，城市安全风险仍然存在，如8月4日黎巴嫩首都贝鲁特港口区因仓库管理存在严重疏忽发生巨大爆炸，造成30万人（约占贝鲁特人口的20%）无家可归，经济损失超100亿美元。

为了应对城市发展中的各种风险和冲击，通过数字经济、数字社会和智慧城市建设的城市数字化转型来提升城市韧性成为城市发展的重要战略选择。第一，加快数字经济发展可以推动在线经济、宅经济等新经济发展，新型基础设施建设，传统经济的数字化转型，给受冲击的城市经济带来发展新动能。第二，加快数字社会建设可以推动公共服务的标准化和均等化，缓解社交隔离带来的社会冲击，如在线慕课、网络会议、远程医疗、数字博物馆等带来优质且低成本的社会服务。第三，加快智慧城市建设可以为城市发展带来新治理技术和提升城市治理水平，如疫情监控、跟踪和隔离等以及网上听证、社情民意等为城市应对疫情冲击提供治理新模式。

八 新冠肺炎疫情客观促进各类线上活动蓬勃发展，数字经济同时面临产业发展机遇与多领域挑战

2020年新冠肺炎疫情的全球蔓延在相当程度上改变了人类的生活、工作、休闲娱乐、交往等方式。人与人"面对面"的场景和机会被最大限度地限缩，互联网等数字技术扮演着越来越重要的角色。户外出行日益依赖实时健康信息登记，中国推出了能够整合个人防疫信息的"健康码"，美国加州、新加坡、墨西哥等地也开发了具有疫情信息追踪功能的应用。线上购物方式日益受到消费者青睐，美国"黑色星期五"线上交易额达到90亿美元，同比增长22%，创历史新高。数字金融在这一年也得到长足发展，比特币价格于2020年底不断刷新历史纪录并成为全球第20大货币，与此同时中国也正在加快金融业数字化转型。创作类娱乐休闲社交软件的迅速发展在一定程度上缓解了人们在疫情期间的身心压力，全球网民在TikTok、Instagram、YouTube、bilibili等平台创作并分享自己的多媒体作品日益流行。

不过，数字技术与产业迅猛发展的同时也需要积极应对相关障碍与风险所带来的挑战。一是，数字产品（尤其是具有基本公共服务属性的产品）需要加强包容性设计，关注老年人、身心障碍者等不同群体的需要。二是，把握好公共安全与个人隐私数据利用之间的平衡，积极推动立法保障个人数字隐私权。三是，加强区域间经济文化交流，增强互信合作，推动数字应用产品的跨区域双向推广。四是，营造公平竞争的市场环境，避免资源向少数具有先发优势的数字企业过度集中，促进数字技术与市场健康发展，保持永续的创新活力。

九　线上教学和文化活动经历压力测试，拓展知识和文化传播主流维度

2020年，在新冠肺炎疫情较为严重的时期，全球许多国家的中小学和大学几乎都开展了"停课不停学"的线上教育活动，全面进行线上教育和文化消费的压力测试，展示了文化传播的新维度、新可能，拓展了城市公共文化场域从实体空间到线下线上相结合的建设新思维。

在全球高等教育领域也普遍实施了远程授课。在K12教育领域，城市得益于较好的信息基础设施、较高的居民收入水平与较为先进的现代教育理念，线上教学与在线文化传播已经全面铺开；一些国际教育展也将线上教育作为2020年的展览主题之一。此外，未来5G通信技术和VR/AR等人工智能技术都有可能增强和丰富线上教育的体验，从而扩大文化的传播力和影响力。线上教育与新媒体文化传播能否就此成为主要教育形态与主流传播媒介，还需要回答好三个问题：一是线上教育作为新模式和新工具，如何实现教育三大基本目标的平衡，即思维训练、价值培养、情感交流，特别是价值培养与情感交流的体现。二是城市作为人类社会网络组织最为发达的空间，长期以来依赖于人与人之间面对面的思想交流。过度依赖线上传播会在一定程度上削弱学习者的群体意识和集体观念，不利于个人与社会正常关系的建立。三是在公共教育资源领域，受限于发展中国家普遍存在的较为突出的城

乡二元结构问题，线上教育的拓展如何更好地提供平等的城乡教育机会，防止加深城乡教育、文化鸿沟。

十 全球气候异常严重警示下主要碳排放国家展现减排雄心，未来城市面貌和路径将有深刻改变

2020年全球气候异常变化突破纪录，不同地区灾害加剧。据世界气象组织（WMO）消息，2020年2月南极西摩岛的最高温度达到20.75℃，是南极有记录以来首次超过20℃。南极大陆气温变暖的后果不可估量。NASA发布的卫星数据显示，连续燃烧了近7个月的澳大利亚大火在2月中旬结束，火灾造成超过10亿只野生动物丧命、1170万公顷的土地被烧毁。2020年9月，美国加州发生了有史以来最严重的山火，火灾蔓延到华盛顿州及俄勒冈州，烟雾遮盖了整个旧金山湾区和北加州地区的上空。创纪录的灾害正是地球生态环境和气候变化的缩影。

面对严峻的气候变化警示，国际社会再次展现了共同应对的决心和担当。2020年12月在全球气候雄心峰会上，中国表示提高国家自主贡献力度，力争2030年前二氧化碳排放达到峰值，2060年前实现碳中和。法国拟就是否把应对气候变化和保护环境写入宪法举行全民公投以示决心。英国政府提出，到2030年温室气体排放量与1990年相比至少减少68%。美国新一届政府承诺将重新加入《巴黎气候协定》。而城市作为工业国家碳排放主要空间，是实现碳达峰和碳中和的关键，以低碳技术创新为核心的低碳城市、韧性城市建设将深刻改变未来城市发展面貌和路径。

执笔人： 陈晨、 程鹏、 邓智团、 林兰、 刘玉博、
　　　　 倪外、 薛泽林、 苏宁、 陶希东、 余全明

目 录

Ⅰ 总报告

B.1 国际城市的"双循环"新变局 …………………… 苏　宁 / 001

B.2 依托不同类型节点城市，探索"一带一路"多层次发展：
基于丝路城市指数2020~2021的分析 ……… 樊豪斌　蒋　励 / 020

Ⅱ 城市创新篇

B.3 世界知识产权组织"全球创新城市百强"解读
　　………………………………………… 盛　垒　张子彧 / 077
B.4 英国分类识别"潜在增长中心"的策略启示 …………… 纪慰华 / 092
B.5 伦敦绘就建设"欧洲人工智能之都"路线图
　　………………………………………… 陈　晨　秦　群 / 110
B.6 数字城市技术带来的变革机遇和平等包容挑战
　　………………………………………… 盛　垒　刘文英 / 118

Ⅲ 城市经济篇

B.7 后疫情阶段城市经济恢复的关键原则 ……… 苏　宁　黄玺铭 / 130

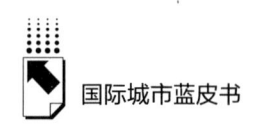

B.8 灾后恢复阶段的城市精准投资策略 .... 余全明 / 142
B.9 灾后恢复阶段的城市就业保障措施 .... 余全明 / 151

Ⅳ 城市社会篇

B.10 全球医疗中心城市的评价体系与建设路径 .... 胡苏云 / 160
B.11 纽约建立长者服务生态系统应对老龄化的策略启示
　　　.. 余全明 / 170
B.12 利用建成环境促进健康公平：针对中小城市的
　　　有效干预措施 .... 程　鹏　商萌萌 / 178
B.13 华盛顿特区民间力量合作开展社区教育的经验启示
　　　... 陶希东　郁奇民 / 189

Ⅴ 城市文化篇

B.14 国际文化大都市建设中的政策设计和硬件发展
　　　... 胡苏云　詹春林 / 198
B.15 吉隆坡聚焦国际影响力建设"文化创意之城"
　　　... 陈　晨　秦　群 / 212
B.16 澳大利亚南珀斯实施以社区为中心的下沉式文化规划
　　　... 陈　晨　秦　群 / 220

Ⅵ 城市生态篇

B.17 国际城市组织倡导以"负责任消费"推进气候治理
　　　.. 余全明 / 229

Ⅶ 城市治理篇

B.18 英国南约克郡区域建设"氢能源经济圈"的方案启示
　　　　　　　　　　　　　　　　　　　　　　樊豪斌 / 238

B.19 美国智库提出实施城市交通"绿色新政"构想
　　　　　　　　　　　　　　　　　　　盛 垒 刘文英 / 248

Ⅶ 城市治理篇

B.20 疫情下美国城市治理的重点与难点：2020年美国
　　　 市长演讲分析 …………………… 樊豪斌 蒋 励 / 258

B.21 借助新技术促进交通出行公平性的美国城市实践
　　　　　　　　　　　　　　　　　　　陶希东 郁奇民 / 278

B.22 迪拜以区块链技术增进城市治理和产业效率的战略
　　　　　　　　　　　　　　　　　　　苏 宁 邵孟浩 / 287

Ⅷ 城市空间发展篇

B.23 英国倡导以更灵活的土地功能分区规划应对住房危机
　　　　　　　　　　　　　　　　　　　　　　刘玉博 / 299

B.24 英国以激活"休眠型郊区"破解大城市住房危机的思路
　　　　　　　　　　　　　　　　　　　盛 垒 刘文英 / 309

B.25 美国中型城市以引导新出行方式促进公平交通的规划策略
　　　　　　　　　　　　　　　　　　　　　　余全明 / 322

B.26 美国最佳小城市评选中的制胜之道 ……… 陈 晨 秦 群 / 330

Ⅸ 丝路城市篇

B.27 全球海洋中心城市的发展状况与特点 ……… 李 娜 夏 文 / 338

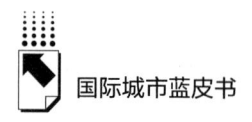

B.28　阿拉伯地区城市化发展新趋势 …………… 苏　宁　张梓苁 / 353

B.29　菲律宾达沃市城市经济发展新趋势

　　　　………………………………… 苏　宁　张晓娣　吴真如 / 364

Abstract ……………………………………………………… / 378
Contents ……………………………………………………… / 380

皮书数据库阅读**使用指南**

总报告

General Report

B.1
国际城市的"双循环"新变局

苏 宁[*]

摘　要： 新冠肺炎疫情全球蔓延，使全球卫生治理领域的重大问题迅速演变为对国际经济、政治、社会关系产生重大影响的"多米诺骨牌"。疫情影响之下，各国纷纷采取内顾化的"邻避"政策，国际人员交流快速萎缩，各国国内的社会经济互动也趋于萎缩。疫情成为推动全球化格局变化、产业链结构变化的重要催化剂。在外部链接强度急剧下降的状况下，作为国际要素流动枢纽的国际城市将发展视野逐渐转向自身综合能力提升，以及与周边区域与本土经济的联动。在疫情防控形势较好的区域，城市群与都市圈的发展成为新的城市合作热点。国际城市强化自身体系化运行的能力，以及与城市群、都市圈强化联系的举措，显示出城

---

[*] 苏宁，本书副主编，博士，上海社会科学院世界经济研究所副研究员，研究室副主任，主要研究方向：城市经济、国际城市比较。

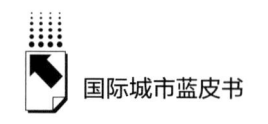

市与周边区域形成协作，在外部环境集聚变化过程中提升根植性与本土服务功能的新趋势。各国的国际城市都在谋划或已事实上进入内外部互动并存、注重开放性与根植性均衡发展的"双循环"状态。

关键词： 国际城市　全球化　内顾化　"双循环"

一　全球经济发展格局变化的城市影响

（一）全球化进程加速变化的影响

近30年来，国际城市的快速发展与全球城市网络的建构，主要基于全球化在空间上的迅速拓展，以及要素在全球的快速流动。而2020年新冠肺炎疫情全球蔓延，加速推动作为国际城市发展的主要依托与外部变量的经济全球化在未来一个较长阶段进入重大调整期。疫情影响之下，尽管资本全球布局的总体趋势不会改变，但各国的"内顾"倾向明显上升[①]，全球化布局可能出现从"层级式"向"分布式"转变的过程，在发展速度上，快速推进的全球化（Globalization）将向慢速全球化（Slowbalisation）[②] 调整。如何适应"慢速全球化"，是国际城市面临的共同问题。

1. 全球化的运行形态发生重大变化

20世纪90年代以来以"平滑推进"为特点的大范围全球化趋于终结，各主要地缘经济板块内部的区域一体化，以及各板块之间的"马赛克式"镶嵌互动将成为全球化的新互动形式。2018年以来，以美国退群、

---

① 习近平：《国家中长期经济社会发展战略若干重大问题》，《求是》，2020年11月。
② 该概念由《经济学人》（*Economist*）杂志于2019年6月提出。"Slowbalisation," *The Economist*, Jan 26, 2019, 430 (9127), p. 11。

英国脱欧、贸易摩擦为表现形式的西方发达经济体的"逆全球化"倾向愈演愈烈，并逐渐成为相当一部分社会群体的重要认知，使全球化的推进遭遇较大斥力。而2020年影响全球的新冠肺炎疫情客观上进一步强化了各经济体之间的互动离散倾向。世界经济中短期的增长前景也面临重要考验。

在疫情影响下，以美、欧为主要代表的国际经济需求群体，以及以中国为核心的主要国际经济供应群体的增长都受到较大影响，甚至大部分经济体经济呈现负增长的情况。疫情与逆全球化认知的共同作用，带来各国更为内顾化的"邻避"政策，使美、中、欧、东亚、南亚、中东等主要经济体通过全球化形成的，维持平稳运行近40年的国际经济"增长机器"（Growth Machine）的运行速度大为减缓，各增长"部件"之间的润滑与咬合出现空隙。从这一角度看，全球经济的运行机制出现问题，是相较于经济增长规模萎缩更为严重的情况。

2. 全球经济总量前景堪忧

未来一段时间，全球经济将呈现与以往有较大差异的曲折发展态势。疫情导致主要经济体停摆，短期内可能出现全球经济负增长的情况，中长期经济增速将趋缓。联合国贸易和发展会议（UNCTAD）2020年11月发布的《新冠病毒对贸易与发展影响》指出，预计2020年全球GDP将萎缩4.3%，发达国家经济下降幅度为5.8%，远超发展中国家经济2.1%的下降幅度，这一下降幅度也大大超过2009年金融危机时发达经济体3.1%的下降幅度。2020年国际投资额将大幅下降40%，国际投资额自2005年以来首次低于1万亿美元。预计国际投资最早到2022年才能止跌回升。[①] 国际货币基金组织（IMF）经济顾问兼研究部主任Gita Gopinath认为，这次全球"大封锁"将造成"大萧条"以来最严重的经济衰退，比2009年全球金融危机时的情况要糟糕得多。流行病危机造成的2020~2021年全球GDP累计损失可能达

---

① UNCTAD, "Impact of the COVID-19 Pandemic on Trade and Development: Transitioning to a New Normal," 2020-11, pp. 13-17.

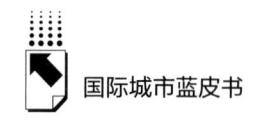

到9万亿美元，大于日本和德国经济总量之和。①

与此同时，各地区不同的疫情应对模式，可能将极大地改变全球化的经济板块分布。欧美以"群体免疫"为特征的防控模式，在疫情发展后期将形成欧美区域内部的经济互动与流动格局。而东亚等区域以"严防严控"为特征的防控模式，在疫情后期可能形成该区域内人员相对低速流动，且以货物贸易、数字贸易及在线交流为主体的区域经济合作新格局。相较于经济板块内部的紧密互动，几大经济板块之间的经贸联系将趋弱。

3. 全球化总体格局仍保持前行

尽管受到疫情的短期冲击与逆全球化思潮的影响，但全球化的总体发展仍然显现出持续深化的趋势。长期以来形成的由发达国家—新兴经济体—发展中国家共同构成的国际产业分工体系仍然是全球要素配置的有效手段。在新冠肺炎疫情的影响下，部分新兴经济体以及周边区域的产业供给能力与恢复韧性表现突出。这表明，拥有较为完备工业体系及生产储备能力的新兴经济体及周边区域，能够成为国际经济增长的重要"稳定器"。同时，在疫情与全球化新发展趋势影响下，新兴经济体内部各国的经济发展走势可能出现新的分化。因要素条件的差异，部分国家将逐渐成为原料供应国及中低端产能的供给者，而部分新兴国家则能把握外部环境剧烈变化带来的新机遇，经济进一步跃升至高质量发展阶段。疫情之下，尽管所谓"脱钩"的声音不绝于耳，但国际资本追求利润与投资安全性的地缘选择的基本方向仍未发生根本性变化，部分发达经济体"制造业回归"政策的作用仍然有限。在疫情导致美欧各国出现大量失业、企业发展安全性得不到保障的情况下，制造业等产业与重要企业回归投资国仍面临诸多不确定性。

因此，经济全球化的总体推进趋势仍有望保持，但主要国家间的经贸关系重构将成为未来的主要趋势。为维持经济运行的安全性，发达国家与主要新兴经济体均将成为进出口相对更为均衡的经济主体，彼此间的相互依赖相

---

① Gita Gopinath, "The Great Lockdown: Worst Economic Downturn Since the Great Depression," https://blogs.imf.org/2020/04/14/the-great-lockdown-worst-economic-downturn-since-the-great-depression/, April 14th, 2020.

对降低，经济板块内部的经贸合作将进一步强化。"层级式"的全球化场景，将被"区块化""分布式"的全球互动体系取代。

（二）全球价值链与供需结构调整的影响

全球价值链在部分发达国家逆全球化政策取向及新冠肺炎疫情影响下将在中长期出现重组调整态势。全球价值链是指为实现商品或服务价值而连接生产、销售、回收处理等过程的全球性企业间网络组织，涉及从原料采购和运输、半成品和成品的生产和分销，直至最终消费和回收处理的整个过程。包括所有参与者和生产销售等活动的组织及其价值、利润分配，当前散布于全球的处于价值链上的企业进行着设计、产品开发、生产制造、营销、交货、消费、售后服务、循环利用等各种增值活动。全球价值链是国际经济互动的重要载体，也是国际城市间形成经济联系的重要依托。全球价值链的空间分布，是国际城市形成以生产性服务业为核心的连接网络的重要基础，其结构调整，对于国际城市间的连接与互动模式将产生重要影响。

1. 价值链的结构变化

疫情影响下，经济与人际交流的停摆在短期内带来了跨国公司价值链前端的运行相对停滞，并连锁影响价值链生产、销售等中后端的运行。同时，价值链上游供应中断、下游需求萎缩也将带来整体生产规模及生产效率的下降。而且，对价值链体系的结构性冲击，还将随着疫情的持续而反复震荡。从中长期看，供应链的安全与效率，已成为跨国公司在成本—收益框架之外要考虑的重要因素。在这种情况下，跨国公司将进一步调整价值链分工的空间布局。安全性将成为跨国公司进行要素配置的重要考量因素。国际人士认为，追求冗余度（Redundancy），而非产业回归（Reshoring）是确保供应链安全的重要原则。[①] 跨国公司供应链的全球布局以及服务机构的空间选址，是全球城市、世界城市网络得以形成的重要动力。在新的国际经济环境下，

---

① Shannon K. O'Neil, "Redundancy, Not Reshoring, Is the Key to Supply Chain Security," https：//www.foreignaffairs.com/articles/2020 - 04 - 01/how - pandemic - proof - globalization, April 1st, 2020.

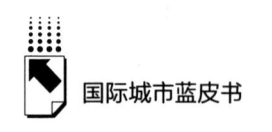

跨国公司基于安全性考量的供应链调整,将不可避免地影响相关机构与生产体系的城市选址,进而带来国际城市力量对比的变化。

2. 贸易格局变化

部分国家逆全球化政策的中长期影响与新冠肺炎疫情的短期冲击相叠加,使全球化快速推进阶段形成的国际贸易格局发生变化。以大规模中间品贸易、生产要素全球性直接流动为代表的贸易格局将有所调整,在要素全球流动的总体背景下,将出现区域内多国贸易、两国间贸易规模增大的状况。世界贸易组织(WTO)2020年10月发布的《全球贸易数据与展望》预计,2020年全球商品贸易将下降9.2%。而金融危机期间的2008年和2009年两年,国际直接投资下降35%。2019年全球货物贸易量下降0.1%。2020年第二季度贸易降幅为14.3%,为有记录以来的最低值。[①] 2020年,北美、欧洲等地区的贸易量增速将出现两位数的下降。而从行业来看,电子产品和汽车制造产业的贸易萎缩将更为严重。从规模上看,全球货物贸易的流量增长将相较以往进一步趋缓,而服务贸易、数字贸易的规模将可能进一步增加。在全球货物贸易流量发生变化的情况下,国际城市承载的贸易中心功能将发生重要变化,能够适应服务贸易、数字贸易发展的相关城市具备重要的发展潜力。

3. 国际供需结构变化

新冠肺炎疫情在供需两端对全球经济产生巨大冲击,进而影响价值链的布局。此次疫情主要影响人的生命健康安全与社会运行,对经济运行的硬件环境、生产设施、流量枢纽设施与其他基础设施并无直接破坏影响。疫情后并无重大基础设施与经济发展硬件的重建机遇,疫情主要影响各国人员流动以及与之相关的生活生产需求。因此,在疫情结束后的经济重启阶段,难以出现第二次世界大战后曾出现的"战后重建发展红利"形式的全球性重建高潮。

而疫情影响之下,发达经济体的总体需求在短期内迅速萎缩,各国国内

---

① World Trade Organization, "Trade Statistics and Outlook," 2020 – 10 – 6, p. 1.

失业状况的加剧以及经济重启步调的不一致，将带来总体需求在一个较长时期内呈现震荡趋势。而这种需求的变化，也将直接影响能源、原材料与大宗商品的价格剧烈变化。如全球石油价格的暴跌与反弹，就将极大影响能源输出国的生产效能与能源进口国的储备消费体系的稳定度。从供需端的力量对比上看，国际供给、需求力量的对比将发生重要变化。发达国家在国际产业体系中的需求者地位将在后疫情阶段下降，中国等新兴经济体和发展中国家不仅在供给侧扮演重要的角色，而且逐渐以更为成熟和规模不断增长的市场，成为全球价值链相关的重要需求增量的提供者。供需结构的变化，对国际城市的区域力量对比有重要影响。在发达国家担当市场中心与需求中介功能的部分城市将受到重大冲击，发展速度减缓，城市规模逐渐萎缩。而新兴经济体与发展中国家的部分城市，受益于市场规模和质量的提升，将成为新的要素配置中心，城市规模与影响力快速提升。

（三）全球产业格局重整的影响

在全球化与全球价值链调整的影响下，全球产业发展格局与空间布局将相应出现多元化、分散化的新方向，部分行业甚至面临全面洗牌。这种注重冗余性与分散布局的新趋势，将促进区域内城市形成较为完备的产业合作体系的趋向，进而形成区域内城市产业内部合作与外部全球产业体系互动的态势。

1. 产业发展的重心变化

随着以中国为代表的新兴经济体产业发展水平持续提升，先进制造业的发展重心已逐渐向亚太地区倾斜。新兴经济体在制造业领域创新研发能力的提升，进一步促使制造业行业的区域分布进一步扩散。在美国着力与中国等新兴经济体"脱钩"或"准脱钩"的"倒逼机制"下，主要新兴经济体将被迫在核心技术与创新领域加快升级。在传统制造业等优势领域，以新兴经济体与发展中国家为核心的产业替代雁行模式有望初见雏形。以数字经济为代表的数字、在线新兴产业也成为新兴经济体赶超传统制造业强国的重点领域。数字基础设施、数据量的规模优势与新技术标准的制定优势，有望使新

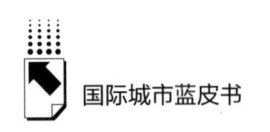

兴经济板块成为新产业的集聚区。在此次疫情中，新兴经济体的城市利用数字技术形成的新产业模式，将有助于其逐渐建构起具备自身特色及后发优势的产业集群。

2. 产业的多中心分布格局

新冠肺炎疫情导致的对供应链的担忧，使发达经济体经济政策的内顾化加强，为对冲风险，各国对外投资将有所收缩。联合国的《世界经济形势与展望2020》指出，对负收益率主权债券的强劲需求意味着许多投资者更愿意承受小损失，而不是进行生产性投资，表明投资者对未来的经济增长非常悲观。由于近期没有明显的投资复苏迹象，生产率增长在中期仍将疲弱。[①] 过去一个阶段发达国家政府帮助跨国公司"走出去"，扩大对外市场的趋势将减缓。而疫情带来的失业加剧引发发达国家出台补贴等刺激政策，以及出于供应链安全的考虑，发达国家层面的产业回归意愿相对增强。但应看到，相关企业出于经营安全性考虑的多点布局，可能成为产业重新分布的重要影响因素。这将使部分制造业行业，以及产业的部分相关环节回归发达经济体本土。机器人、人工智能的应用，也将使发达国家优势产业的大规模离岸布局情况出现变化。欧洲、北美有望形成新的先进制造业中心和服务业中心。原本以垂直一体化为主要模式的产业分工格局，将被多中心、分散化的"竞争性"产业分布格局所替代。在这一趋势下，国际城市的产业发展导向，将更倾向于以本地要素与技术体系为核心形成具有"自持"能力的产业体系。

3. 部分行业内部多类型运行主体与跨国企业面临全面洗牌

疫情带来的需求萎缩、经济停滞与资金链断供，使航空业、先进生产者服务业、娱乐业、餐饮业、旅游业等行业遭受重大打击。国际间人员流动减少，使航空业、邮轮业等人员运输行业陷入困境。国际航空协会（IATA）2020年的报告显示，2020年全球客运收入急剧下降66%，4～11月，国际

---

① 联合国：《世界经济形势与展望2020》，2020年1月，第4页。

航班数总体下降了94%。在疫情最严重的4月，全球航空业务额下降了90%。[①] 全球化的降速、生产活动的减缓以及人员接触的减少，使咨询、法律、金融、会计等行业的业务量快速下降，跨国业务活动无法展开。相关行业的企业破产、重组成为普遍现象。在这一趋势之下，一方面，跨国企业群体的内部结构将出现重要变化，企业间的兼并重组可能大量出现；另一方面，受疫情影响行业的大量中小企业面临资金与需求不振的双重压力，或将出现大规模破产情况。美国人力资源管理协会（SHRM）2020年4月15～21日对375家公司进行的调查结果显示，52%的小企业预计在6个月内倒闭，62%的公司收入整体下降。[②]

在这一背景下，未来一个阶段，先进生产者服务业、航空业等受冲击行业的跨国企业以及龙头企业间的大规模兼并重组与地位消长将成为普遍现象，受安全因素考量影响，各区域的本土企业及先进生产者服务业企业的发展将更为迅猛。适应远距离在线互动的本土新兴企业有望快速发展，相关行业的中小企业可能面临整体洗牌。在这种情况下，能够适应本地发展需求的行业，将成为城市发展的重要支撑。

（四）全球科技发展变革的影响

科技创新是国际城市发展的重要动力，在疫情影响下，创新对于城市可持续发展的意义更为凸显。与经济全球化及各国经济互动面临的复杂局面相比，为应对外部的危机与压力，国际科技创新发展进入活跃的新阶段。科技发展更强调成果的转化应用，重视本地社会的普惠影响。城市创新体系能否响应科技发展的新需求，将决定相关城市未来发展的水平。

1. 创新体系化竞争成为焦点，并与产业、社会发展呈现融合互动新趋势

在由疫情催化的全球化新格局下，科技创新的竞争态势从点状的技术领

[①] IATA, "Annual Review 2020," 2020-11, p.11.
[②] SHRM, "Survey: COVID-19 Could Shutter Most Small Businesses," https://www.shrm.org/about-shrm/press-room/press-releases/pages/survey-covid-19-could-shutter-most-small-businesses.aspx, May 6th, 2020.

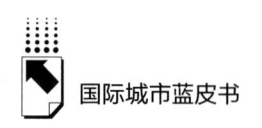

域和顶级比拼，演化为创新体系的竞争。在国家间竞争方面，发达国家在科技方面的优势地位相对下降，新兴经济体向中高端跃升的趋势更为明显。在高科技企业层面，新兴国家与亚太区域的创新型企业快速发展成为新趋势，上述企业与发达国家企业间的竞争也将更趋激烈。

2. 新领域技术快速发展助推新兴经济体本土创新

从领域上看，新一代信息技术、新能源、新材料、生物医药、高端装备等领域技术创新的重要性是各国聚焦的重点，在未来一个阶段，上述领域仍然是科技创新的竞争主战场。但在疫情催化作用下，以信息技术为核心的远程、线上、无人化技术，有望成为巨大现实需求催生的引领性技术。该领域牵引的物联网、人工智能、机器人、量子计算等新兴领域能够极大提升经济活动的效率，并适应后疫情时期社会经济发展的现实要求。同时，生物科技在疫情影响下有望得到各方的高度重视并实现快速发展。

国务院发展研究中心课题组的《未来国际经济格局十大变化趋势》指出，预计未来15年，信息技术与新兴数字经济发展将为新兴经济体赶超提供机遇。数字经济兴起将加快知识向发展中国家扩散，有助于本地化生产，助推发展中国家的工业化进程。[①] 新兴经济体与发展中国家的创新型城市与本土创新体系、产业体系的联系将更为紧密。

3. 技术应用层面"新技术、新业态、新模式、新产业"的相互渗透与互动响应更为紧密

在创新要素从全球流动向要地集聚的发展过程中，技术与产业需求之间的边界更趋模糊。这就带来了不同经济主体之间在创新人才、无形资产、创新模式、创新企业、产业迭代等方面的综合比拼，上述领域也成为科技竞争的重要环节。城市兼具创新要素的集聚与配置能力以及对高技术产品的需求能力，成为新技术、新业态、新产业相互融合的重要平台及应用空间。同时，新兴技术带来的新基础设施建设需求，也成为城市下一轮投资的热点。

---

① 国务院发展研究中心课题组：《未来国际经济格局十大变化趋势》，《经济日报》2019年2月12日。

4. 技术成果的效益分配强调"本土普惠"

如何实现技术效益的本地社会"普惠",迅速填补"技术鸿沟",充分发挥技术对本地社会的积极效应,是科技发展的重要诉求。信息技术快速发展,在此轮技术发展潮流下,技术收益的社会层级与国家分布均极不均衡,且具有"马太效应"。新"技术精英"阶层与金融资本相结合,成为"收割"技术红利的社会主体。在利益分配上,西方发达国家成为技术收益的主要赢家。这种技术收益的社会层级与国家分布的极不均衡,带来了"技术鸿沟"、社会对立等一系列问题。未来一个阶段,国际城市在"技术的社会形成"的同时,应达成城市本土的"技术社会普惠",降低技术收益不均衡带来的负面效应,创造技术收益在城市中的庞大"中产阶层",促成城市在技术应用、分配机制、社会参与等多领域的系统性设计和推进。

(五)全球治理格局变化的影响

与全球化发展趋势相伴的是国际政治格局进入重要转型期。国际体系的力量对比发生结构性变化,全球治理的行为体意愿与合作模式将变得前所未有的复杂。在这一变化之下,城市作为全球治理的亚国家行为体,其国际间互动的空间及议题参与能力相对增强。

1. 国际力量对比方面

冷战以来形成的国际治理体系及政治互动框架受到重大冲击,国际间政治力量对比面临重大变化,主要国际行为体间互动的不确定性加强。中国等新兴经济体国家实力的稳步提升及其对疫情的有效防控,与此次疫情带来的发达国家经济停摆状况相叠加,将极大改变全球的国家间力量对比。在后疫情时代经济"重启"后恢复速度差异的影响下,中国与亚洲国家有望进一步确立全球经济规模最强大板块的地位。2020年RCEP等区域经济合作协定的签订表明,经济规模形成的引力效应,使得亚洲,特别是东亚一体化的发展前景更为明朗。这种变化带来亚太地区国际枢纽城市以区域治理形成跨国事务互动的新机遇。

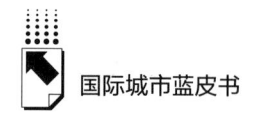

2. 政治治理体系方面

随着美国等主要西方国家对全球化及新兴经济体的态度转变，全球金融危机以来形成的全球治理氛围面临破碎化的前景，主要国际行为体之间的国际事务协调将更趋复杂和困难。新冠肺炎疫情之下的国际政治互动显示，美国在全球危机之中，已无意担当全球治理的职责，不愿提供"公共品"，并退缩为以本国及本集团利益为优先考虑的区域性权力主体。后疫情时代，全球事务的协调将缺乏主导性权力。同时，随着国家间的相互隔离，全球治理的难度将进一步加大。针对全球共同问题的政府间互动将更趋艰难，各国之间的多边合作意愿下降，双边与区域性合作的作用相对增大。而民间互动，特别是城市等非国家行为体互动的空间将相对更大。国际城市在气候变化、跨国卫生治理、网络治理、移民管控、跨国犯罪防范等治理议题上有更大的合作需求与互动空间。

二 国际城市的"双循环"趋势

疫情对全球化、全球价值链、国际产业、创新与治理体系等带来的一系列影响，对于国际城市的发展模式与运行趋向产生了重要影响。由于国际城市间的人员流动趋缓，以及不同区域城市经济复苏程度的差异，20世纪90年代以来形成的世界城市等级体系面临重构。疫情带来的外部环境不确定性，与相对收缩的慢速全球化共同作用，使国际城市更加关注本地以及周边区域的创新体系构建，以及城市体系化能力的打造。城市对于"在地化""根植性"发展的回归，事实上也是对前一阶段快速全球化带来的负面效应的自我更新。同时也应看到，国际城市仍然注重自身对外部要素资源的集聚与配置能力，城市间的合作和开放包容依然是城市得以发展壮大的基石。其中不同的新特点在于，开放功能与要素集聚配置能力更多的是依托城市—区域的多主体合力。因此，国际城市的发展逐渐进入重振本土服务能力与升级对外服务能力并重的新阶段，在运行模式上则体现出城市—区域内部循环与城市间合作外部循环的双重互动。

（一）疫情影响下国际城市等级格局面临重大调整

疫情影响之下，国际城市等级将面临重大调整。从总体格局上看，纽约、伦敦等欧美城市受疫情影响损失惨重，流量萎缩，服务经济主导的经济结构受到重击。而东亚城市总体保持稳定，部分城市的地位将相对快速提升。国际城市群体的相对地位与等级体系将呈现剧烈变化的趋势。新加坡总理李显龙在2020年6月7日的讲话中指出，2020年度新加坡国内生产总值预计萎缩4%~7%，这将是新加坡有史以来最大幅度的经济萎缩。未来几年，新加坡将迎来充满变革的时期，新加坡人民必须做好面对未来的准备。从发展的内在机制上看，由于人员流动减缓与跨国业务相对缩减，发达国家城市中先进生产者服务业（APS）在此次疫情期间受到重大冲击，此类行业内部企业间的兼并重组与业务重整趋势明显，这将使全球城市能级判定的基础因素发生重大变化。APS企业活动的规模下降、布局的分散化，将降低相关国际城市在全球化快速推进阶段形成的国际要素配置能力。同时，在疫情影响下，跨国企业的兼并重组、新兴地区跨国企业地位的相对提升、跨国企业海外业务开展模式的调整以及"在岸经营"倾向的出现，将使新兴经济体国际城市与欧美国际城市的力量对比发生重大变化。

（二）区域成为国际城市稳定发展的基石

在疫情影响下，实体经济与虚拟经济的平衡发展、服务业与制造业的均衡互动，将成为国际城市保持经济社会发展的新动向。而单一城市个体，难以形成对多元经济结构的全面承载，这就更加凸显周边城市化区域的支撑作用。疫情反映出，国际城市与所在都市圈、城市群的经济体系配合程度，成为城市经济稳定发展的重要基石。国际城市需要充分考虑城市区域对于经济稳定发展的重要性。同时，疫情引发的全球供应链调整，显示出传统全球城市—区域（Global City-Region）体系中的多城市独立对接全球产业链、价值链的垂直一体化联系方式面临的巨大风险与问题。例如，中国长三角城市群内部长期存在的产业同质化问题，相较于珠三角城市间集群互动体系的发展

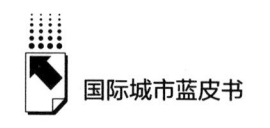

差异，较为明显地体现出单纯依赖外部要素流动的全球城市—区域在全球化变动格局下的风险。在这一背景下，国际城市与区域融合互动的发展模式需要反思过去30年的垂直一体化模式，开拓走向"区域水平一体化"的新路径。国际城市在都市圈、城市群范围的引领作用和引领方向需要新的调整，以促进所在城市群形成以双向开放为特征、以专精互补为特色的"水平一体化"发展体系。

（三）体系化创新策源与转化能力成为国际城市新追求

在国际要素流动趋缓的背景下，城市自身的创新能力，特别是创新的协同能力，成为城市可持续发展的重要基础与动力来源。科技创新能力，以及创新体系水平、创新人才集聚能力，成为国际城市竞争的重要领域。其中，体系化的创新能力与创新策源功能，是国际城市在创新要素流动趋缓背景下，需要重点关注的领域。在需求端，城市对于创新成果的转化能力与应用能力，成为城市打造创新链的重要内容。后疫情时期，城市个体在创新领域的投入与推动，需要综合考虑周边区域的承载与配合能力。创新要素在国际化城市以及城市区域的合理配置，是形成创新重要平台与枢纽的前提。其中，区域多城市共同参与的创新生态系统、创新人才流动机制、创新成果转化机制是关键环节。在这一前提下，国际城市需要更多考虑释放自身策源能力与区域范围内配置完备创新链的问题。

（四）体系能力与包容性成为城市社会治理方面新需求

新冠肺炎疫情对城市的冲击提示，城市功能间的有机联系至关重要，某一领域的突出发展优势无法予以城市整体保障。而卫生、安全领域的短板引发的"木桶效应"将导致优势环节成果的迅速"坍塌"。作为要素高速流动的承载空间，国际城市需要具备较为齐备、均衡的体系化城市功能。后疫情时代，城市安全、应急反应能力等原本被忽视的领域的关注度迅速提升。同时，城市具有的抗疫"安全岛"作用，也成为各国社会治理中的重要关注点。此外，在各国为防控疫情采取社会隔离政策而导致部分城市社会对抗状况延续的背景下,国际城市的社会包容性就成为人才流动与集聚的重要影响因素。国际城市在经济、社会、治理、安全等多领域协同配合的体系运行与应对能力,以及社会包容性与政策适应性,成为衡量城市发展水平、保持社会稳定的重要基石。

(五)从单一枢纽到都市圈、城市群多点枢纽网络化布局

从长时段看,国际经济交往的需求仍将维持,疫情的影响是短期的,因此国际城市的流量枢纽地位在后疫情时代仍然具有重要意义并需要予以进一步强化。但疫情带来的安全性隐忧,使国际城市在人员流动方面的核心枢纽地位需要重新配置,依赖单一枢纽的风险,需要由更具冗余性的区域性多口岸布局进行对冲。在这一需求与变化之下,国际城市与周边城市共同形成的区域性的多点综合门户枢纽体系相较单一城市的点状枢纽功能具有更大优势。这一变化提示,各地区的国际城市门户布局面临新的调整。国际城市的要素枢纽功能体系,乃至交通、通信等基础设施的布局,需要考虑在都市圈、城市群范围的多点网络化配置。

三 中国城市的"双循环"发展策略

中国城市是全球城市体系的重要组成部分,沿海与中西部地区的主要城市绝大部分是与国际经济体系有紧密互动的国际型城市。2020年的新冠肺炎疫情对中国城市的冲击最早,但其恢复也最为迅速。特别应当注意的是,中国的国际城市是率先响应"双循环"新格局的城市群体。中国城市的"双循环"发展趋势,一方面反映出其对国家开放战略调整需求的整体响应,另一方面也体现出国际城市发展的新特征。

(一)开放战略的调整

在全球化加深以及疫情影响下,中国的开放战略将随之有重大调整的趋势。改革开放40多年来形成的以市场换技术、以生产换资源、以"大进大

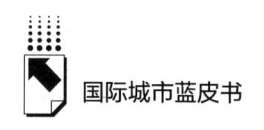

出"为特点的开放模式在新的环境下将面临诸多挑战。中国自身经济结构与发展质量的提升，也决定了其在全球价值链体系中的新定位。国家开放战略、开放模式、开放面向将根据战略变化进行新的调整，更多的是强调以发挥中国大市场作用为核心，形成国际要素配置能力。这种开放战略的调整，要求中国的主要国际门户城市与枢纽节点城市，进行城市对外开放模式的整体迭代，以适应新的开放环境要求。

中国的开放目标，从利用外部资源促进自身规模性发展逐渐转变为引导、配置国际要素提升自身竞争力。开放将更多聚焦外部高端要素的引入与配置，并内化于中国自身的产品、技术、品牌，进一步提升中国在全球价值链中的地位。同时，开放的引导性更强，将基于中国在全球经济中的重要地位，充分发挥对国际经济互动的积极作用。在这一趋势下，中国沿海国际城市的城市开放功能，将从以配合要素流动为主的枢纽门户导向转变为集聚转化高端要素、释放对外经济引导能力的平台与策源导向。

（二）开放模式的转变

改革开放以来，中国开放型城市与欧美城市差异较大的一个重要特点是形成了较为强大的制造能力，主要以生产端对接国际经济体系。而中国下一个阶段的对外开放，在继续强化自身完备的制造与服务能力的基础上，将更为注重本国市场的对外影响力，以需求侧因素影响国际互动。全球经济不断深化发展的经验表明，高质量的需求与市场是集聚外部资源，进而形成全球经济控制能力的核心。在疫情引致各主要经济体普遍需求不振的情况下，哪个经济体率先形成新的需求规模，哪个经济体就有望率先走出"重启"的艰难阶段和供需失衡的经济危机陷阱。与发达国家的消费增幅有限的状况相对，中国当前正处在消费升级、需求升级的转型阶段，恰恰具备以巨大需求侧力量牵引内部经济增长以及外部经贸合作的独特优势。而中国城市则是需求升级的主体力量，也是国内市场质量提升的主要载体。中国城市中基础设施、企业、居民高品质需求的形成与外溢，是下一阶段对外经贸合作的重要契机。

从进出口结构来看，中国在未来一个阶段，依靠自身高质量市场与金融体系，提高进口流量与质量，改变"两头在外"的国际投资模式，形成进出口平衡的格局，是开放模式变化的重要方向。美国经济学家尼古拉斯·拉迪认为，尽管中国仍然是出口大国，但出口在中国GDP中的占比从2008年的31%下降到2019年的17%。而国际咨询机构麦肯锡公司的《中国与世界：理解变化中的经济联系》则认为，世界对中国经济的依存度上升，表明中国作为消费市场、供应方和资本提供方的重要性日益凸显。在供应方面，中国贡献了全球制造业总产出的35%。根据世界银行的数据，尽管中国在全球家庭消费中的占比仅为10%，但在2010~2017年，中国贡献了31%的全球家庭消费增长额。因此，中国国际城市在长期以来承载出口与中间品进口枢纽功能的基础上，在下一阶段亟须提升对国际进口的服务能力，以配合形成进出口平衡的开放模式。

（三）开放面向的调整

总体来看，改革开放以来，中国的国际性城市以欧美城市为主要互动伙伴。而未来一个阶段，中国的开放合作的区域重心将有较大调整，这也带来了国际城市合作方向的变化需求。近期美国等国家的制造业回归以及对抗性贸易政策，将使上述国家与中国的经济和产业合作意愿与水平下降。中国与欧美国家的经济互动形式将更趋复杂。中美之间的经济互动，在未来一段时间内，将更多带有竞争性意味，在美项目的投资风险将进一步加大。基于欧盟内部经济的多样性特点，与中国开放新阶段的特点，两者既有合作空间，也有先进制造业等领域的竞争性特征。中欧之间的经贸关系，在未来将进入"竞合"新阶段。在与欧、美经贸关系复杂化的情况下，中国的国际经济合作方向将呈现多方向互动格局。"一带一路"沿线国家以及东北亚、东盟区域国家，将成为中国新一轮开放合作的重要合作伙伴。这种开放面向的变化，将促使中国的国际城市拓展合作网络，由面向发达国家城市的单向合作转向发达国家与"一带一路"、周边区域并重的多向合作模式。

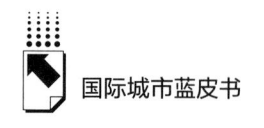

（四）开放效益评价导向的调整

引进外资对中国国际城市的发展起到了重要的促进作用，也使沿海城市成为国际企业的重要集聚区域。外资的集聚程度，成为中国城市开放经济发展水平的重要衡量标准。而新的发展阶段，外资对于中国城市开放升级的意义也将发生新的变化。在"双循环"新格局下，中国开放的效益评价将从"扩大规模"向"提高水平"转变。改革开放 40 多年来形成的"开放规模越大，引资数量越多，开放效益评价越高"的评价标准将发生变化。只要引入外资就必然提升城市开放水平的时代已经过去。而新开放格局下对外资的引进效益评价的核心在于促进本国创新水平提升与产业发展。

在新的开放阶段，无论是外资引进来还是"走出去"对外投资，中国开放的核心目标都是形成自主可控的价值链体系。促进外资企业集聚的目标在于通过合作提升我国产业链价值链水平。而中国企业"走出去"，更多的是靠企业的对外投资获得创新优势。新一轮的开放，不再是"产品出去、资金进来"，而是包含"企业出去、跨国经营、二次创新、链条打造"。因此，中国城市的开放将承担更多的职责，一方面，对外资企业的引入，需要考察企业的技术水平以及合作领域，而高技术水平的外资项目，也对城市提出了更高的服务要求；另一方面，中国国际城市在服务于外资企业本地化经营的同时，还需要形成对本土企业更高质量对外投资的服务能力，在金融、贸易、人才、技术方面提供质量更高的保障与服务能力。从这个意义上看，中国国际城市服务外资企业融入"内循环"、保障本土企业进入"外循环"的能力，是承载"双循环"功能的重要表现形式。

参考文献

《习近平：国家中长期经济社会发展战略若干重大问题》，求是网，2020 年 4 月 10 日。
"Slowbalisation", *The Economist*, Jan 26, 2019, 430 (9127).

UNCTAD, "Impact of the COVID-19 Pandemic on Trade and Development: Transitioning to a New Normal," 2020-11.

UNDP, "Recovering from COVID-19: Lessons from Past Disasters in Asia and the Pacific," 2020-10.

Gita Gopinath, "The Great Lockdown: Worst Economic Downturn Since the Great Depression," https://blogs.imf.org/2020/04/14/the-great-lockdown-worst-economic-downturn-since-the-great-depression/, April 14th, 2020.

Shannon K. O'Neil, "Redundancy, Not Reshoring, Is the Key to Supply Chain Security," https://www.foreignaffairs.com/articles/2020-04-01/how-pandemic-proof-globalization, April 1st, 2020.

World Trade Organization, "Trade Statistics and Outlook," 2020-10-6.

IATA, "Annual Review 2020," 2020-11.

IEA, "Global Energy Review 2020: The Impacts of the COVID-19 Crisis on Global Energy Demand and CO_2 Emissions," 2020-7.

SHRM, "Survey: COVID-19 Could Shutter Most Small Businesses," https://www.shrm.org/about-shrm/press-room/press-releases/pages/survey-covid-19-could-shutter-most-small-businesses.aspx, May 6th, 2020.

SHRM, "Navigating COVID-19: Impact of the Pandemic on Small Businesses," 2020-4.

联合国:《世界经济形势与展望2020:执行摘要》,2020年1月。

国务院发展研究中心课题组:《未来国际经济格局十大变化趋势》,《经济日报》2019年2月12日。

B.2
依托不同类型节点城市，探索"一带一路"多层次发展：基于丝路城市指数2020～2021的分析*

樊豪斌 蒋 励**

摘 要： 本报告在沿用丝路节点城市的研究方法和分析思路的基础上，针对新冠肺炎疫情的防控情况，在政策沟通指数下新设反映城市公共卫生能力的三级指标，以评估节点城市的非常态公共卫生事件的应急能力。基于数据可得性，本报告共包含138个样本国家和350个样本城市，通过构建包含伙伴关系、区域影响、成长引领以及"五通"在内的评价指标体系，共筛选30个重要节点城市，主要分布于东欧和西欧地区；18个次要节点城市，主要分布于东欧地区；28个一般节点城市，主要分布于欧亚大陆。此三类节点城市为引领"一带一路"高质量发展的重要载体。此外，报告识别了91个潜在节点城市，主要分布于南亚、东亚、东南亚地区。报告总结了"五通"领域表现优异的各类型城市，以满足不同类型的投资需求。与上年度的对比分析显示，不同区域节点城市功能差异性仍然明显存在，但东南亚、南非、澳大利亚和新西兰地区节点功能水平提升明显。课题组建议除加强与东欧、西欧和东亚地区的常态化合作外，应重点提升与非洲地区的设施联通性、与美洲和大洋洲地区的资金融

---

* 本报告为上海市人民政府决策咨询研究基地屠启宇工作室2020年度研究阶段性成果。
** 樊豪斌，博士，上海社会科学院城市与人口发展研究所助理研究员，主要研究方向：城市经济；蒋励，美国杜克大学公共政策学院研究生，主要研究方向：社会政策、国际关系。

通性，以及关注东南亚地区在21世纪海上丝绸之路中经济、金融、贸易、航运和科技创新中心的建设。

关键词： "一带一路" 丝路城市指数 节点城市 "五通"城市

2020年是我国"十三五"规划收官之年，是"十四五"规划全面开启之年，同时也是"一带一路"倡议在推进过程中最具挑战性的一年。新冠肺炎疫情席卷全球，中美贸易摩擦加剧，全球经济逆增长，国际经济和政治格局的转变给2020年"一带一路"建设带来了契机与挑战。面临新冠肺炎疫情的冲击，本年度"一带一路"倡议的合作展现出了十足的韧性。依据中国外交部的报道，截至2020年11月19日，中方已与138个国家、31个国际组织签署了201份共建"一带一路"合作文件，在各方面都取得了积极进展。其中，外贸外资稳定增长，我国对沿线国家非金融类的直接投资达130亿美元，同比增长30%；重大项目进展顺利，中老铁路全线隧道实现贯通；中欧班列逆势增长，班列运送货物93万标箱，同比增长54%；健康丝绸之路取得新突破，我国秉持人类命运共同体的理念，已向150多个国家和国际组织提供了280多批紧急抗疫物资。

随着"一带一路"建设与国内经济高质量发展的高效联动和以开放为特色的新型经济走廊建设的推进，"一带一路"倡议的深化需要以"城市"为依托，立足国家发展战略需求，将丝路节点城市合作作为重心，推动"一带一路"建设空间再聚焦。本报告沿用丝路节点城市2.0[①]的研究方法和指标体系[②]，并在政策沟通指标下新增反映城市公共卫生能力的指标维度，根据相应官方文件更新数据，给出了疫情后各丝路节点城市指数变化的分析和建议。

---

① 屠启宇主编《国际城市蓝皮书：国际城市发展报告（2020）》，社会科学文献出版社，2020。

② 样本国家和城市数量、指标体系及数据来源、数据处理方法见文末附录。

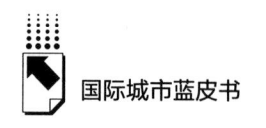

一　丝路节点城市整体排名

本年度丝路节点城市纳入样本国家138个、样本城市350个，本部分就丝路城市整体得分情况和较上年度变化做分析。

（一）整体表现：受疫情冲击，指数得分均值较上年略有下降，首末位城市综合实力差距拉大

表1为2021年丝路节点城市2.0指数得分统计信息。如表1所示，本年度丝路节点城市2.0指数综合得分均值为38.93，较上年39.11的均值水平降低了0.18。综合指数得分最大值为71.84，较上年最大值65.65提升了6.19；最小值为15.67，较上年最小值18.79下降了3.12；中位数为38.29，与上年基本持平；极差为56.17，较上年有所增加。以上数据表明，虽受新冠肺炎疫情影响，丝路节点城市的整体节点功能基本保持稳定，但首末位城市间的综合实力差距拉大。在二级指数中，丝路节点城市依旧在伙伴关系上表现突出，满分达标率[①]为57.36%。区域影响指数有待提高，满分达标率仅为13.20%。在"五通"（即政策沟通、设施联通、贸易畅通、资金融通、民心相通）二级指数方面，政策沟通指数表现优异，满分达标率为62.35%，较上年提升明显。

表1　2021年丝路节点城市2.0指数得分统计信息

指数		均值	最大值	最小值	标准差	中位数
丝路节点城市指数		38.93	71.84	15.67	8.07	38.29
二级指数	伙伴关系	5.74	9.85	0.62	1.90	6.23
	区域影响	1.32	8.38	0.00	1.43	0.71
	成长引领	4.06	6.28	0.41	1.04	4.18
	政策沟通	8.73	13.42	0.00	2.73	9.37
	设施联通	4.91	12.52	0.30	2.45	4.15
	贸易畅通	3.42	11.90	0.00	2.17	3.37
	资金融通	6.24	13.87	2.99	1.81	6.40
	民心相通	4.52	12.93	0.00	1.54	4.84

---

① 满分达标率=指数得分/指标权重×100%。

（二）频率分布：节点城市指数得分极化现象加剧，中上水平城市总数明显增加

以数值6为组距对2020年、2021年的350个样本城市丝路节点城市综合指数得分进行分组，所得频次分布如图1所示。2021年全样本城市指数得分与2020年相比虽然分布更为集中，但极大值分布更离散，说明受疫情影响指数得分极化现象加剧。2021年全样本城市中，130个城市得分分布于［33，39），84个城市得分分布于［39，45），56个城市得分分布于［45，51）。总体来说，87.42%的样本城市指数得分位于［27，51）的中上水平区间，较上年提升4.9个百分点。

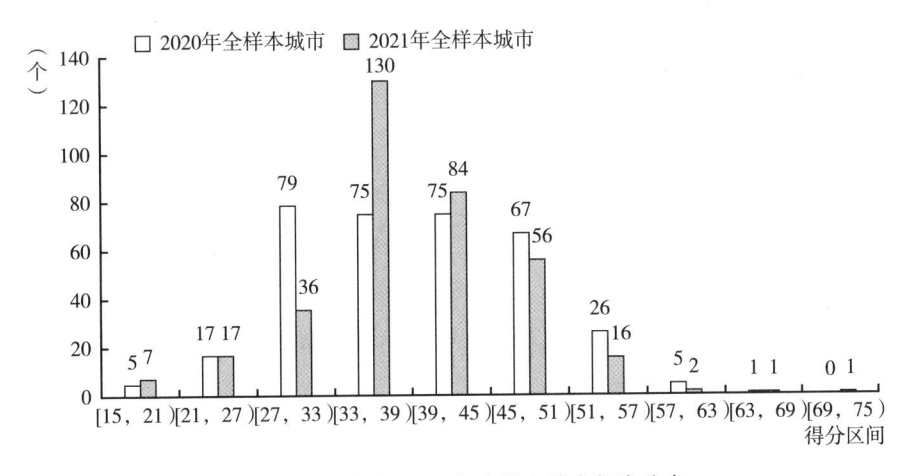

图1 2020年和2021年全样本城市频次分布

（三）满分达标率：样本城市政策沟通表现突出，区域影响力短板问题凸显

如图2所示，2021年全样本城市均值满分达标率情况与2020年基本一致。样本城市在伙伴关系与政策沟通方面表现较好，其中伙伴关系均值满分达标率57.36%，较上年的50.50%提升了6.86个百分点，说明虽受疫情影响，"一带一路"建设仍在积极推进。区域影响满分达标率最低，为

13.23%，且较上年的19.03%下降了5.8个百分点，区域影响的短板问题持续凸显。在"五通"指数方面，设施联通和贸易畅通满分达标率相对不足。贸易畅通和资金融通受疫情冲击较大，满分达标率与上年相比均有不同程度的下降。

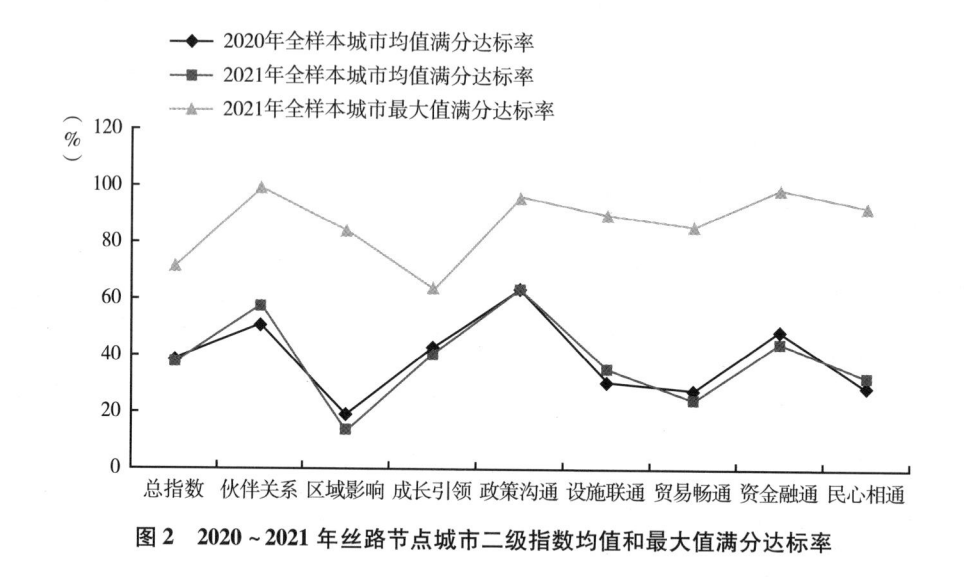

图2　2020~2021年丝路节点城市二级指数均值和最大值满分达标率

（四）2021年丝路节点城市20强：西欧节点城市优势明显，东南亚海上丝绸之路初绽光芒

本年度指数得分排前三名的城市均为亚洲节点城市，新加坡丝路节点城市指数得分为71.84，稳居首位。首尔（韩国）得分为63.79，上升为第二名，曼谷（泰国）得分为62.83，居第三名。从地理分布上看，前20强节点城市中，13个来自欧洲，7个来自亚洲，说明欧亚大陆作为"一带一路"的重要板块，其节点城市的发展势头强劲。本年度20强新晋城市共6个，其中，3个来自西欧地区，2个来自东南亚地区，1个来自南欧地区，分别为胡志明市（越南）、不莱梅（德国）、万象（老挝）、柏林（德国）、马德里（西班牙）及科隆（德国）。中德"一带一路"合作起步早，德国是亚投行的创始成员国和最大的域外出资国。德国总理默克尔在2019年访问汉

表2 2021年丝路节点城市指数得分前20强

排名	城市	国家	区域	总得分	伙伴关系	区域影响	成长引领	政策沟通	设施联通	贸易畅通	资金融通	民心相通
1	新加坡	新加坡	东南亚	71.84	5.75	8.38	5.00	13.42	11.27	5.57	13.87	8.57
2	首尔	韩国	东亚	63.79	6.98	4.34	4.93	12.00	12.52	2.71	9.77	10.55
3	曼谷	泰国	东南亚	62.83	7.13	3.49	4.28	10.34	11.59	3.76	9.31	12.93
4	伦敦	英国	北欧	59.69	7.29	4.12	5.35	12.13	8.07	4.25	11.93	6.56
5	莫斯科	俄罗斯	东欧	56.65	9.85	3.26	3.64	9.84	8.43	7.05	8.52	6.06
6	汉堡	德国	西欧	56.21	3.83	2.68	5.32	12.47	9.11	6.90	10.73	5.17
7	卢森堡	卢森堡	西欧	55.82	4.21	5.29	5.20	12.96	9.43	3.02	10.82	4.89
8	东京	日本	东亚	55.69	0.77	4.41	6.22	12.46	9.79	6.00	11.39	4.65
9	布达佩斯	匈牙利	东欧	55.30	6.67	3.42	3.50	10.84	8.99	9.81	7.60	4.47
10	胡志明市	越南	东南亚	55.20	7.13	2.85	4.68	10.05	8.85	9.87	5.72	6.04
11	不莱梅	德国	西欧	54.96	3.83	0.35	5.36	12.47	9.11	11.90	7.13	4.81
12	吉隆坡	马来西亚	东南亚	53.86	6.67	1.17	5.13	7.19	12.09	4.18	9.82	7.59
13	圣彼得堡	俄罗斯	东欧	53.60	9.85	2.20	3.69	9.84	8.43	7.05	7.52	5.03
14	维也纳	奥地利	西欧	52.85	6.52	4.01	4.42	12.64	8.17	3.10	9.57	4.43
15	苏黎世	瑞士	西欧	52.80	3.37	5.56	5.29	13.09	6.70	3.30	10.95	4.55
16	万象	老挝	东南亚	52.50	7.13	1.09	3.82	10.50	8.60	8.04	6.72	6.60
17	柏林	德国	西欧	52.40	3.83	2.77	5.35	12.47	9.11	6.90	7.13	4.83
18	马德里	西班牙	南欧	52.14	3.67	3.53	4.49	11.54	9.44	5.05	9.54	4.89
19	巴黎	法国	西欧	51.82	3.67	4.18	5.59	11.47	10.01	0.67	10.74	5.50
20	科隆	德国	西欧	51.22	3.83	1.84	5.50	12.47	9.11	6.90	7.13	4.44

堡港时表示，中国对汉堡港的发展起到了显著作用。中德合作在推动欧洲节点城市加入"一带一路"建设中起到了关键作用，因此德国节点城市的影响力不断上升。在防控新冠肺炎疫情过程中，亚洲国家公共卫生应急能力优势明显，亚洲节点城市排名上升显著，东京由上年的第20名上升至第8名。此外，随着21世纪海上丝绸之路建设的不断推进，胡志明市和万象挺进20强，分别居第10名和第16名。

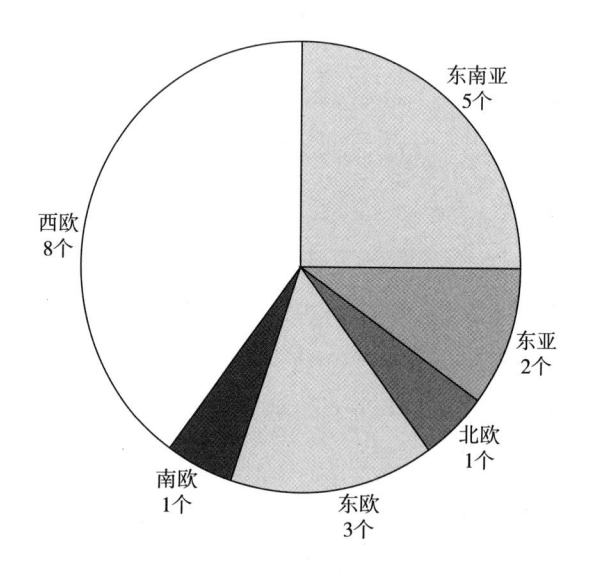

图3 2021年丝路节点城市20强分布

（五）2021年丝路节点城市100强：欧洲城市实力强劲引领政策沟通，南美城市首次挺进百强

如表3所示，本年度丝路节点前100强城市综合指数得分均值为48.55，较上年下降1.52。受疫情影响，全球经济负增长，前100强城市在区域影响和资金融通两个二级指标上分数下滑是其综合得分下降的主要原因。综合得分最大值为71.84，较上年提升6.19，最小值为43.31，较上年下降1.68，在新增公共卫生能力指数维度后，前100强城市的综合实力差距拉大。从二级指标满分达标率来看，政策沟通表现较好，满分达标率为

78.22%，较上年提升1.97个百分点，说明在疫情冲击下丝路城市前100强表现出了较强的政治稳定性和公共卫生能力。

表3　2021年丝路节点城市2.0指数前100强城市得分统计信息

指数		均值	最大值	最小值	标准差	中位数	均值满分达标率(%)
丝路节点城市2.0指数		48.55	71.84	43.31	4.84	47.42	48.55
二级指数	伙伴关系	6.41	9.85	0.77	2.18	6.67	64.11
	区域影响	2.27	8.38	0.01	1.67	2.58	22.69
	成长引领	4.36	6.22	2.72	0.75	4.29	43.58
	政策沟通	10.95	13.42	7.19	1.39	10.74	78.22
	设施联通	7.32	12.52	2.06	2.20	8.11	52.28
	贸易畅通	4.32	11.90	0.01	2.56	4.22	30.85
	资金融通	7.82	13.87	3.66	1.77	7.10	55.85
	民心相通	5.11	12.93	1.27	1.45	4.89	36.48

图4对比了2020年和2021年丝路节点百强城市二级指数均值。本年度百强城市二级指数均值整体表现稳定，可以认为丝路节点百强城市虽遭受疫情冲击，但城市韧性较强。本年度百强城市在伙伴关系、政策沟通方面进步较大；在成长引领和贸易畅通方面，表现与上年基本持平；在区域影响和资金融通方面则受疫情冲击较大，均较上年略有下滑。

从分布情况上看（见图5），丝路节点百强城市主要分布于欧亚大陆（共计93个），且欧洲节点城市综合实力强劲（共计54个）。欧洲百强节点

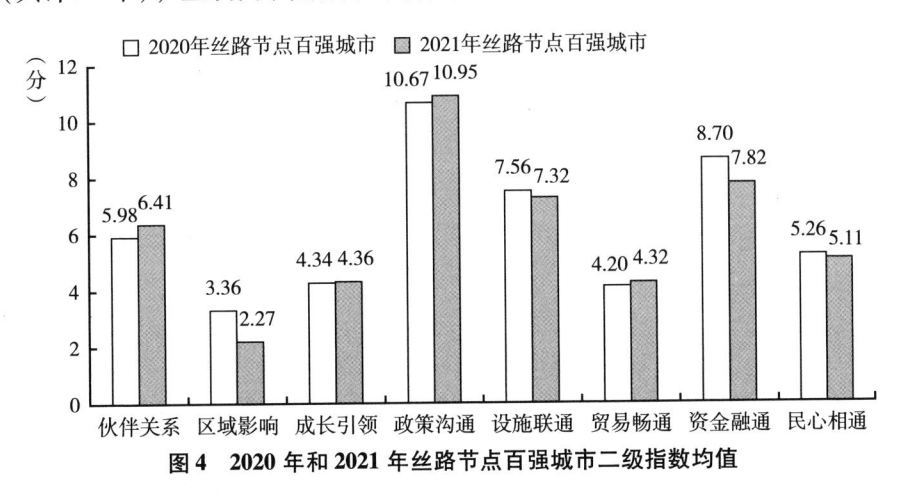

图4　2020年和2021年丝路节点百强城市二级指数均值

城市主要分布于东欧（21个）与西欧（14个）。亚洲百强节点城市共计39个，较上年相比减少2个，主要分布于东南亚（11个）与东亚（11个）。南非地区新增1个百强节点城市为德班（南非），居第97名。南美地区城市蒙得维的亚（乌拉圭）首次挺进百强，居第78名。这说明"一带一路"建设在非洲与美洲地区积极推进中。

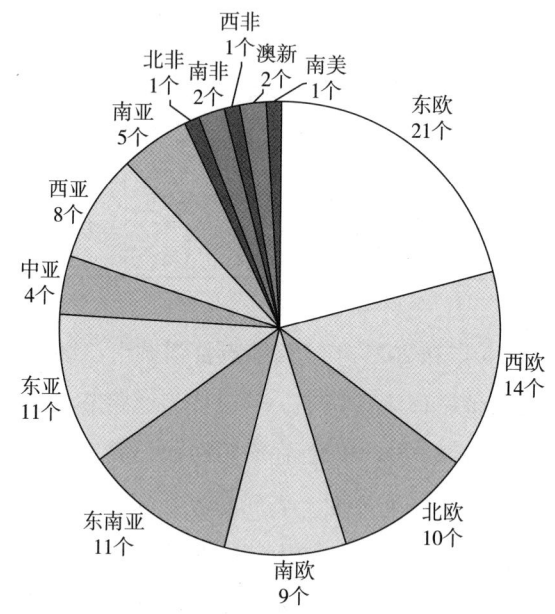

图5 2021年丝路节点百强城市分布

二 丝路节点城市类型划分

沿用2020丝路节点城市分类方法①，根据丝路节点城市综合指数得分，以2.5分为组距，对样本城市得分进行分组，如表4所示。重要节点城市30

---

① 课题组尝试利用ArcGIS工具对样本城市按自然间断点分级法（Jenks）进行分类，若以五类划分，得分从高到低：第一类城市共51个，第二类城市共86个，第三类城市共76个，第四类城市共69个，第五类城市共68个。尽管自然间断点分级方法较为常见，但结合实际，为了更明确地体现样本城市节点功能的层次性，本报告依然沿用较为传统的2.5分组距分类法对样本城市进行分类。

个，较上年增加7个；次要节点城市18个，较上年减少1个；一般节点城市28个，较上年增加5个。此三类节点城市共计76个，较上年共增加11个，说明"一带一路"建设中高质量发展的引领城市数量快速增长。

表4 2021年样本城市分类方法及数量

序号	城市组别		分值区间	数量(个)	指数得分均值	城市类别符号
1	重要节点城市		≥50	30	54.16	α
2	次要节点城市		[47.5,50)	18	48.75	β
3	一般节点城市		[45,47.5)	28	46.35	γ
4	潜在节点城市	潜在节点城市Ⅰ类	[42.5,45)	31	43.70	δ++
		潜在节点城市Ⅱ类	[40,42.5)	41	41.15	δ+
		潜在节点城市Ⅲ类	[38.5,40)	19	39.18	δ
5	普通城市		<38.5	183	33.00	ε

（一）重要节点城市（α城市）：贸易畅通领域进步明显，东西欧、东南亚潜力十足

重要节点城市综合指数得分≥50，共计30个，较上年增加7个，为推进"一带一路"建设最具影响力的沿线城市。重要节点城市综合指数得分均值为54.16，较上年下降2.32，高于全样本城市15.23。政策沟通满分达标率80.36%，表现稳定且优异。伙伴关系满分达标率64.73%，较上年增长6.14%。但本年度受疫情影响，重要节点城市在区域影响和资金融通方面表现欠佳，满分达标率较上年分别下降19.49个和17.04个百分点。

从空间分布上看（见图6），重要节点城市全部分布于欧亚大陆，其中欧洲重要节点城市共计22个且集中位于东欧（9个）和西欧（9个）地区，总数较上年增加9个，实力稳步提升。亚洲重要节点城市共计8个，包括东南亚5个、东亚2个、西亚1个。随着中国—东盟合作、澜沧江—湄公河合作等区域合作的不断深化，东南亚重要节点城市数量较上年新增2个，为胡志明市（越南）和万象（老挝），东南亚节点城市发展潜力十足。

表5　2021年重要节点城市指数得分

总分排名	城市	国家	区域	总分	伙伴关系	区域影响	成长引领	政策沟通	设施联通	贸易畅通	资金融通	民心相通
1	新加坡	新加坡	东南亚	71.84	5.75	8.38	5.00	13.42	11.27	5.57	13.87	8.57
2	首尔	韩国	东亚	63.79	6.98	4.34	4.93	12.00	12.52	2.71	9.77	10.55
3	曼谷	泰国	东南亚	62.83	7.13	3.49	4.28	10.34	11.59	3.76	9.31	12.93
4	伦敦	英国	北欧	59.69	7.29	4.12	5.35	12.13	8.07	4.25	11.93	6.56
5	莫斯科	俄罗斯	东欧	56.65	9.85	3.26	3.64	9.84	8.43	7.05	8.52	6.06
6	汉堡	德国	西欧	56.21	3.83	2.68	5.32	12.47	9.11	6.90	10.73	5.17
7	卢森堡	卢森堡	西欧	55.82	4.21	5.29	5.20	12.96	9.43	3.02	10.82	4.89
8	东京	日本	东亚	55.69	0.77	4.41	6.22	12.46	9.79	6.00	11.39	4.65
9	布达佩斯	匈牙利	东欧	55.30	6.67	3.42	3.50	10.84	8.99	9.81	7.60	4.47
10	胡志明市	越南	东南亚	55.20	7.13	2.85	4.68	10.05	8.85	9.87	5.72	6.04
11	不莱梅	德国	西欧	54.96	3.83	0.35	5.36	12.47	9.11	11.90	7.13	4.81
12	吉隆坡	马来西亚	东南亚	53.86	6.67	1.17	5.13	7.19	12.09	4.18	9.82	7.59
13	圣彼得堡	俄罗斯	东欧	53.60	9.85	2.20	3.69	9.84	8.43	7.05	7.52	5.03
14	维也纳	奥地利	西欧	52.85	6.52	4.01	4.42	12.64	8.17	3.10	9.57	4.43
15	苏黎世	瑞士	西欧	52.80	3.37	5.56	5.29	13.09	6.70	3.30	10.95	4.55
16	万象	老挝	东南亚	52.50	7.13	1.09	3.82	10.50	8.60	8.04	6.72	6.60
17	柏林	德国	西欧	52.40	3.83	2.77	5.35	12.47	9.11	6.90	7.13	4.83

续表

总分排名	城市	国家	区域	总分	伙伴关系	区域影响	成长引领	政策沟通	设施联通	贸易畅通	资金融通	民心相通
18	马德里	西班牙	南欧	52.14	3.67	3.53	4.49	11.54	9.44	5.05	9.54	4.89
19	巴黎	法国	西欧	51.82	3.67	4.18	5.59	11.47	10.01	0.67	10.74	5.50
20	科隆	德国	西欧	51.22	3.83	1.84	5.50	12.47	9.11	6.90	7.13	4.44
21	新西伯利亚	俄罗斯	东欧	50.76	9.85	0.12	3.70	9.84	8.43	7.05	6.71	5.07
22	叶卡捷琳堡	俄罗斯	东欧	50.65	9.85	0.05	3.68	9.84	8.43	7.05	6.71	5.05
23	迪拜	阿拉伯联合酋长国	西亚	50.46	6.67	4.34	4.63	11.89	5.08	0.46	11.31	6.08
24	喀山	俄罗斯	东欧	50.39	9.85	0.18	3.68	9.84	8.43	7.05	6.71	4.67
25	里斯本	葡萄牙	南欧	50.36	6.67	3.80	3.85	11.86	8.90	3.06	7.98	4.23
26	克拉斯诺亚尔斯克	俄罗斯	东欧	50.35	9.85	0.03	3.75	9.84	8.43	7.05	6.71	4.69
27	格拉斯哥	英国	北欧	50.25	7.29	2.30	5.25	12.13	5.67	4.25	8.94	4.42
28	彼尔姆	俄罗斯	东欧	50.20	9.85	0.03	3.63	9.84	8.43	7.05	6.71	4.66
29	阿姆斯特丹	荷兰	西欧	50.15	2.60	3.24	5.08	12.67	10.22	0.81	12.21	3.32
30	下诺夫哥罗德	俄罗斯	东欧	50.09	9.85	0.04	3.52	9.84	8.43	7.05	6.71	4.66
均值				54.16	6.48	2.77	4.58	11.26	8.98	5.57	8.89	5.65
均值满分达标率（%）				54.16	64.7	27.68	45.83	80.36	64.12	39.78	63.47	40.33
高于全样本均值				15.23	0.74	1.45	0.52	2.53	4.07	2.15	2.65	1.13

031

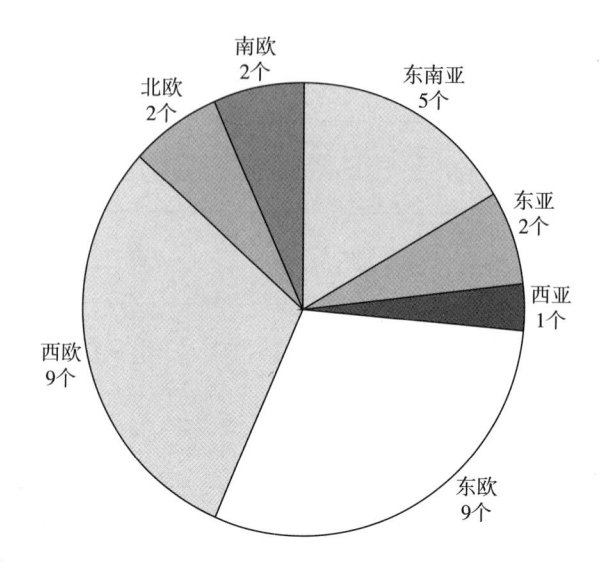

图6 2021年重要节点城市空间分布

对比重要节点城市与全样本城市的二级指数均值（见图7），重要节点城市在政策沟通、设施联通、贸易畅通、资金融通四个方面优势明显，其中

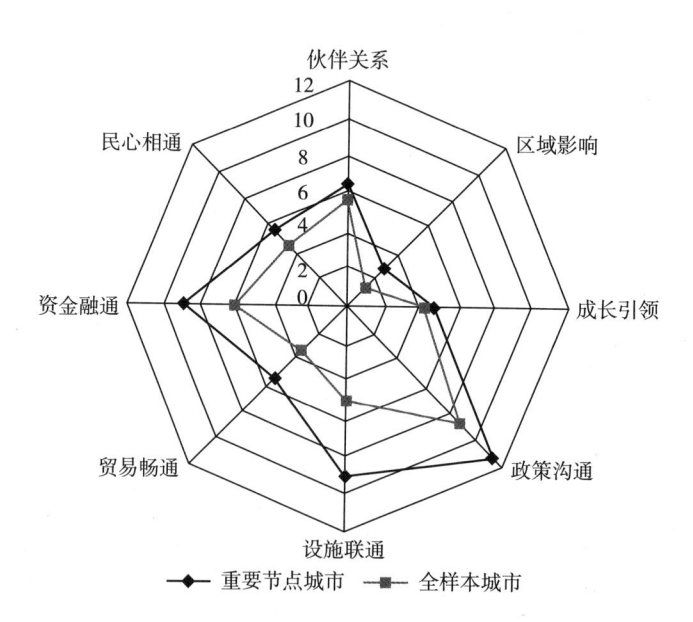

图7 2021年重要节点城市与全样本城市二级指数均值对比

贸易畅通方面较上年进步明显；在区域影响和民心相通方面得分高于全样本城市；在伙伴关系和成长引领方面得分与全样本城市基本持平。

（二）次要节点城市（β城市）：欧亚空间分布更均衡，澳新城市首次入围，民心相通性略有下降

次要节点城市综合指数得分位于［47.5，50），共计18个，数量与上年基本持平。如表6所示，次要节点城市综合指数得分均值为48.75，较上年下降2.23，高于全样本均值9.82，是潜在成为"一带一路"重要节点城市的高质量发展城市。在伙伴关系、政策沟通和资金融通方面的满分达标率均超过55%，区域影响和民心相通方面的满分达标率较低。

本年度次要节点城市空间分布与上年相比更为均衡（见图8）。18个次要节点城市中，11个位于欧洲，6个位于亚洲，1个位于大洋洲。此分布与上年东欧城市"一枝独大"的局面相比更为合理。奥克兰（新西兰）首次入围次要节点城市，标志着"一带一路"倡议的区域影响力在不断提升。

与全样本城市相比（见图9），次要节点城市在政策沟通、设施联通、资金融通和贸易畅通方面的二级指数得分较高。伙伴关系、区域影响和成长引领方面与全样本均值基本持平。民心相通方面发展稍显不足，指数得分均值仅高于全样本0.14，有待提高。

（三）一般节点城市（γ城市）：整体空间分布均匀，3个非洲城市入榜，政策沟通水平与次要节点城市持平

一般节点城市综合指数得分位于［45，47.5），共计28个，较上年增加5个。一般节点城市综合指数得分均值为46.35，较上年降低2.6，高于全样本得分均值7.42。随着"一带一路"建设的深入，有更多的沿线国家加入，中国与各大洲国家的双边贸易协定迅猛增加，因此一般节点城市在伙伴关系与政策沟通方面的满分达标率上表现较好，均超过65%；政策沟通方面的满分达标率为76.80%，与次要节点城市旗鼓相当（见表7）。

表6 2021年次要节点城市指数得分

总分排名	城市	国家	区域	总分	伙伴关系	区域影响	成长引领	政策沟通	设施联通	贸易畅通	资金融通	民心相通
31	多哈	卡塔尔	西亚	49.88	6.21	4.37	4.32	11.81	5.64	3.11	8.73	5.70
32	车里雅宾斯克	俄罗斯	东欧	49.85	9.85	0.04	3.64	9.84	8.43	7.05	6.71	4.30
33	乌法	俄罗斯	东欧	49.82	9.85	0.03	3.61	9.84	8.43	7.05	6.71	4.30
34	鄂木斯克	俄罗斯	东欧	49.76	9.85	0.04	3.55	9.84	8.43	7.05	6.71	4.30
35	萨马拉	俄罗斯	东欧	49.72	9.85	0.04	3.51	9.84	8.43	7.05	6.71	4.30
36	雅加达	印度尼西亚	东南亚	49.65	6.67	3.22	4.32	10.25	3.21	9.19	6.47	6.33
37	哥本哈根	丹麦	北欧	49.58	3.67	3.63	4.69	13.18	5.77	5.25	9.61	3.77
38	阿拉木图	哈萨克斯坦	中亚	49.10	8.94	2.58	3.95	10.60	8.22	0.21	9.01	5.59
39	曼彻斯特	英国	北欧	48.86	7.29	2.84	5.31	12.13	5.67	4.25	6.93	4.44
40	伯尔尼	瑞士	西欧	48.28	6.37	3.13	5.29	13.09	5.90	3.30	6.69	4.51
41	米兰	意大利	南欧	48.11	6.67	3.15	3.99	10.72	4.89	3.95	9.63	5.11
42	河内	越南	东南亚	48.10	7.13	0.22	4.96	10.05	8.85	4.87	5.72	6.30
43	慕尼黑	德国	西欧	47.83	3.83	2.78	5.52	8.47	5.11	6.90	10.34	4.87
44	仁川	韩国	东亚	47.82	6.98	0.42	5.04	12.00	8.52	2.71	6.33	5.82
45	华沙	波兰	东欧	47.80	6.67	3.04	3.76	11.47	8.94	0.26	8.88	4.78
46	布鲁塞尔	比利时	西欧	47.78	3.06	4.11	4.25	11.80	10.02	0.24	9.66	4.65
47	大阪	日本	东亚	47.78	0.77	2.99	6.20	12.46	7.39	6.00	8.63	3.33
48	奥克兰	新西兰	澳大利亚和新西兰	47.77	6.67	4.07	4.61	13.32	6.35	4.89	6.46	1.39
	均值			48.75	6.68	2.26	4.47	11.15	7.12	4.63	7.77	4.66
	均值满分达标率(%)			48.75	66.84	22.62	44.72	79.64	50.87	33.08	55.52	33.25
	高于全样本均值			9.82	0.95	0.94	0.42	2.42	2.22	1.21	1.53	0.14

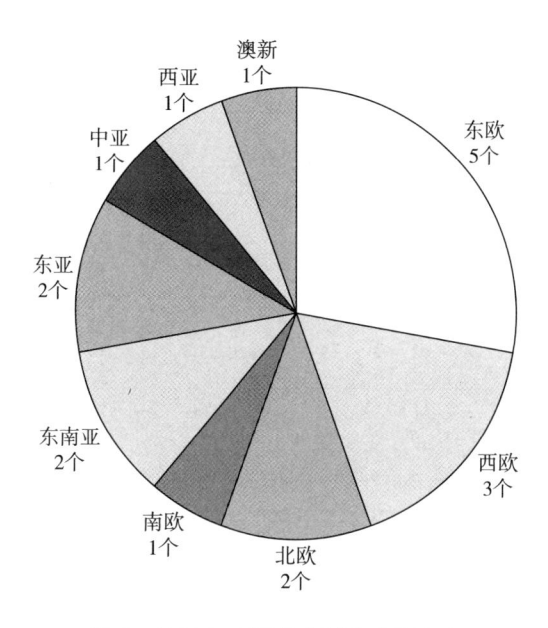

依托不同类型节点城市，探索"一带一路"多层次发展：基于丝路城市指数2020~2021的分析

图8 2021年次要节点城市空间分布

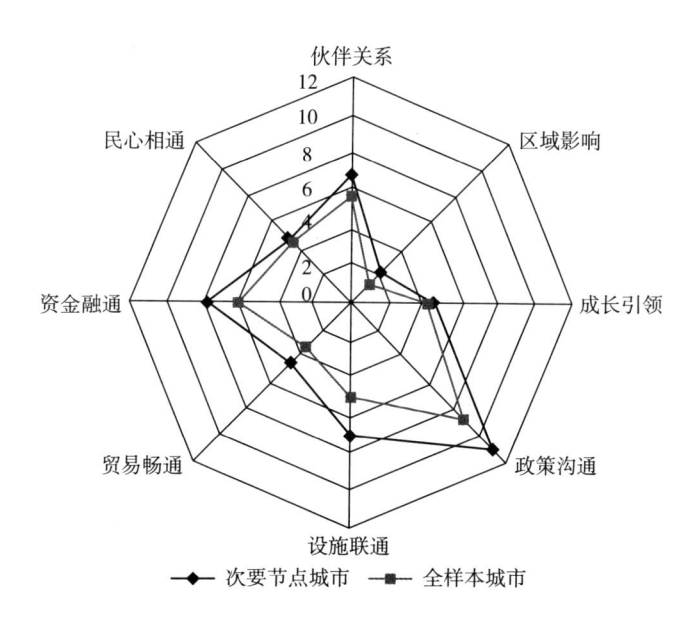

图9 2021年次要节点城市与全样本城市二级指数均值对比

表7 2021年一般节点城市指数得分统计信息

总分排名	城市	国家	区域	总得分	伙伴关系	区域影响	成长引领	政策沟通	设施联通	贸易畅通	资金融通	民心相通
49	伯明翰	英国	北欧	47.49	7.29	1.86	5.31	12.13	5.67	4.25	6.93	4.05
50	拉合尔	巴基斯坦	南亚	47.45	9.25	2.21	4.08	8.45	5.83	5.17	6.84	5.62
51	罗马	意大利	南欧	47.38	6.67	2.91	4.06	10.72	4.89	3.95	9.08	5.09
52	波尔图	葡萄牙	南欧	47.33	6.67	2.48	3.80	11.86	8.90	3.06	6.32	4.23
53	新德里	印度	南亚	47.28	6.23	2.79	4.88	9.81	8.15	4.31	8.29	2.82
54	惠灵顿	新西兰	澳大利亚和新西兰	47.24	6.67	1.92	4.42	13.32	4.75	4.89	10.00	1.27
55	釜山	韩国	东亚	47.15	6.98	0.55	4.92	12.00	5.32	2.71	8.80	5.88
56	开普敦	南非	南非	47.04	6.67	2.70	3.92	10.42	3.38	5.55	7.89	6.51
57	贝尔格莱德	塞尔维亚	南欧	46.70	6.67	2.99	3.25	10.33	9.00	3.01	6.38	5.06
58	布加勒斯特	罗马尼亚	东欧	46.63	5.90	2.94	3.26	11.27	8.81	3.07	6.31	5.06
59	乌兰巴托	蒙古	东亚	46.53	6.67	2.34	3.47	10.60	7.90	3.08	6.05	6.40
60	赫尔辛基	芬兰	北欧	46.43	2.29	3.49	4.58	12.84	10.52	0.07	8.31	4.33
61	海防	越南	东南亚	46.34	7.13	0.06	4.76	10.05	8.05	4.87	5.72	5.70
62	西约克	英国	北欧	46.16	7.29	0.54	5.30	12.13	5.67	4.25	6.93	4.05
63	卡萨布兰卡	摩洛哥	北非	46.08	5.46	2.90	3.78	10.14	3.58	5.19	9.35	5.68
64	伏尔加格勒	俄罗斯	东欧	46.05	9.85	0.03	3.48	9.84	4.43	7.05	6.71	4.66

续表

总分排名	城市	国家	区域	总得分	伙伴关系	区域影响	成长引领	政策沟通	设施联通	贸易畅通	资金融通	民心相通
65	特拉维夫—雅法	以色列	西亚	45.90	4.98	4.88	4.90	11.93	2.43	3.14	9.79	3.85
66	努尔苏丹	哈萨克斯坦	中亚	45.88	8.94	0.29	3.95	10.60	8.22	0.21	8.45	5.21
67	沃罗涅日	俄罗斯	东欧	45.86	9.85	0.03	3.65	9.84	4.43	7.05	6.71	4.30
68	维尔纽斯	立陶宛	北欧	45.83	3.46	2.68	3.58	11.93	8.62	3.01	8.29	4.25
69	杜尚别	塔吉克斯坦	中亚	45.80	8.17	0.59	4.18	9.29	8.06	3.02	6.53	5.96
70	科威特市	科威特	西亚	45.79	5.46	5.85	4.02	10.62	4.23	3.16	7.46	4.98
71	罗斯托夫	俄罗斯	东欧	45.78	9.85	0.03	3.57	9.84	4.43	7.05	6.71	4.30
72	拉各斯	尼日利亚	西非	45.73	5.46	2.35	4.04	8.88	2.06	10.33	6.46	6.15
73	雅典	希腊	南欧	45.58	6.67	3.89	3.09	10.82	4.86	4.79	7.19	4.27
74	伊斯坦布尔	土耳其	西亚	45.49	4.67	1.09	3.84	9.34	9.49	3.20	7.88	5.97
75	罗斯托克	德国	西欧	45.44	3.83	0.01	5.55	12.47	5.11	6.90	7.13	4.44
76	北揽府(沙没巴干府)	泰国	东南亚	45.36	7.13	0.09	4.20	10.34	7.59	3.76	7.07	5.18
	均值			46.35	6.65	1.95	4.14	10.78	6.23	4.29	7.48	4.83
	均值满分达标率(%)			46.35	66.50	19.47	41.37	76.80	44.49	30.65	53.46	34.51
	高于全样本均值			7.42	0.91	0.62	0.08	2.05	1.32	0.87	1.24	0.32

037

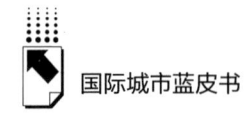

从空间上看，一般节点城市的空间分布均匀（见图10）。28个一般节点城市分布于欧洲（13个）、亚洲（11个）、非洲（3个）与大洋洲（1个）。其中3个非洲城市开普敦（南非）、卡萨布兰卡（摩洛哥）和拉各斯（尼日利亚）均为本年度新晋一般节点城市。这说明随着"一带一路"建设在非洲的推进，非洲的城市逐渐成为有区域影响力的节点城市。

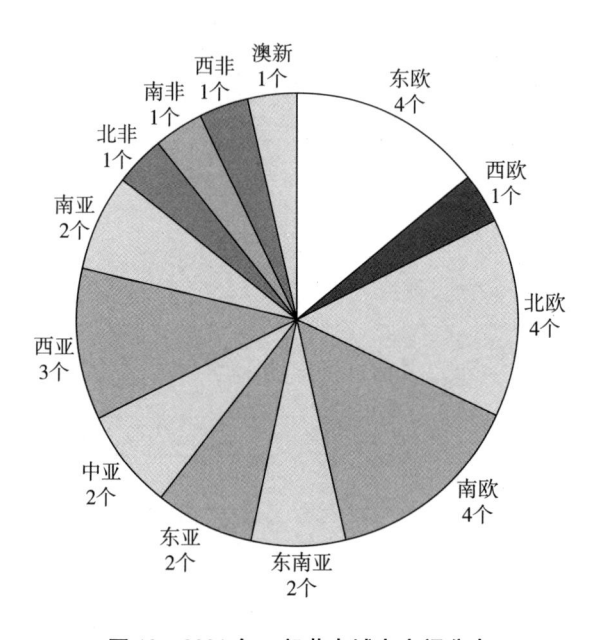

图10 2021年一般节点城市空间分布

一般节点城市二级指数得分在政策沟通、设施联通和资金融通方面表现较好。但与上年相比，一般节点城市的设施联通性优势减弱，在民心相通、区域影响和成长引领方面水平仍有待提高。因此，如何利用城市自身优势，提升区域影响力，成为高质量发展先导城市，是一般节点城市晋级更高层次节点城市的努力方向。

（四）潜在节点城市：主要分布于欧亚大陆，三类潜在节点城市的政策沟通性均表现较好，区域影响力相对不足

潜在节点城市综合指数得分位于 [38.5，45），共计91个城市，是推

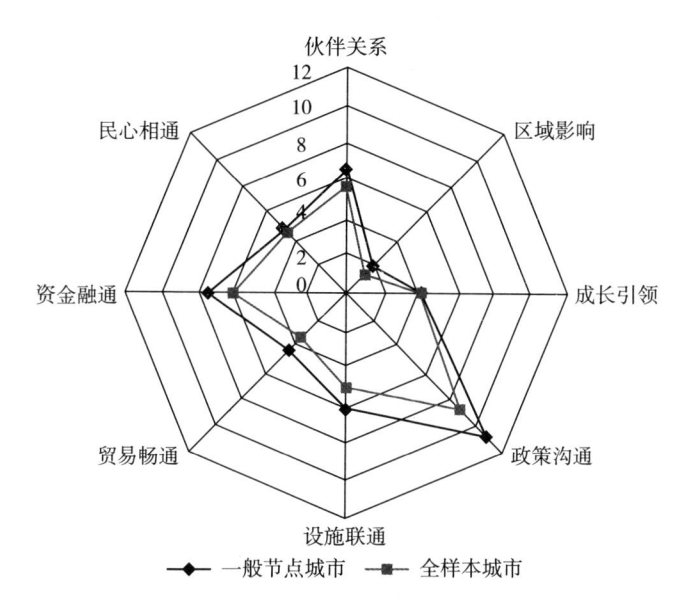

依托不同类型节点城市，探索"一带一路"多层次发展：基于丝路城市指数2020~2021的分析

图11　2021年一般节点城市与全样本城市二级指数均值对比

动"一带一路"高质量发展的储备城市。潜在节点城市综合指数得分为41.61，较上年下降2.14，高于全样本均值2.68。以2.5分为组距，将潜在节点城市进一步划分为：Ⅰ类潜在节点城市（δ++城市），分值区间为[42.5，45）；Ⅱ类潜在节点城市（δ+城市），分值区间为[40，42.5）；Ⅲ类潜在节点城市（δ城市），分值区间为[38.5，40）。

（1）Ⅰ类潜在节点城市共计31个（见表8）。Ⅰ类潜在节点城市综合指数得分均值为43.70，高于全样本均值4.77。与全样本均值相比，Ⅰ类潜在节点城市设施联通性较好。从满分达标率角度，Ⅰ类潜在节点城市政策沟通方面表现最突出，高达75.88%，区域影响力表现欠佳。

从空间分布上看，Ⅰ类潜在节点城市主要集中在欧亚大陆，其中超过半数分布于亚洲（19个），与上年数量持平，其次主要分布于欧洲（10个），较上年减少6个，其余2个位于非洲（1个）和美洲（1个）。

（2）Ⅱ类潜在节点城市共计41个（见表9）。Ⅱ类潜在节点城市综合指数得分均值为41.15，高于全样本均值2.22。与全样本均值相比，Ⅱ类潜在节点城市政策沟通性较好，但伙伴关系和贸易畅通性较薄弱，二级指数得分

039

表8 2021年Ⅰ类潜在节点城市指数得分统计信息

总分排名	城市	国家	区域	总得分	伙伴关系	区域影响	成长引领	政策沟通	设施联通	贸易畅通	资金融通	民心相通
77	金边	柬埔寨	东南亚	44.76	7.13	2.36	4.30	9.37	9.20	0.09	6.40	5.90
78	蒙得维的亚	乌拉圭	南美	44.74	6.21	4.86	3.41	11.95	4.43	3.05	6.33	4.49
79	布拉迪斯拉发	斯洛伐克	东欧	44.64	3.46	2.57	3.62	10.94	8.89	3.08	6.32	5.75
80	巴塞罗那	西班牙	南欧	44.60	3.67	2.95	4.47	11.54	5.44	5.05	6.61	4.86
81	达卡	孟加拉国	南亚	44.58	6.98	2.73	4.32	9.24	7.65	3.17	3.66	6.83
82	加尔各答	印度	南亚	44.46	6.23	1.96	4.49	9.81	8.15	4.31	6.40	3.09
83	鹿特丹	荷兰	西欧	44.31	2.60	2.11	4.97	12.67	9.42	0.81	8.48	3.25
84	孟买	印度	南亚	44.30	6.23	2.98	4.57	9.81	4.15	4.31	9.13	3.10
85	龙仁	韩国	东亚	44.23	6.98	0.16	5.27	12.00	5.32	2.71	6.33	5.46
86	南安普顿	英国	北欧	44.15	4.29	1.13	5.34	12.13	5.67	4.25	6.93	4.42
87	塔林	爱沙尼亚	北欧	44.10	3.46	2.77	3.92	12.58	7.70	0.01	8.78	4.88
88	大田	韩国	东亚	44.00	6.98	0.24	4.96	12.00	5.32	2.71	6.33	5.46
89	阿布扎比	阿拉伯联合酋长国	西亚	43.82	6.67	3.11	4.72	7.89	5.08	0.46	10.04	5.84
90	大邱	韩国	东亚	43.66	6.98	0.34	4.84	12.00	5.32	2.71	6.33	5.14
91	巴库	阿塞拜疆	西亚	43.65	4.21	2.98	3.75	10.76	7.77	0.01	8.59	5.57
92	光州	韩国	东亚	43.61	6.98	0.23	4.95	12.00	5.32	2.71	6.33	5.09
93	基辅	乌克兰	东欧	43.60	5.46	2.71	2.86	9.36	8.51	3.11	6.33	5.26

续表

总分排名	城市	国家	区域	总得分	伙伴关系	区域影响	成长引领	政策沟通	设施联通	贸易畅通	资金融通	民心相通
94	布拉格	捷克	东欧	43.58	5.46	3.23	3.86	8.30	8.94	0.17	9.07	4.56
95	安卡拉	土耳其	西亚	43.50	4.67	2.14	3.93	9.34	8.69	3.20	6.32	5.20
96	水原	韩国	东亚	43.48	6.98	0.19	5.22	12.00	5.32	2.71	6.33	4.73
97	德班	南非	南非	43.39	6.67	1.95	3.64	10.42	3.38	5.55	6.37	5.42
98	仰光	缅甸	东南亚	43.39	7.13	1.68	2.72	8.99	7.80	3.18	5.38	6.51
99	比什凯克	吉尔吉斯斯坦	中亚	43.34	8.17	1.47	3.79	9.12	7.64	0.06	6.36	6.73
100	都灵	意大利	南欧	43.31	6.67	1.72	3.99	10.72	4.89	3.95	6.68	4.68
101	昌原	韩国	东亚	43.12	6.98	0.16	4.90	12.00	5.32	2.71	6.33	4.73
102	清迈	泰国	东南亚	42.94	7.13	0.08	4.20	10.34	4.39	3.76	7.07	5.97
103	春武里	泰国	东南亚	42.89	7.13	0.09	4.20	10.34	4.39	3.76	7.07	5.91
104	芹苴	越南	东南亚	42.76	7.13	0.07	5.17	10.05	4.05	4.87	5.72	5.69
105	苏菲亚	保加利亚	东欧	42.67	5.46	3.05	3.39	10.74	8.48	0.03	6.35	5.18
106	那不勒斯	意大利	南欧	42.65	6.67	1.13	3.93	10.72	4.89	3.95	6.68	4.68
107	科伦坡	斯里兰卡	南亚	42.58	6.98	1.73	3.58	10.19	4.46	3.04	6.44	6.16
	均值			43.70	6.06	1.77	4.23	10.62	6.32	2.69	6.82	5.18
均值满分达标率(%)				43.70	60.58	17.71	42.34	75.88	45.16	19.24	48.73	36.99
高于全样本均值				4.77	0.32	0.45	0.18	1.89	1.42	−0.73	0.58	0.66

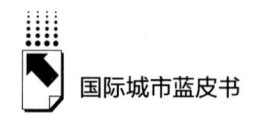

表9 Ⅱ类潜在节点城市指数得分统计信息

总分排名	城市	国家	区域	总得分	伙伴关系	区域影响	成长引领	政策沟通	设施联通	贸易畅通	资金融通	民心相通
108	马尼拉	菲律宾	东南亚	42.46	4.83	5.24	4.35	9.80	3.74	0.58	6.93	7.00
109	约翰内斯堡	南非	南非	42.36	6.67	3.27	4.01	6.42	3.38	5.55	7.63	5.43
110	奥斯陆	挪威	北欧	42.32	0.90	3.17	4.76	13.06	5.00	3.50	8.43	3.50
111	波尔多	法国	西欧	42.31	3.67	0.90	5.70	11.47	9.21	0.67	6.52	4.17
112	格但斯克	波兰	东欧	42.27	6.67	0.06	3.71	11.47	8.94	0.26	6.38	4.78
113	里尔	法国	西欧	42.22	3.67	0.94	5.57	11.47	9.21	0.67	6.52	4.17
114	威尼斯	意大利	南欧	41.99	6.67	0.04	3.99	10.72	4.89	3.95	6.68	5.04
115	热那亚	意大利	南欧	41.80	6.67	0.67	3.89	10.72	4.89	3.95	6.68	4.31
116	塔什干	乌兹别克斯坦	中亚	41.76	8.17	1.20	2.37	9.89	7.72	3.07	3.37	5.98
117	萨格勒布	克罗地亚	南欧	41.68	4.69	3.34	3.15	11.15	4.68	3.01	6.33	5.33
118	艾库鲁勒尼	南非	南非	41.66	6.67	0.32	3.90	10.42	3.38	5.55	6.37	5.06
119	里加	拉脱维亚	北欧	41.66	3.46	3.67	3.22	10.88	8.58	3.01	5.17	3.67
120	明斯克	白俄罗斯	东欧	41.65	6.67	2.11	1.62	10.48	8.63	0.03	6.35	5.76
121	斯德哥尔摩	瑞典	北欧	41.54	2.13	3.26	4.85	8.61	5.36	3.17	11.08	3.07
122	名古屋	日本	东亚	41.46	0.77	1.78	6.26	12.46	5.79	6.00	6.43	1.98
123	泗水	印度尼西亚	东南亚	41.42	6.67	1.23	4.24	10.25	3.21	4.19	5.52	6.11
124	第比利斯	格鲁吉亚	西亚	41.40	4.21	3.08	3.29	11.14	8.19	0.01	5.91	5.57
125	安特卫普	比利时	西欧	41.38	3.06	2.63	4.20	11.80	9.22	0.24	6.32	3.92
126	加济安泰普	土耳其	西亚	41.32	4.67	0.29	3.96	9.34	8.69	3.20	6.32	4.84
127	班加罗尔	印度	南亚	41.32	6.23	2.66	5.02	9.81	4.15	4.31	6.40	2.72
128	科尼亚	土耳其	西亚	41.30	4.67	0.27	3.96	9.34	8.69	3.20	6.32	4.84
129	海得拉巴（印度）	印度	南亚	41.22	6.23	2.74	4.84	9.81	4.15	4.31	6.40	2.72

续表

总分排名	城市	国家	区域	总得分	伙伴关系	区域影响	成长引领	政策沟通	设施联通	贸易畅通	资金融通	民心相通
130	伊兹密尔	土耳其	西亚	41.20	4.67	0.37	3.76	9.34	8.69	3.20	6.32	4.84
131	金奈（马德拉斯）	印度	南亚	41.18	6.23	2.39	4.80	9.81	4.15	4.31	6.40	3.08
132	伊斯兰堡	巴基斯坦	南亚	40.99	9.25	1.79	3.04	8.45	5.83	0.17	6.84	5.62
133	艾哈迈达巴德	印度	南亚	40.95	6.23	2.52	4.80	9.81	4.15	4.31	6.40	2.72
134	曼德勒	缅甸	东南亚	40.73	7.13	0.12	2.82	8.99	7.00	3.18	5.38	6.10
135	斯里巴加湾市	文莱	东南亚	40.47	6.98	1.50	3.73	11.64	4.50	3.01	3.32	5.78
136	拉巴特	摩洛哥	北非	40.47	5.46	0.25	3.80	10.14	3.58	5.19	6.36	5.68
137	万隆	印度尼西亚	东南亚	40.44	6.67	0.24	4.26	10.25	3.21	4.19	5.52	6.10
138	达累斯萨拉姆	坦桑尼亚	东非	40.38	4.69	2.23	4.98	9.78	3.33	3.04	6.39	5.94
139	阿什哈巴德	土库曼斯坦	中亚	40.34	6.96	0.65	2.85	7.78	8.17	3.09	6.29	4.55
140	安曼	约旦	西亚	40.28	6.21	3.06	3.63	10.64	4.12	3.47	3.36	5.78
141	茂物	印度尼西亚	东南亚	40.24	6.67	0.22	4.45	10.25	3.21	4.19	5.52	5.74
142	利雅得	沙特阿拉伯	西亚	40.22	6.67	4.45	4.47	6.10	4.87	3.74	7.70	2.22
143	三宝垄	印度尼西亚	东南亚	40.22	6.67	0.23	4.42	10.25	3.21	4.19	5.52	5.74
144	巨港	印度尼西亚	东南亚	40.20	6.67	0.23	4.40	10.25	3.21	4.19	5.52	5.74
145	都柏林	爱尔兰	北欧	40.15	3.37	3.97	4.83	12.29	3.75	0.16	6.93	4.85
146	棉兰	印度尼西亚	东南亚	40.12	6.67	0.24	4.31	10.25	3.21	4.19	5.52	5.74
147	非斯	摩洛哥	北非	40.12	5.46	0.16	3.90	10.14	3.58	5.19	6.36	5.32
148	卢布尔雅那	斯洛文尼亚	南欧	40.10	3.46	2.50	3.71	11.73	4.87	3.03	6.32	4.48
均值				41.15	5.47	1.71	4.09	10.20	5.52	3.13	6.25	4.78
均值满分达标率（%）				41.15	54.69	17.07	40.93	72.89	39.43	22.38	44.61	34.14
高于全样本均值				2.22	-0.27	0.38	0.04	1.48	0.61	-0.29	0.00	0.26

043

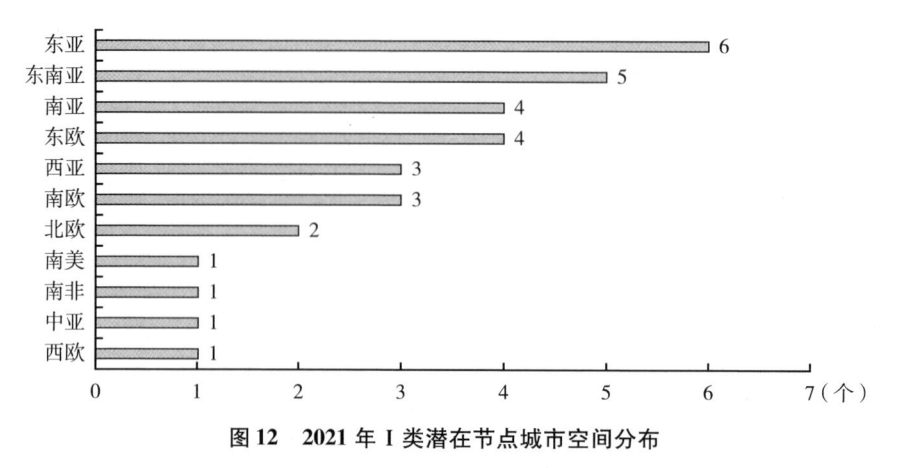

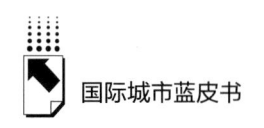

图 12　2021 年 Ⅰ 类潜在节点城市空间分布

低于全样本均值。从满分达标率角度，Ⅱ类潜在节点城市在政策沟通领域分值较高，为72.89%，较上年上升0.55个百分点，区域影响力和贸易畅通发展相对不足。

Ⅱ类潜在节点城市主要分布于亚洲，共计23个，其中东南亚（9个）、西亚（6个）和南亚（5个）（见图13）。与上年相比，亚洲Ⅱ类潜在节点城市数量明显增加，其中东南亚增加5个；非洲Ⅱ类潜在节点城市数量也明显上升，其中南非增加2个，北非增加1个。

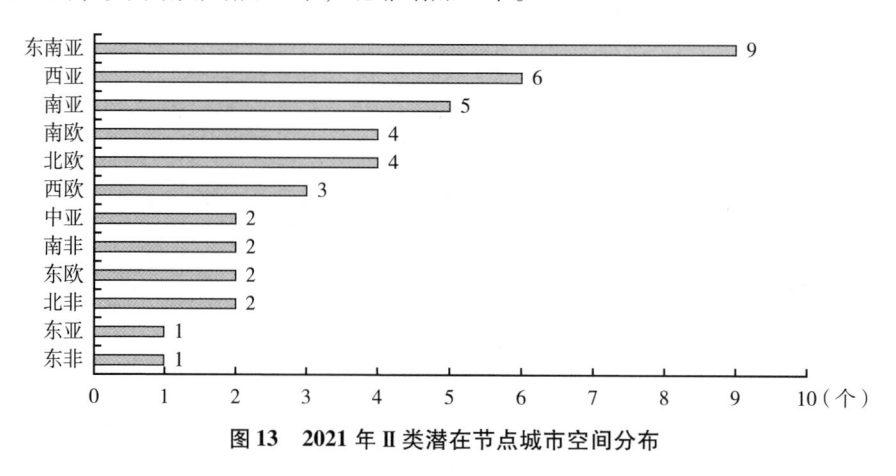

图 13　2021 年 Ⅱ 类潜在节点城市空间分布

（3）Ⅲ类潜在节点城市共计19个（见表10）。Ⅲ类潜在节点城市综合指数得分均值为39.18，与全样本均值基本持平。Ⅲ类潜在节点城市政策沟通

表10 2021年Ⅲ类潜在节点城市指数得分统计信息

总分排名	城市	国家	区域	总得分	伙伴关系	区域影响	成长引领	政策沟通	设施联通	贸易畅通	资金融通	民心相通
149	加德满都	尼泊尔	南亚	39.98	6.98	0.42	4.29	10.00	2.62	5.16	3.37	7.14
150	里昂	法国	西欧	39.96	3.67	2.61	5.64	11.47	5.21	0.67	6.52	4.17
151	北九州—福冈	日本	东亚	39.80	0.77	0.79	6.21	12.46	5.79	6.00	6.43	1.35
152	神户	日本	东亚	39.72	0.77	0.10	6.25	12.46	5.79	6.00	6.43	1.92
153	札幌	日本	东亚	39.55	0.77	0.19	6.22	12.46	5.79	6.00	6.43	1.69
154	斯里贾亚瓦德纳普拉科特	斯里兰卡	南亚	39.49	6.98	0.02	3.02	10.19	4.46	3.04	6.44	5.34
155	麦纳麦	巴林	西亚	39.49	4.21	3.60	4.65	10.35	2.88	0.01	8.62	5.16
156	开罗	埃及	北非	39.29	6.67	3.86	3.88	8.55	3.57	0.13	6.39	6.23
157	尼科西亚	塞浦路斯	西亚	39.09	4.21	3.14	3.90	6.96	4.72	3.01	8.33	4.84
158	静冈—滨松	日本	东亚	39.07	0.77	0.12	6.26	12.46	5.79	6.00	6.43	1.24
159	横滨	日本	东亚	39.04	0.77	0.15	6.25	12.46	5.79	6.00	6.43	1.19
160	仙台	日本	东亚	39.00	0.77	0.08	6.28	12.46	5.79	6.00	6.43	1.20
161	广岛	日本	东亚	38.96	0.77	0.08	6.21	12.46	5.79	6.00	6.43	1.22
162	马赛—普罗旺斯地区艾克斯	法国	西欧	38.81	3.67	1.56	5.55	11.47	5.21	0.67	6.52	4.17
163	马拉喀什	摩洛哥	北非	38.77	5.46	0.34	2.38	10.14	3.58	5.19	6.36	5.32
164	卡拉奇	巴基斯坦	南亚	38.63	9.25	2.65	3.83	8.45	1.83	0.17	6.84	5.62
165	印多尔	印度	南亚	38.59	6.23	0.01	4.95	9.81	4.15	4.31	6.40	2.72
166	哥打	印度	南亚	38.58	6.23	0.00	4.95	9.81	4.15	4.31	6.40	2.72
167	纳西克	印度	南亚	38.51	6.23	0.00	4.87	9.81	4.15	4.31	6.40	2.72
均值				39.18	3.96	1.04	5.03	10.75	4.58	3.84	6.50	3.47
均值满分达标率(%)				39.18	39.57	10.38	50.31	76.78	32.74	27.43	46.46	24.79
高于全样本均值				0.25	−1.78	−0.29	0.97	2.02	−0.32	0.42	0.26	−1.04

045

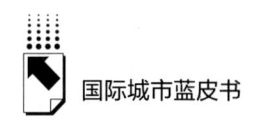

方面能力突出，满分达标率高达76.78%，高于一般节点城市。但Ⅲ类潜在节点城市在伙伴关系、区域影响、设施联通和民心相通方面短板明显，二级指数均值得分甚至低于全样本，且较上年相比，在贸易畅通和伙伴关系得分有较明显的下滑。

Ⅲ类潜在节点城市主要集中于东亚（7个）和南亚（6个）地区，共计13个，占比为68.4%（见图14）。东亚地区Ⅲ类潜在节点城市均位于日本。日本经济发达，基础设施现代化，但在伙伴关系与民心相通方面与中国的交流有待加强。南亚地区的Ⅲ类潜在节点城市主要集中分布在印度，印度城市作为主要的陆路与海路枢纽是潜在的高质量节点城市，在政策沟通方面表现较好，但在民心相通方面相对不足。

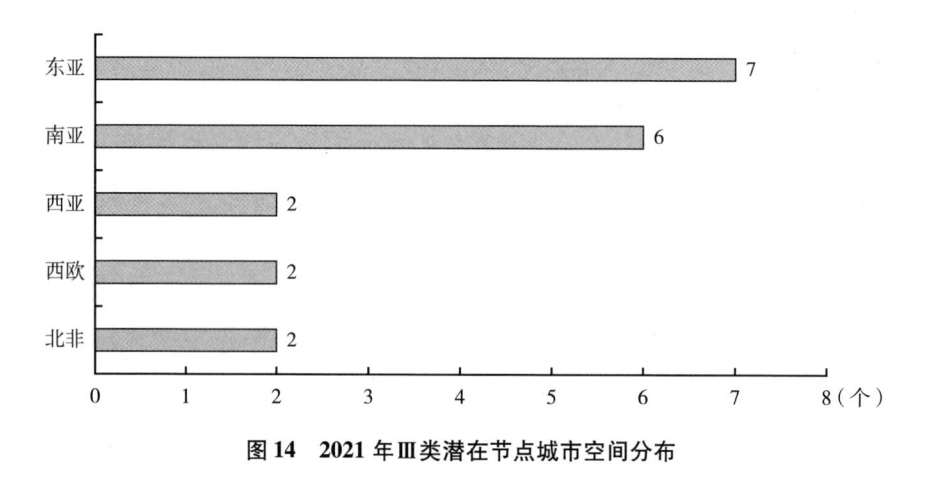

图14 2021年Ⅲ类潜在节点城市空间分布

三 "五通"领域领先的丝路节点城市

"五通"指数由政策沟通、设施联通、贸易畅通、资金融通和民心相通五个维度的二级指数构成，重点衡量丝路节点城市的市场成熟度。政策沟通侧重评价节点城市的治理稳定性，包括政治稳定性和公共卫生能力。公共卫生能力是针对传染病防治新设的指标，反映了国家非常态公共卫生事件的反应和处理能力。设施联通性侧重分析节点城市的联通设施网络覆盖能力。贸易畅通性侧重评价节点城市与中国贸易往来的密集度。资金融通性侧重评价节点城市的金融国际化水平与货币稳定性。民心相通性则重点关注节点城市与中国的文化交流程度和与中国文化的同源性。

（一）"政策沟通"型城市：治理稳定性高，城市韧性强，新西兰地区城市进步明显

"政策沟通"型城市的政治稳定性高、公共卫生能力强、法律秩序完善、与中国建立了友好城市关系，以及经济自由度高。课题组将"政策沟通"指数得分排名前50位的城市界定为"政策沟通"型城市（见表11）。与上年相比，"政策沟通"型城市仍然集中在日本、英国、韩国三个国家；新西兰的奥克兰和惠灵顿进步显著，分别由上年的第21和第20名上升至第2和第3名。

表11　2021年"政策沟通"型城市

排名	城市	国家	区域	丝路节点城市指数	城市类别
1	新加坡	新加坡	东南亚	71.84	α
2	奥克兰	新西兰	澳大利亚和新西兰	47.77	β
3	惠灵顿	新西兰	澳大利亚和新西兰	47.24	γ
4	哥本哈根	丹麦	北欧	49.58	β
5	苏黎世	瑞士	西欧	52.80	α
6	伯尔尼	瑞士	西欧	48.28	β
7	奥斯陆	挪威	北欧	42.32	δ+
8	卢森堡	卢森堡	西欧	55.82	α
9	赫尔辛基	芬兰	北欧	46.43	γ
10	阿姆斯特丹	荷兰	西欧	50.15	α
11	鹿特丹	荷兰	西欧	44.31	δ++
12	维也纳	奥地利	西欧	52.85	α
13	塔林	爱沙尼亚	北欧	44.10	δ++
14	汉堡	德国	西欧	56.21	α
15	不莱梅	德国	西欧	54.96	α
16	柏林	德国	西欧	52.40	α

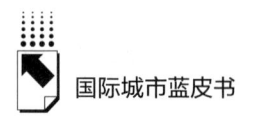

续表

排名	城市	国家	区域	丝路节点城市指数	城市类别
17	科隆	德国	西欧	51.22	α
18	罗斯托克	德国	西欧	45.44	γ
19	东京	日本	东亚	55.69	α
20	大阪	日本	东亚	47.78	β
21	名古屋	日本	东亚	41.46	δ+
22	北九州—福冈	日本	东亚	39.80	δ
23	神户	日本	东亚	39.72	δ
24	札幌	日本	东亚	39.55	δ
25	静冈—滨松	日本	东亚	39.07	δ
26	横滨	日本	东亚	39.04	δ
27	仙台	日本	东亚	39.00	δ
28	广岛	日本	东亚	38.96	δ
29	都柏林	爱尔兰	北欧	40.15	δ+
30	伦敦	英国	北欧	59.69	α
31	格拉斯哥	英国	北欧	50.25	α
32	曼彻斯特	英国	北欧	48.86	β
33	伯明翰	英国	北欧	47.49	β
34	西约克	英国	北欧	46.16	γ
35	南安普顿	英国	北欧	44.15	δ+
36	首尔	韩国	东亚	63.79	α
37	仁川	韩国	东亚	47.82	β
38	釜山	韩国	东亚	47.15	γ
39	龙仁	韩国	东亚	44.23	δ++
40	大田	韩国	东亚	44.00	δ++
41	大邱	韩国	东亚	43.66	δ++
42	光州	韩国	东亚	43.61	δ++
43	水原	韩国	东亚	43.48	δ++
44	昌原	韩国	东亚	43.12	δ++
45	蒙得维的亚	乌拉圭	南美	44.74	δ++
46	特拉维夫—雅法	以色列	西亚	45.90	γ
47	赫法（海法）	以色列	西亚	38.02	ε
48	维尔纽斯	立陶宛	北欧	45.83	γ
49	迪拜	阿拉伯联合酋长国	西亚	50.46	α
50	里斯本	葡萄牙	南欧	50.36	α

(二)"设施联通"型城市:通信时效性高,联通设施网络覆盖广,西亚城市挺进10强

"设施联通"型城市基础设施水平高、枢纽性铁路站点数量多、信息化水平高,以及往来中国航班数较多。课题组将"设施联通"指数得分排名前50位的城市界定为"设施联通"型城市(见表12)。与上年相比,首尔蝉联"设施联通"型城市冠军;东南亚和西欧地区的城市优势仍然明显;前10名中,伊斯坦布尔(土耳其)的进步值得重点关注,由上年的第36名上升至第10名。

表12 2021年"设施联通"型城市

排名	城市	国家	区域	丝路节点城市指数	城市类别
1	首尔	韩国	东亚	63.79	α
2	吉隆坡	马来西亚	东南亚	53.86	α
3	曼谷	泰国	东南亚	62.83	α
4	新加坡	新加坡	东南亚	71.84	α
5	赫尔辛基	芬兰	北欧	46.43	γ
6	阿姆斯特丹	荷兰	西欧	50.15	α
7	布鲁塞尔	比利时	西欧	47.78	β
8	巴黎	法国	西欧	51.82	α
9	东京	日本	东亚	55.69	α
10	伊斯坦布尔	土耳其	西亚	45.49	γ
11	马德里	西班牙	南欧	52.14	α
12	卢森堡	卢森堡	西欧	55.82	α
13	鹿特丹	荷兰	西欧	44.31	δ++
14	安特卫普	比利时	西欧	41.38	δ+
15	波尔多	法国	西欧	42.31	δ+
16	里尔	法国	西欧	42.22	δ+
17	金边	柬埔寨	东南亚	44.76	δ++
18	汉堡	德国	西欧	56.21	α
19	不莱梅	德国	西欧	54.96	α

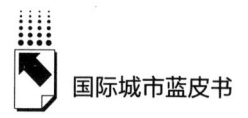

续表

排名	城市	国家	区域	丝路节点城市指数	城市类别
20	柏林	德国	西欧	52.40	α
21	科隆	德国	西欧	51.22	α
22	贝尔格莱德	塞尔维亚	南欧	46.70	γ
23	布达佩斯	匈牙利	东欧	55.30	α
24	布拉格	捷克	东欧	43.58	δ++
25	华沙	波兰	东欧	47.80	β
26	格但斯克	波兰	东欧	42.27	δ+
27	里斯本	葡萄牙	南欧	50.36	α
28	波尔图	葡萄牙	南欧	47.33	γ
29	布拉迪斯拉发	斯洛伐克	东欧	44.64	δ++
30	胡志明市	越南	东南亚	55.20	α
31	河内	越南	东南亚	48.10	β
32	布加勒斯特	罗马尼亚	东欧	46.63	γ
33	安卡拉	土耳其	西亚	43.50	δ++
34	加济安泰普	土耳其	西亚	41.32	δ+
35	科尼亚	土耳其	西亚	41.30	δ+
36	伊兹密尔	土耳其	西亚	41.20	δ+
37	平壤	朝鲜	东亚	32.10	ε
38	明斯克	白俄罗斯	东欧	41.65	δ+
39	维尔纽斯	立陶宛	北欧	45.83	γ
40	万象	老挝	东南亚	52.50	α
41	里加	拉脱维亚	北欧	41.66	δ+
42	仁川	韩国	东亚	47.82	β
43	基辅	乌克兰	东欧	43.60	δ++
44	苏菲亚	保加利亚	东欧	42.67	δ++
45	莫斯科	俄罗斯	东欧	56.65	α
46	圣彼得堡	俄罗斯	东欧	53.60	α
47	新西伯利亚	俄罗斯	东欧	50.76	α
48	叶卡捷琳堡	俄罗斯	东欧	50.65	α
49	喀山	俄罗斯	东欧	50.39	α
50	克拉斯诺亚尔斯克	俄罗斯	东欧	50.35	α

（三）"贸易畅通"型城市：与中国贸易往来频繁，境外合作密切，东欧、东南亚进步显著

"贸易畅通"型城市一般拥有中国境外合作区或共建园区、属于WTO成员、与中国的双边贸易总量较高以及自由贸易区数量较多。课题组将"贸易畅通"指数得分排名前50位的城市界定为"贸易畅通"型城市（见表13）。较上年相比，东欧和东南亚地区整体排名提升显著，非洲地区城市排名略有下滑。

表13 2021年"贸易畅通"型城市

排名	城市	国家	区域	丝路节点城市指数	城市类别
1	不莱梅	德国	西欧	54.96	α
2	拉各斯	尼日利亚	西非	45.73	γ
3	胡志明市	越南	东南亚	55.20	α
4	布达佩斯	匈牙利	东欧	55.30	α
5	雅加达	印度尼西亚	东南亚	49.65	β
6	卢萨卡	赞比亚	东非	37.19	ε
7	万象	老挝	东南亚	52.50	α
8	莫斯科	俄罗斯	东欧	56.65	α
9	圣彼得堡	俄罗斯	东欧	53.60	α
10	新西伯利亚	俄罗斯	东欧	50.76	α
11	叶卡捷琳堡	俄罗斯	东欧	50.65	α
12	喀山	俄罗斯	东欧	50.39	α
13	克拉斯诺亚尔斯克	俄罗斯	东欧	50.35	α
14	彼尔姆	俄罗斯	东欧	50.20	α
15	下诺夫哥罗德	俄罗斯	东欧	50.09	α
16	车里雅宾斯克	俄罗斯	东欧	49.85	β
17	乌法	俄罗斯	东欧	49.82	β
18	鄂木斯克	俄罗斯	东欧	49.76	β
19	萨马拉	俄罗斯	东欧	49.72	β

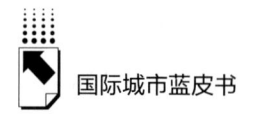

续表

排名	城市	国家	区域	丝路节点城市指数	城市类别
20	伏尔加格勒	俄罗斯	东欧	46.05	γ
21	沃罗涅日	俄罗斯	东欧	45.86	γ
22	罗斯托夫	俄罗斯	东欧	45.78	γ
23	汉堡	德国	西欧	56.21	α
24	柏林	德国	西欧	52.40	α
25	科隆	德国	西欧	51.22	α
26	罗斯托克	德国	西欧	45.44	γ
27	慕尼黑	德国	西欧	47.83	β
28	东京	日本	东亚	55.69	α
29	大阪	日本	东亚	47.78	β
30	名古屋	日本	东亚	41.46	δ+
31	北九州—福冈	日本	东亚	39.80	δ
32	神户	日本	东亚	39.72	δ
33	札幌	日本	东亚	39.55	δ
34	静冈—滨松	日本	东亚	39.07	δ
35	横滨	日本	东亚	39.04	δ
36	仙台	日本	东亚	39.00	δ
37	广岛	日本	东亚	38.96	δ
38	新加坡	新加坡	东南亚	71.84	α
39	开普敦	南非	南非	47.04	γ
40	德班	南非	南非	43.39	δ++
41	艾库鲁勒尼	南非	南非	41.66	δ+
42	约翰内斯堡	南非	南非	42.36	δ+
43	茨瓦内	南非	南非	38.35	ε
44	伊丽莎白港（纳尔逊曼德拉湾）	南非	南非	37.80	ε
45	阿布贾	尼日利亚	西非	35.78	ε
46	哈科特港	尼日利亚	西非	34.80	ε
47	奥尼查	尼日利亚	西非	34.31	ε
48	贝宁市	尼日利亚	西非	34.00	ε
49	伊巴丹	尼日利亚	西非	33.96	ε
50	卡诺	尼日利亚	西非	33.94	ε

（四）"资金融通"型城市：货币稳定性强，金融国际化水平高，重心由亚洲向欧洲转移

"资金融通"型城市拥有较大规模的来自中国的直接投资、货币稳定性高、签订了与中国的双边投资协定，以及金融国际化水平高。课题组将"资金融通"指数得分排名前50位的城市界定为"资金融通"型城市（见表14）。本年度十强"资金融通"型城市中7个来自欧洲，较上年增加了5个，重心由亚洲向欧洲转移。

表14 2021年"资金融通"型城市

排名	城市	国家	区域	丝路节点城市指数	城市类别
1	新加坡	新加坡	东南亚	71.84	α
2	阿姆斯特丹	荷兰	西欧	50.15	α
3	伦敦	英国	北欧	59.69	α
4	东京	日本	东亚	55.69	α
5	迪拜	阿拉伯联合酋长国	西亚	50.46	α
6	斯德哥尔摩	瑞典	北欧	41.54	δ+
7	苏黎世	瑞士	西欧	52.80	α
8	卢森堡	卢森堡	西欧	55.82	α
9	巴黎	法国	西欧	51.82	α
10	汉堡	德国	西欧	56.21	α
11	慕尼黑	德国	西欧	47.83	β
12	阿布扎比	阿拉伯联合酋长国	西亚	43.82	δ++
13	惠灵顿	新西兰	澳大利亚和新西兰	47.24	γ
14	吉隆坡	马来西亚	东南亚	53.86	α
15	特拉维夫—雅法	以色列	西亚	45.90	γ
16	首尔	韩国	东亚	63.79	α
17	布鲁塞尔	比利时	西欧	47.78	β
18	米兰	意大利	南欧	48.11	β
19	哥本哈根	丹麦	北欧	49.58	β

续表

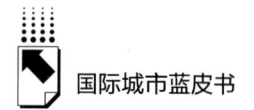

排名	城市	国家	区域	丝路节点城市指数	城市类别
20	维也纳	奥地利	西欧	52.85	α
21	马德里	西班牙	南欧	52.14	α
22	卡萨布兰卡	摩洛哥	北非	46.08	γ
23	曼谷	泰国	东南亚	62.83	α
24	孟买	印度	南亚	44.30	δ++
25	罗马	意大利	南欧	47.38	γ
26	布拉格	捷克	东欧	43.58	δ++
27	阿拉木图	哈萨克斯坦	中亚	49.10	β
28	格拉斯哥	英国	北欧	50.25	α
29	华沙	波兰	东欧	47.80	β
30	釜山	韩国	东亚	47.15	γ
31	塔林	爱沙尼亚	北欧	44.10	δ++
32	多哈	卡塔尔	西亚	49.88	β
33	大阪	日本	东亚	47.78	β
34	麦纳麦	巴林	西亚	39.49	ε
35	巴库	阿塞拜疆	西亚	43.65	δ++
36	莫斯科	俄罗斯	东欧	56.65	α
37	鹿特丹	荷兰	西欧	44.31	δ++
38	努尔苏丹	哈萨克斯坦	中亚	45.88	γ
39	奥斯陆	挪威	北欧	42.32	δ+
40	尼科西亚	塞浦路斯	西亚	39.09	ε
41	赫尔辛基	芬兰	北欧	46.43	γ
42	维尔纽斯	立陶宛	北欧	45.83	γ
43	新德里	印度	南亚	47.28	γ
44	里斯本	葡萄牙	南欧	50.36	α
45	开普敦	南非	南非	47.04	γ
46	伊斯坦布尔	土耳其	西亚	45.49	γ
47	利雅得	沙特阿拉伯	西亚	40.22	δ+
48	约翰内斯堡	南非	南非	42.36	δ+
49	布达佩斯	匈牙利	东欧	55.30	α
50	圣彼得堡	俄罗斯	东欧	53.60	α

(五)"民心相通"型城市：与中国文化旅游交流频繁，文化距离缩短，非洲地区城市比重增加

"民心相通"型城市与中国文化距离小、孔子学院数量较多、与中国往来航空客流量大且大多数位于对中国免签的国家。课题组将"民心相通"指数得分排名前50位的城市界定为"民心相通"型城市（见表15）。"民心相通"型城市中非洲地区城市数量为15个，较上年增加5个，比重明显增加。

表15 2021年"民心相通"型城市

排名	城市	国家	区域	丝路节点城市指数	城市类别
1	曼谷	泰国	东南亚	62.83	α
2	首尔	韩国	东亚	63.79	α
3	新加坡	新加坡	东南亚	71.84	α
4	吉隆坡	马来西亚	东南亚	53.86	α
5	加德满都	尼泊尔	南亚	39.98	ε
6	马尼拉	菲律宾	东南亚	42.46	δ+
7	内罗毕	肯尼亚	东非	35.72	ε
8	达卡	孟加拉国	南亚	44.58	δ++
9	比什凯克	吉尔吉斯斯坦	中亚	43.34	δ++
10	万象	老挝	东南亚	52.50	α
11	伦敦	英国	北欧	59.69	α
12	开普敦	南非	南非	47.04	γ
13	仰光	缅甸	东南亚	43.39	δ++
14	乌兰巴托	蒙古	东亚	46.53	γ
15	登巴萨	印度尼西亚	东南亚	36.93	ε
16	雅加达	印度尼西亚	东南亚	49.65	β
17	河内	越南	东南亚	48.10	β
18	开罗	埃及	北非	39.29	δ
19	利伯维尔	加蓬	中非	36.00	ε

续表

排名	城市	国家	区域	丝路节点城市指数	城市类别
20	达沃市	菲律宾	东南亚	36.23	ε
21	科纳克里	几内亚	西非	30.06	ε
22	波德戈里察	黑山	南欧	28.40	ε
23	科伦坡	斯里兰卡	南亚	42.58	δ++
24	拉各斯	尼日利亚	西非	45.73	γ
25	泗水	印度尼西亚	东南亚	41.42	δ+
26	曼德勒	缅甸	东南亚	40.73	δ+
27	万隆	印度尼西亚	东南亚	40.44	δ+
28	迪拜	阿拉伯联合酋长国	西亚	50.46	α
29	莫斯科	俄罗斯	东欧	56.65	α
30	胡志明市	越南	东南亚	55.20	α
31	布拉柴维尔	刚果（布）	中非	34.82	ε
32	班珠尔	冈比亚	西非	30.47	ε
33	马普托	莫桑比克	东非	37.07	ε
34	塔什干	乌兹别克斯坦	中亚	41.76	δ+
35	达喀尔	塞内加尔	西非	35.74	ε
36	伊斯坦布尔	土耳其	西亚	45.49	γ
37	清迈	泰国	东南亚	42.94	δ++
38	杜尚别	塔吉克斯坦	中亚	45.80	γ
39	弗里敦	塞拉利昂	西非	34.89	ε
40	达累斯萨拉姆	坦桑尼亚	东非	40.38	δ+
41	多多马	坦桑尼亚	东非	33.41	ε
42	基加利	卢旺达	东非	36.96	ε
43	春武里	泰国	东南亚	42.89	δ++
44	金边	柬埔寨	东南亚	44.76	δ++
45	釜山	韩国	东亚	47.15	γ
46	阿布扎比	阿拉伯联合酋长国	西亚	43.82	δ++
47	罗索	多米尼克	加勒比地区	36.82	ε
48	蒙巴萨	肯尼亚	东非	34.71	ε
49	仁川	韩国	东亚	47.82	β
50	地拉那	阿尔巴尼亚	南欧	37.80	ε

四 分区域城市排名和类别分析

从空间分布上看，丝路节点城市的分布与上年相比更为均衡（见表16）。大洋洲的城市首次入榜次要节点城市；南非、西非和南美亦有城市首次入围一般节点城市和潜在节点城市。重要节点城市仍然集中分布在东欧与西欧地区；次要节点城市主要分布于东欧地区；一般节点城市主要分布于东欧、北欧和南欧地区；潜在节点城市则集中分布在东亚、东南亚和南亚地区。

表16 2021年各类别样本城市的区域空间分布

单位：个

类别	东亚	东南亚	南亚	中亚	西亚	东欧	北欧	西欧	南欧
重要节点城市	2	5			1	9	2	9	2
次要节点城市	2	2		1	1	5	2	3	1
一般节点城市	2	2	2	2	3	4	4	1	4
潜在节点城市	14	14	15	3	11	6	6	6	7
总计	20	23	17	6	16	24	14	19	14

类别	北非	东非	南非	西非	中非	南美	中美	澳新	总计
重要节点城市									30
次要节点城市								1	18
一般节点城市	1		1	1				1	28
潜在节点城市	4	1	3			1			91
总计	5	1	4	1	0	1	0	2	167

（一）亚洲地区：东南亚海上丝绸之路节点功能突出，南亚地区进步显著

1.东亚地区：伙伴关系和区域影响力进一步提升，但政策沟通优势减弱

东亚地区共包含21个样本城市（见表17），其中包含2个重要节点城市、2个次要节点城市、2个一般节点城市和14个潜在节点城市。21

个样本城市丝路节点城市指数得分为40.92，基本与全样本均值持平。本年度除首尔和东京以外，其余东亚样本城市的综合指数得分均有不同程度的下降。东亚样本城市政策沟通性较强，满分达标率达66.13%，但与上年相比下降了15.96个百分点，是造成东亚样本城市综合指数得分下降的主要原因。区域影响力满分达标率最低，为13.80%，但较上年提升3.12个百分点。

表17　2021年东亚地区样本城市

城市	国家	丝路节点城市指数得分	城市类别	城市	国家	丝路节点城市指数得分	城市类别
首尔	韩国	63.79	α	昌原	韩国	43.12	δ++
东京	日本	55.69	α	名古屋	日本	41.46	δ+
仁川	韩国	47.82	β	北九州—福冈	日本	39.80	δ
大阪	日本	47.78	β	神户	日本	39.72	δ
釜山	韩国	47.15	γ	札幌	日本	39.55	δ
乌兰巴托	蒙古	46.53	γ	静冈—滨松	日本	39.07	δ
龙仁	韩国	44.23	δ++	横滨	日本	39.04	δ
大田	韩国	44.00	δ++	仙台	日本	39.00	δ
大邱	韩国	43.66	δ++	广岛	日本	38.96	δ
光州	韩国	43.61	δ++	平壤	朝鲜	32.10	ε
水原	韩国	43.48	δ++				

2. 东南亚地区：海上丝绸之路节点功能提升、资金融通性增强

东南亚地区共包含33个样本城市（见表18），其中包含5个重要节点城市、2个次要节点城市、2个一般节点城市和14个潜在节点城市。重要节点城市数量较上年增加2个，说明东南亚样本城市在海上丝绸之路的城市节点功能不断提升。东南亚样本城市综合指数得分均值为40.72，与全样本均值基本持平。政策沟通满分达标率最高，为65.39%，其余二级指数均值与全样本均值基本持平。资金融通指数得分均值高于全样本均值0.29，较上年相比进步明显。

表18　2021年东南亚地区样本城市

城市	国家	丝路节点城市指数得分	城市类别	城市	国家	丝路节点城市指数得分	城市类别
新加坡	新加坡	71.84	α	斯里巴加湾市	文莱	40.47	δ+
曼谷	泰国	62.83	α	万隆	印度尼西亚	40.44	δ+
胡志明市	越南	55.20	α	茂物	印度尼西亚	40.24	δ+
吉隆坡	马来西亚	53.86	α	三宝垄	印度尼西亚	40.22	δ+
万象	老挝	52.50	α	巨港	印度尼西亚	40.20	δ+
雅加达	印度尼西亚	49.65	β	棉兰	印度尼西亚	40.12	δ+
河内	越南	48.10	β	登巴萨	印度尼西亚	36.93	ε
海防	越南	46.34	γ	巴淡岛	印度尼西亚	36.74	ε
北揽府(沙没巴干府)	泰国	45.36	γ	德波	印度尼西亚	36.65	ε
金边	柬埔寨	44.76	δ++	勿加泗	印度尼西亚	36.54	ε
仰光	缅甸	43.39	δ++	北干巴鲁	印度尼西亚	36.38	ε
清迈	泰国	42.94	δ++	丹格朗	印度尼西亚	36.35	ε
春武里	泰国	42.89	δ++	达沃市	菲律宾	36.23	ε
芹苴	越南	42.76	δ++	望加锡	印度尼西亚	36.20	ε
马尼拉	菲律宾	42.46	δ+	内比都	缅甸	35.60	ε
泗水	印度尼西亚	41.42	δ+	帝力	东帝汶	31.31	ε
曼德勒	缅甸	40.73	δ+				

3. 南亚地区：样本城市节点功能水平不断提升，接近全样本均值水平

南亚地区包含86个样本城市（见表19），其中包含2个一般节点城市、15个潜在节点城市和69个普通城市。潜在节点城市较上年增加3个，南亚样本城市的丝路节点功能不断提升。南亚86个样本城市综合指数得分为38.00，较上年提升3.96，已接近全样本均值水平。伙伴关系和政策沟通的满分达标率分别达56.90%和61.80%，表现较好。区域影响力满分达标率为11.60%，仍有待加强。

表19　2021年南亚地区样本城市

城市	国家	丝路节点城市指数得分	城市类别	城市	国家	丝路节点城市指数得分	城市类别
拉合尔	巴基斯坦	47.45	γ	蒂鲁普	印度	34.78	ε
新德里	印度	47.28	γ	特里凡得琅	印度	34.76	ε
达卡	孟加拉国	44.58	δ++	赖布尔	印度	34.67	ε
加尔各答	印度	44.46	δ++	维杰亚瓦达	印度	34.58	ε
孟买	印度	44.30	δ++	拉杰果德	印度	34.54	ε
科伦坡	斯里兰卡	42.58	δ++	莫拉达巴德	印度	34.54	ε
班加罗尔	印度	41.32	δ+	阿利加尔	印度	34.51	ε
海得拉巴	印度	41.22	δ+	坎努尔	印度	34.50	ε
金奈(马德拉斯)	印度	41.18	δ+	布巴内斯瓦尔	印度	34.49	ε
伊斯兰堡	巴基斯坦	40.99	δ+	焦特布尔	印度	34.47	ε
艾哈迈达巴德	印度	40.95	δ+	斋浦尔	印度	34.46	ε
加德满都	尼泊尔	39.98	δ	兰契	印度	34.45	ε
斯里贾亚瓦德纳普拉科特	斯里兰卡	39.49	δ	巴雷利	印度	34.44	ε
卡拉奇	巴基斯坦	38.63	δ	博帕尔	印度	34.44	ε
印多尔	印度	38.59	δ	维沙卡帕特南	印度	34.42	ε
哥打	印度	38.58	δ	斯利那加	印度	34.42	ε
纳西克	印度	38.51	δ	瓜廖尔	印度	34.41	ε
奥兰加巴德	印度	38.48	ε	迈索尔	印度	34.37	ε
勒克瑙	印度	38.44	ε	塞勒姆	印度	34.34	ε
阿格拉	印度	38.42	ε	密鲁特	印度	34.33	ε
巴罗达	印度	38.35	ε	詹谢普尔	印度	34.33	ε
德黑兰	伊朗	38.30	ε	巴特那	印度	34.33	ε
阿姆利则	印度	38.29	ε	马杜赖	印度	34.32	ε
瓦拉纳西(贝纳雷斯)	印度	38.29	ε	昌迪加尔	印度	34.32	ε
那格浦尔	印度	38.29	ε	胡布利—达尔瓦德县	印度	34.32	ε
阿散索尔	印度	38.27	ε	古瓦哈提	印度	34.28	ε
卢迪亚纳	印度	38.27	ε	阿拉哈巴德	印度	34.27	ε
坎普尔	印度	38.15	ε	贾巴尔普尔	印度	34.26	ε
马累	马尔代夫	38.14	ε	蒂鲁吉拉伯利	印度	34.25	ε
马什哈德	伊朗	36.70	ε	杜尔格	印度	34.25	ε

续表

城市	国家	丝路节点城市指数得分	城市类别	城市	国家	丝路节点城市指数得分	城市类别
吉大港	孟加拉国	36.62	ε	丹巴德	印度	34.21	ε
库姆	伊朗	36.60	ε	伊斯法罕	伊朗	32.71	ε
浦那	印度	36.39	ε	西拉	伊朗	32.55	ε
费萨拉巴德	巴基斯坦	36.06	ε	阿瓦士	伊朗	32.51	ε
木尔坦	巴基斯坦	35.64	ε	大不里士	伊朗	32.47	ε
科钦	印度	35.42	ε	海得拉巴	巴基斯坦	32.02	ε
马拉普兰	印度	35.21	ε	库尔纳	孟加拉国	31.97	ε
科泽科德	印度	34.99	ε	白沙瓦	巴基斯坦	31.83	ε
科莱	印度	34.90	ε	古杰朗瓦拉	巴基斯坦	31.75	ε
特里苏尔	印度	34.88	ε	拉瓦尔品第	巴基斯坦	31.60	ε
哥印拜陀	印度	34.85	ε	喀布尔	阿富汗	28.80	ε
苏拉特	印度	34.81	ε	卡拉季	伊朗	28.30	ε
奎达	巴基斯坦	34.78	ε	廷布	不丹	26.42	ε

4. 中亚地区：政策沟通性强、公共卫生能力亟待提高

中亚地区共包含6个样本城市（见表20），其中包含1个次要节点城市、2个一般节点城市和3个潜在节点城市。受新冠肺炎疫情影响，阿拉木图（哈萨克斯坦）和努尔苏丹（哈萨克斯坦）由重要节点城市降至次要节点城市和一般节点城市，说明中亚城市的公共卫生能力亟须加强。6个样本城市均值为44.19，高于全样本均值5.26。中亚样本城市的政策沟通性较强，满分达标率高达75.89%，其次为伙伴关系，满分达标率达59.90%。区域影响力表现相对不足，满分达标率为19.00%。

表20　2021年中亚地区样本城市

城市	国家	丝路节点城市指数得分	城市类别	城市	国家	丝路节点城市指数得分	城市类别
阿拉木图	哈萨克斯坦	49.10	β	比什凯克	吉尔吉斯斯坦	43.34	δ++
努尔苏丹	哈萨克斯坦	45.88	γ	塔什干	乌兹别克斯坦	41.76	δ+
杜尚别	塔吉克斯坦	45.80	γ	阿什哈巴德	土库曼斯坦	40.34	δ+

5. 西亚地区：样本城市节点功能水平低于全样本均值，设施联通最为薄弱

西亚地区共包含42个样本城市（见表21），其中包含1个重要节点城市、1个次要节点城市、3个一般节点城市和11个潜在节点城市。重要节点城市效益较上年减少2个。42个城市样本综合指数得分均值为37.82，与上年持平，低于全样本均值1.11。本年度西亚样本城市的二级指数得分均低于全样本均值水平。设施联通方面短板明显，得分为4.61，低于全样本均值0.29。从满分达标率看，政策沟通表现较好，满分达标率最高，为61.09%。

表21 2021年西亚地区样本城市

城市	国家	丝路节点城市指数得分	城市类别	城市	国家	丝路节点城市指数得分	城市类别
迪拜	阿拉伯联合酋长国	50.46	α	吉达	沙特阿拉伯	36.36	ε
多哈	卡塔尔	49.88	β	马斯喀特	阿曼	36.26	ε
特拉维夫—雅法	以色列	45.90	γ	麦加	沙特阿拉伯	35.60	ε
科威特市	科威特	45.79	γ	麦地那	沙特阿拉伯	35.55	ε
伊斯坦布尔	土耳其	45.49	γ	贝鲁特	黎巴嫩	35.23	ε
阿布扎比	阿拉伯联合酋长国	43.82	δ++	埃里温	亚美尼亚	34.90	ε
巴库	阿塞拜疆	43.65	δ++	耶路撒冷	以色列	34.08	ε
安卡拉	土耳其	43.50	δ++	阿达纳	土耳其	33.16	ε
第比利斯	格鲁吉亚	41.40	δ+	巴格达	伊拉克	26.07	ε
加济安泰普	土耳其	41.32	δ+	阿勒颇	叙利亚	23.76	ε
科尼亚	土耳其	41.30	δ+	大马士革	叙利亚	23.40	ε
伊兹密尔	土耳其	41.20	δ+	摩苏尔	伊拉克	21.26	ε
安曼	约旦	40.28	δ+	苏莱曼尼亚	伊拉克	21.04	ε
利雅得	沙特阿拉伯	40.22	δ+	巴士拉	伊拉克	21.02	ε
麦纳麦	巴林	39.49	δ	埃尔比勒	伊拉克	20.84	ε
尼科西亚	塞浦路斯	39.09	δ	亚丁	也门	19.65	ε
赫法(海法)	以色列	38.02	ε	霍姆斯	叙利亚	19.12	ε
布尔萨	土耳其	37.72	ε	加沙	巴勒斯坦	19.00	ε
沙迦	阿拉伯联合酋长国	37.47	ε	哈马	叙利亚	18.85	ε
安塔利亚	土耳其	37.41	ε	萨那	也门	16.01	ε
达曼	沙特阿拉伯	36.65	ε	耶路撒冷	巴勒斯坦	15.67	ε

（二）欧洲地区：东欧、西欧节点功能优势明显，南欧地区"五通"发展相对不足

1. 东欧地区：政策沟通和设施联通表现优异，为承担"一带一路"高质量发展的重要区域

东欧地区共包含27个样本城市（见表22），其中包含9个重要节点城市、5个次要节点城市、4个一般节点城市和6个潜在节点城市。重要节点城市数量较上年增加5个，说明东欧地区节点功能水平进一步提升。27个样本城市综合指数得分为43.22，高于全样本均值4.29。东欧地区样本城市政策沟通指数得分为10.16，高于全样本城市1.43；设施联通指数得分为5.90，高于全样本城市0.99。从满分达标率看，东欧样本城市政策沟通和伙伴关系表现突出，满分达标率分别高达72.57%和58.7%。

表22 2021年东欧地区样本城市

城市	国家	丝路节点城市指数得分	城市类别	城市	国家	丝路节点城市指数得分	城市类别
莫斯科	俄罗斯	56.65	α	布加勒斯特	罗马尼亚	46.63	γ
布达佩斯	匈牙利	55.30	α	伏尔加格勒	俄罗斯	46.05	γ
圣彼得堡	俄罗斯	53.60	α	沃罗涅日	俄罗斯	45.86	γ
新西伯利亚	俄罗斯	50.76	α	罗斯托夫	俄罗斯	45.78	γ
叶卡捷琳堡	俄罗斯	50.65	α	布拉迪斯拉发	斯洛伐克	44.64	δ++
喀山	俄罗斯	50.39	α	基辅	乌克兰	43.60	δ++
克拉斯诺亚尔斯克	俄罗斯	50.35	α	布拉格	捷克	43.58	δ++
彼尔姆	俄罗斯	50.20	α	苏菲亚	保加利亚	42.67	δ++
下诺夫哥罗德	俄罗斯	50.09	α	格但斯克	波兰	42.27	δ+
车里雅宾斯克	俄罗斯	49.85	β	明斯克	白俄罗斯	41.65	δ+
乌法	俄罗斯	49.82	β	基希讷乌	摩尔多瓦	36.72	ε
鄂木斯克	俄罗斯	49.76	β	敖德萨	乌克兰	36.20	ε
萨马拉	俄罗斯	49.72	β	哈尔科夫	乌克兰	36.18	ε
华沙	波兰	47.80	β				

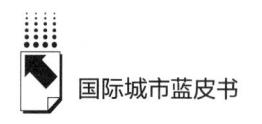

2. 北欧地区：节点功能水平进一步提升，民心相通性相对不足

北欧地区共包含15个样本城市（见表23），其中包含2个重要节点城市、2个次要节点城市、4个一般节点城市和6个潜在节点城市。重要节点城市、次要节点城市和一般节点城市均较上年增加1个，说明北欧节点城市节点功能不断提升，但普通城市数量和上年一致，需要进一步激发普通城市的潜力。15个样本城市的综合指数得分均值为40.79，高于全样本均值1.86。与全样本二级指数均值相比，北欧样本城市的伙伴关系与贸易畅通领域较上年进步明显；除民心相通外，其余二级指数均高于全样本平均水平。北欧样本城市在伙伴关系和政策沟通满分达标率上表现较好，分别为58.60%和66.08%。

表23 2021年北欧地区样本城市

城市	国家	丝路节点城市指数得分	城市类别	城市	国家	丝路节点城市指数得分	城市类别
伦敦	英国	59.69	α	南安普顿	英国	44.15	δ++
格拉斯哥	英国	50.25	α	塔林	爱沙尼亚	44.10	δ++
哥本哈根	丹麦	49.58	β	奥斯陆	挪威	42.32	δ+
曼彻斯特	英国	48.86	β	里加	拉脱维亚	41.66	δ+
伯明翰	英国	47.49	γ	斯德哥尔摩	瑞典	41.54	δ+
赫尔辛基	芬兰	46.43	γ	都柏林	爱尔兰	40.15	δ+
西约克	英国	46.16	γ	雷克雅未克	冰岛	32.24	ε
维尔纽斯	立陶宛	45.83	γ				

3. 西欧地区：样本城市综合指数均值最高，重要节点城市占比最高

西欧地区共包含19个样本城市（见表24），其中包含9个重要节点城市、3个次要节点城市、1个一般节点城市和6个潜在节点城市。重要节点城市数量较上年增加3个，西欧地区为重要节点城市占比最高的区域，是"一带一路"建设中的重要区域。19个样本城市综合指数得分为45.09，高于全样本城市6.16，为所有区域中最高得分。与全样本城市相比，西欧样本城市在政策沟通和设施联通方面表现较好，得分分别为10.74和6.44，高于全样本均值2.01和1.54。满分达标率上，政策沟通和伙伴关系分值分

别达到76.73%和58.40%，表现较好。区域影响满分达标率最低，为18.90%，但仍显著高于全样本均值水平。

表24　2021年西欧地区样本城市

城市	国家	丝路节点城市指数得分	城市类别	城市	国家	丝路节点城市指数得分	城市类别
汉堡	德国	56.21	α	慕尼黑	德国	47.83	β
卢森堡	卢森堡	55.82	α	布鲁塞尔	比利时	47.78	β
不莱梅	德国	54.96	α	罗斯托克	德国	45.44	γ
维也纳	奥地利	52.85	α	鹿特丹	荷兰	44.31	δ++
苏黎世	瑞士	52.80	α	波尔多	法国	42.31	δ+
柏林	德国	52.40	α	里尔	法国	42.22	δ+
巴黎	法国	51.82	α	安特卫普	比利时	41.38	δ+
科隆	德国	51.22	α	里昂	法国	39.96	δ
阿姆斯特丹	荷兰	50.15	α	马赛—普罗旺斯地区艾克斯	法国	38.81	δ
伯尔尼	瑞士	48.28	β				

4. 南欧地区：综合指数得分低于全样本均值，资金融通性表现欠佳

南欧地区共包含19个样本城市（见表25），其中包含2个重要节点城市、1个次要节点城市、4个一般节点城市和7个潜在节点城市。19个样本城市综合指数得分为38.85，较上年下降5.14，低于全样本均值0.08。二级指数得分方面，南欧样本城市除伙伴关系和政策沟通指数高于全样本均值水平外，其余二级指数得分均低于全样本城市，其中资金融通指数低于全样本均值水平0.09。政策沟通的满分达标率最高，为63.12%，区域影响的满分达标率最低，为12.40%。

表25　2021年南欧地区样本城市

城市	国家	丝路节点城市指数得分	城市类别	城市	国家	丝路节点城市指数得分	城市类别
马德里	西班牙	52.14	α	威尼斯	意大利	41.99	δ+
里斯本	葡萄牙	50.36	α	热那亚	意大利	41.80	δ+
米兰	意大利	48.11	β	萨格勒布	克罗地亚	41.68	δ+

续表

城市	国家	丝路节点城市指数得分	城市类别	城市	国家	丝路节点城市指数得分	城市类别
罗马	意大利	47.38	γ	卢布尔雅那	斯洛文尼亚	40.10	δ+
波尔图	葡萄牙	47.33	γ	地拉那	阿尔巴尼亚	37.80	ε
贝尔格莱德	塞尔维亚	46.70	γ	瓦莱塔	马耳他	37.20	ε
雅典	希腊	45.58	γ	斯科普里	北马其顿共和国	35.48	ε
巴塞罗那	西班牙	44.60	δ++	波德戈里察	黑山	28.40	ε
都灵	意大利	43.31	δ++	萨拉热窝	波斯尼亚和黑塞哥维那	25.64	ε
那不勒斯	意大利	42.65	δ++				

（三）非洲地区：南非承担非洲地区主要节点功能，地区设施联通性亟须提升

1. 北非地区：丝路节点功能整体提高显著，设施联通亟待加强

北非地区共包含10个样本城市（见表26），其中包含1个一般节点城市和4个潜在节点城市。与上年相比，北非地区新增1个一般节点城市和2个潜在节点城市，说明该地区丝路节点功能显著提高。10个样本城市综合指数得分为36.96，低于全样本均值1.97。北非地区二级指标得分均低于全样本均值，其中设施联通低于均值0.54，为北非地区样本城市最薄弱之处，亟待改善。满分达标率方面，北非地区样本城市的伙伴关系和政策沟通表现较好，分别为55.9%和59.9%。

表26　2021年北非地区样本城市

城市	国家	丝路节点城市指数得分	城市类别	城市	国家	丝路节点城市指数得分	城市类别
卡萨布兰卡	摩洛哥	46.08	γ	突尼斯	突尼斯	38.41	ε
拉巴特	摩洛哥	40.47	δ+	阿尔及尔	阿尔及利亚	36.52	ε
非斯	摩洛哥	40.12	δ+	喀土穆	苏丹	35.31	ε
开罗	埃及	39.29	δ	亚历山大港	埃及	31.71	ε
马拉喀什	摩洛哥	38.77	δ	的黎波里	利比亚	21.58	ε

2. 东非地区：地区整体节点功能较弱，设施联通性发展不足

东非地区共包含17个样本城市（见表27），其中包含1个潜在节点城市和16个普通城市。17个样本城市综合指数得分为34.78，低于全样本均值4.15，但与上年相比，该差距已缩小2.09。东非样本城市的二级指数均低于全样本均值水平，其中设施联通性与均值水平差距最大，得分相差1.16。伙伴关系和政策沟通的满分达标率相对较好，分别为54.90%和54.82%。

表27 2021年东非地区样本城市

城市	国家	丝路节点城市指数得分	城市类别	城市	国家	丝路节点城市指数得分	城市类别
达累斯萨拉姆	坦桑尼亚	40.38	δ+	多多马	坦桑尼亚	33.41	ε
亚的斯亚贝巴	埃塞俄比亚	37.92	ε	塔那那利佛	马达加斯加	32.46	ε
卢萨卡	赞比亚	37.19	ε	布琼布拉	布隆迪	32.33	ε
维多利亚	塞舌尔	37.13	ε	哈拉雷	津巴布韦	31.78	ε
马普托	莫桑比克	37.07	ε	马托拉	莫桑比克	31.60	ε
基加利	卢旺达	36.96	ε	朱巴	南苏丹	27.95	ε
内罗毕	肯尼亚	35.72	ε	吉布提市	吉布提	27.83	ε
蒙巴萨	肯尼亚	34.71	ε	摩加迪沙	索马里	21.97	ε
坎帕拉	乌干达	34.11	ε				

3. 南非地区：节点城市数量为非洲地区之最，整体实力稳步提升

南非地区共包含7个样本城市（见表28），其中包含1个一般节点城市和3个潜在节点城市，节点城市总数量较上年增加2个，为非洲节点城市数量占比最高的地区。7个样本城市综合指数得分为41.72，较上年提升2.78，高于全样本均值水平2.79。南非地区样本城市的政策沟通性较强，得分为10.18，高于全样本城市指数均值1.44；但伙伴关系指数得分为5.61，低于全样本城市均值0.13。政策沟通满分达标率最高，为72.70%。

067

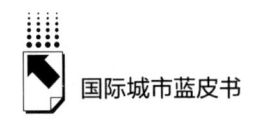

表 28　2021 年南非地区样本城市

城市	国家	丝路节点城市指数得分	城市类别	城市	国家	丝路节点城市指数得分	城市类别
开普敦	南非	47.04	γ	茨瓦内	南非	38.35	ε
德班	南非	43.39	δ++	伊丽莎白港（纳尔逊·曼德拉湾）	南非	37.80	ε
约翰内斯堡	南非	42.36	δ+	温得和克	纳米比亚	37.25	ε
艾库鲁勒尼	南非	41.66	δ+				

4. 西非地区：地区节点功能不明显，设施联通性相对不足

西非地区共包含19个样本城市（见表29），其中包含1个一般节点城市和18个普通城市，地区节点功能水平较弱。西非样本城市综合指数得分为37.31，较上年提高5.03，但低于全样本均值1.62。从二级指数得分情况看，成长引领表现较好，得分为4.14，高于全样本均值0.08；其余二级指数得分均低于全样本均值。设施联通指数得分较全样本均值差距最大，低于全样本均值0.48。政策沟通的满分达标率最高，为60.53%。

表 29　2021 年西非地区样本城市

城市	国家	丝路节点城市指数得分	城市类别	城市	国家	丝路节点城市指数得分	城市类别
拉各斯	尼日利亚	45.73	γ	伊巴丹	尼日利亚	33.96	ε
阿克拉	加纳	36.00	ε	卡诺	尼日利亚	33.94	ε
阿布贾	尼日利亚	35.78	ε	卡杜纳	尼日利亚	33.72	ε
达喀尔	塞内加尔	35.74	ε	普拉亚	佛得角	32.90	ε
弗里敦	塞拉利昂	34.89	ε	努瓦克肖特	毛里塔尼亚	31.64	ε
哈科特港	尼日利亚	34.80	ε	洛美	多哥	31.24	ε
库马西	加纳	34.74	ε	班珠尔	冈比亚	30.47	ε
阿比让	科特迪瓦	34.61	ε	科纳克里	几内亚	30.06	ε
奥尼查	尼日利亚	34.31	ε	亚穆苏克罗	科特迪瓦	27.67	ε
贝宁城	尼日利亚	34.00	ε				

5. 中非地区：无节点功能城市，政策沟通和设施联通薄弱

中非地区共包含7个样本城市（见表30），均为普通城市。7个样本城市综合指数得分为33.46，较上年提高2.19，低于全样本均值5.47。中非样

本城市的二级指数得分均低于全样本均值，在政策沟通和设施联通领域的发展明显不足，且政策沟通指数与上年相比有明显下降。伙伴关系的满分达标率最高，为57.40%。

表30　2021年中非地区样本城市

城市	国家	丝路节点城市指数得分	城市类别	城市	国家	丝路节点城市指数得分	城市类别
利伯维尔	加蓬	36.00	ε	恩贾梅纳	乍得	29.03	ε
布拉柴维尔	刚果（布）	34.82	ε	杜阿拉	喀麦隆	28.63	ε
罗安达	安哥拉	33.80	ε	雅温得	喀麦隆	27.73	ε
黑角	刚果（布）	32.98	ε				

（四）美洲和大洋洲：奥克兰挺进次要节点城市榜单，南美城市首次入围潜在节点城市

美洲和大洋洲共包含22个样本城市（见表31），其中包含1个次要节点城市、1个一般节点城市和1个潜在节点城市。奥克兰（新西兰）从上年的一般节点城市晋级为次要节点城市，节点功能潜力巨大。蒙得维的亚（乌拉圭）为南美地区首次入榜潜在节点的城市，说明"一带一路"倡议的影响不断扩大。22个样本城市综合指数得分均值为37.53，较上年提升5.28，区域整体实力进步显著，但仍低于全样本均值1.40。该地区二级指数得分均低于全样本均值，尤其在设施联通和资金融通方面短板明显。政策沟通的满分达标率最高，为61.10%。

表31　2021年美洲和大洋洲地区样本城市

城市	国家	丝路节点城市指数得分	城市类别	城市	国家	丝路节点城市指数得分	城市类别
奥克兰	新西兰	47.77	β	乔治敦	圭亚那	31.08	ε
惠灵顿	新西兰	47.24	γ	西班牙港	特立尼达和多巴哥	30.93	ε
蒙得维的亚	乌拉圭	44.74	δ++	加拉加斯	委内瑞拉	28.50	ε

续表

城市	国家	丝路节点城市指数得分	城市类别	城市	国家	丝路节点城市指数得分	城市类别
拉巴斯	玻利维亚	37.07	ε	莫尔兹比港	巴布亚新几内亚	27.67	ε
罗索	多米尼克	36.82	ε	圣乔治	格林纳达	26.20	ε
圣克鲁斯	玻利维亚	36.08	ε	瓦伦西亚	委内瑞拉	26.16	ε
圣荷西	哥斯达黎加	35.88	ε	马拉开波	委内瑞拉	26.11	ε
科恰班巴	玻利维亚	35.88	ε	巴基西梅托	委内瑞拉	25.82	ε
巴拿马城	巴拿马	34.72	ε	马拉凯	委内瑞拉	25.82	ε
帕拉马里博	苏里南	34.42	ε	圣约翰(纽芬兰)	安提瓜和巴布达	25.70	ε
阿皮亚	萨摩亚	33.90	ε	阿洛菲	纽埃	21.94	ε

附 录

1. 纳入本报告研究的城市样本

延续上年度筛选丝路节点城市情况，纳入本报告的丝路节点城市样本主要包含三个部分：一是，参与"一带一路"建设的国家或地区中人口规模超过100万的城市[①]；二是，样本国家的首都城市；三是，"一带一路"网络中的重要港口城市。基于数据可得性，最终选出138个国家（地区）的350个样本城市。样本国家和城市在各区域的分布情况如附表1所示。

附表1 纳入本报告研究的样本国家和城市

单位：个

大洲	地理亚区	国家(地区) 名称	国家(地区) 数量	城市数量
大洋洲	美拉尼西亚	巴布亚新几内亚	1	1
	波利尼西亚	萨摩亚、纽埃	2	2
	澳大利亚和新西兰	新西兰	1	2

---

① United Nations, "Department of Economic and Social Affairs, Population Division (2018)," World Urbanization Prospects: The 2018 Revision, Online Edition.

续表

大洲	地理亚区	国家(地区)名称	数量	城市数量
美洲	南美	玻利维亚、乌拉圭、委内瑞拉、苏里南、圭亚那	5	11
	中美	哥斯达黎加、巴拿马	2	2
	加勒比地区	格林纳达、多米尼克、安提瓜和巴布达、特立尼达和多巴哥	4	4
欧洲	南欧	希腊、塞尔维亚、黑山、斯洛文尼亚、波斯尼亚和黑塞哥维那、阿尔巴尼亚、克罗地亚、马其顿、马耳他、葡萄牙、西班牙、意大利	12	19
	东欧	白俄罗斯、保加利亚、捷克、匈牙利、波兰、罗马尼亚、俄罗斯、乌克兰、摩尔多瓦、斯洛伐克	10	27
	西欧	奥地利、比利时、德国、法国、荷兰、卢森堡、瑞士	7	19
	北欧	立陶宛、拉脱维亚、爱沙尼亚、爱尔兰、冰岛、丹麦、芬兰、挪威、瑞典、英国	10	15
亚洲	南亚	阿富汗、孟加拉国、印度、伊朗、尼泊尔、巴基斯坦、斯里兰卡、不丹、马尔代夫	9	86
	东南亚	柬埔寨、印度尼西亚、马来西亚、缅甸、菲律宾、新加坡、泰国、越南、东帝汶、文莱、老挝	11	33
	东亚	蒙古、韩国、朝鲜、日本	4	21
	中亚	哈萨克斯坦、乌兹别克斯坦、土库曼斯坦、塔吉克斯坦、吉尔吉斯斯坦	5	6
	西亚	亚美尼亚、阿塞拜疆、格鲁吉亚、伊拉克、以色列、约旦、科威特、黎巴嫩、阿曼、沙特阿拉伯、叙利亚、土耳其、阿联酋、也门、巴勒斯坦、巴林、卡塔尔、塞浦路斯	18	42
非洲	东非	埃塞俄比亚、肯尼亚、马达加斯加、莫桑比克、索马里、乌干达、坦桑尼亚、赞比亚、津巴布韦、塞舌尔、布隆迪、南苏丹、吉布提、卢旺达	14	17
	西非	科特迪瓦、加纳、几内亚、毛里塔尼亚、尼日利亚、塞内加尔、塞拉利昂、多哥、佛得角、冈比亚	10	19
	中非	安哥拉、喀麦隆、乍得、刚果(布)、加蓬	5	7
	南非	纳米比亚、南非	2	7
	北非	阿尔及利亚、埃及、利比亚、摩洛哥、苏丹、突尼斯	6	10
合计			138	350

注：地理亚区参考联合国相关划分标准。
资料来源：笔者整理。

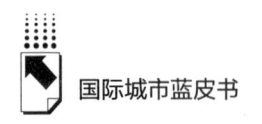

2. 丝路节点城市评价指标体系及数据来源

丝路节点城市评价指标体系共包含8个二级指数和31个三级指标。8个二级指数分别是伙伴关系指数、区域影响指数、成长引领指数、政策沟通指数、设施联通指数、贸易畅通指数、资金融通指数及民心相通指数（见附表2）。

附表2 丝路节点城市评价指标体系

单位：%

二级指数	序号	三级指标		数据属性	权重
伙伴关系指数（3）	1	所在国家与中国的双边政治关系		国家	4
	2	中国发起成立的国际合作组织、机构/协议中的成员国		国家	3
	3	中国"一带一路"网列出的国家		国家	3
区域影响指数（4）	4	所在国家拥有区域合作组织总部		国家	2
	5	GaWC区域中心城市		城市	3
	6	城市首位度		城市	3
	7	"一带一路"走廊城市		城市	2
成长引领指数（4）	8	"全球竞争力报告"国家表现		国家	3
	9	近五年年均经济增长率		国家	2
	10	未来十年预期人口平均增长率		城市	3
	11	世界500强企业数量		国家	2
"五通"指数（20）	政策沟通指数（4）	12	治理稳定性	政治稳定性	国家	2
				公共卫生能力	国家	2
		13	法律秩序		国家	3
		14	友好城市		城市	4
		15	经济自由度		国家	3
	设施联通指数（4）	16	基础设施水平		国家	3
		17	区域性铁路站点		城市	4
		18	信息化水平		国家	3
		19	往来中国航空公司数		城市	4
	贸易畅通指数（4）	20	中国境外合作区、开发区、共建园区		城市	5
		21	WTO成员		国家	3
		22	双边贸易总量		国家	3
		23	自由贸易区数量		国家	3

续表

二级指数		序号	三级指标	数据属性	权重
"五通"指数（20）	资金融通指数（4）	24	来自中国的直接外商投资	国家	3
		25	货币稳定性	国家	3
		26	双边投资协定	国家	3
		27	金融国际化水平	城市	5
	民心相通指数（4）	28	文化距离	国家	3
		29	孔子学院、孔子课堂数量	城市	4
		30	城市往来中国航空客流量	城市	4
		31	中国免签国家	国家	3

各指标含义及数据来源见附表3。

附表3 指标含义及数据来源

序号	指标	含义	参考数据来源	发布机构
1	所在国家与中国的双边政治关系*	城市所在国与中国的合作定位	外交部官网	外交部
2	中国发起成立的国际合作组织、机构/协议中的成员国	主要包括下列组织机构：金砖国家、上合组织国家、参与亚洲基础设施银行成员国家AIIB	AIIB官网、上海合作组织官网、金砖国家官网	AIIB官网、上海合作组织官网、金砖国家官网
3	中国一带一路网列出的国家	一带一路网中公布的已同中国签订共建"一带一路"合作文件的国家	中国一带一路网（https://www.yidaiyilu.gov.cn/index.htm）	国家信息中心
4	所在国家拥有区域合作组织总部	该城市所在国家拥有相对重要的区域合作组织总部	根据国际组织官方、维基百科按区域查询汇总	维基百科
5	GaWC区域中心城市	GaWC世界城市排名中的城市等级	GaWC世界城市名单2020	GaWC
6	城市首位度（城市人口与国家人口比值）	该城市人口与所在国总人口比值	《世界人口展望（2019）》	联合国
7	"一带一路"走廊城市	位于"一带一路"城市走廊中的城市	"'一带一路'沿线城市网络与中国战略支点布局研究"课题研究成果	"'一带一路'沿线城市网络与中国战略支点布局研究"课题组

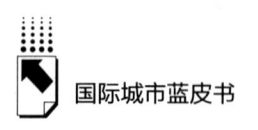

续表

序号	指标	含义	参考数据来源	发布机构
8	"全球竞争力报告"国家表现	衡量国家竞争力，反映了长期增长的决定因素	《全球竞争力报告2018》	世界经济论坛
9	近五年年均经济增长率	过去五年该国经济的平均增长速度2016~2020	https://data.imf.org/?sk=388DFA60-1D26-4ADE-B505-A05A558D9A42	国际货币基金组织
10	未来十年预期人口平均增长率	未来十年预期人口平均增长率	《世界人口展望（2018）》	联合国
11	世界500强企业数量	该国拥有的世界500强企业总部的数量	《财富》世界500强排行榜	《财富》杂志
12	治理稳定性	该国政治稳定性、公共卫生能力	《世界各国风险指南》、美国约翰斯·霍普金斯大学官网	The PRS Group、美国约翰霍普金斯大学
13	法律秩序	该国是否拥有较好的法律秩序	《世界各国风险指南》	The PRS Group
14	友好城市	是否与中国建立了友好城市关系	http://www.cifca.org.cn/Web/SearchByCity.aspx?HYCity=&WFCity=%E3%80%82	中国国际友好城市联合会
15	经济自由度	政府对经济的干涉程度	《2020经济自由度指数》(2020 Index of Economic Freedom)	美国传统基金会
16	基础设施水平	国家基础设施建设水平	The Global Competitiveness Report 2019	世界经济论坛（World Economic Forum）
17	区域性铁路站点	城市是否拥有区域性铁路站点	中欧、中亚铁路通道图	中国铁道出版社（2015年3月）
18	信息化水平	国家信息化水平	《国际统计年鉴》	中华人民共和国国家统计局
19	往来中国航空公司数	不同城市往来中国的航空公司数	国际民用航空组织（ICAO）航班起点统计	国际民用航空组织
20	中国境外合作区、开发区、共建园区	拥有中国境外合作区、开发区、共建园区的数量	http://www.fmprc.gov.cn、www.mofcom.gov.cn	外交部、商务部等
21	WTO成员	城市所在国家为世界贸易组织的成员或观察员	https://www.wto.org/	世界贸易组织官网

续表

序号	指标	含义	参考数据来源	发布机构
22	双边贸易总量	该城市所在国家与中国的进出口贸易总额	《中国统计年鉴2019》	中华人民共和国国家统计局
23	自由贸易区数量	城市所在国家拥有的"自由贸易区"数量	https://en.wikipedia.org/wiki/List_of_free-trade_zones#Seychelles	维基百科/世界自贸区网
24	来自中国的直接外商投资	城市所在国家一年内吸引来自中国的投资总额	《中国统计年鉴2019》	中华人民共和国国家统计局
25	货币稳定性	城市所在国家货币与美元间官方汇率的变动幅度	Real Historical Exchange Rates for Baseline Countries/Regions (2010 base year), 1970-2014	USDA
26	双边投资协定	是否与中国签订专门用于国际投资保护的双边条约	http://tfs.mofcom.gov.cn/article/Nocategory/201111/20111107819474.shtml	中华人民共和国商务部条约法律司
27	金融国际化水平	该国金融活动超越本国国界，在全球范围内展开经营、寻求融合、求得发展	https://en.wikipedia.org/wiki/Global_Financial_Centres_Index	维基百科（Global Financial Centre Index）
28	文化距离	不同国家文化差异、价值取向	https://geert-hofstede.com/	吉尔特·霍夫斯塔德官方网站
29	孔子学院、孔子课堂数量	拥有的孔子学院、孔子课堂的加权平均数	http://www.hanban.edu.cn/confuciousinstitutes/node_10961.htm	孔子学院总部/国家汉办
30	城市往来中国航空客流量	指一年内该城市往来中国的航空客流总数	国际民用航空组织（ICAO）航班起点统计	国际民用航空组织
31	中国免签国家	是否为中国免签国	中国与外国互免签证协定一览表	中国领事服务网

注："*"根据外交部资料，与中国双边政治关系主要包括：友好关系、友好合作关系、合作伙伴关系、新型合作伙伴关系、全面合作伙伴关系、全面友好合作伙伴关系、全方位合作伙伴关系、全方位友好合作伙伴关系、战略互惠关系、互惠战略关系、战略合作关系、战略性合作关系、战略伙伴关系、战略合作伙伴关系、创新全面伙伴关系、创新战略伙伴关系、全面战略伙伴关系、全面战略合作伙伴关系、全方位战略伙伴关系、新时代全面战略协作伙伴关系和全天候战略合作伙伴关系等。

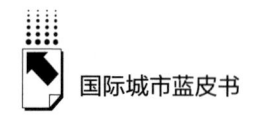

3. 数据处理方法

以 x_i 代表构成二级指数 x 的第 i 项单项指标（$i = 1, \cdots, 4$），其中 $x \in \{a,b,c,d,e,f,g,h\}$，分别代表伙伴关系、区域影响、成长引领、政策沟通、设施联通、贸易畅通、资金融通和民心相通 8 个二级指数。

对各项指标运用极值化方法对变量数据进行标准化处理，即通过变量取值的最大值和最小值，将原始数据转换为界于 [0, 1] 的数值，以消除指标计量单位和数量级对指标得分的影响。具体地：

$$x'_{ij} = \frac{x_{ij} - \min\{x_{ij}\}}{\max\{x_{ij}\} - \min\{x_{ij}\}}$$

其中，x_{ij} 代表二级指数 x 第 i 项单项指标中第 j 个城市的统计性原始数据；$\min\{x_{ij}\}$ 为指标 x_i 的最小值，$\max\{x_{ij}\}$ 为指标 x_i 的最大值；x'_{ij} 为标准化后的数据，且 $x'_{ij} \sim [0,1]$。

特别地，对逆向指标"区域中心城市""文化距离""货币稳定性"，标准化公式需要调整为：

$$x'_{ij} = \frac{\max\{x_{ij}\} - x_{ij}}{\max\{x_{ij}\} - \min\{x_{ij}\}}$$

对各项二级指数加权平均得到丝路节点城市指数得分，计算公式为：

$$I_x = \sum_{i=1}^{m} x_i w_i$$

其中，I_x 代表二级指数 x 的综合得分，x_i 为 x 的第 i 项二级指数，w_i 为二级指数 x_i 的权重。一共计算得出 8 个二级指标，分别是伙伴关系、区域影响、成长引领 3 个二级指数和政策沟通、设施联通、贸易畅通、资金融通和民心相通 5 个丝路节点城市"五通"指数。

城市创新篇
Urban Innovation

B.3
世界知识产权组织"全球创新城市百强"解读[*]

盛垒 张子彧[**]

摘 要： 对全球创新城市百强的分析表明，全球创新城市主要集中在高收入经济体和以中国为代表的中等收入经济体，东亚已逐渐成为全球创新城市中心地区。中国创新城市整体实力提升明显，但创新强度与欧美地区相比仍有不小差距，创新领域的同质化现象较为突出。中国应不断提高创新城市科技强度，推动形成创新城市差异化发展格局，促进创新城市合作网络发展。

关键词： 全球 创新城市 科技强度 中国

---

[*] 本文主要基于世界知识产权组织报告（Global Innovation Index 2020）开展介评，并对中国城市的相关借鉴进行分析，特此致谢。

[**] 盛垒，博士，上海社会科学院世界经济研究所研究员，主要研究方向：城市创新、城市产业发展；张子彧，上海社会科学院世界经济研究所硕士研究生，主要研究方向：国际城市。

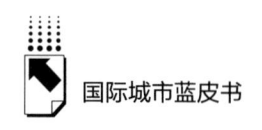

2020年9月，世界知识产权组织发布"2020全球创新指数报告"（GII 2020），除对全球主要经济体创新指数进行排名外，还专门对全球创新集群百强进行了排名和分析。这些创新集群都是以城市或城市群为识别单元的，故可以直接称为全球创新城市百强。本文基于这一报告，解读2020年全球创新城市百强的排名情况，并提出对中国创新城市发展的启示。

一　全球创新城市百强排名分析

从2020年的整体排名情况来看，目前全球创新城市百强相较2019年主要有如下一些变化和特征。

（一）全球创新城市主要集中在高收入经济体和以中国为代表的中等收入经济体

全球排名前100位的创新城市主要位于26个经济体，其中美国仍然是拥有创新城市数量最多的国家（25个），但同2019年相比减少1个，其次为中国，数量与2019年持平，为18个[1]，紧随其后的是德国（10个）、日本（5个）和法国（5个）。

在2020年全球创新城市百强中，来自中国、印度、伊朗、土耳其、俄罗斯和巴西6个中等收入经济体的共25个创新城市进入榜单，与上年进入数目持平。其中中国占68%，同其他中等收入经济体相比具有明显优势。除此之外，其余进入榜单的创新城市均位于高收入经济体。

东京—横滨继续位列全球创新水平最高的创新城市，主要反映在集群程度较高的专利申请方面；其次是深圳—香港集群与广州集群合并后的深圳—香港—广州集群，其与东京—横滨差距缩小，全球排名第二的地位进一步巩固；紧随其后的是首尔、北京和圣何塞—旧金山。2020年前十名中唯一的变化来自上海，得益于专利申请份额的迅速增长，上海从上年的全球第11位上升到第9位，相应的巴黎和圣地亚哥排名均下降了1个位次。

---

[1] 2020年报告将深圳—香港和广州两个集群合并成为深圳—香港—广州一个集群。

世界知识产权组织"全球创新城市百强"解读

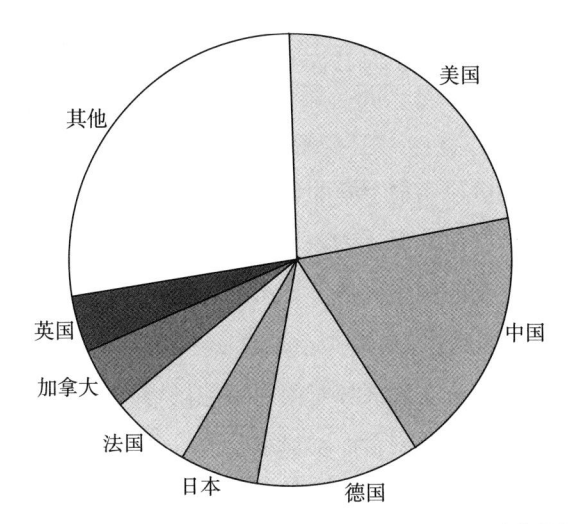

图1　2020年各经济体进入全球前100名的创新城市数量

资料来源：笔者根据GII绘制。

表1　全球创新城市前20强

创新城市	所在国家	2020年排名	2019年排名	排名变化
东京—横滨	日本	1	1	0
深圳—香港—广州	中国	2	2	0
首尔	韩国	3	3	0
北京	中国	4	4	0
圣何塞—旧金山	美国	5	5	0
大阪—神户—京都	日本	6	6	0
波士顿—坎布里奇	美国	7	7	0
纽约	美国	8	8	0
上海	中国	9	11	2
巴黎	法国	10	9	-1
圣地亚哥	美国	11	10	-1
名古屋	日本	12	12	0
华盛顿	美国	13	13	0
洛杉矶	美国	14	14	0
伦敦	英国	15	15	0
休斯敦	美国	16	16	0
西雅图	美国	17	17	0
阿姆斯特丹—鹿特丹	荷兰	18	18	0
科隆	德国	19	20	1
芝加哥	美国	20	19	-1

资料来源：GII。

（二）创新城市地区发展差距明显，东亚地区逐渐成为全球创新城市中心地区

图 2 展示了各地区排名前 100 的创新城市数目，尽管中等收入经济体实现了一定程度的创新赶超，但在创新城市方面地区差异依然较为明显：欧洲和北美洲地区具有一定的领先优势，拥有的全球前百强创新城市数目分别为 33 个和 29 个，而东亚地区有 26 个，三者占全球创新城市百强的近 90%。西亚、南亚、大洋洲、拉丁美洲和东南亚等地区均有少量创新城市上榜，非洲大陆由于经济发展水平和创新活动水平较低等原因，还没有创新城市入选全球百强。

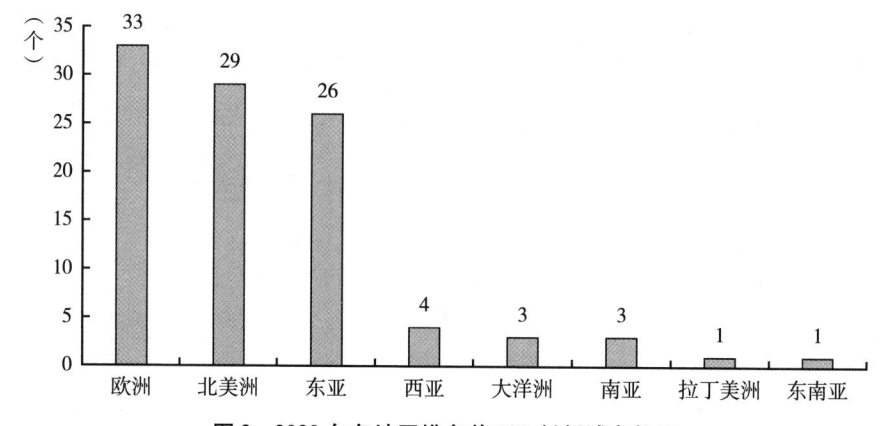

图 2 2020 年各地区排名前 100 创新城市数目

资料来源：笔者根据 GII 绘制。

东亚地区实力进一步提升。2020 年排名前十位的全球创新城市百强中，东亚占了 6 个，比 2019 年增加 1 个，而且东京—横滨、深圳—香港—广州、首尔和北京继续列全球创新城市前 4 位，充分表明东亚地区在创新方面的强劲实力。表 2 列出了 2020 年专利申请份额和科学论文出版份额列世界前 10 位的创新城市，其中，东亚地区有 5 个创新城市排名前列。在专利申请份额方面，东京—横滨以 10.81% 的份额位列第一，深圳—香港—广州和首尔创新城市紧随其后。在科学论文出版份额方面，北京以 2.79% 位列第一，东

京—横滨和首尔分列第二和第三位，频繁和活跃的创新城市活动推动东亚地区成为全球创新城市的中心地区之一。

表2 2020年专利申请和科学论文出版份额排名前列的创新城市

单位：%

城市/城市群	国家	专利申请份额	城市/城市群	国家	出版份额
东京—横滨	日本	10.81	北京	中国	2.79
深圳—香港—广州	中国	6.90	东京—横滨	日本	1.66
首尔	韩国	3.90	首尔	韩国	1.63
圣何塞—旧金山	美国	3.80	纽约	美国	1.58
大阪—神户—京都	日本	2.81	波士顿—坎布里奇	美国	1.49
北京	中国	2.40	上海	中国	1.41
圣地亚哥	美国	1.88	华盛顿	美国	1.38
名古屋	日本	1.85	深圳—香港—广州	中国	1.37
波士顿—坎布里奇	美国	1.48	伦敦	英国	1.24
巴黎	法国	1.30	巴黎	法国	1.07

资料来源：笔者根据GII整理。

从创新城市排名上升幅度看，上升位次最多的前10名均位于东亚地区，其中日本滨松上升17个位次（从第102位上升到第85位），位列第一，台北—新竹和金泽分别上升16个位次和15个位次，位列第二和第三。而第四到第十的位置均被中国创新城市包揽。更普遍地说，除排名本已非常靠前的创新城市外，东亚地区创新城市的排名均有所提高，这反映出东亚地区创新城市发展活力不断提升。

从创新城市产出净变化和排名变化上看，排名的波动主要反映在创新城市产出净增长方面，东亚地区尤其是中国创新城市产出净增长明显，其中青岛、深圳—香港—广州和重庆为产出净增长最多的创新城市。东亚地区尤其是中国创新城市产出净增长使得其排名普遍上升。

（三）欧美地区具有更为活跃的创新城市活动

由于全球各创新城市之间的规模和人口密度具有较大差异，2020年GII

首次提出了科技强度这一指标，即用城市的专利申请份额和科学论文出版份额之和除以其总人口。这一全新评估指标表明，很多欧洲和美国的创新城市显示出了比亚洲创新城市密度更高的集群活动。英国的剑桥和牛津成为科技强度最高的城市，两者均在相对较小的城市集群中拥有高产的科学组织。其次是荷兰的埃因霍温、美国的圣何塞—旧金山和安阿伯。在科技强度前10位创新城市中，美国有5个，欧洲有4个，而东亚地区只有大田上榜。科技强度排名前列的城市，其人口规模普遍较小，但也有特例，圣何塞—旧金山和波士顿—坎布里奇两个城市群既拥有大量人口，也具有较高的科技强度，这也使得两者同时位列创新城市榜和科技强度榜的前10强。

与创新城市排名不同，在科技强度榜后20名中，除曼彻斯特外均来自亚洲或中等收入经济体，其中中国有11个城市位列后20名。这可能是由于亚洲尤其是中国城市人口规模普遍比欧洲和北美要大，从而科技强度较低。

（四）论文出版和拥有专利最多的领域分布没有显著变化，东亚地区在论文出版领域具有高度重合性，在专利领域呈现多样化

表3比较了2019年和2020年创新城市论文出版最多的领域。2020年全球创新城市百强论文出版最多的领域为11个，和2019年相比减少了1个。化学仍是论文出版频次最高的领域，涉及34个城市，比2019年多了两个。其次为神经科学和神经病学与工程，两者涉及的城市数量均较上年有所增加，而以其他医疗卫生领域为主的创新城市数量有所下降。

表3 2019~2020年全球前100创新城市论文出版最多领域

单位：个

论文出版最多领域	城市数量		
	2019年	2020年	变化值
化学	32	34	2
神经科学和神经病学	17	18	1
工程	16	17	1
物理	11	11	0
科学技术—其他主题	6	7	1

续表

论文出版最多领域	城市数量		变化值
	2019 年	2020 年	
普通内科学	5	4	-1
心脏与心脏病	4	3	-1
肿瘤学	4	3	-1
儿科	1	1	0
气象学与大气科学	1	1	0
公共、环境与职业卫生	1	1	0
医药与药学	2	0	-2

资料来源：笔者根据 GII 绘制。

美国的创新城市论文出版最多的领域分布最为广泛，极具多样性。而东亚地区创新城市论文出版最多的领域分布具有很高的重合性，仅在物理、化学和工程三个领域拥有最多的论文出版量。从论文出版最多领域的贡献上看，排名第一的为长春，指标值为 22.06%，其次是天津（17.49%）和莫斯科（17.18%）。从顶尖科学组织对出版的贡献度上看，俄亥俄州立大学以 66.73% 的贡献使哥伦布市位列第一，其次为安阿伯（65.63%）和隆德—马尔默（64.26%）创新城市。

表 4 描绘了 2019~2020 年全球前 100 创新城市拥有专利最多的领域分布情况，同上年相比，拥有专利最多的领域变化并不明显，在城市中拥有专利最多领域依然是医疗技术——涉及 18 个城市，与上年相比减少了 1 个城市。制药、计算机技术和数字通信均以在 15 个城市中拥有专利最多并列第二。

表 4　2019~2020 年全球前 100 创新城市拥有专利最多领域

单位：个

拥有专利最多领域	城市数量			拥有专利最多领域	城市数量		
	2019 年	2020 年	变化值		2019 年	2020 年	变化值
医疗技术	19	18	-1	生物技术	3	3	0
制药	15	15	0	计量	2	2	0
计算机技术	13	15	2	交通运输	2	2	0

续表

拥有专利最多领域	城市数量 2019年	城市数量 2020年	变化值	拥有专利最多领域	城市数量 2019年	城市数量 2020年	变化值
数字通信	14	15	1	有机精细化学	2	2	0
电机、仪器和能源	14	12	-2	光学	1	2	1
基本材料化学	5	4	-1	食品化学	1	1	0
土木工程	5	4	-1	半导体	1	1	0
其他消费品	3	3	0	机械零件	0	1	1

资料来源：笔者根据GII绘制。

有9个领域为东亚地区城市中拥有专利最多领域，主要包括数字通信，计算机技术，电机、仪器和能源等，而在全球占比最大的医疗技术和制药却只在一个城市中拥有最多专利。数字通信是渥太华拥有专利最多领域，比重达到48.28%，其次为青岛（43.01%）和西雅图（41.04%）。电子是埃因霍温拥有专利最多领域，比重为72.08%，其次为圣地亚哥（59.31%）和波特兰（54.34%）。

二 中国创新城市发展情况

近几年来，中国的全球创新指数排名迅速攀升，在多个领域名列前茅，2020年继续列第14名，仍然是前30名中唯一的中等收入经济体。一般而言，创新能力指数进入前15位就表示进入创新型国家行列，这符合我国2020年建成创新型国家的科技发展目标。在最新的创新城市排名中，中国创新城市有以下特点。

（一）创新城市数量平稳增长

2020年，中国共有18个创新城市位列全球百强，仅次于美国。2017年中国上榜的创新城市数仅有7个，发展速度十分迅猛，也反映出中国整体创新实力快速提升。在这18个创新城市中，有3个位居全球前十，分别是深圳—香港—广州、北京和上海，列第2、第4和第9。进入前50强的包括南京、杭州、台北—新竹、武汉、西安和成都。

从创新城市分布上看，中国创新城市的分布与当前经济发展战略和热点地区一致。如长江经济带的上海、武汉和重庆，作为长江经济带上中下游的核心地区，在创新城市方面发挥着中心城市的辐射作用。同时深圳—香港—广州、北京和哈尔滨等城市均在各自区域发挥着领头作用，以创新城市模式带动区域科技创新发展。

表5 进入全球百强的中国创新城市

创新城市	2020年排名	2019年排名	排名变化
深圳—香港—广州	2	2	0
北京	4	4	0
上海	9	11	2
南京	21	25	4
杭州	25	30	5
台北—新竹	27	43	16
武汉	29	38	9
西安	40	47	7
成都	47	52	5
天津	56	60	4
长沙	66	67	1
青岛	69	80	11
苏州	72	81	9
重庆	77	88	11
合肥	79	90	11
哈尔滨	80	87	7
济南	82	89	7
长春	87	93	6

资料来源：GII。

（二）创新城市发展水平持续上升

图3通过散点图描绘了中国创新城市创新占比和排名变化情况。从整体发展水平上看，我国各创新城市均呈现一定程度增长，其中增长最迅速的为

深圳—香港—广州，为1.08%，紧随其后的为上海和北京，分别为0.45%和0.23%，其他城市创新占比变化幅度较小。

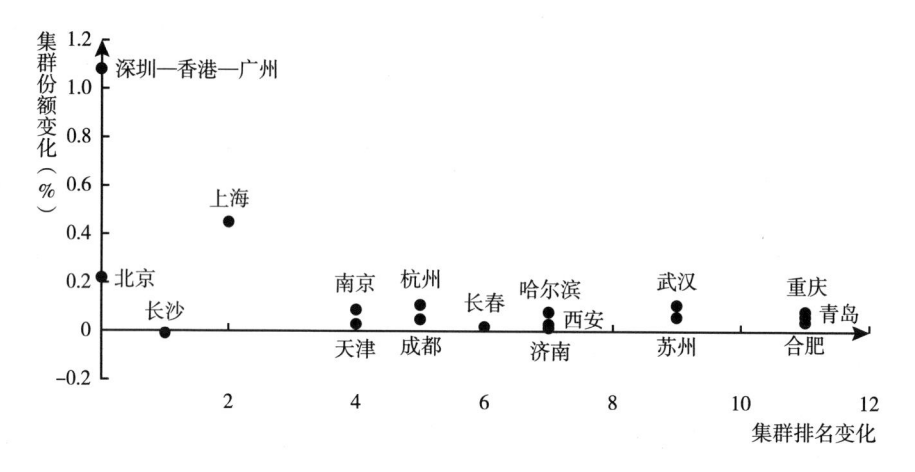

图3　中国创新城市创新占比和排名变化

资料来源：笔者根据GII制作。

从城市产出净变化和排名变化上看，中国创新城市的排名变化与产出绩效的变化基本呈正相关。中国创新城市的净产出和排名均有所提升，其中，青岛是中国也是世界产出净增长幅度最大的，也使得其创新城市排名明显上升。

（三）创新城市科技强度略显不足

科技强度是用各城市专利和论文的全球占比除以其人口，是反映城市创新活跃水平的重要指标。表6展示了中国创新城市创新规模和科技强度水平，中国的创新城市大多表现为绝对规模较大且覆盖人口众多，这也使得中国创新城市在科技强度这一指标上表现略显不足，仅有北京进入世界前50，其科技强度为0.26，列第36名，其后依次为深圳—香港—广州、南京和杭州等创新城市，共有11个创新城市位于创新强度排行榜的末20位。可以看出，中国大部分创新城市的科技强度排名低于创新规模排名，在提升创新规模的同时进一步提高科技创新密度，成为我国创新城市建设的下一步目标。

表6 中国创新城市创新规模和科技强度水平

城市	科技强度 数值	科技强度 排名	创新规模 数值	创新规模 排名
北京	0.26	36	5.18	4
深圳—香港—广州	0.18	57	8.27	2
南京	0.16	66	1.14	21
杭州	0.15	68	1.02	25
西安	0.12	77	0.77	40
长沙	0.12	78	0.48	66
武汉	0.11	81	0.91	29
上海	0.11	82	2.69	9
长春	0.11	83	0.36	87
青岛	0.11	84	0.46	69
济南	0.10	86	0.37	82
合肥	0.09	87	0.39	79
哈尔滨	0.09	89	0.39	80
苏州	0.08	91	0.43	72
天津	0.07	92	0.56	56
重庆	0.07	93	0.41	77
成都	0.07	94	0.69	47

资料来源：笔者根据GII整理。

图4呈现了科技强度和总人口量的关系，中国科技强度和总人口量之间总体上存在负相关关系。北京和深圳—香港—广州两个创新城市成为例外，同国内其他创新城市相比，这两个创新城市覆盖更多人口的同时，也具备相对高的科技强度。

（四）创新城市论文出版份额增长迅速但领域较为单一

从论文出版份额来看，北京获得国内最高的2.79%，其次为上海和深圳—香港—广州。从论文出版份额增加值看，国内创新城市均有不同程度的增长，其中北京在这一方面增长幅度最大，为0.14个百分点，其次为深圳—香港—广州和南京。

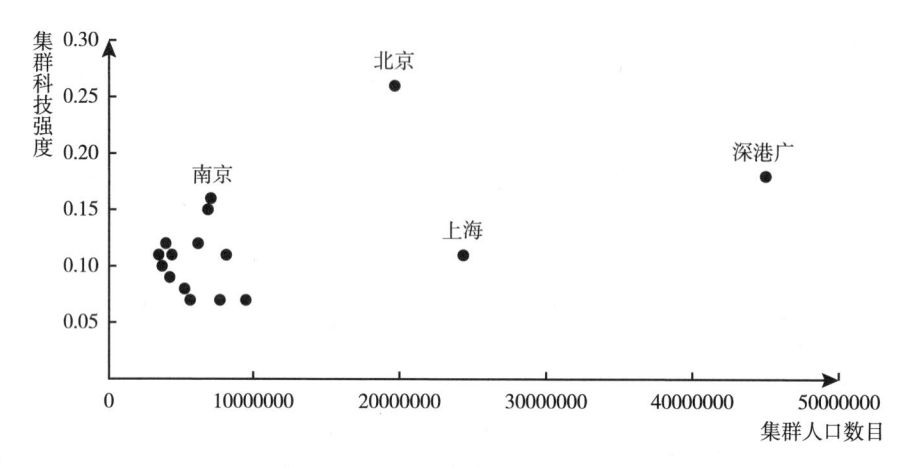

图 4　中国创新城市科技强度和总人口量

资料来源：笔者根据 GII 制作。

表 7　中国创新城市专利申请和论文出版所占份额

单位：%，个百分点

城市	排名	2019 年 专利份额	2019 年 出版份额	2020 年 专利份额	2020 年 出版份额	专利份额增加值	出版份额增加值
深圳—香港—广州	2	5.94	1.25	6.90	1.37	0.96	0.12
北京	4	2.30	2.65	2.40	2.79	0.10	0.14
上海	9	0.87	1.36	1.27	1.41	0.40	0.05
南京	21	0.14	0.90	0.16	0.98	0.02	0.08
杭州	25	0.38	0.54	0.46	0.56	0.08	0.02
武汉	29	0.13	0.67	0.17	0.74	0.04	0.07
西安	40	0.07	0.62	0.07	0.69	0.00	0.07
成都	47	0.14	0.51	0.14	0.56	0.00	0.05
天津	56	0.08	0.45	0.08	0.48	0.00	0.03
长沙	66	0.10	0.39	0.05	0.43	−0.05	0.04
青岛	69	0.15	0.23	0.20	0.26	0.05	0.03
苏州	72	0.21	0.16	0.25	0.17	0.04	0.01
重庆	77	0.03	0.32	0.07	0.35	0.04	0.03
合肥	79	0.04	0.32	0.05	0.34	0.01	0.02
哈尔滨	80	0.02	0.34	0.02	0.37	0.00	0.03
济南	82	0.05	0.30	0.05	0.32	0.00	0.02
长春	87	0.02	0.33	0.02	0.34	0.00	0.01

资料来源：笔者根据 GII 整理。

从创新城市论文出版最多领域来看，各个城市存在高度相似性，大部分集中在化学领域，少量为工程领域，与欧美国家多领域协同发展的情况有较大差距。在论文出版最多的组织方面，国内知名高校和科研院所对当地创新城市的贡献最大，其中苏州大学为苏州贡献了48.73%的论文出版，其次为济南、长春和杭州，三地的高校出版贡献率均超过40%。

（五）创新城市专利增长差距显著

从申请专利份额看，深圳—香港—广州所占份额为6.90%，远高于中国其他创新城市，其后为北京和上海。从申请专利份额增长值看，除长沙外其他城市均有所增长。深圳—香港—广州在国内依然具有较大优势，增加值为0.96个百分点，其后为上海、北京和杭州，其余创新城市的申请专利份额增加值均在0.05个百分点以下，与位于前列的创新城市增长差距明显。

中国创新城市中拥有专利领域范围广泛，在数字通信、电机、仪器、计算机、光学、药品、测量和其他消费品等多个领域具有最多专利。创新城市中专利领域最多的为青岛，其他消费品在青岛专利领域所占份额为43.01%，其次为深圳—香港—广州和杭州。创新城市中专利领域分布最少的为长沙。在全球热门的医疗卫生和药物制造方面，中国只有少数创新城市拥有专利最多。中国创新城市中专利持有与论文出版相比有一定差别，企业、学校和科研院所均有所表现，其中杭州的阿里巴巴集团持有专利份额最多，为42.94%，紧随其后的为惠科电子公司和哈尔滨工业大学，两者的专利数额占当地持有专利份额均超过30%。

三 对我国的几点启示

（一）建立健全创新城市发展模式

在全球创新城市排名中，中国创新城市的绝对排名有一定提高，但科技创新强度与欧美发达国家相比有着较大差距。中国要建立健全创新城市发展模式，通过提供政策扶持和创新补助吸引创新型企业入驻，提升创新城市科技创新强度。加大改革力度，制定长期发展战略，加强知识产权保护和培育良好营商环境，为创新型企业发展扫清制度障碍。进一步加强创新城市内企业、科研院所和高校之间的联系，形成创新城市发展合作平台，有规划地推进城市内部教育体系建设，为创新城市发展提供创新型人才。

（二）加强创新城市多样化建设

相比欧美地区，中国创新城市在专利持有和论文出版两方面均平稳增长，但城市的创新领域却出现同质化趋势，尤其是论文出版领域较为突出。要加强政策支持和引导，鼓励不同创新城市利用当地优势资源，在研究和创新领域上有所侧重，形成差异化发展，解决中国创新城市内部以及城市之间竞争过度、制约创新城市可持续发展等一系列问题，促进创新城市的多样化发展。

（三）促进创新城市合作网络发展

创新是一个复杂的社会化过程，技术创新远远超出单一创新城市的能力范围，区域城市之间的交流和合作成为创新城市进步和发展的方向。通过对国内外创新城市的研究发现，创新合作网络主要由横向和纵向交错而成。横向创新合作网络是创新城市之间通过协作推动发展。国际社会科研创新合作是大趋势，中国创新城市需要更加主动融入全球创新合作网络，加强自身建设，提升城市自主创新能力，以开放包容的态度推进创新城市之间的科技交流合作。纵向创新产业链是政府通过建立公共服务平台和中介机构，进一步加强高校、研究机构、企业和其他服务机构的交流合作，整合创新资源，推动创新发明快速产业化，形成产学研用一体化发展。横向创新合作网络和纵向创新产业链的构建将发挥创新城市协同效应，提升城市整体竞争力和科技强度。

参考文献

World Intellectual Property Organization,"Global Innovation Index 2020," https://www.globalinnovationindex.org/Home.

Bergquist, K., Fink, C., & Raffo, J.,"Special Section: Identifying and Ranking the World's Largest Science and Technology Clusters," In S. Dutta, B. Lanvin, & S. Wunsch-Vincent (Eds.), Global Innovation Index 2018: Energizing the World with Innovation, Ithaca, Fontainebleau, and Geneva: Cornell, INSEAD, and WIPO.

何雪莹、张宓之：《全球创新策源地的最新分布、科研前沿与发展态势——全球创新指数2019（GII）科技集群专题解读分析》,《参阅材料》2020年第6期。

B.4
英国分类识别"潜在增长中心"的策略启示[*]

纪慰华[**]

摘　要： 《确认英国潜在的增长中心》对英国62个最大城市和城镇的创新活力进行了评选。该评选基于城市的经济成功和城市分类特征归纳了六大指标并建立数据测算模型。通过测算对城市创新潜力进行了排名，并得出了关于不同城市的成功配置、影响区域潜在增长活力的关键性因素、政府投资决策标准方面的研究判断。认真分析总结报告的评选方式和研究结论可以为我国建设全球科创中心城市具有极大的指引和借鉴意义。

关键词： 区域创新活力　指标体系　英国　全球科创中心城市

近期，由英国创新机构 Connected Places Catapult（CPC）[①] 和城市中心

---

[*] 本文基于英国创新机构 Connected Places Catapult（CPC）和城市中心（Centre for Cities）联合发布的《确认英国潜在的增长中心》开展介评，对中国建设全球科创中心城市具有极大的指引和借鉴意义，特此感谢。

[**] 纪慰华，上海市浦东改革与发展研究院研究人员，博士，主要从事区域经济和产业经济研究，主要从事浦东改革与发展的决策咨询研究工作。

[①] Connected Places Catapult 是一家由英国政府资助的创新机构。机构主要致力于在建筑环境和流动性方面卓越创新的研究。作为一个可信任的专家机构，CPC 在公共和私人部门之间搭建科技成果转化的平台，为国家、区域和地方政府制定政策提供咨询服务。CPC 基于对复杂生态系统的深刻理解，为不同的市场主体之间进行转换，帮助创新者处理复杂的市场业务，以及帮助地方发展增加创新所产生的经济和环境效益。CPC 具有为地方政府提供创新经济发展咨询服务的丰富经验，从促成贝尔法斯特城市区域协议到支持创建智慧迪拜，通过采用新技术和创新方法来增加经济和环境效益。

(Centre for Cities)① 联合发布了《确认英国潜在的增长中心》。报告关注表现最佳的创新经济体的特征，对英国 62 个最大的城市和城镇进行了评比，旨在明确影响区域创新活力的关键因素，以及找出英国除牛津、剑桥、伦敦西三大区域以外②的创新活动增长潜力区，为政府未来的创新投资决策提供依据。该报告的评选指标体系和测算方法，以及由测算得出的关于创新活动增长潜力区的结论值得我们思考和借鉴。

一 评选指标体系及评选方法

（一）对城市和城镇进行排名

报告首先根据 62 个城市和城镇的经济成功进行排名。经济成功的依据是工作场所的工资水平。这基本反映了城市和城镇整体经济发展情况，对吸引研发相关投资有重要影响。

（二）为了全面描述城市的创新和研发能力，增加了一些与研发创新相关的城市特征分类③

这些城市特征大致分为三类，即基础条件、具有足够研发和创新能力的有效创新体系、创新成果转化的能力（见表1）。

（三）在城市特征分类的基础上，构建了六大指标

这六大指标包含了与创新相关因素的一系列衡量指标，综合反映了一个城市各方面的相对实力。这六大指标分别是专利水平、商标水平、大学创新

---

① Centre for Cities 是一个独立的、无党派的智库，是英国唯一致力于帮助最大的城市和乡镇改善他们的经济运行和机会。过去 15 年的原始研究记录使中心对英国经济和经济格局拥有了无可匹敌的深刻认识。
② 全英国 41% 的科技创新投入都集中在剑桥周边、牛津周边及伦敦的西部区域。
③ 这些城市特征分类在一定程度上借鉴了布鲁金斯学会（Brookings Institution）用来确定美国各地增长中心的成果。

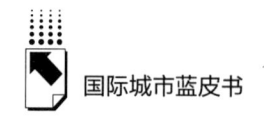

表1 与研发创新相关的城市特征分类

分类	分类说明	相关指标
基础条件	要建立有效的创新体系和创新能力,城市必须满足一定的前提条件。没有这些基本创新条件的城市应该首先消除这些领域的障碍,然后再大举投资于创新	● 技能和知识指标,如高技能劳动力、允许知识溢出的工作密度水平 ● 有形的基础设施指标,如足够的办公空间和(公共)交通的可达性
具有足够研发和创新能力的有效创新体系	进一步的研发投资不会在全国各地产生同样的效果。由创新利益相关者、创新机构及已有的研发强度而产生的创新能力基础,将产生显著影响	● 业务创新指标,如创新企业或提高业务的能力 ● 大学创新指标,如大学研究强度和大学溢出效应
创新成果转化的能力	专利和商标都是创新过程的产物,但可与不同类型的创新联系起来。专利被用于保护工艺、产品和设计时,商标被用来保护文字、符号或标志。因此,商标是一个渐进式和非技术创新的指标,如营销创新或服务创新	● 专利指标,如每万人专利数 ● 商标指标,如在特定领域的集中度

能力、企业创新能力、技能溢出能力、基础设施水平。对指标数据测算,量化62个城市彼此之间的相对地位。数据来源包括现有数据库、政府发布文件、其他研究机构（如HESA）和第三方机构（如风险投资数据技术公司）（见附表1）。

二 评选结果及主要结论

62个城市的指标分级及得分情况见附表2、附表3。根据测算结果,主要结论如下。

（一）城市具有不同的"成功配置"模式

不成功的城市之所以不成功的原因往往有共性（在高分指标上存在差异,但在低分指标上却有一些共性）。成功的城市之所以成功的原因则各不相同,排名前30%的城市大致有7种成功模式。

表2 表现最好的大城市和城镇的不同成功配置模式

模式	特点	典型城市
超级城市	一系列指标都表现很优异	剑桥、伦敦、牛津
全方位城市	在企业创新和大学创新方面都很强,但产出低于超级城市	布里斯托、德比、爱丁堡、曼彻斯特
大学创新主导的城市	高校创新活动很强	卡迪夫、考文垂
企业创新主导的城市	(非常)强劲的创新产出(主要是专利)、强劲的商业,较弱或非常弱的大学创新(或根本没有大学)	斯劳、里丁、克劳利、奥尔德肖特
创新商业化城市	大多数排名前30%的城市在创新的商业化方面很强,但创新系统并不那么复杂	利兹、格拉斯哥、米尔顿·凯恩斯
应用型城市	尽管其他指标表现良好,但创新产出(非常)弱	卢顿、南安普顿
缺少创新体系的城市	城市在基本指标上得分很高,但缺乏关键的创新能力	阿伯丁、斯温登、伯明翰

(二)创新要素对城市创新能力的影响程度不同

完整的创新体系是经济成功的前提条件。高素质的国际研发人才、现代化的设施和实验室,以及高度创新的公司等创新要素构成了完整的创新体系。这些要素具有高度相关性,要素高度集聚能使地区很容易将新研发投资转化为创新成果,进而增强了区域的实力,巩固了其在全国乃至全球的领先地位。

各要素对城市创新能力的影响不同。一是企业创新的作用非常重要。排名前20%的城市,在所有描述企业创新的指标方面得分都很高,而排名后50%的城市中,只有22%的城市在企业创新指标方面得分较高。二是大学创新能力与经济成功的关联性不够明显。在一些排名前20%的城市中,即便没有实力很强的大学或研究机构(如Crawley),也能表现很好。而有些城市即便有高质量的大学,但仍表现欠佳,例如中央兰开夏大学(Central Lancashire University)的所在地——普雷斯顿,在大学创新方面表现很好,但在其他创新指标上得分很低。三是专利能力较商标能力对城市创新的影响更显著。与商标能力相比,排名前10%的城市集中了更多的创新成果专利。

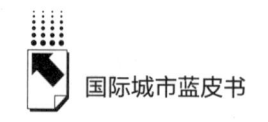

排名前20%~30%的城市表现出商标能力强于专利能力,而这些城市大多是英国最大的城市。

(三)政府科研资金要有条件投入

政府R&D投入要尽力实现投资效益最大化,需要有两个基本考虑:一是城市的经济现状和研发支出情况;二是城市所处的地理区位(见表3)。

表3 影响英国中央政府创新投资决策的基本考虑

标准	内容	说明	投资重点
经济现状和研发支出情况	一定的规模	投资集中在规模合适的地区可产生集聚效应	重点是人口超过20万的城镇
	经济功能	顶端城市拥有更健康的经济,并具备将新投资转化为城市长期收益的先决条件;底端城市往往缺乏关键的基本要素,如充足的技能工人或基础设施	只考虑62个城市中排名前50%的城市
	排除表现优异的城市	超级城市已经拥有大量的研发投资	被排除在投资重点城市之外
	足够的创新能力		在6个指标中至少有4个指标表现较强或很强的城市
地理区位	区域创新中心	为了加强不同地区的联系,研发支出集中在每个地区的领头城市和大城镇,前提是它们符合创建区域创新中心的一般性标准	中东部地区:Derby 西南部地区:Bristol 苏格兰地区:Glasgow 中西部地区:Coventry 西北部地区:Manchester 东北部地区:Newcastle 威尔士地区:Cardiff 约克夏地区:Leeds
	区域联盟	较高潜力的城市,要么彼此区位临近,要么靠近具有一定实力(规模、专利等)的城市。可以利用这些城市的特定优势促成城市间的战略联盟,提升城市地位	东南部地区:Reading-Aldershot 中西部地区:Coventry-Bormingham 中东部地区:Derby-Nottingham 南部地区:Bournemouth-Southampton 西北部地区:Liverpool-Birkenhead
	最大的城市	最大的城市往往表现不佳,导致GDP绝对值的巨大损失。政策应多支持那些在GDP和人口规模方面有最大影响的城市	Glasgow Manchester Bristol Liverpool

三　对我国建设科技创新中心城市的启示

（一）国家（区域）整体经济实力和创新实力的提升，不能仅仅依靠个别"卓越地区的创新"，而要靠"到处创新"

政府创新投入不能集中于少数卓越地区，要更加关注那些创新要素集聚、具有创新潜力的新兴地区，尽管这些潜力地区在目前研发创新活动中的作用微乎其微。要有效甄别这些潜力城市，只有那些具有一定经济规模和发展水平、基础性研究创新能力的地区才能有效吸引研发相关投资，实现发展目标。

（二）城市的创新能力并不与城市的经济实力成正比，高校创新资源丰富也并不意味着创新企业众多

除了北上广深这样的超级城市具备了综合性创新实力，很多经济实力排名居前的城市的科技创新发展却存在明显短板。因此，创新潜力城市需要找准自身的"成功配置"模式，明确创新定位和创新模式，依托已有的基础和增长模式，有针对性地制定创新政策，努力打通高端生产要素和现代产业发展之间的环节。

（三）创新潜力城市既要有特色也要融入创新链，形成合理分工与布局

创新潜力城市的空间位置也很重要。位于一线城市群内，龙头城市主攻高端服务业，创新城市以制造业为基础进行承接，形成创新功能错位，并频繁合作联动，城市成功的可能性才会更高。

（四）创新成果要努力实现本地效益最大化

政策制定的目标是让科技创新服务于本地，使本地受益，尤其是拥有国家级创新资源的地区，要能够将创造的新工艺、新技术更好地在本地创造出价值，而不是流失到外地。

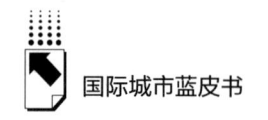

（五）提升"二线城市"的研发创新能力不能仅仅依靠对大学和基础设施的投资，而要注重培养企业创新能力和提升科技成果的转化能力

从创新成果直接推动本地经济发展的效益来看，企业创新比大学创新更明晰，科技专利创新比商标创新的效果更明显。因此，在制定政策时，应更倾向于支持以企业为主体的创新活动和科技专利的转化应用。一是增加对小微企业和产品创新的研发投入，推动效果会更明显。二是注重合作的研发项目比只支持单一个体研发的效果更好，包括城市间的战略合作、企业间的合作研发。三是创新扶持政策要注重提升劳动力技能。任何城市的成功都与劳动力技能密切相关，任何提高地区发展水平的政策都必须注重劳动力技能的提升。

附表1 选取的指标期权重分配

单位：%

因子	方法	解释	年份	来源	权重
基本条件					
	工作密度	城市的工作密度是用每公顷的工作来衡量的。特别是对创新的高技能出口企业来说，交流思想和信息的能力至关重要。它们位于知识溢出的地方，而每公顷溢出都由工人来完成	2011	人口普查	25
	居住在城市及内陆地区的具有NVQ4+资格的工人人数	城市及其腹地拥有的NVQ4+资格的工人的绝对数量能反映高技能工人的即时可用性。更大的劳动力市场意味着工人和公司可以更好地匹配彼此的需求，并有利于从事更高生产力水平的工作	2011	人口普查	75
技术溢出能力	到伦敦的时间	伦敦是英国最大的出口市场，拥有大量出口公司和高技能工人。可通过靠近伦敦的情况衡量企业进入的市场规模	2013	交通统计局	14.3
	城市内连通性	计算方法是利用该地点的每个点与中心之间的平均旅行时间，并按每个点为50公里（人口或就业）加权。以50公里/小时的平均速度进行测算。1分=1点对点的平均速度为50公里/小时	2015	国家基础设施委员会	14.3
	城市间连通性	计算方法与城市内连通性相同，只是它测量的是一个地方的中心和其他地方的中心之间的距离/旅行时间	2016	国家基础设施委员会	14.3
基础设施水平	接收超高速宽带的条件	衡量一个地方数字化连接程度的指标。这个指标反映，在既定的城市中，有多少房屋能够接入超高速宽带（超过每秒30兆字节）。良好的数字连接性有助于提高生产率，因为它有助于人们和企业更快速、方便地共享更大容量的信息。值得注意的是，这并不是衡量这种能力被占用了多少，而是衡量基础设施能够促进什么	2018	英国通信办公室互联国家报告	14.3
	接收可靠的4G信号的条件	衡量一个地方数字化连接程度的指标。这个指标反映，在既定的城市中，有多少房屋能够接收到来自所有运营商的4G信号。良好的数字连接性有助于提高生产率，因为它可以帮助人们和企业快速、轻松地共享更大容量的信息。值得注意的是，这并不是衡量该技术实际共享了多少信息，而是衡量该技术能够促进什么	2018	英国通信办公室互联国家报告	14.3

续表

因子	方法	解释	年份	来源	权重
基础设施水平	高品质办公室空间占市中心办公空间的份额	这项措施通过能源性能证书（EPCs）来验证办公室质量。所有拥有EPC A、B、C的建筑，可以估算出城市中心高品质办公室数量。这些是B1建筑类别中最节能的建筑，可能是最新的，因此也是最高品质的办公空间的城市中心经济体住住拥有比最弱的城市中心更高品质的办公室	2018	非国内能效登记办公室	14.3
	办公空间占城市总面积的比例	办公空间是英国税务海关总署的下属部门，负责评估房产的市政税和非住宅税。有关非住宅租金的数据库未计算每个城市指定用于办公空间面积所占的比例。基本原理是，最擅长提供这种空间可能是创新公司所倾向的选址	2018	评估办公室	14.3
创新能力
企业创新能力	科学技术领域的私人就业	该指标是城市私营部门雇员参与STEM及相关活动的比例。它表示一个城市的资源用于技术活动的程度。面临的限制则是那些能从事研究或支持活动的人可能会因地点而异，现有数据无法区分这两者	2018	ONS	25
	每万人拥有的风险投资机构数	该指标是根据城市规模调整后的风险投资机构数量。因此，它们的存在表明城市拥有实质性的创新和商业上可行的活动。该指标的局限依赖于一个运行良好的风险投资市场，没有信息盲点和偏见	2020	科技国家	25
	每万人的商业生产	每年每万人中新开业的企业数，是衡量企业和企业家活力的指标，也是衡量城市经济健康程度的关键指标	2018	ONS	25
	企业流失率	初创企业和倒闭企业在企业总股本中所占的比例。与每万人的创业股票类似，它显示了企业和企业家的活力，但也显示了其对企业股票的总体影响	2018	ONS	25
大学创新能力	每万人STEM学术人员数	该指标代表了城市的大学研究强度。它使用来自HESA的数据，通过STEM和相关部门雇用的学术人员数数来估计一所大学里专门从事技术研究城市规模数据根据城市规模进行了调整	2014~2018	HESA，ONS	33

续表

因子	方法	解释	年份	来源	权重
大学创新能力	大学STEM提交给REF的平均评分	该指标代表了一个大学的研究质量,评估每所大学在每一学科上的研究质量,范围为0～4。这些数据被用来计算每个城市中所有大学为STEM和相关学科所做研究的平均质量	2014～2018	HESA,ONS	33
	每万人拥有的大学附属副产品/新成立的企业	该指标是根据城市规模调整后,城市大学里发生的创新活动是如何以应用和商业为导向的(因为和衍生产品的数量,可以了解大学附属企业和初创企业数。通过观察初创企业这些公司提供具体的产品和服务)	2014～2018	HESA,ONS	33
创新产出
商标水平	每万人商标数	每万人口城市的商标申请量被用作衡量商业创新水平。建议企业注册商标,以保护自己的品牌或产品品牌。因此,在一个地方注册的商标水平可以说明创意/产品商业化的程度。然而,它并没有反映出公司内部的创新,即改进的商业实践	2017	知识产权局	75
	商标集中度(按领域)	计算方法是,将在某一地区注册的商标申请按照申请所在行业进行分类。它明确了商标注册的几个特定领域申请的,还是跨越一系列行业创建的;集中度越低,表明创新经济活具有一定的能力范围;集中度越高,表明创新只是根据注册地方进行分类,而注册的地方不一定是开展研究的地方	2017	知识产权局	25
专利水平	每万人专利数	每万人口拥有的专利申请量被用来衡量创新程度。研发活动只提供了研究强度的信息,而专利提供了创新产出的信息。专利仅限于特定类型的创新,如产品、工艺或设计。非技术创新不能用这个指标来衡量。面临的限制是,专利只是根据注册的地方进行分类,而注册的地方不一定通过有限数量的据点进行	2017～2018	欧洲专利局,知识产权局	75
	专利集中度(按领域)	计算方法是,将在一个地方注册的专利按申请所在行业进行分类。它明确了专利在几个特定领域申请的,还是跨越一系列行业创建的,集中度越低,表明创新经济活具有一定的能力范围;集中度越高,表明创新只是通过有限数量的据点出	2017～2018	欧洲专利局,知识产权局	25

附表2 62个英国城市和城镇各指标的分级情况

排名	城市	专利水平	商标水平	大学创新能力	企业创新能力	技术溢出能力	基础设施水平	城市人口规模（人）	区域
前10%	伦敦(London)	强	很强	强	很强	很强	很强	10151260	东南部
	斯劳(Slough)	强	很强	很弱	强	强	强	149112	东南部
	奥尔德肖特(Aldershot)	强	弱	很弱	很强	很强	很强	184016	东南部
	里丁(Reading)	强	弱	弱	很强	强	很强	331182	东南部
	德比(Derby)	很强	很弱	强	很强	很强	很强	257174	中东部
	剑桥(Cambridge)	很强	很强	很强	很强	很强	很强	125758	东部
前20%	米尔顿·凯恩斯(Milton Keynes)	弱	很强	很弱	强	强	很强	268607	东南部
	阿伯丁(Aberdeen)	很弱	弱	弱	强	弱	弱	227560	苏格兰
	克劳利(Crawley)	强	很强	很弱	强	很强	很强	112448	东南部
	牛津(Oxford)	很强	很强	强	强	强	弱	154327	东南部
	爱丁堡(Edinburgh)	很弱	很弱	弱	强	强	很强	518500	苏格兰
	卢顿(Luton)	很弱	很弱	强	强	很强	强	214109	东部
前30%	南安普顿(Southampton)	很弱	弱	很强	很强	强	强	384615	东南部
	斯温登(Swindon)	弱	弱	强	弱	强	强	221996	西南部
	布里斯托(Bristol)	强	强	强	弱	强	强	746049	西南部
	格拉斯哥(Glasgow)	很弱	弱	弱	弱	强	强	1007700	苏格兰
	伯明翰(Bormingham)	很弱	强	弱	弱	很强	很强	2549673	中西部
	利兹(Leeds)	很弱	强	强	强	强	弱	789194	约克夏
	曼彻斯特(Manchester)	很弱	强	强	强	很强	弱	2486481	西北部

英国分类识别"潜在增长中心"的策略启示

续表

排名	城市	专利水平	商标水平	大学创新能力	企业创新能力	技术溢出能力	基础设施水平	城市人口规模（人）	区域
前50%	布莱克浦（Blackpool）	很弱	弱	很弱	弱	很弱	很弱	219075	西北部
	朴茨茅斯（Portsmouth）	弱	很弱	弱	强	强	强	542568	东南部
	考文垂（Coventry）	很强	强	强	弱	强	弱	366785	中西部
	赫尔（Hull）	很弱	弱	弱	很弱	强	很弱	260645	约克夏
	北安普顿（Northampton）	很弱	弱	弱	强	强	强	225146	中东部
	卡迪夫（Cardiff）	强	强	强	弱	弱	弱	209893	约克夏
	约克（York）	强	弱	很强	弱	强	强	364248	威尔士
	伯恩茅斯（Bournemouth）	很弱	强	弱	弱	弱	弱	395800	西南部
	利物浦（Liverpool）	很弱	强	强	很强	强	弱	644385	西北部
	沃灵顿（Warrington）	很弱	弱	很弱	弱	强	弱	209547	西北部
	埃克塞特（Exeter）	弱	弱	强	弱	强	强	130428	西南部
	巴塞尔顿（Basildon）	弱	弱	很弱	强	弱	弱	185862	东部
后50%	布莱顿（Brighton）	弱	强	弱	很强	强	很强	354264	东南部
	布莱克本（Blackburn）	很弱	很强	很弱	弱	很弱	弱	148942	西北部
	纽卡斯尔（Newcastle）	很弱	很弱	强	强	强	强	858954	东北部
	纽波特（Newport）	很弱	很弱	很弱	很弱	很弱	强	246351	威尔士
	韦克菲尔德（Wakefield）	强	很弱	很弱	很弱	很弱	很弱	345038	约克夏
	格洛斯特（Gloucester）	很弱	强	强	弱	强	弱	129285	西南部
	邓迪（Dundee）	很弱	很弱	弱	弱	弱	很强	148750	苏格兰
	桑德兰（Sunderland）	强	强	很弱	强	很弱	很强	277417	东北部
	彼得伯勒（Peterborough）	很弱	很弱	很弱	弱	弱	很强	201041	东部
	恰塔姆（Chatham）	很弱	很弱	很弱	弱	很弱	弱	277855	东南部

103

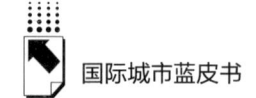

续表

排名	城市	专利水平	商标水平	大学创新能力	企业创新能力	技术溢出能力	基础设施水平	城市人口规模（人）	区域
后50%	伊普斯维奇（Ipswich）	很弱	很弱	弱	弱	强	很强	137532	东部
	谢菲尔德（Sheffield）	弱	很弱	强	弱	弱	弱	847177	约克夏
	特尔福德（Telford）	很弱	很弱	弱	弱	很弱	很强	177799	中西部
	沃辛（Worthing）	很弱	弱	很弱	弱	强	强	110025	东南部
	米德尔斯堡（Middlesbrough）	弱	很弱	弱	很弱	弱	很弱	474476	东北部
	诺丁汉（Nottingham）	很弱	弱	强	弱	强	弱	667617	中东部
	布拉德福德（Bradford）	很弱	很弱	弱	弱	弱	弱	537173	约克夏
	普利茅斯（Plymouth）	弱	很弱	强	弱	强	很弱	263100	西南部
	唐克斯特（Doncaster）	很弱	弱	很弱	很弱	很弱	弱	310542	约克夏
	博肯黑德（Birkenhead）	很弱	很弱	很弱	弱	弱	很弱	323235	西北部
	巴恩斯利（Barnsley）	弱	弱	很弱	很弱	很弱	很弱	245199	约克夏
	普雷斯顿（Preston）	弱	弱	很强	弱	弱	很弱	369166	西北部
	莱斯特（Leicester）	很弱	强	弱	弱	强	很弱	512695	中东部
	曼斯菲尔德（Mansfield）	很弱	很弱	强	很弱	很弱	很弱	235992	中东部
	诺里奇（Norwich）	弱	很弱	强	弱	很弱	很弱	270601	东部
	斯托克（Stoke）	弱	很弱	强	强	弱	强	385323	中西部
	斯旺西（Swansea）	很弱	很弱	很弱	很弱	弱	很弱	389372	威尔士
	维甘（Wigan）	很弱	很弱	弱	强	很弱	很弱	326088	西北部
	伯恩利（Burnley）	很弱	强	弱	弱	弱	很弱	179932	西北部
	哈德斯菲尔德（Huddersfield）	很弱	很弱	很弱	弱	很弱	弱	438727	约克夏
	邵森德（Southend）	很弱	很弱	很弱	弱	弱	很弱	359514	东部

英国分类识别"潜在增长中心"的策略启示

附表3 62个英国城市和城镇各项指标排名情况

城市	工资水平	专利水平 每万人专利数	商标水平 每万人商标数	大学创新能力 每万人STEM学术人员数	大学STEM提交给REF的平均评分	每万人拥有的大学附属产品/新成立的企业	科学技术领域的私人就业	企业创新能力 每万人的商业生产	企业流失率	每万人拥有的风险投资机构数	技术溢出能力 居住在城市及内陆地区的具有NVQ4+资格的工人数	工作密度	办公空间占城市总面积的比例	高品质办公空间占市中心办公空间的份额	基础设施水平 城市间连通性	城市内连通性	到伦敦的时间	接收可靠的4G信号的条件	接收超高速宽带的条件
伦敦	1	18	1	28	10	14	18	1	12	2	1	5	1	1	56	56	55	2	43
斯劳	2	14	4	41	40	39	17	9	11	10	18	2	13	37	52	41	54	33	10
奥尔德肖特	3	6	19	41	40	39	5	20	47	30	11	33	5	26	24	4	50	54	32
里丁	4	16	13	23	19	37	8	10	23	5	5	30	29	8	21	24	48	25	54
德比	5	4	41	29	39	7	24	39	21	15	42	9	N/A	44	14	6	28	13	4
剑桥	6	1	14	1	2	13	2	27	58	1	40	3	22	51	9	46	44	5	11
米尔顿·凯恩斯	7	21	5	41	40	39	33	4	10	22	8	41	N/A	2	6	1	45	56	46
阿伯丁	8	5	26	10	26	35	8	22	48	7	43	26	N/A	N/A	48	23	N/A	6	60
克劳利	9	8	35	41	40	39	26	30	37	6	12	6	7	13	46	3	47	34	3
牛津	10	3	3	2	4	4	4	45	41	3	37	1	N/A	36	11	26	46	8	6
爱丁堡	11	7	6	5	6	8	24	14	18	4	10	21	2	N/A	53	53	N/A	9	18
卢顿	12	60	30	37	34	1	16	7	7	49	4	4	14	40	20	17	52	1	2
南安普顿	13	28	38	8	8	3	26	6	2	20	31	19	26	25	N/A	N/A	36	18	38
斯温登	14	26	53	41	40	39	15	31	39	9	13	42	19	14	1	31	39	43	61
布里斯托	15	10	16	13	5	28	10	24	31	12	6	40	11	17	36	52	30	15	42

105

续表

城市	工资水平	专利水平 每万人专利数	商标水平 每万人商标数	大学创新能力 每万人STEM学术人员数	大学STEM提交给REF的平均评分	每万人拥有的大学附属副产品/新成立的企业	企业创新能力 科学技术领域的私人就业	每万人的商业生产	企业流失率	每万人拥有的风险投资机构数	技术溢出能力 居住在城市及内陆地区的具有NVQ4+资格的工人数	工作密度	办公空间占城市总面积的比例	高品质办公空间占市中心办公空间的份额	基础设施水平 城市间连通性	城市内连通性	到伦敦的时间	接收可靠的4G信号的条件	接收超高速宽带的条件
格拉斯哥	16	55	17	14	14	30	26	40	50	17	7	35	N/A	N/A	28	21	N/A	22	30
伯明翰	17	49	27	30	23	31	36	13	22	36	3	16	39	22	8	49	31	20	20
利兹	18	40	22	17	15	21	21	19	59	13	15	32	10	5	5	11	13	23	47
曼彻斯特	19	47	8	26	18	24	40	3	43	16	2	24	23	6	27	55	16	14	29
布莱克浦	20	43	31	41	40	39	19	36	26	60	57	45	27	47	37	45	4	39	39
朴茨茅斯	21	24	36	31	28	32	11	28	13	44	9	27	33	43	N/A	N/A	41	38	17
考文垂	22	2	20	6	4	6	13	38	30	29	28	11	30	56	16	16	36	50	49
赫尔	23	52	42	24	25	27	41	60	32	51	55	13	46	20	12	20	7	3	62
北安普顿	24	31	40	35	38	20	59	5	8	28	25	10	42	42	4	28	43	40	12
卡迪夫	25	15	23	7	3	5	45	41	53	6	27	15	6	9	51	42	N/A	29	19
约克	25	13	25	9	12	26	51	46	34	19	41	51	12	7	23	37	10	41	55
伯恩茅斯	27	20	10	33	35	36	34	16	19	41	19	47	25	50	15	48	33	36	35
利物浦	28	50	34	11	24	17	35	8	1	21	24	18	21	18	47	54	15	7	23
沃灵顿	29	45	12	41	40	39	27	25	61	11	23	34	20	21	41	32	19	59	31
埃克塞特	30	19	24	3	11	19	31	42	56	14	52	7	8	33	39	40	21	12	41
巴塞尔顿	31	23	9	41	40	39	14	12	14	46	49	31	48	49	34	15	53	30	56

英国分类识别"潜在增长中心"的策略启示

续表

城市	工资水平	专利水平 每万人专利数	商标水平 每万人商标数	大学创新能力 每万人STEM学术人员数	大学STEM提交给REF的平均评分	每万人拥有的大学附属副产品/新成立的企业	企业创新能力 科学技术领域的私人就业	每万人的商业生产	企业流失率	每万人拥有的风险投资机构数	技术溢出能力 居住在城市及内陆地区的具有NVQ4+资格的工人人数	工作密度	办公空间占城市总面积的比例	高品质办公空间占市中心办公空间的份额	基础设施水平 城市间连通性	城市内连通性	到伦敦的时间	接收可靠的4G信号的条件	接收超高速宽带的条件
布莱顿	32	35	7	19	21	33	30	2	3	33	33	20	9	4	32	43	42	44	6
布莱克本	33	38	2	41	40	39	55	35	38	56	60	44	49	38	43	39	9	4	22
纽卡斯尔	34	17	44	20	17	23	22	49	35	25	14	25	18	41	35	18	1	17	28
纽波特	35	36	55	41	40	39	44	21	6	40	44	55	43	16	25	8	N/A	28	40
韦克菲尔德	36	59	45	41	40	39	62	55	52	48	58	46	53	23	N/A	N/A	18	27	59
格洛斯特	37	9	18	41	40	39	37	48	33	34	46	12	16	27	10	14	32	60	53
邓迪	38	32	51	4	22	34	25	58	24	23	56	22	N/A	N/A	31	9	N/A	11	5
桑德兰	39	56	58	38	37	15	7	62	55	32	54	28	36	55	49	34	2	24	34
彼得伯勒	40	12	21	41	40	39	36	11	9	59	47	54	34	19	2	13	35	19	25
恰塔姆	41	33	56	41	40	39	49	29	28	61	22	53	47	52	44	44	51	32	36
伊普斯维奇	42	51	49	40	40	39	61	33	16	27	59	8	17	11	18	12	37	31	14
谢菲尔德	43	48	47	15	7	22	29	53	49	24	20	39	37	15	38	32	23	42	57
特尔福德	44	30	50	36	31	39	12	50	42	38	38	56	50	12	3	2	26	52	24
沃特兰辛	45	37	33	41	40	39	23	34	27	26	61	14	15	35	N/A	N/A	40	51	1
米德尔斯堡	46	44	57	34	32	29	32	54	40	45	32	52	41	57	13	25	3	37	37
诺丁汉	47	22	28	12	16	12	39	43	60	31	18	29	31	24	30	51	27	35	13

107

国际城市蓝皮书

续表

城市	工资水平	专利水平 每万人专利数	商标水平 每万人商标数	大学创新能力 每万人STEM学术人员数	大学STEM提交给REF的平均评分	每万人拥有的大学附属知识产权/新成立的企业	企业创新能力 科学技术领域的私人就业	每万人的商业生产	企业流失率	每万人拥有的风险投资机构数	技术溢出能力 居住在城市及内陆地区的具有NVQ4+资格的工人数	工作密度	办公空间占城市总面积的比例	高品质办公空间占市中心办公空间的份额	基础设施水平 城市间连通性	城市内连通性	到伦敦的时间	接收可靠的4G信号的条件	接收超高速宽带的条件
布拉德福德	48	46	37	39	20	38	43	47	20	43	36	37	40	28	N/A	N/A	6	21	33
普利茅斯	49	25	46	18	29	16	9	61	25	55	34	17	28	58	45	50	8	10	15
唐克斯特	50	57	59	41	40	39	53	18	29	37	48	61	58	32	17	8	22	55	52
博肯黑利	51	11	39	41	40	39	46	52	44	52	29	50	45	54	54	10	12	45	44
巴恩斯顿	52	53	61	41	40	39	58	51	15	54	62	59	56	30	33	29	20	46	48
普雷斯顿	53	27	32	27	33	2	54	32	57	42	17	48	32	45	19	30	11	53	45
莱斯特	54	29	11	22	27	25	56	15	54	35	26	23	35	39	22	47	34	26	16
曼斯菲尔德	55	54	62	41	40	39	42	56	17	39	51	43	51	46	42	35	25	48	9
诺里奇	56	39	29	16	9	10	57	44	62	18	50	60	24	31	26	33	29	61	58
斯托克	57	42	52	25	30	9	48	59	46	50	30	36	52	3	7	27	24	57	21
斯旺西	58	34	54	21	13	11	52	26	4	47	39	62	38	29	29	38	N/A	58	27
维甘	59	62	60	41	40	39	60	57	36	62	35	36	57	53	50	19	17	62	7
伯恩利	60	61	48	41	40	39	20	23	5	58	53	58	55	48	40	5	5	47	26
哈德斯菲尔德	61	41	15	32	36	18	47	37	45	53	45	49	54	34	N/A	N/A	14	16	50
邵森德	62	58	43	41	40	39	50	17	51	57	21	57	44	10	55	36	49	49	51

注："▨"为排名前5位；"▨"为排名后5位。

108

参考文献

王兵兵：《国际创新城市的横向比较、发展模式与启示借鉴》，《决策咨询》2013年第5期。

Erkkilä, Piironen, "Trapped in University Rankings: Bridging Global Competitiveness and Local Innovation," https：//10.1080/09620214.2019.1634483，2020.

石翠仙、周建霞：《区域科技创新运行机制与评价指标体系研究》，《决策探索》2020年第1期。

塔娜：《区域创新环境评价指标体系构建及测评》，《区域治理》2020年第1期。

Carmen Vasquez-Stanescu, Marisable Luna-Cardozo, Nunziatina Bucci, Maritza Torres-Samuel, Amelec Viloria, "University Clusters from SIR IBER Indicators of Innovation Factor 2016-2019," https：//linkinghub.elsevier.com/retrieve/pii/S1877050919317661，2019.

李炳超、袁永、王子丹：《欧美和亚洲创新型城市发展及对我国的启示——全球创新城市100强分析》，《科技进步与对策》2019年第15期。

B.5
伦敦绘就建设"欧洲人工智能之都"路线图[*]

陈晨 秦群[**]

摘 要： 大伦敦政府提出了打造智慧城市的蓝图，蓬勃发展的人工智能产业将会有力地支撑伦敦实现2050年人口增长至1100万人的预期目标。通过五项任务为未来创新奠定基础：更好的数字服务、开放数据、连通性、数字包容、网络安全和创新。报告还提出了支撑伦敦人工智能发展的三大关键，即面向初创企业的人才、宽容、多样性和社区支持；庞大且有竞争力的人工智能需求；长期坚持并领先的人工智能研究和教育。报告的相关内容对于我国一批致力于建设具有全球影响力的科技创新城市具有重要的参考和借鉴意义。

关键词： 伦敦 人工智能 战略

一 伦敦"欧洲人工智能之都"计划的提出

大伦敦政府于2018年6月发布了《伦敦：欧洲人工智能增长之都》

---

[*] 本文主要基于大伦敦政府发布的"London: The AI Growth Capital of Europe"以及伦敦政府网站（https://www.london.gov.uk）的相关信息开展介绍与编写，特此致谢。
[**] 陈晨，上海社会科学院城市与人口发展研究所助理研究员，主要研究方向：城市发展战略与规划、城乡规划方法与技术；秦群，上海社会科学院城市与人口发展研究所硕士研究生，主要研究方向：区域经济学。

(London: The AI Growth Capital of Europe)。该报告由伦敦市长委托 CognitionX 公司研究编制,为伦敦的人工智能创新发展规划了一幅蓝图,确定伦敦作为全球人工智能中心的独特优势。

人工智能的发展面临巨大机遇,伦敦在该领域具有较为坚实的基础,具备发展人工智能产业的可持续动力。伦敦的人工智能供应商规模是巴黎和柏林总和的两倍。伦敦尤其在金融、保险和法律领域具有领先地位。伦敦丰富的人才资源以及开放、包容和多元文化的社会氛围提供了促进人工智能产业发展的土壤和环境。伦敦在人工智能领域的发展也得到国家的大力支持。英国在人工智能领域的影响力仅次于美国,且充分支持相关领域的学术研究和产业发展。

报告通过绘制人工智能供应商地图、专家访谈、人工智能创新调查等分析得出支持不同行业人工智能发展的未来行动方案。人工智能无疑是一个巨大的机遇,也是全球增长最快的技术子行业之一。报告以市长的伦敦经济发展战略为基础。该战略将伦敦描述为"已经是世界领先的数字技术中心之一,在人工智能、金融技术和数字健康等专业领域具有特殊优势"。报告支持了伦敦市长关于"蓬勃发展的人工智能和机器学习集群"的观点,并认识到利用人工智能促进经济发展和应对挑战的潜在能力。

二 伦敦市长的蓝图和五大任务

伦敦市长将伦敦打造为世界上最智慧城市的蓝图愿景是:"一起打造更智慧的伦敦"。智慧城市具有协作性、互联性和响应性,整合了数字技术并回应市民需求,以实现让伦敦成为一个更好的居住、工作和参观地的目标。数据支撑着人工智能、认知计算和传感器等新技术的进步。通过伦敦数据仓库和伦敦交通局的工作,伦敦在公共服务数据使用方面处于全球领先地位。市长的行动路线着重于城市数据标准和数据共享,最终依赖于与大学和世界级人工智能部门的合作。通过五项任务为未来创

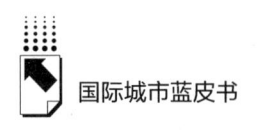

新奠定基础：更好的数字服务、开放数据、连通性、数字包容、网络安全和创新。

（1）更好的用户设计服务。通过引导设计、建立共同标准、鼓励包容和多样性应对创新挑战。

（2）达成城市数据新协议。建立一个新的伦敦数据分析办公室项目，并在数据使用方式上增进相互的信任。

（3）世界级的互联互通和智能街道。实施新的互联伦敦计划和新一代智能基础设施建设。

（4）数字领导力和技能。提升更好的数据技能和领导力，使公共服务对创新更加开放。

（5）改善全市范围内的合作。与行政区、医疗服务体系、大学和科技部门无缝合作。

三 伦敦人工智能发展的三大支撑

伦敦成为欧洲人工智能之都，需要具备长期最大化人工智能经济效益的支撑。这些支撑分为三个部分：伦敦关于初创企业生态系统的优势包括人才、宽容、多样性和社区支持；伦敦对于人工智能巨大且有竞争力的独特需求；长期致力于 AI 伦理和领先的研究和教育。

（一）有吸引力和支持性的环境

具有吸引力和支持性的环境是人工智能领域企业家、初创企业和员工所关切的基本条件。伦敦在宽容和多样性、接触客户、技能和人才方面优势最为明显，其他优势因素有城市品牌、获得投资和知识的渠道、基础设施、运营环境、生活水平和便利设施等。

人才是人工智能产业选址的首要决定因素。开放宽容的环境有利于支持创新协作，促进技术集群形成。伦敦是一个开放、包容和多元文化的社会，在包容性和多样性方面表现优秀，例如全球领先的女性创业者比例。企业家重视相互间的联系，伦敦为创业者提供了强大的社区和同行支持。投资支持也是一个重要方面，获得投资是初创企业最重要的发展条件之一，伦敦人工智能供应商的投资支持2016~2017年的增长超过50%。来自海外的投资也显著增加，美国硅谷自2011年以来对英国科技公司的投资增长了252%。美国对英国科技公司的投资中，伦敦、牛津和剑桥占79%，反映了产业集群的显著特征。

（二）独特的需求支撑

伦敦充满活力的经济是人工智能集群发展的理想市场。作为欧洲的科技之都，伦敦在金融科技、智能城市和人工智能等领域处于领先地位。2017年，有25.6万人从事数字技术工作，为伦敦经济创造了360亿英镑的增加值。能够方便地接触到各行各业的客户也是人工智能发展中的一项重要资源，伦敦拥有的巨大本地化需求是一大比较优势。

创新需求促进了行业主导的孵化器和加速器的诞生，要求严苛的创新需求让伦敦企业的人工智能产品水平处于世界领先地位。建立"更多以人工智能为重点的加速器"和"面向客户的人工智能孵化器"有利于将初创企业和潜在客户聚集在一起，通过展示成功的人工智能应用实例，促进人工智能生态系统的完善，并刺激需求。例如，使用创新的人工智能产品来辅助招聘，通过实施数据和网页浏览行为进行个性化营销等。

伦敦竞争激烈的各个行业为人工智能供应商提供了诱人的机会，企业越来越认识到人工智能的潜在价值，这有利于推动供应商创新，进而刺激需求，形成良性循环。伦敦各个关键行业的人工智能发展存在交叉融合的机会。这种网络效应在伦敦的金融、法律和保险行业尤为明显。跨行业的人工智能应用可能带来变革，利用这些网络效应的人工智能供应商将获得增长空间和新的机会。从供需的角度来看，10个重要的产业生态系统是教育、金融、医疗保健、保险、法律、媒体与娱乐、零售、销售与营销、专业工具与配件、旅游。

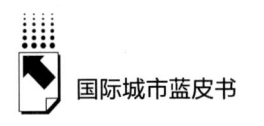

表1 伦敦人工智能十大生态系统概况

项目	未来全球影响力	现有采用率	使用案例	供应商数量(个)
教育	12000亿美元产业规模	低	个性化学习、持续多模式评估、情感分析、学生支持和教育管理自动化	13
金融	2000亿~3000亿美元产业规模	稳步增长,但因用例的不同而差异很大	欺诈检测、信用和支付数据分析、客户参与、公司数据分析、算法交易、市场分析、法规遵循、风险管理	140
医疗保健	2000亿~3000亿美元产业规模	早期阶段	诊断、个性化治疗、业务和管理流程	60
保险	1000亿~3000亿美元产业规模	低,但有增长	承保准确性提升、欺诈检测、索赔管理、市场营销和客户体验	53
法律	10年内发生"根本性"变化,114000个角色可以被自动化	早期,但有增长。20~30家英国律师事务所将人工智能用于特定应用	尽职调查和文件审查、研究、法律分析、业务流程(如账单)、文件自动化和诉讼结果预测	20
媒体与娱乐	1000亿~2000亿美元产业规模	显著	媒体检索和操作、个性化用户体验、媒体搜索优化、内容创造和视觉效果、游戏	76
零售	4000亿~8000亿美元产业规模	适中,但快速增长	销售和客户关系管理应用、客户推荐引擎、物流和配送优化、支付和处理增强、销售预测、可视化搜索和虚拟零售助理	98
销售与营销	14000亿~26000亿美元产业规模	广泛,不断增加但仍处于早期	客户接触、活动提升、客户转换和参与	200
专业工具与配件	—	—	通用数据科学平台和工具、软件工具和组件、OEM零部件制造商	64
旅游	—	—	销售推动、预测需求、客户个性化旅游体验	—

资料来源:根据"London: The AI Growth Capital of Europe"整理。

（三）研究和教育支撑

英国和伦敦所具有的世界一流研究基地是推动人工智能产业发展的重要引擎。图灵研究所（Turing Institute）集聚了英国优秀的人工智能研究人才，以推动世界一流研究并应用于经济、培养未来的领导人、引导公众对话为目标。企业将研究基地视为创新源泉，伦敦可以利用大学来支持人工智能集群发展，吸引世界上最优秀的人才来学习和创业。先进的人工智能研究基地提供具有全球学术影响力的高质量基础研究。

英国致力于在各个层面上发展人工智能。英国政府于2018年发布了人工智能行业协议（The AI Sector Deal），致力于保持其在人工智能领域的全球领先地位，在英国数字战略（UK Digital Strategy）的基础上，表达了发展世界领先的数字经济的雄心。政府、行业和学术界基于协议勾画了为人工智能时代繁荣发展提供技能和专业知识的目标，包括开发人工智能和机器学习技能、确保英国成为吸引最优秀国际人才的目的地、在全球推广英国人工智能、促进人工智能研究基地和劳动力的多样性、与业界和学术界合作推动创新。英国还致力于确保供应商能够获得高质量的数据库用于开发创新应用程序。政府、行业和学术界有机会在数据伦理方面发挥领导作用，并为人工智能数据开放获取设定标准，简化流程。

伦敦正抓住机遇，塑造人工智能伦理的未来发展。政府、行业和第三部门都发起了人工智能伦理倡议。隐私等概念的功能价值日益受到民众和企业的重视，必须充分重视人工智能产业中的相关保护措施。英国产业战略（The UK's Industrial Strategy）宣布建立一个数据伦理和创新中心，审查人工智能治理，并就包括人工智能在内的数据伦理和创新向政府提供建议。把伦敦和英国定位为人工智能伦理领域的全球思想领袖，有利于伦敦发展人工智能产业集群。

四 伦敦人工智能发展计划对中国城市的启示

（一）加强科技创新顶端城市的人工智能战略顶层设计

中国的北京、上海等全球城市均提出建设科技创新中心城市的目标，也

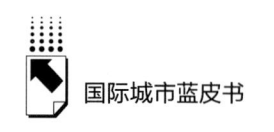

制定了相应的战略规划。这些战略思想在城市的综合性发展规划（例如城市总体规划、国民经济和社会发展规划等）中得到体现，也制定了专门针对科技创新的专项研究和规划，例如上海的科技创新中长期规划。作为未来科技创新的重要方向和关键领域，人工智能在一定程度上承担了引领性作用，是全球科技创新顶端城市的战略优势所必须体现的方面。因此，国内相关城市有必要借鉴伦敦的相关经验，提前谋划人工智能战略顶层设计。

（二）积极营造开放、包容、多元的发展环境

高层次人才是支撑人工智能发展的关键要素。与其他领域的高层次人才相似，适宜的发展环境是高度关切和敏感的支撑因素。开放、包容、多元是高层次人才发展环境所必须具备的特征。因此，在打造硬件环境的同时，发展人工智能的城市要注重软环境的塑造，形成环境和人工智能产业发展相互促进的格局。

（三）人才空间集聚与交流的作用无法被网络替代

互联网的迅速发展让人们可以突破空间的限制实现即时交流，人与人之间的联系越来越不受限于地理空间。但是，无论从全球城市资源集聚，还是从产业发展规律来看，空间都是关键的决定性因素。近年来，全球一线城市（例如纽约、伦敦、东京等）的人口规模仍在增长，人口的空间分布并未因网络的出现而产生明显的"扁平化"效应。此外，产业的空间集聚效应仍较为明显，相似的产业仍倾向于"扎堆"布局，人工智能产业也是如此。造成该现象的重要原因之一，是人与人面对面交流的信息维度丰富，有利于碰撞思想，产生新的机会，其优势是网络这种仅依赖音频和视频等有限维度的交流方式所无法替代的。因此，我国相关城市应当在鼓励人工智能产业集聚发展的同时，为促进人与人的碰撞交流创造更多的空间机会。

（四）扎实的基础研究是可持续发展动力的源泉

从伦敦的经验看，全球领先的大学、研究机构在人工智能方面具有前沿

的研究能力和成果,是推动人工智能产业发展的核心。对于中国的城市来说,发展人工智能只有依托于扎实的基础科学研究,才能攀向人工智能领域的"高峰"。基础研究的特性决定了其过程必须遵循科学规律,不可能一蹴而就。因此,中国城市在发展人工智能基础研究的过程中,一方面应当避免急于求成,另一方面要积极做好研究成果的应用转化工作。

(五)多渠道激发人工智能需求,构建良性供需关系

伦敦发展人工智能的一大优势是,各个行业蕴藏的人工智能应用需求。需求推动创新,创新刺激需求,良性的供需关系能推动人工智能产业可持续发展。对于发展人工智能的城市来说,要充分重视其他产业发展中对人工智能应用的需求。通过产业结构调整、人才引进与培养、营商环境优化、多元应用场景构建、宣传推广等手段,激发人工智能需求,让人工智能企业在需求中敏锐地捕捉到更多的价值。

参考文献

Cognition X.,"London: The AI Growth Capital of Europe," https://www.london.gov.uk/business-and-economy-publications/london-ai-growth-capital-europe, June 2018.

〔美〕杰瑞·卡普兰:《人工智能时代》,李盼译,浙江人民出版社,2016。

B.6
数字城市技术带来的变革机遇和平等包容挑战[*]

盛垒 刘文英[**]

摘 要： 快速的科技变化能够促进城市融合，但技术创新作为一种破坏性力量，也可能加剧城市的不平等，给城市的包容性发展带来诸多困惑和挑战。政府和服务提供商在推动科技创新和运用新技术时，需要坚持一些基本准则，包括结合科技创新与结构性解决方案、将公平目标落实到项目开发与实施中、加强社区参与、利用科技跟踪进度等，以确保科技进步能有效促进数字城市和社区更加公平、包容。

关键词： 技术变革 平等 包容 城市

当今时代，技术创新日新月异，科技革命正在深刻改变人们出行、工作和参与城市运行的方式。科技变革给城市增长和繁荣带来机遇，但技术创新作为一种破坏性力量，也将给城市的包容性发展带来诸多困惑和挑战。美国城市研究所（Urban Institute）发布《技术与城市平等》，探索美国城市在数字化转型进程中，智能基础设施、共享出行、市政技术、数据分析技术等科

---

[*] 本文主要基于美国城市研究所（Urban Institute）的研究报告"Technology and Equity in Cities：Emerging Challenges and Opportunities"开展介评，并对中国城市的相关借鉴进行了分析，特此致谢。

[**] 盛垒，博士，上海社会科学院世界经济研究所研究员，主要研究方向：城市创新、城市产业发展；刘文英，上海社会科学院世界经济研究所硕士研究生，主要研究方向：西方经济学。

技变革趋势及其如何加剧或缓解城市的不平等。本文基于该报告，重点以数据分析技术为例，探讨数字城市技术创新对城市包容性发展带来的机遇和挑战，并从中总结经验和启示，为引导城市利用科技创新实现包容性发展提供一些准则和方向。

一 数据分析技术创新给城市包容性发展带来的机遇和挑战

技术的进步为城市提供了一整套频繁更新的数据库和一系列用于处理新旧数据的先进分析技术。智能城市技术、共享出行服务和市政技术应用程序产生的新数据源，与几乎能够处理无限量数据的科学方法相结合，可以帮助城市政府部门更准确和深入地理解从居民福祉到建筑环境等几乎所有方面。例如，城市可以通过交通传感器和智能手机收集数据，以更好地了解"交通沙漠"（公共交通不足以满足人口需求的地区）和基本服务的获取情况。更加强大的数据分析技术的确给城市发展带来了机遇，新的数据科学方法能处理海量数据，从而帮助城市发现公平方面的挑战，进而设计更有效且基于实证的干预方案。但新的分析技术也带来了不少挑战，这些工具会加深数据方面的偏见，或针对长期的挑战只能提出短期的解决方案。

（一）机遇

通过分析新旧数据，城市管理者可以发现其没有意识到而又紧迫的问题，在既定的时间和资源内更有效地应对公平方面的挑战，并引发围绕公平和机遇的新对话。

一是发现城市公平方面的挑战。分析现有的城市数据库可以更准确地了解居民面临的长期挑战，以及政府过去如何通过分配资源来解决这些问题。地方政府跨部门收集各种行政数据，如建筑检查程序、犯罪率和居民投诉等，其中许多数据可以让政府了解哪些人已经获得了服务，以及仍存在的问题。在过去，由于收集程序碎片化和技术不足，分析这些数据非常困难。但

更强大的计算能力和新的分析工具，使得在更短的时间内，连接、操作和分析多个数据库变得更加容易。

全国各地都开始利用现有的行政数据来更好地了解当地问题。例如，新奥尔良市政府担心许多居民家中没有烟雾报警系统，为更好地了解这个问题的严峻程度，该市的责任办公室联合当地消防部门、美国住房调查和美国社区调查来分析面临高火灾风险的低收入社区名单，以及哪些家庭可能没有钱安装火警。

新的分析工具还允许地方政府将跨部门的数据联系起来，以便更全面地了解不同的挑战如何相互交织进而影响居民的福祉。例如，奥克兰的公平情报平台（EIP）正在使用分析技术来减少因地方行政数据库合并而造成的负担，帮助城市机构创建一个标准化的流程，向城市管理者展示和分析跨部门数据。奥克兰的新系统使得政府工作人员能够了解哪些人享受到了不同的城市服务，以及不同社区的需求情况和差异。

各城市也在分析新智能基础设施项目数据，以便更好地了解过去未覆盖人群或被排斥人群的服务供给情况。来自智能技术的数据可以揭示关于城市生活的许多问题，比如居民如何与现有环境互动及其获得公共服务的频率。政府官员和分析师正在寻找更及时、更少存在人为输入错误和判断偏差的数据，对于他们来说，传感器和联网设备能够更频繁地自动捕捉数据，使数据更有用。

例如，在肯塔基州的路易斯维尔，当地政府分析了一个"智能基础设施"项目的数据。该项目通过在1000多名居民的吸入器中嵌入传感器来跟踪哮喘吸入器的使用情况。来自这些传感器的数据，提供了哮喘吸入器的使用地点和时间，以及在使用期间吸入器释放的药物量等信息。当地政府与科技公司Propeller Health展开合作，利用这些数据分析该市每个社区居民的哮喘患病率，并分析加剧病情的环境因素。新的传感器产生的数据使路易斯维尔能以一种前所未有的方式了解哮喘患病率、哮喘诱因和居民健康状况。对哮喘传感器数据的分析显示了低收入或黑人居民比例高的地区的空气质量问题突出。这些发现促使路易斯维尔市重新审视分区规章，以便更好地将社区和污染物隔离开来,并针对哮喘患者较多的社区实施干预措施。

二是制定更客观、有效的干预措施。数据分析可以为政府提供必要的工具,针对边缘人群制定有效的干预措施。在纽约市,数据智能创新中心(CIDI)与当地学术机构合作,用数据分析设计一个针对潜在无家可归者的更有效的服务供给系统。地方政府还可使用分析工具来跟踪项目对目标人口产生的影响,从而让政府实时了解项目的成功之处,并相应地调整项目。而且,如果一项倡议在初期阶段就显示出较好的前景,政府可能更倾向于提供更多的资源来推进这项工作。在路易斯维尔的案例中,市政府利用哮喘吸入器数据研究结果,针对与严重哮喘有关的环境因素来设计相关的政策。一年后,他们使用相同的吸入器数据来分析,结果发现在紧急情况下哮喘吸入器的使用平均减少了82%,且参与者的无症状天数增加了1倍多。

三是激发关于公平和包容的新对话。利用数据分析为决策提供信息支撑,有助于引发基于证据的关于公平和包容的讨论。为有效地设计预测模型,城市政府必须明确目标,这会促成更多围绕数据偏差和普遍结构性障碍的富有成效的对话。分析与城市服务相关的数据,能促使政府对项目的有效性负责,并防止城市依赖坊间证据或有偏见的绩效推测。数据分析不只会引发城市政府内部的讨论,还能鼓励政府外的利益相关者深入思考公平和包容问题。例如,波士顿启动了一个从多个维度跟踪城市"健康状况"的开放数据门户,由此,利益相关者纷纷讨论市政府应该优先处理哪些问题。如果想让不同利益相关者联合起来,对抗造成不平等的结构性力量,关键是要将数据作为一种民主化的力量,激发与公平相关的对话。

(二)挑战

一是加剧数据和算法中的偏见。如果在设计算法时没有仔细检查并全面了解数据,算法可能会对居民的需求产生有偏见的理解,从而误导资源分配及相关干预措施。基于偏差数据的有缺陷的干预措施可能会恶化本该解决的问题,并带来一系列新的挑战。虽然算法常常被认为是客观的工具,但它所依赖的数据可能根植于有偏见的人类行为,这可能会导致有偏见的结果。例

如，ProPublica的一项调查发现，COMPAS软件在美国全国范围内被法院用来预测被告再次犯罪的可能性，当该软件做出错误判断时，对黑人罪犯的风险评分往往高于白人罪犯。

此外，新技术在城市中分布不均，或者使用者并不具有代表性。因此，任何用于决策的数据可能并不能覆盖全部人口，并可能产生有偏见的结果。例如，嵌入公共交通的智能城市技术将收集公共交通使用者的信息，这可能会排除那些生活在"交通沙漠"或不能经常使用交通工具的人群。城市使用这些数据时，可能会误把某个群体或社区的稳定使用数据流当作一个信号，表明城市的服务供给过程没有问题，而事实上，社区的很大一部分人可能更喜欢其他的交通资源。

二是当地能力不足以同时解决公平和效率问题。政府在技术方面的努力往往面临资金不足，获取技术过程中，也没有为规模较小、知名度较低的竞争者留下多少创新空间，这让地方政府的创新人员面临系统过于老旧的困境。就算政府成功获得了更多的现代技术，在技术人才的竞争市场上，也很难招聘到那些能将技术成功应用于新系统的员工。技术人才的缺乏也意味着一个城市可能很难将政策目标转化为对技术供应商的技术要求。这种技能上的欠缺可能会让政府的分析项目不合标准，充斥着偏见和误导信息。

此外，在没有足够支持或预算的情况下使用数据密集型应用程序，可能会导致系统有偏见，这些系统似乎成本更小、更公平，但实际上掩盖了其所造成的不平等。例如，如果没有足够资金聘请合格的数据分析师，各个城市可能会用311电话信息来代表城市居民对服务的实际需求，但311电话信息其实很难代表低收入社区居民对服务的需求。旧金山识别了城市在增加分析应用时面临的两大障碍：如何能够提出好的问题和如何寻找到有足够技能的人来解决这些问题。

三是为长期存在的问题提供短期解决方案。基于数据来识别并解决问题而形成的解决方案往往是短期的，忽视了长期与结构性变化。由于变化是实时监控的，绩效管理标准侧重于短期收益，促使公共机构和服务提供商做出在短期内有积极作用的决策，但这些决策随着时间的推移可能会产生更多消极的结果。例如，一些人认为，预测性警务策略鼓励警察采取具有潜在危害的干预措施，而不是强调信任建设和社区互动的策略。从长远来看，后者可能更有效。在有些情况下，官员可能会优先考虑"操控"绩效指标，这反倒牺牲了这些指标试图衡量的整体目标。例如，2001年美国出台《不让一个孩子掉队法案》后，教师们为了提高考试分数而进行了著名的"应试教育"；而警察为了使犯罪率指标更低，出现了少报案件或将案件性质降级的倾向。

（三）前景展望

正在应用的新技术，如穿戴式摄像机和自动驾驶汽车等，表明有越来越多的机会将数据分析应用于解决公平问题，生成可实时使用的数据以应对公平挑战。此外，自然语言处理和机器学习方面的技术进步，使得城市能够利用一些难以处理的数据来处理公平问题。

有的机构和部门意识到数据分析应用于解决公平问题时所蕴含的机遇和挑战，并开始开发工具和框架，以帮助该领域的从业者更好地使用数据分析来达成公平的结果。例如，芝加哥大学数据科学与公共政策中心（UCCDSPP）推出了一个工具包Aequitas，允许从业者和决策者了解机器学习模型中的偏见和歧视。伦理人工智能与机器学习研究所（IEAIML）的《负责任的机器学习原则》提出了一个由8条原则构成的框架，以推动"所有行业人工智能项目符合伦理和自觉地发展"。

随着技术的进步和围绕数据分析公平性的讨论不断增加，城市应在此过程中将公平作为重点，解决数据分析应用中公平方面的挑战，从而取得积极的成果。

二 包容性视角下的数字城市建设原则

（一）城市可以利用技术发现对公平的新见解

利用新技术和分析工具产生的数据能揭示更多关于机会获取方面的差

异，这在过去是很难做到的。利用新技术能产生前所未有的大量关于城市的数据，决策者可以基于这些数据来理解这些差异。然而，仅有数据是不够的。正如卡内基梅隆大学教授Rayid Ghani所总结的那样，"数据是人造产物，而不是目标"。关键是，我们如何使用这些数据——以及运用哪些工具、进行哪些分析——来提供服务，从而帮助人们更好地获取机会并促成公平的结果。

幸运的是，新技术使我们比以往任何时候都更容易将数据提炼成具有可操作性的见解，从而促进公平。举例来说，分析工具，如自然语言处理，也称为文本分析，可以从民众的反馈和输入中提取姓名、人、地点和情感等信息，从而使决策者更好地掌握大量的公众反应。例如，华盛顿特区的Grade.DC.gov通过文本分析来挖掘市民在其网站和社交媒体上的反馈，从而对该地区的政府机构进行月度评分。大数据系统可以在几秒钟内处理城市传感器中产生的数十亿交通数据，从而更好地实时了解和处理问题。

从公平的角度来看，政府部门使用这些分析系统能更好地了解低收入居民面临的问题，比如新奥尔良合格烟雾报警系统的普及程度或路易斯维尔的哮喘风险程度，然后为这些社区制定解决方案。在智能基础设施领域，如"智能芝加哥事物序列"（Smart Chicago's Array of Things）举措，会定期测量污染、声音、行人和车辆交通等活动，并帮助城市管理者更好地了解社区之间在空气质量和街道网络效率方面的差异。在市政技术领域，像美国代码（Code for America）的"档案清除"（Clear My Record）技术，将人们在网上填写清除犯罪记录表格的过程流程化，从而为政府提供机会来了解边缘人群所面对的问题。政府部门利用这些数据来获得关于解决公平问题的方案时，必须采取措施使社区数据收集方式更透明，并注意保护居民的隐私，尤其是这些新技术的应用对穷人产生的影响更为显著。

（二）技术不能消除结构性障碍

在采用技术型解决方案时，必须考虑收入差距、居住隔离、金融排斥、宽带和电脑科技资源差异等问题。例如，低收入居民拥有电脑、宽带和智能手机的可能性更小。尽管图书馆提供了另一种上网方式，但低收入居民很可能需要接受培训，以增强其使用互联网的信心。因此，当一个城市使用网站或应用程序来替代传统的由政府办公室提供的服务时，这些弱势群体不太可能享受到数字化带来的好处。

此外，基于歧视或者城市数据捕捉到的传统歧视模式，这些结构性问题加剧。在数据分析中，像 CompStat 这样的程序使用历史数据来预测未来的犯罪模式，但是历史数据可能是存在歧视的，所以这些预测结果将使这些歧视问题持续化。在共享出行领域，研究人员对美国的研究发现，黑人用户等待的时间更长，而且在优步这类的服务领域黑人面临更高的取消率。[1]

（三）技术公平化需要预先投资

许多城市缺乏必要的能力和资源来利用技术创新促进公平，无法优先考虑那些历来被排除在外的用户。当城市试图用更少的资金做更多的事情时，技术恰恰可以帮助其降低成本，但若要确保结果公平，则预先投资是必要的：如果结果公平和用户体验不是这些技术决策中的首选因素，成本、供应商偏见（vendor biases）和供应商锁定（vendor lock-in）将成为优先因素。

例如，在数据分析和城市科技领域，美国的城市经常使用 311 呼叫信息来代表城市的服务需求。然而，这些呼叫信息可能无法很好地代表低收入居民的服务需求，因为这些人不太可能使用该应用程序来反映问题。政府需要具备数据分析能力的工作人员，以确保数据被适当使用以促进包容。作为这一需求的回应，布隆伯格慈善基金会的"What Works Cities"等项目正致力于探索形成城市数据分析能力，为 100 个城市的员工提供有价值的同行学习网络。对于不太可能使用 311 的社区还需要投入资源来进行宣传和教育。城市可能因所需雇用的电话接线员减少而节省资金，节省下来的资金部分需用于招聘分析人才和协调有针对性的宣传工作。

---

[1] Brown, Anne Elizabeth, "Ridehail Revolution: Ridehail Travel and Equity in Los Angeles," PhD diss., University of California, Los Angeles, 2018.

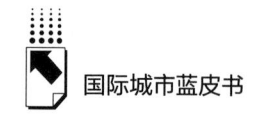

在市政技术领域，实现移动应用程序等新技术需要大量投资来构建工具、进行平台和版本更新，但这会使智能手机用户的访问和使用更加容易。然而，如果促进公平没有明确地被列为该项目的一部分，那么在应用程序开发完成后，城市可能没有足够的资金对智能手机使用率较低的社区进行有针对性的推广，或者开发一个该群体可以访问的网络版本。

一般来说，城市管理者有时会面临这样的挑战：重新塑造原本是为了利润最大化而设计的技术，而不是直接用它来解决特定的社会问题。在智能基础设施领域，技术目标常常与大型企业的需求不同，而技术构建者又是科技公司中那些习惯为商业客户解决问题的工程师。智能城市技术"在创建时往往没有对城市和群众的角色进行深入的了解，并假设城市面临的问题是最优化问题，这种假设有时是合适的，但大部分情况并不恰当"。

（四）包容性的过程更有可能导致包容性的结果

研究表明，具有包容性设计过程的项目和产品质量更好，更适用于所有人。但如果没有明确的合作设计和参与规划，那些缺乏权力机关接触渠道的群体，可能被排除在建设和实施新技术的进程之外。换句话说，如果被排斥群体无法参与进来，那么科技产品的创造可能会更具排斥性。例如，在市政技术领域，许多技术不可避免地强化了现有的公民参与模式。mySociety 对美国 5 个城市的 5 个"成功"市政技术应用程序进行了调查，发现这些应用程序的用户在人口统计学上与那些已经通过传统方式亲自参与政府事务的人非常相似，这些传统方式包括出席政府论坛、在市议会上发言等。也就是说，对于那些面临障碍而无法参与政府的人，市政技术的许多应用程序可能不会为其提供更多的机会。

当城市实施更具包容性的项目时，似乎可以获得更公平的结果。例如，由华盛顿特区的 InnoMAYtion 黑客马拉松所支持的包容性项目已经为女性、青年和有色人种设计和创建了网站和应用程序。KC 数字驱动的绿色小镇（Paint the Town Green）运动通过向低收入社区提供服务来帮助密苏里州堪萨斯城公平地接入谷歌光纤（Google Fiber），为达成全市 90% 的社区能使用谷歌光纤的目标做出贡献。虽然这些例子看起来很积极，但需要更严格的评估才能说明更具包容性的项目能提供更加公平的结果。

三 对中国建设数字城市的几点启示

当前数字科技在中国迅速普及，移动支付、线上预约、共享出行等技术创新已密切融入现代城市生活，这为许多人的生活带来便利，但也对另一些边缘人群，如习惯于传统生活方式的老年人，或负担不起电脑和移动网络的贫困人群，在日常生活、教育和工作等方面造成了严重障碍。城市数字在便利大众的同时，也造成了一种新的不平等，即数字鸿沟。政府在推进科技创新的同时，也应关注这些由技术应用造成的结构性不平等，关注被排除在数字社会之外的边缘人群，通过科技创新建设更加公平、包容的数字城市和社区。

（一）科技创新应与结构性解决方案结合

数字鸿沟仍然是一个关键的结构性问题，政府需创造一种环境来确保技术创新的红利能得到公平分享。[1] 中国的数字城市建设要充分考虑边缘人群的需求，通过组织公益培训、制定补贴计划，帮助面临数字鸿沟的人群获取智能设备并掌握上网技能，从而更好地享受到城市的服务。同时，在推进数字城市建设时，还应充分尊重传统，城市内部可留出一些区域，保留传统的生活方式，使得整个城市生态更加多样和包容。

（二）将公平目标落实到项目开发和实施中

为确保公平目标的实现，政府必须在技术项目的计划、规模、执行和评估中引入公平这一维度。城市应给出明确的公平承诺并采用配套工具，以帮

---

[1] Arena, Olivia and Kathryn Pettit, "Harnessing Civic Tech & Data for Justice," in St. Louis. Washington, DC: Urban Institute, 2018.

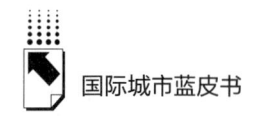

助城市部门在所有计划和实践中都基于公平的视角,并且这些部门应在技术方面采取措施,调整各部门的公平目标及其过程,与更广泛的全市范围内的倡议保持一致。数字城市应以人为本,除了发展经济,还应更多考虑公平与包容问题。因此,为了促进公平,对政府官员的绩效考核还应考虑到当地政府是否促进了城市的包容与公平,激励管理者在建设数字城市的同时更全面地考虑科技对人们生活的影响,尤其是对社会弱势群体的影响,在项目的开发和实施中推进城市公平。

(三)加强社区参与共建

为促使社区参与数字城市建设,确保覆盖所有边缘化群体,城市应与拥有成熟社区关系的地方组织合作,积极与社区协商,并赋予居民参与共同设计城市的权利。城市政府可利用技术来帮助那些在传统方式下无法参与社区共建的人群,让他们在塑造社区和规划未来方面获得发言权。

(四)利用技术跟踪进展

城市和企业可加快使用技术和分析工具来了解一系列项目和服务在追求公平方面的成果。应持续培养应用数据分析人才,通过开发框架、流程和最佳案例来了解公平方面的进展。在中国,许多电商平台、共享出行App、外卖平台积攒了大量用户数据,这为城市管理提供了机遇和挑战。城市和公司可以使用嵌入在智能基础设施和共享出行应用程序中的分析工具来了解用户分布与基础设施位置的地理差异,从而了解公平方面的进展。总之,城市需监督公平目标的达成情况,打造拥有强大参与策略的开放数据平台,以帮助社区群体追究公共机构的责任。

参考文献

Solomon Greene, Graham MacDonald, Olivia Arena,"Technology and Equity in Cities:

Emerging Challenges and Opportunities," Urban Institute, November 2019.

Brown, Anne Elizabeth, "Ridehail Revolution: Ridehail Travel and Equity in Los Angeles," PhD diss., University of California, Los Angeles, 2018.

Arena, Olivia and Kathryn Pettit, "Harnessing Civic Tech & Data for Justice," in St. Louis. Washington, DC: Urban Institute, 2018.

城市经济篇
Urban Economy

B.7
后疫情阶段城市经济恢复的关键原则[*]

苏 宁 黄玺铭[**]

摘 要： 后疫情时代，经济恢复是城市实现可持续发展的重要议题。基于经济发展策略、产业、企业、劳动力等问题的合理部署，是灾后城市经济恢复的重要前提。本文以英国奥雅纳公司发布的《后疫情时期地方政府重建经济的十大举措》为基础，探讨后疫情时期城市经济恢复中需要关注的主要环节。报告从短期、中期、长期三个时间维度出发，提出城市与地方政府在经济扶助政策、创新应用、上级政府资助获取、经济结构调整、企业帮扶、劳动力培育等方面的主要策略，并

---

[*] 本文主要基于对英国奥雅纳公司发布的《后疫情时期地方政府重建经济的十大举措》(Ten Ideas for Local Authorities to Help Re-build Economies after COVID-19)的介评，以期为中国城市提供借鉴，特此致谢。

[**] 苏宁，上海社会科学院世界经济研究所副研究员，主要研究方向：国际城市比较、城市经济；黄玺铭，英国爱丁堡大学国际关系和计量统计系硕士研究生，主要研究方向：国际政治经济学。

指出地方政府通过灾后经济恢复转变经济增长模式、缩小数字鸿沟、形成防疫思维等中长期任务。

关键词： 地方政府　城市经济　经济恢复

2020年4月，英国著名工程顾问企业奥雅纳（ARUP）公司发布《后疫情时期地方政府重建经济的十大举措》（Ten Ideas for Local Authorities to Help Re-build Economies after COVID-19），针对新冠肺炎疫情对城市经济的主要影响进行了梳理。[①] 报告对城市与地方政府在后疫情时期重建经济的主要原则，以及短期、中期、长期可采取的经济恢复举措进行了分析。该报告提出的建议，对于各城市积极防控疫情、有效恢复经济具有借鉴意义。

一　疫情时期提前部署经济重建举措的重要性

在应对新冠肺炎疫情的过程中，地方政府主要的行动重点为最大限度地减少人员病亡、向社区提供救济以及必需的日常服务。而事实上，地方政府将面临的另一个重大挑战是如何减轻新冠肺炎疫情对当地经济的影响，以便于企业能够再次蓬勃发展，从而为当地社区提供就业机会并使经济重新焕发活力。在这一前所未有的情况下，地方政府需要制定一些切实有效的经济恢复方案。其他灾后重建地区，如2011年暴恐事件后的伦敦、2011年地震后的新西兰克赖斯特彻奇和2012年"桑迪"飓风侵袭后的纽约，由于提前考虑了经济重建方案，都取得了良好的恢复效果。

因此，在执行国家宏观应对政策的基础上，制定适合地方情况的解决

---

① ARUP, "Ten Ideas for Local Authorities to Help Re-build Economies after COVID-19," April 2020.

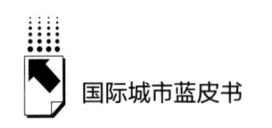

方案，是地方政府需要谋划与部署的重要任务。如果这些解决方案适合当地情况，将带来更高的经济和社会效益，同时提高城市在后疫情时期的整体恢复能力。总体来看，需要考虑四项相互交叉的原则以确定这些解决方案的优先次序：其一，实现可持续的经济增长和就业；其二，落实其他政策目标和现有战略；其三，转危为机；其四，可快速兑现而具有经济可行性的解决方案。

二 疫情对城市商业与经济体系的主要影响

英国等地推出的防控新冠肺炎疫情的措施，对部分城市的经济影响较大，其中住宿与餐饮服务行业预计将受到最严重的冲击。基于这些产业当前的就业结构，其可能将承受重大的衰退。例如，2019年第三季度以来，英国大约有97.4万人签订了临时合同，其中近1/4的人受雇于酒店和餐馆。援助这一行业需要政府采取更有针对性的方法，这不仅是因为此类行业雇用了大量的员工，而且是因为零售服务业是全国各地商业和城市中心的重要组成部分，其复苏象征着全社会的经济环境改善。同时，运输业也受到剧烈的冲击，航空、铁路和公交运营以及伦敦地铁的需求都出现大幅下滑。这将对城镇的就业产生影响。例如，在一些主要机场的周边地区，大部分家庭都与航空产业的发展息息相关，在疫情影响下，机场周边地区的劳动力面临着持续的经济困难。

制造业和建筑业随着客户数量的减少而大幅衰退，居家工作将使客户服务变得更加困难。旅游、航空等服务产业，自身也在经历衰退，从而可能需要更长的时间才能恢复。与此同时，部分企业和公共部门则不断增加员工人数及其工作时间，包括能够适应激增的互联网需求的技术供应商、物流公司、超市，以及医疗服务体系等。展望未来，重要的问题在于，当疫情得到有效防控且经济开始恢复时，地方政府应该考虑因总体劳动力人数下降而带来的一系列问题。城市与地方政府需要重点针对医疗、旅游和零售业采取干预措施。

三 城市与地方政府短期应对措施

(一)基于非常态阶段测试新服务方式

当前,疫情导致城市面临的主要挑战为日常服务被迫中断、正常的公共服务活动无法开展。其应对措施为,基于这一特殊时期较低的测试风险与成本,测试从数字化咨询到无人机物流等一系列新型服务方式。

1. 优化政策及扶持方案,使新兴领域企业家能够更便利地获得社会和政府的支持

政府可充分运用线上协商和多方讨论的互联网平台,使创业者参与国际发展或赈灾类项目合作,形成更有效的与社区融合的方式。此类平台不仅可以实施远程操作,也可深入社区,采取在线回复的方式进行日常的研讨活动。政府可鼓励在日常工作中对这类高新互联网平台的试点应用,进而在经济恢复期延续其使用的效力。

2. 新技术的测试和试验

由于新技术存在影响公共安全的风险,并对现有商业体系产生影响,正常时期在城市中测试新技术可能面对巨大的风险。然而,在疫情导致的非常时期,在一些非关键性服务领域,测试创新技术的"容错度"将更大。

(二)汇聚解决疫情相关问题的创意,为后疫情阶段做好准备

目前城市经济体系和公共服务产业因疫情发生了翻天覆地的变化,因此需要大量创新的、可操作的方案来支持地方的发展。政府可利用企业和社区的力量来寻找创新性做法。

政府可通过举办线上"黑客马拉松"(Hackathons)赛事以寻找可应用于当地的方案。目前为应对疫情,线上"黑客马拉松"已在50余个国家举办。该类活动向地方创业园区提供了通过技术应对这场危机的方案。如瑞典

政府的创业中心Vinnova，该机构向全社会召集创新型方案以减小新冠肺炎疫情的影响。该机构力图在这段时间内寻找到合适的项目，而这类项目和方案应具备在6~12个月得以实施和推进的可能性。

（三）向失业或被解雇的劳动者提供技能培训或职业推荐服务

疫情使英国城市失业情况加剧，被辞退的劳动力数量不断上升，这对当地经济和劳动者的个人健康产生了较大的负面影响。地方政府应及时提供技能、培训和创业支持，让劳动者为经济恢复期的工作做好准备。

1. 协调推进教育和技能培训及相关课程

就无业人员来说，经济大环境的不稳定和个人财政状况不佳会对他们的个人健康与福利产生负面影响。劳动者需利用这段时间来增强个人能力，提高技能，同时政府也需根据经济受到冲击后的岗位需求类型对他们进行针对性培训，这将为这一群体提供更好的发展前景。地方政府可以与继续教育学院、大学和其他培训项目合作，通过补贴部分学费等方式支持劳动者进行线上学习。可以根据当地雇主的需求和当地教育中心的培训能力，制定更有针对性的技能对接方案。

2. 为企业家提供更有力的支持

市场需求的萎靡和经济大环境的不景气往往容易导致创业意愿下降。地方政府应建立专项创业支持体系，以帮助快速判定可行性的创业方案。通过激励更多的创业助推下一波经济增长。政府可通过与周边其他地方政府和大学合作，进一步促成已有的企业家完成进修课程，促进"产学研"一体化机制的形成，进而有效地向企业家提供更多的支持。

（四）基于快速可行的计划争取政府对应对疫情项目的资助

英国中央政府和机构投资者均期望在社会中寻找到一份在经济复苏期时"准备就绪"的计划。因此，政府需要制定一份符合当前城市发展愿景的可行性方案，并提供最适用的城市战略与经济案例。

在疫情防控过程中，政府和机构投资者都将重点寻觅并资助经济刺激项目。为获得这些投资机遇，地方政府需要提前规划具有战略意义的项目。基于这些项目对本地及周边区域经济效益的展示，其将具有优先获得政府资助的潜力。

四 地方政府在社会经济全面恢复期的主要举措

（一）建立地区商业经济恢复工作小组，全面加强政府服务能力

在疫情得到有效防控后，全社会都希望经济能尽快恢复。在社会经济的恢复阶段，政府的重点任务是先稳定经济基本面，随后为重点产业提供更多的支持。

1. 对参与经济恢复的企业予以及时的支持

如英国南阿尔伯塔市政府就成立了后疫情经济恢复小组并重点关注以下六大领域：其一，为企业提供可在线上获取的资源；其二，提供财政支持或为企业协调金融机构的相关资源；其三，建立一个政府与企业间定点支持和咨询的平台；其四，在允许的情况下设立实体咨询中心；其五，降低劳动力流失情况，确保地方的发展；其六，解决企业面临的其他障碍，并为必要的政府行动进行游说。

2. 加快经济结构调整

后疫情时期，实体零售业将加速衰落，而金融投资、生物医学研究和人工智能等的重要性逐步上升。城市政府需要出台覆盖经济发展、城市规划、交通等领域的政策来减少实体经济衰退的影响，同时扶持其他核心产业的快速发展。

3. 深入基层，倾听本地企业和劳动者的诉求

政府需要进行基层调研，了解并满足企业与劳动者等经济主体的需求，提供帮助这些主体发展的方法。此类需求可能与受疫情冲击最大的企业的需求有很大差异。地方中小型企业可能需要更高速的宽带设施、某些特定技能的劳动力、公共交通设施或其他软硬件基础设施的升级等。

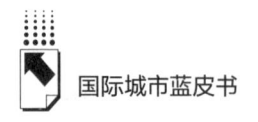

4. 重点辅助需要扩大规模的企业

后疫情时期，英国有意实现"规模化"升级的企业对国家与地方经济而言，都是非常宝贵的资产。但此类企业也相对脆弱。政府需要持续关注在过去数年中营业额与就业率都有显著增长的企业，以避免这些企业因受疫情冲击而倒闭。政府可以尝试与此类企业建立联系，以便了解如何帮助其走出困境。

（二）恢复并构建城市的可持续交通体系

在后疫情时期，城市可以通过投资可持续的交通方式等措施来改变市民出行方式，从而在减缓交通拥堵和大气污染问题的基础上，增强经济活力。政府应进一步鼓励人们选择可持续、健康的交通方式，推广自行车共享系统，建立临时行人区域和自行车道，并提供电动车充电点。

在疫情期间，公共交通工具的使用量较私人交通工具显著下降。而伦敦、纽约、奥克兰、波哥大、柏林等地正在通过铺设临时自行车道和增加行人空间来提升市民出行便利度。新西兰奥克兰市策划的一项耗资6000万美元的计划，是通过扩大人行道和临时自行车道来确保人们可以保持两米的物理距离。

城市政府可尝试建立新一代通勤方式和公共交通方式。伦敦已推出对Santander Cycles自行车共享系统中所有30分钟以下的行程实行免费，同时优先在医院附近设立停靠站，保证自行车在区域内的正常供应。此外，很多城市正在尝试推行免费公共交通。相关电动车充电点的快速付款系统可以鼓励市民使用零排放的交通工具。这些变化中一部分可能会成为永久性的市民生活习惯，并在后疫情时期增加环保出行的可能性。

（三）重塑实体经济，建立多用途的商业综合体

后疫情时期，经济所受到的冲击将增加实体经济与零售企业所面临的挑战。地方政府应关注在城市未充分利用的空间的新开发机遇，推动打造全新的城镇中心，促进实体商业重新焕发活力。

1. 重视零售业、住宿业等服务业的转型

零售业和住宿业在疫情前就已经面临着不小的挑战。而后疫情时期，上述行业中的许多企业和商店也不会再恢复营业。民众对部分实体经济领域的需求已经发生了根本性变化。进店购物模式将逐渐衰落，而其他的一些服务行业也将在短期内面临客户骤减的窘境，涉及音乐场馆、健身房、夜店等。城市在后疫情时期的经济恢复中需要正视此类服务业行业的转型现实。

2. 保证商业空间的经济性与多样性

商业空间的经济成本和灵活性，对后疫情时期企业的重新起步尤为重要。地方规划部门和公共区域的业主在协助企业重新开业中发挥着重要的作用。政府应制定政策，允许企业（包括中小企业和初创企业）和社区组织临时使用未充分利用和闲置的空间。地方政府可以采取更为多样化的措施，例如，举办临时的社区娱乐活动或者推进艺术、文化和商业多用途的空间重整。城市政府可以通过多种方式优化空间和当地社区可用资源，增强人与人之间的联系，逐步让整个社区的发展重返正轨。在培养本地文化气息和吸引投资方面，基层社区充满活力的夜市（商业、餐饮和休闲）以及繁华的商业区均能发挥重要的支撑作用。

五 地方政府实行更具复原力和包容性的城市经济长期战略

（一）重新思考经济增长问题

面向疫情后的中长期阶段，城市与地方政府需要深入思考经济复原力和包容性两大可持续性目标，以重新评估本地经济增长模式。政府应制定更具包容性、复原力和可持续的经济增长战略。

城市与地方政府需要高度重视具有包容性的经济增长目标的设定。从中长期看，地方政府需着重思考与谋划疫情之外的经济增长问题，以及如何形成更具包容性的经济增长议程。这些议程相关的内容包括向地方居民

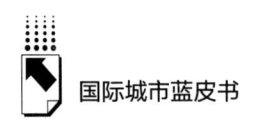

提供经济适用房、构建价格更合理的公共交通机制。城市政府应设定所在区域的可持续性目标，如制定民众存量住房的能源效率方案或者工商业生产能效方案等。

（二）未雨绸缪，消除城市数字鸿沟

疫情进一步凸显城市各企业和社区的数字化基础设施水平、硬件质量以及数字化应用的技能参差不齐。为了应对新的生活方式和中长期的经济冲击，政府需要围绕各领域全面数字化做准备，制定具有包容性的数字化投资战略。

在这一数字战略中，数字化基础设施、硬件、平台和技能的投资与效益应当彼此有机互动、相辅相成。地方数字战略应全方位充分利用数字化技术来弥合数字鸿沟，相关举措包括：其一，刺激数字经济增长并创造机遇；其二，创建数字化的建筑环境，在这种环境中，家庭、办公室、公共空间和交通功能同步运用物理和数字融合技术，从而提高居民生活质量；其三，利用数字技术，以较低成本提供更好的数字公共服务（如提供保健和护理）；其四，打造数字社区，并提高地方居民在数字领域中所需的技能。

（三）从防疫的角度重新考虑优先事务与主要战略

城市与地方政府需要从此次新冠肺炎疫情中吸取教训，着力建立健全预防传染病的机构。应确保地方政府的优先事项和发展目标中，具备抵御突发性公共卫生事件的预案。

受新冠肺炎疫情影响，新型流行病对当地社区和经济的巨大影响已经在全球范围内形成共识。这场大型突发性公共卫生事件使大多数决策者都措手不及，城市政府必须制定防控疫情等最有效的操作方案。此类"防疫"型的决策方法需要被用于纳入决策的各个领域。

政府在后疫情时期需要考虑到一系列新的现实需求与重要事项。例如，如何减轻民众居家时产生的沮丧与失落感、如何解决城市和办公室对高密度

面对面协作的需求。尽管公司的办公空间有助于更高效地协调工作事务，但疫情是否使得对办公空间的需求有不同程度的下降。地方政府应当在未来的规划中思考针对此类问题的解决方案，从而使社区和经济体系在面对健康、环境、社会和金融等领域的冲击时更具韧性。在解决气候变化、日渐加剧的收入不平等与健康差异等环境和社会问题时，随着对此次疫情的影响的了解不断深入，地方政府也将在城市战略和建筑环境的优化中形成更多具有韧性的举措。

六　如何理解新冠肺炎疫情的影响

（一）从人口学视角为不同人群定制防控疫情的差异性政策

地方政府正在尝试对不同人口群体制定有针对性的财政救济和恢复措施。以最年轻年龄段（16~34岁）为户主的家庭不太可能有足够的资金来应对家庭收入减少的情况。在家庭收入损失50%的情况下，约一半的家庭将因支出而失去所有财产。年青一代更有可能受雇于受疫情影响较大的产业，而他们的劳动合同往往是短期或临时的。从另一角度来说，一旦经济开始复苏，这个群体可能反弹最快并更趋向于寻找新机遇。

地方政策还需要重点关注老年人等固定收入群体。在正常情况下，英国14%的70岁以上老人在生活方面都需要得到其他家庭成员的帮助。老年人往往对地方政府公共服务的依赖程度较高。在后疫情时期，老年人可能更加不愿意外出社交，也不愿意获取医疗保健和食物等其他基本服务，这可能导致他们身心健康受到影响，这种趋向可能对当地公交服务和零售业产生连锁反应。

（二）应对举措的阶段性与适用性考量

城市在争取国家政策支持的同时，在推动地方经济发展方面扮演着引领性角色。在后疫情时期，城市与地方政府应当采取积极行动以提升经济活

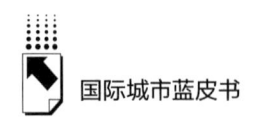

力。前述经济推进举措涵盖了即刻可执行的应对措施、合理管控和促进经济复苏的办法以及对标可持续和包容性的经济增长方案。这些方案的实施需要因各城市的不同情况而因地制宜地实施。

七　中国城市疫情后经济恢复的启示

（一）建立城市经济恢复预案与规划

奥雅纳报告对城市制定灾后经济恢复行动规划高度重视，认为应当制定适合地方的灾后经济恢复战略，并提出了经济与就业增长、落实政策目标、化危为机等重要原则。针对此次疫情，中国城市应当借鉴经验，汲取教训，重点制定经济恢复预案与规划，并针对不同类型灾害及各城市的不同要素条件制定经济恢复策略，以便在再次发生公共卫生事件时能有效应对。

（二）为经济恢复预先部署劳动技能培训服务

经济恢复中的重要任务是劳动力再就业问题。英国政府高度重视技能培训与职业推荐的作用，这有助于劳动者快速就业，并减少因失业而带来的一系列社会问题。中国城市应重视经济恢复中的职业技能培训工作，未雨绸缪，帮助职业教育机构、高校开设线上培训等职业技能教育课程，提前部署相关的劳动力技能培训应急对接方案。

（三）重视"规模扩张型"企业在经济恢复中的重要作用

奥雅纳报告中，对于"规模化"升级企业在后疫情时期的作用予以关注，视之为支撑经济恢复的宝贵资产，并建议政府重点扶助此类企业。我国城市应借鉴这一经验，在后疫情时期，以及其他灾后经济恢复阶段，对扶助的企业类型进行有针对性的筛选。应重点关注过往营业额与就业规模持续增长的"扩张型"企业，发挥此类企业在城市经济体系重建中的积极作用，以取得事半功倍的效果。

参考文献

ARUP, "Ten Ideas for Local Authorities to Help Re-build Economies after COVID-19," April 2020.

Noreen Qualls et al., "Community Mitigation Guidelines to Prevent Pandemic Influenza: United States, 2017," *MMWR Recommendations and Reports* 66, No. 1, 2017.

Arnold, Martin Arnold and Valentina Romei, "European Factory Output Plummets as COVID-19 Shutdown Bites," *Financial Times*, April 1, 2020.

Jack Ewing and Jeanna Smialek, "Economic Powers Vow to Fight Crisis," *New York Times*, March 3, 2020.

Birnbaum, Michael, "European Union Says that Pandemic Recession will be Worst in Its History," *The Washington Post*, May 6, 2020.

B.8 灾后恢复阶段的城市精准投资策略*

余全明**

摘　要： 基于美国智慧增长研究机构于2020年4月发布的《稳定突发事件和经济复苏建议》，本文探讨了未来城市为应对突发事件加快经济复苏的若干措施。突发事件为经济发展带来严重的负面影响，应采取措施维持社会稳定、增强发展活力、保持经济繁荣。报告从基础设施建设以及住房和社区发展两个方面提出了诸多建议，以尽快消除突发事件的不良影响，推动经济快速复苏。在分析美国该报告的基础上，本文提出了中国城市未来应对突发事件的建议。

关键词： 突发事件　经济复苏　基础设施投资　住房和社区发展

2020年4月，美国智慧增长（Smart Growth America，SGA）研究机构发布了《稳定突发事件和经济复苏建议》（Emergency Stabilization & Economic Recovery Recommendation）。报告指出新冠肺炎疫情蔓延导致经济崩溃，社会稳定受到影响，因此迫切需要具有针对性的投资来促进经济恢复。灾后城市经济恢复到原有水平不仅需要大量的投资，而且需要明确的投资方向，以保证城市经济快速恢复，维护社会稳定，保障城市健康运行、经济繁荣和富

---

* 本文主要基于美国智慧增长研究机构2020年4月发布的《稳定突发事件和经济复苏建议》开展介评，并就其对中国城市应对突发事件的借鉴意义予以研究分析，特此致谢。
** 余全明，上海社会科学院应用经济研究所博士研究生，主要研究方向：产业经济学。

有活力。依据自身特征和突发事件所造成的影响，城市可以从基础设施、住房和社区等方面进行投资，保护最脆弱的经济部门，提供大量就业机会，维护社会稳定，为经济长期恢复奠定基础。

一 基础设施投资

为促进社会稳定和经济复苏，城市灾后基础设施投资必须具有明确的方向。第一，应维持已有的投资，对现有城市区域进行投资。第二，优先投资已被现代化服务覆盖的城市区域，而不是新建下水道等基础设施。

（一）基础设施投资应集中在创造就业机会较多的项目

城市基础设施的维修和保养项目，既能够吸纳大量劳动力，又能创造更多的就业机会。基础设施维修相关工作岗位应向更广泛的劳动者开放，在设备方面减少投资，在劳动者收入方面增加支出，减少在计划制定与许可证获取环节上的时间投入。制定基础设施资金"修复"目标，保证道路、桥梁和交通系统恢复到良好状态，并尽可能多地创造就业机会。在修复基础设施时，必须把安全放在首位，如在修复道路和桥梁时，需要着重消除道路、桥梁及其周边的安全隐患。

（二）为运输机构提供援助，保障交通产业的就业

突发事件可能会造成公共交通系统运营压力增加，降低公共交通企业生存能力。例如，新冠肺炎疫情导致交通运输机构收入大幅减少，在清洁用品等方面的投入却大幅增加了，加剧了公共交通企业的生存压力。如果没有及时予以援助，公共交通系统将陷入瘫痪。因此，需提供维持交通运输机构运行的资金。首先，为运输机构提供有针对性的财政援助政策，确保运输机构能够持续提供安全可靠的服务。其次，将资源分配给最需要的运输机构，包括没有获得政府资助的运输机构。最后，采取保护措施，确保运输机构不会因收入减少而破产。公共交通系统涉及大量的制造业工作岗位。公共交通产

业链涉及轨道、座椅、窗户、通信设备、车轮等领域。许多工厂和公司直接与交通运输系统的制造、供应及现有系统的维护和升级有关联。由于运输维护方面可以创造大量就业机会,应大幅增加公共交通维护资金,加强维护工作,并适当增加工作岗位。

(三)加强铁路客运,制定公平交通计划,加快公共交通发展

为了确保客运铁路持续运营,应在已有基础上额外增加援助,以便应对危机;延长铁路基础设施和安全提升计划实施时间,并且每年提供大量资金[1],确保资金充足,增加就业机会;促进区域合作,发挥跨城项目的投资潜力;给予城际客运铁路合作项目优先权,推动城际客运铁路快速发展。

加快落实交通导向发展计划(Transit Oriented Development,TOD)的相关法案,提供政策指导和消除监管障碍,确保地方政府能够快速获得拨款,推动经济发展。要求城市规划组织和运输机构密切合作,制定公平的交通计划,确定需要全面投资的城市,振兴现有社区和经济走廊,提高住房和交通的承受能力,并为现有居民和企业创造平等的机会。对于已经制定公平的交通计划的城市,应增发新债券,支持交通计划的实施。

提供交通运输的资本投资拨款(Capital Investment Grant,CIG),支持地方社区扩大或建设新的公共交通系统项目。改革CIG,改善并加快项目进展,避免拖延情况出现。预防延迟的措施涉及项目的年度评估、每季度公开项目执行情况、CIG延误导致交通项目成本变动的年度报告、确定签署拨款协议的截止日期等。加快推进项目,增强解决交通拥堵问题的能力。

(四)实施社区改造项目,鼓励私人投资

启动社区复兴基金计划,支持地方政府加快经济发展,包括建造经济适用房和商业中心。部分城市存在基础设施建设滞后和公共资金短缺等问题,

---

[1] 美国每年提供20亿美元用于铁路基础设施和安全提升计划。

可实施下列计划来缓解资金方面的压力。

城市基础设施改造贷款项目。为较小规模的项目提供低息贷款、贷款担保或其他信贷。新开发项目创造的价值可以用来偿还贷款。该计划提供的资金仅用于修复现有基础设施，包括：①清理和移除受损的建筑物和障碍物；②改善和升级公共基础设施；③改善行车道、人行道和公园等相关设施；④其他基础设施重建活动。

社区改造援助计划。EPA通过技术援助与社区合作，帮助社区应对新情况，如应对气候变化和公共卫生等问题。以亚特兰大宜居社区计划为摹本，为全国社区提供规划和技术援助，加快制定改造计划，并为最佳计划提供资金。

棕地税收激励与补助。需要重新规划棕地，促进这些废弃或未充分利用的地产再开发，加快启动污染地域的清理工作。通过税收激励，为棕地开发项目提供资金，推动棕地计划的开展。发挥公共和私营部门重建投资的作用，增加棕地项目的就业机会和提高地方宜居性。

技术援助计划。为了吸引人才，各种规模的公司大多布局在交通便利、充满活力的社区。向城市有关部门提供资金，为小型社区、贫困和农村地区提供技术援助，增加就业机会和制定经济复苏战略。成立跨部门小组，加强对农村地区的技术援助，推动农村地区经济尽快恢复，注重经济的高质量发展。

（五）确保小社区和贫困社区获得政府援助

社区设施和住房援助方面地方政府应以最佳的长期效果为目标。简化申请程序，立法支持公平竞争，忽略城镇的规模和经济实力，确保政府援助资金流向更多的社区。为政府项目提供在线、标准化的申请渠道，确保对所有社区一视同仁。在申请过程中，应关注新项目与现有设施的邻近程度和便民程度。为综合环境战略项目拨款，提供社区技术援助，并为受突发事件影响的农村社区预留资金。发挥公共和私人投资的作用，最大限度地保护环境资源和改善经济发展条件。

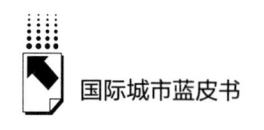

（六）投资完整街区，增加就业机会和提供基本服务

为了保持经济稳定，市民需要获得工作机会和基本服务。建设完整的街区[①]，确保人们能够安全、可靠、便捷地到达目的地。完整街区应考虑到所有市民、企业、机构的需求，促进地方经济和小企业蓬勃发展。成立特别基金，实施完整街区项目，并对交通部门等机构进行培训，建设安全和经济繁荣的街区。

（七）使宽带覆盖小型社区和贫困、农村地区

由于互联网服务的覆盖范围和质量问题，许多小型社区、农村或贫困地区难以实现远程医疗、远程工作等[②]。部分学校无法在停课的情况下运行远程教育项目。需提供更好的宽带联网途径，确保农村社区互联网畅通。增加对电缆和光缆等必要基础设施的投资，改善农村、山区、水域等地区的宽带连接情况。确保地方政府准确掌握农村地区宽带的实际连接状况，推进农村地区互联网项目。成立宽带联网办公室，负责制定宽带联网战略，改善贫困和偏远地区的互联网状况。

（八）清晰、透明、负责的公布恢复资金使用情况

在交通运输方面的投资主要是为了维护交通运转和创造就业机会。为了最大限度地发挥支出效应，交通运输部门应如实公布资金使用状况，并且评估是否将资金用于最有可能增加就业机会和确保行业稳定的项目。

二 扩大社区发展和住房选择

解决贫困问题的最好方法之一是为人们提供更多的出行选择。低收入家

[①] 完整街区：支持骑自行车、步行、自驾和乘坐公共交通工具的街区。
[②] 在北卡罗来纳州，互联网的下载速度标准为达到25M/s。

庭远离城市中心区域，并且随着通勤距离的增加，低收入家庭向上流动的机会就会下降。改善通行安全，投资公共交通和铁路客运，将为人们带来更多的发展机遇。随着生活成本上升，宜居社区的居民将逐渐搬离，降低中等收入家庭的负担。需制定措施推动社区繁荣发展，保护中低收入家庭的主要资产和财富。

（一）保护和扩大住房信贷计划

低收入住房税收抵免（The Low Income Housing Tax Credit，LIHTC）计划是政府支持建设和保护可负担租赁住房的主要方式。保留该计划，并提高抵免份额。实施最低4%的住房信贷利率，支持未来住房的建造。确定最低贷款利率，发挥住房在经济复苏中的关键作用。

（二）建立储蓄账户，减少住房障碍

建立个人抵押贷款和租赁储蓄账户，鼓励为首付或房租进行储蓄。住房账户要求个人税前缴款部分直接存入账户，储蓄首付款，并且这笔资金可以用于支付租金。这既减少了对租客施加的惩罚（没有获得税收减免），也解决了首付问题。制定中产阶级住房税收抵免政策，提高中产阶级在工作的社区附近购买住房的能力。不断上涨的房价，让许多家庭买不起房，并且没有任何中产阶级住房政策。这迫使许多家庭居住在偏远社区，通勤时间过长，从而增加家庭开支。

（三）建立税收抵免政策，振兴市中心和郊区

部分家庭储蓄不足，无法承担用于意外支出[①]。这部分人需要及时获得其他收入，以便适应不断变化的环境。制定租客税收抵免政策，平衡房东与租客之间的利益，满足低收入租客的住房需求。各城市依据实际情况制定针对租客的税收抵免政策，由房屋所有人和相关银行提出申请。租客税收抵免

---

① 美国部分人的储蓄不足400美元，无法承担用于意外支出。

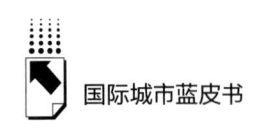

政策的实施，将使租金减少，提高租客可支配收入。实施重振住房、经济和商业复兴计划，以多种方式将社区改造成健康和充满活力的地方。集中恢复公共交通附近的现有资产，促进对市中心和小城镇的投资；将升级基础设施纳入项目，鼓励私营资本对公共基础设施进行投资；鼓励投资可步行社区的住房，增加住房供应，提高中产阶级住房负担能力。

（四）为住房和社区发展提供援助，增加公共卫生和社区韧性建设投资

为社区发展基金、LIHTC 和家庭投资伙伴计划等项目提供资金。首先，增加住房拨款，为租房提供援助，提供清洁、食品配送、租户拖欠款项有关的服务。增加拨款能够确保在突发事件发生时妥善安置收入减少的家庭。其次，为公共住房拨款，提供保障居民安全所需的资金；增加对庇护所和服务供应商的资助；安排突发事件拨款，为特殊人群提供隔离场所；增加用于传染病预防和应对的护理资金。最后，延长借款人支付利息的期限。例如，规定 90 天内而不是一次性全额支付抵押贷款。为低收入家庭减免财产税和支付水电费；提供住房咨询和止赎预防服务；为社区发展融资机构提供资金，同时暂停向该机构返还贷款；确保政府提供的福利直达员工；向小型企业管理局拨款，发挥小型企业对社区经济恢复的推动作用。主要街区和经济中心的功能恢复对经济复苏至关重要。为韧性社区提供援助，制定战略，振兴社区，使之成为充满活力的地方。通过技术援助，提供可靠的交通选择，重建经济中心。为合作伙伴提供资金，加强对各种规模的社区支持力度，保持其活力。

三 对中国城市应对突发事件的启示

突发事件影响经济发展和社会稳定。在事件发生时，要优先实施避免经济遭受重大损失的紧急措施，事件发生后需要实施保障经济快速恢复的措施。无论是事件发生时还是事件发生之后，都需要大量资金用于稳定经济。

但城市只有明智地使用资金，才能快速恢复经济，保持社会稳定。在突发事件之后，城市投资必须具有明确的方向，一是增加就业机会，维护社会稳定；二是保持甚至提高劳动者收入，尤其是低收入家庭的可支配收入。本文通过分析美国基础设施建设以及住房和社区发展方面的建议措施，得到如下启示。

（一）增加交通运输投资，保障交通运输畅通

突发事件发生时以及经济恢复期间，维护交通运输通畅对确保经济发展至关重要。保障交通运输通畅，可以确保物资快速流通，保障物资及时供应，避免部分社区出现物资短缺。更重要的是，保障交通运输通畅，能够提供大量的就业机会。通过大规模维护现有交通基础设施，能够大量增加就业岗位，缓解灾后就业压力。更新交通设施，在改善交通系统设备的同时，能够增加就业机会。对交通基础设施较为薄弱的城市进行投资，不仅能够完善城市交通系统，而且能够提供大量的工作岗位，提升中低收入家庭的可支配收入。

（二）维护现有基础设施，扩大关键服务设施覆盖范围

为保证社会稳定、经济持续平稳增长，须先确定投资的优先项目。确定优先项目可以有条不紊地推动灾后经济恢复工作的快速开展，加快经济复苏的步伐。在突发事件发生时以及经济恢复期间，优先投资关系到基本民生的关键设施，为居民提供基本服务，有利于维护社会稳定。应优先维护现有基础设施，对老旧设施进行更新换代，保障基础设施的可用性，并增加就业机会，提高居民收入，减小居民支出压力。对于中小城市而言，可以通过增加基础设施投资，大规模兴建基础设施，扩大关键服务设施覆盖范围。一方面可以增加就业机会，提高居民可支配收入，保障居民生活需求，维持基层社区的稳定；另一方面可以提前完成城市规划，提升城市活力，推动经济的快速发展。扩大社区医疗服务覆盖范围，实时监测社区居民健康状况，提供基本的医疗服务。

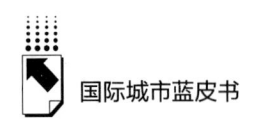

（三）制定税收抵免政策，多途径缓解中低收入家庭支出压力

由于经济发展受到影响，部分家庭的收入大幅减少甚至为零。因此，在突发事件发生时以及经济恢复期间，各城市需根据实际情况，一方面向中小企业提供税收抵免政策支持，降低中小企业生存压力，避免企业破产进而出现倒闭潮；另一方面制定租客房租减免政策，减轻中低收入家庭支出压力。制定政策，延长基本服务费的交付时间，包括电费和水费等。制定交通补贴政策，为中低收入家庭设置出行补贴次数和金额上限，降低中低收入家庭的交通出行成本。发放城市消费券，鼓励居民消费，为保障低收入家庭的日常生活提供补贴，在刺激消费的同时，减少中低收入家庭的开支，提高其可支配收入。

参考文献

Smart Growth America, "Emergency Stabilization & Economic Recovery Recommendation," www. smartgrowthamerica. org, April 2020.

Smart Growth America, "Core Values: Why American Companies are Moving Downtown," https://smartgrowthamerica. org/resources/core – values – why – american – companies – are – moving – downtown/, June 2015.

Raj Chetty and Nathaniel Hendren, "The Impacts of Neighborhoods on Intergenerational Mobility: Childhood Exposure Exects and County-Level Estimates," http://www. equality – of – opportunity. org/images/nbhds_ exec_ summary. pdf, Harvard University, April 2015.

American Public Transit Association, "Economic Impact of Public Transportation Investment," https://www. apta. com/research – technical – resources/research – reports/economic – impact – of – public – transportation – investment/, April 2020.

Transportation for America, "The Benefits of Transit Investments Reach Communities from Coast to Coast," https://t4america. org/wp – content/uploads/2017/10/Transit – Supply – Chain – Paper. pdf, 2018.

B.9
灾后恢复阶段的城市就业保障措施[*]

余全明[**]

摘　要： 受新冠肺炎疫情影响，城市发展中出现了收入不平等、就业不稳定和经济数字化等趋势。城市要促进经济恢复和持久发展、维护社会稳定，就必须稳定就业。城市可以通过重塑市场、强化公共服务韧性、改革就业保险制度和实施技能再培训计划等方式改善后疫情时代的就业情况。通过上述措施，一方面增加劳动力的就业机会，重塑劳动力市场，推动经济持久健康发展；另一方面维护劳动力权益，提升劳动力可支配收入，确保社会稳定。本文探讨了后疫情时代若干稳定就业的措施，以期为中国城市解决就业问题提供借鉴。

关键词： 就业　劳动力市场　城市

2020年6月，公共政策论坛发表《未来就是现在：在大流行后创造体面的工作》（The Future is Now: Creating Decent Work Post-Pandemic）。该研究得到加拿大商务委员会、德勤公司、梅特卡夫基金会等机构的资助。报告指出疫情全球蔓延，不仅影响了经济发展，而且各城市不得不面对收入不平等、就业不稳定和数字化基础设施落后等问题。疫情是"放大镜"，检验并

---

[*] 本文主要基于公共政策论坛发表的《未来就是现在：在大流行后创造体面的工作》开展介评，并就其对中国城市的参考和借鉴意义予以研究分析，特此致谢。

[**] 余全明，上海社会科学院应用经济研究所博士研究生，主要研究方向：产业经济学。

放大了经济发展中存在的漏洞。随着疫情一波又一波地卷土重来,城市周期性地重新开放和封闭,导致劳动力市场震荡,就业出现波动,影响社会稳定。稳定就业和保障居民收入将成为后疫情时代各城市政策的重心。政府可以通过制定新的公共政策框架、改善公共服务、改革就业保险制度和实施技能再培训计划来重塑劳动力市场,维护劳动力权益,加强劳动力市场韧性,确保经济持久健康发展。

一 重塑劳动力市场

制定法规和执行监管政策的成本要远远小于直接予以援助和补贴。因此,城市可以通过监管、干预、设置最低工资标准等方法来重新塑造市场。

(一)公共基础设施项目附带社区福利协定

公共基础设施项目是城市经济恢复计划的重要组成部分。在实施过程中,可以要求公共基础设施项目附带施行社区福利协定(Community Benefit Agreement, CBA),确保公共基础设施建设项目能够最大限度地惠及小型社区和贫困地区。CBA通过为边缘化社区提供技能培训和增加社会采购,加快社区恢复,进而推动经济发展。并且公共设施投资可以为边缘社区创造大量的就业机会,增加边缘社区的居民收入,解决城市收入不平等问题。

(二)提高最低工资标准

制定新的最低工资标准,最低工资水平应为工资水平中位数的60%~70%。更高水平的最低工资标准能够解决收入不平等问题,增加弱势群体收入,避免低收入群体陷入生计困境。

(三)严格限定独立承包商的法律定义

在后疫情时代,有公司将员工归为独立承包商,以弱化公司的法定义务和责任,这是将风险转移到员工身上。因此,须明确界定员工和独立承包商，维护员工的合法权益，完善法律法规。政府应确保不会出现错误分类或者歧义分类的情况，企业必须证明在公司工作的劳动者是员工还是独立承包商。

（四）放宽对工会的限制，探索私营企业集体代表制的替代办法

在企业日益集聚的情况下，工会致力于增强劳动者之间的联系，帮助劳动者在工资、福利、工作环境方面与企业洽谈，维护劳动者的合法权益。各级政府应系统性地审查劳工法，探索维护工人集体权益的最佳途径，包括审查工会化的法律障碍（如无记名投票认证选举和公示期）、支持第三方代理人、引入反报复保护措施等。

（五）制定明确目标，持续评估政策效果

为了保证经济恢复中的公平性，必须评估各项政策对边缘群体的影响（边缘群体受到经济衰退的影响最严重），并制定明确的目标和措施，持续评估政策的效果。

二 强化公共服务韧性

（一）加强数字基础设施建设

1. 应急响应资金计划

制定应急响应资金计划，为低收入群体提供援助，减轻低收入家庭的支出压力。相关部门应假定所有申请者均有资格获取援助，在事后进行审查和处理不符合规定的问题，而不是在资金发放之前评估申请者是否有资格获得援助。该计划一方面可以延缓因疫情引发的就业保险申请潮，降低公共服务系统压力，另一方面可以减少申请者的等待时间，加快资金拨付速度，避免申请者没有资金用于意外支出，增加低收入家庭的可支配收入，有利于维护社会稳定。

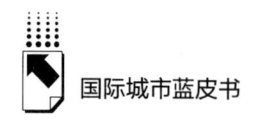

2. 投资现代技术基础设施

受疫情影响，现代数字基础设施和相关软件的重要性大幅提升，城市可以通过拓宽互联网应用范围，减小疫情带来的负面影响，推动经济快速复苏。增加区块链、云计算和人工智能等方面的投资，不仅可以确保更快、更高效地提供服务，还可以增强公共服务系统的韧性，缓解疫情带来的压力，避免公共服务系统崩溃，提升城市服务水平。各政府部门可以通过雇用具有数字技术背景的工作人员，加快城市公共服务向数字化转型，提升政府部门的数字化服务水平。

3. 满足居民的联网需求

快速部署5G技术，降低无线成本，确保农村、偏远地区或社区实现数字连接。发挥公共部门的作用，确保居民可以获得高速互联网服务，实现城市互联网全覆盖。

（二）完善公共系统服务方式

政府必须广泛采用数字化服务方式，确保以最低的成本获得最佳的结果。这些方法包括但不限于：①塑造有利于个人和社会的选择方式。例如，将养老金登记的默认值改为退出而不是选择加入，可以提高接受率。②扩大依据绩效确定资助的方法的适用范围。例如，基于再培训举措、刑事司法改革等领域取得的成果，按绩效拨款。③实施集成服务提交方法，避免不必要的重复。④将政策制定方法制度化，包括设计实验室和前瞻性模拟等方面，使其符合和贴近更广泛的情景。⑤与非营利、教育和私营部门等机构合作，保证政策顺利实施。⑥通过中央评估部门集中评估，确保关键政策优先事项得到正确执行。

三 推动就业制度现代化

城市需重新制定就业政策，并推动就业向现代化发展，以适应新的经济和社会现实。在后疫情时代，城市管理者必须重新考虑对失业者的援助政策，对劳动力开展再培训，缓解来自劳动力市场的压力，提高人们的技能，增加劳动者获得职位的机会，提高就业率，推动经济复苏和保障社会稳定。潜在政策创新的重点包括两个方面：技能培训生态系统和就业保险制度。

（一）技能培训生态系统

投资公共基础设施是刺激经济的最佳途径：修建桥梁、道路和公共交通项目，提供就业机会，建设急需的基础设施。疫情对服务业造成重大冲击。疫情下城市规划者面临一个问题："基础设施投资"能否帮助弱势群体重新站起来，在竞争更加激烈的劳动力市场上茁壮成长？提供相关的培训，对接数字化时代，提高劳动者技能。在后疫情时代，提供再培训项目，促使劳动力适应数字化的工作环境，满足部分产业（如物流、仓储、卫生保健）的数字化需求，实现企业和劳动者的共赢。技能提升和再培训成功的五个关键特征：①在数字平台与合作伙伴之间提供关键信息或数字服务；②高度关注成果，推动参与培训的劳动者从事高质量的工作；③建立评估框架，确定技能培训和再培训的效果；④适应具体情况和需求的灵活性；⑤与其他方案和干预措施相结合，形成有效集中稀缺资源的综合性方法。

案例：丹麦韧性安全计划和科罗拉多州的瑞士学徒模式

丹麦的国家就业制度，通常被称为"韧性保障"模式，将灵活性和安全性结合起来，采取高度结构化和综合性的办法，对居民进行再培训，鼓励其重新融入劳动力市场。该计划包括三大支柱：①灵活的劳动力市场监管体系，允许劳动力在企业间的高度流动（每年私营部门多达25%的丹麦人跳槽）；②为失业的丹麦人提供慷慨的收入支持系统（低收入工人最多可获得两年的福利，最高可替代90%的收入）；③劳动力市场政策大量投资的目的在于收入支持、再就业和技能提升。

丹麦的韧性安全计划向市政当局提供资金，主动与求职或寻找培训机会

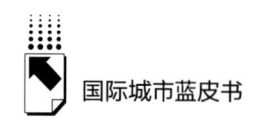

的劳动力接触，实施财务激励措施。针对25岁以下的人群，鼓励他们积极参加劳动力市场计划。该计划提供就业信息平台，向市政当局和求职者提供当前职位空缺信息。

2016年，科罗拉多州开始在全州开展学徒制培训，解决"中级技能"劳动力短缺问题。该州建立了一个以工作实践为基础的学习单元，协调政府在体验学习方面的工作，包括与现有的学徒计划合作，并与企业建立合作关系，制定新的培训计划。

科罗拉多州的职业生涯计划。与行业协会合作，识别职业领域（如先进制造业、酒店和金融服务业）中的关键需求技能。该计划已经为10种不同的培训计划创建了从高中开始的三年带薪实习模式。该计划在学徒期间向参与者支付30000美元，为学生提供长达一年的大学学分和行业认证。学徒制还旨在传授学生特定的技能，使其与企业的培训途径保持一致，并被企业集团确定为优先事项。

科罗拉多州的做法是以瑞士学徒制为蓝本。瑞士有70%的高中毕业生参加了学徒制计划，而学生大部分时间除了用于传统的课堂作业外还涉及体验学习。大约30%的瑞士公司参加了该国的学徒制计划。该计划为学生提供240种职业的国家资格认证，涉及传统行业、银行业和医疗保健业。

该系统是依据行业、政府和教育各个部门的反馈信息而开发的，并且最早可追溯到1930年代的职业培训立法和倡议。瑞士是世界上青年失业率最低的国家之一，2018年仅为7.9%，而且瑞士也是世界上总体失业率最低的国家之一。

（二）就业保险制度

应急响应资金计划的迅速推出，侧面反映了就业保险制度的不完善，要求城市管理部门加快改革就业保险制度的步伐。在对就业保险制度进行全面改革的同时，政府部门还需要兼顾其他制度改革，如工人福利制度、儿童福利制度、社会援助制度。除了对就业保险特殊福利（如产假、育儿假、领养假、病假）的改革外，城市必须促使常规失业救济现代化，加快救济资金拨付速度和增加救济准确性，提升低收入家庭的支出能力，包括：①全国采用统一的资格标准、福利期限和福利公式，保障劳动力可以获得技能培训；②将技能培训计划的资格与就业保险资格分开，并推动福利期限与技能培训计划挂钩；③扩大就业保险计划和临时失业援助计划覆盖范围，增加失业者获得补贴的机会。

就业保险资金主要是由劳动者和企业提供的。如果扩大就业保险范围，现有就业保险资金可能难以应对灾后出现的申请潮，政府部门需要为就业保险提供拨款，避免就业保险资金提前耗尽，确保所有失业者能够获得失业保险。对技能培训进行投资，确保技能培训和失业福利能够带来有意义、高质量的就业机会，提高失业者再就业率，维护社会稳定，推动经济快速恢复。

四 结论和建议

受疫情影响，城市面临的挑战是前所未有的。经济处于波动状态，大量劳动力被解雇或工作时间减少。经济何时恢复，存在巨大的不确定性。在这样的背景下，"保持船的前进方向很不容易"。灾后恢复方面的经验教训是，没有充分抓住灾后恢复期减少漏洞的机会，将导致城市未来更容易受到冲击。疫情既带来了挑战，也提供了机遇。城市可基于疫情对劳动力市场的检验，弥补现有就业体系中的漏洞和制定更具韧性的就业政策，保障劳动者合法权益，维护社会稳定，确保经济持续发展。本文通过分析后疫情时代的城市就业问题得到如下启示。

（一）明确政策目标，弥补就业体系的漏洞，加强劳动力市场韧性建设

疫情冲击了劳动力市场，也检验了劳动力市场的抗压能力。城市需依

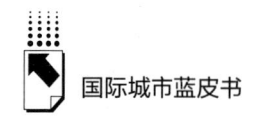

据发展规划，加快重塑劳动力市场。首先，明确政策目标，弥补现有就业体系的漏洞。严格执法，保障劳动者合法权益，防止企业将风险转嫁给员工，增加劳动者的负担，增加失业率。其次，为企业减轻税负压力，帮助企业渡过困难期，防止出现破产潮，避免低收入群体生活陷入困境。最后，推动就业政策现代化，提升劳动力就业水平，重塑劳动力市场，增强劳动力市场的韧性。

（二）加快数字化进程，推动公共服务系统数字化，强化公共服务系统的韧性

首先，城市要制定数字服务基础设施规划，扩大数字服务基础设施覆盖范围，优化数字服务的硬件环境。其次，加快公共服务系统数字化进程，提升公共服务数字系统的运行速度，提高服务效率，提升服务质量，避免软件系统的经常性崩溃。最后，与有关培训机构合作，定期对基层工作人员进行培训，提升基层员工的数字化服务水平。城市须逐步推进公共服务系统的数字化建设，推动公共服务系统现代化，增强公共服务系统的韧性，这有助于未来应对其他突发事件。

（三）加强技能再培训，推动再就业

疫情导致失业加剧，提升劳动力技能和重塑劳动力市场政策的重点是低收入群体和缺乏技能的劳动者，对技能培训机构进行补贴，确保培训能够覆盖低收入群体。同时城市还可以依据功能定位及发展规划，通过税收优惠和财政补贴等政策，引导技能培训机构的发展方向，鼓励劳动者参与技能培训项目，提高劳动者技能，推动就业结构转变。对劳动力进行有针对性的数字化技能培训，促使其适应数字化就业环境。依据培训效果，为培训企业提供税收减免或者补贴。在劳动力培训期间，为劳动力提供福利津贴，避免其陷入收入困境。

参考文献

Sunil Johal, Public Policy Forum, "The Future is Now: Creating Decent Work Post-Pandemic," https://ppforum.ca/publications/the-future-is-now-creating-decent-work-post-pandemic/, June 2020.

OECD, "In It Together: Why Less Inequality Benefits All," http://www.oecd.org/social/in-it-together-why-less-inequality-benefits-all-9789264235120-en.htm, May 2015.

The MowatCenter, "Race to the Top: Developing an Inclusive Growth Agenda for Canada," https://munkschool.utoronto.ca/mowatcentre/wpcontent, April 2018.

城市社会篇
Urban Society

B.10
全球医疗中心城市的评价体系与建设路径[*]

胡苏云[**]

摘　要：　医疗中心城市国际排名聚焦城市的整体医院生态系统，评估指标主要分为三大类：基础设施、服务质量和可获得性。排名显示，国际大都市往往也是医疗中心城市，东亚国家城市表现不俗，东京、首尔和新加坡都列前10位，中国的北京列第83名，其人均护士和人均精神卫生专业人员指标得分较低。中国需要提升医疗中心城市的人均指标和质量指标水平，完善国际化医疗服务和保险制度，增强公共卫生优势，注重医疗管理和卫生宣传方面的国际交流，公共卫生安全服务要对应实际管理服务人口，建设信息透明、服务安全的国

---

[*] 本文主要基于2019年英国数字医疗公司医贝（Medbelle）对全球医疗中心城市进行的排名及评估研究，并结合评估指标和中国城市排名情况，对中国医疗中心城市的发展提出针对性建议，特此感谢。

[**] 胡苏云，上海社会科学院城市与人口发展研究所研究员，主要研究方向：人口经济学、社会保障、医疗卫生改革和人口老龄化。

际医疗中心城市。

关键词： 医疗中心城市 国际大都市 公共卫生

2019年英国数字医疗初创公司医贝（Medbelle）[①]对全球医疗中心城市进行排名及评估研究，重点聚焦城市的整体医院生态系统，而不是单个机构，即不再只关注城市是否有一流的医院，而是更关注城市整体医疗体系是否能为公民提供便捷、高质量的医疗服务，以期由此得出的医疗中心城市排名能为国际城市树立新标杆，促进城市更好地发展医学教育，提高医疗服务可获得性，建设必要的医疗基础设施，实现城市居民更健康的未来[②]。

一 医疗中心城市国际排名指标构成

（一）医疗中心城市主要指标构成概述

医贝首先通过整理医院和医学院资料，形成全球顶级医院城市入围名单，然后将确定顶级医院的因素分为三类，即基础设施、服务质量和可获得性，其中对医学教育质量、医院病床数量、癌症存活率和护士人数等因素进行研究，并关注药费和精神健康专家的普及度等因素，最后基于这些数据，对每个城市的整体医院基础设施进行评分，确定全球排名前100位的医疗中心城市。

[①] 医贝（Medbelle）是第一家数字医院，致力于在确保每个人都可以享受到高质量体验的同时，为每个患者提供个性化护理，是英国评价最高的医疗保健提供商，业务范围从手术信息及咨询到手术、术后护理，以提升患者医疗保健体验。
[②] 2019 Hospital City Ranking, June 20 2020, https：//www.medbelle.com/best-hospital-cities-uk.

（二）基础设施

（1）人均医院病床：城市内人均医院床位数，如果没有城市数据，则使用区域或国家/地区级别的数据替代。

（2）人均护士：市内人均注册护士人数，如果没有城市数据，则使用区域或国家/地区级别的数据替代。

（3）人均外科医生：在城市（都会区）进行"普通外科手术"的外科医生人数。

（4）人均精神卫生专业人员：国家/地区一级人均精神卫生专业人员（心理学家、精神病医生等）数量。

（5）顶尖医科大学：城市拥有一流的医学院和学术医院。具体根据泰晤士高等教育2019年QS世界大学排名和Scimago 2019年机构排名（研究部分）等数据。

（6）顶级医院：一流医院数，具体根据美国《新闻周刊》全球最佳医院排名等数据。

（三）服务质量

（1）满意度：患者对所在城市医院的满意度。

（2）不良事件：因药物治疗引起的不良反应率，如伤害。

（3）癌症治疗效率：癌症治疗效率得分。通过调查影响人们的最常见疾病之一的治疗效率数据来反映总体医疗状况。

（四）可获得性

（1）服务可获得性：所有当地居民均可进入城市内的医院。获取分数的创建主要是根据"健康获取和质量（HAQ）"指数和经济学人智库"获得医疗保健的公平性"因子评分得出。

（2）药费：通过采购一篮子三种药物的成本来确定，这些药物均已列入世界卫生组织WHO的基本药物清单：可的松、阿司匹林和活性炭类药物。

（3）人均自费医疗保健支出：人均家庭自付医疗费和非强制性支出医疗费（以当地货币计）。

二 医疗中心城市国际排名情况分析

（一）医疗中心城市往往也是国际大都市

世界排名前10位的最佳医疗中心城市是日本东京、美国波士顿、英国伦敦、法国巴黎、韩国首尔、德国慕尼黑、澳大利亚墨尔本、荷兰阿姆斯特丹、瑞士巴塞尔、德国柏林。

日本东京总分为100.00，名列第一。东京在顶级医院评分中也取得了满分（100.00），东京大学医院、圣卢克国际医院和仓敷市中心医院代表了世界上最好的三所医院，而且，它们的服务质量均达到了满分100.00。东京在不良事件（99.78）和可获得性（94.62）方面的得分较高，但人均外科医生方面的得分相对不高，基础设施方面总得分为88.60，可获得性方面总得分为82.88[1]。

从排名可见，国际大都市很多都是医疗中心城市，东京、伦敦、巴黎分列第一、第三和第四。纽约虽然没进入前20位，但也列第29位。

（二）医疗中心城市单项指标国际排名情况分析

1. 基础设施

（1）人均医院病床指标前三位：德国海德堡（100.00）、韩国釜山（98.41）和日本福冈（95.18）。

（2）人均护士指标前三位：瑞士巴塞尔（100.00）、美国安阿伯

---

[1] Amy Baxter, "Tokyo is the Best Hospital City in the World," https：//www.healthexec.com/topics/quality/tokyo－best－hospital－city－world, 2019－10－17.

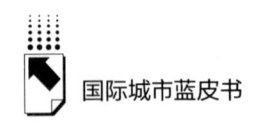

(67.76)和德国海德堡（66.94）。

（3）人均外科医生指标前三位：德国汉堡（100.00）、瑞士巴塞尔（96.95）和奥地利维也纳（87.25）。

（4）人均精神卫生专业人员指标前三位：美国里士满（100.00）、加拿大城市卡尔加里（95.96）和温哥华（95.96）。

（5）顶尖医科大学指标前三位：美国波士顿（100.00）、英国伦敦（88.10）和美国洛杉矶（83.77）。

（6）顶级医院指标前三位：日本东京（100.00）、新加坡（98.81）和美国波士顿（97.70）。

从人均医疗人力资源和硬件看，德国表现不俗，海德堡的人均医院病床指标和汉堡的人均外科医生指标排名前列。从顶尖医科大学指标看，美国的优势比较明显，有名列第三的顶级医院城市波士顿。日本和新加坡这两个亚洲大都市在顶级医院方面表现突出。

2. 服务质量

（1）满意度指标：韩国仁川（100.00）、美国巴尔的摩（93.99）和韩国釜山（90.01）。

（2）不良事件指标：瑞士、挪威和新加坡的得分最高，均为100.00。

（3）癌症治疗效率指标：日本东京（100.00）、美国波士顿（95.75）和美国丹佛（95.17）。

从服务质量看，韩国的医疗卫生服务质量民众满意度较高，仁川和釜山位列满意度指标前三。而不良事件方面，医疗制度公共福利性强的瑞士和挪威则表现突出。与治疗有关的癌症治疗效率指标排名和医疗城市总体排名高度一致，日本的东京和美国的波士顿名列前二。

3. 可获得性

（1）服务可获得性指标：挪威奥斯陆（100.00）、荷兰阿姆斯特丹（99.99）和瑞士巴塞尔（98.10）。

（2）药费指标：加拿大多伦多（100.00）、波兰克拉科夫（97.76）和中国北京（96.46）。

（3）人均自费医疗保健支出指标：中国北京（100.00）、捷克布拉格（97.98）和波兰克拉科夫（97.84）。

从服务可获得性看，公共福利性强的北欧国家包揽前三。药费指标则是加拿大多伦多和北京分列第一和第三。人均自费医疗保健支出指标北京、捷克布拉格和波兰克拉科夫位列前三，说明这些城市的公共医疗保障水平有限，更多的是依靠个人自付等方式获得医疗服务。

（三）东亚国家城市表现不俗

百强医疗中心城市主要分布在欧洲和北美地区，部分分布在亚洲和大洋洲地区。就区域来看，东亚地区有10个城市位列百强。除了日本东京名列第1，韩国首尔位居第5，新加坡位居第16。日本还有京都（第32名）、福冈（第34名）、大阪（第58名）位列前100，韩国还有釜山（第44名）、大邱（第57名）、仁川（第65名）位列前100。中国唯一列前100的城市是北京，位列第83名。

从单项排名看，基础设施指标下的顶级医院指标，日本东京（100.00）和新加坡（98.81）分别列第1位和第2位；人均医院病床指标韩国釜山（98.41）和日本福冈（95.18）分别位列第二和第三名。

服务质量指标下的满意度指标韩国仁川（100.00）和韩国釜山（90.01）分别列第1位和第3位，不良事件指标新加坡排名第1，癌症治疗效率指标日本东京（100.00）位列第1。

可获得性指标下，北京有两个指标名列前3：药费指标位列第3，人均自费医疗保健支出指标位列第1。从北京的相关指标看，人均护士指标（7.48）和人均精神卫生专业人员指标（4.42）得分较低。

三 中国医疗中心城市发展建议

从亚洲医疗中心城市看，日本东京、韩国首尔、新加坡都是当仁不让的领先者，尤其是日本东京，得益于日本总体医疗体系的优势和医疗保障体系

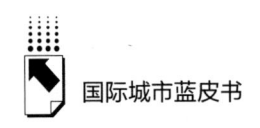

的完备（历来在各种医疗体系排名中稳居前茅），加上本土医疗健康产业的全面发展，东京名列第一经得起各种指标的考验；韩国首尔以及新加坡也表现良好。中国大城市需要努力提升人均指标、质量指标，以及国际医疗、卫生安全等指标。

（一）提升医疗中心城市的人均指标和质量指标

中国目前GDP超万亿元的城市有17个，广州在三甲医院方面表现较为突出。从三甲医院的总量看，排名前列的城市包括北京、广州、上海、武汉、成都、重庆等；以每十万人口占比看，三甲医院的平均拥有量排前列的依次为广州、南京、武汉、杭州、北京、成都、郑州、天津①，但城市的医疗国际化程度和发展水平还不高。

首先，要积极提升医疗服务的人均指标。

从北京在全球的排名看，人均护士指标和人均精神卫生专业人员指标得分分别只有7.48和4.42，护士和精神卫生专业人员短缺，是国内医疗资源配置中的普遍短板，有待大力提升。

其次，医学院发展要聚焦提质增能。

在2018年国际医学院前100名中，中国有两所学校进入名单，北京大学排第68名，上海交通大学排第71名，其他院校均未上榜。目前一些高校纷纷建立医学研究院，并将目标定位为医学院，以期提升高校总排名。但从医疗中心城市建设来看，我们更应注重提升医学院校质量，以顶尖医学院校为建设目标推进医疗中心城市升级。

（二）对应国际城市的功能，定位发展国际化医疗服务和保险

从可获得性看，中国城市的指标位列前茅，从北京的分项指标排名看，可获得性方面北京有两个指标名列前3：药费指标位列第3、人均自费医疗

---

① 李果、李燚：《17座万亿GDP城市公共卫生报告：北上广传染病救治能力居前》，http://news.southcn.com/21sjjjbd/content/2020-04/11/content_190728484.htm，2020年4月11日。

保健支出指标位列第1，说明中国基本社会医疗保险体系进一步完善，个人自费医疗和药费负担较轻（指标只考察3种药品的价格，有一定局限性）。

首先，要立足区域经济一体化，对高水平、高能级健康产业进行区域布局。

充分发挥中心城市的资源优势，促进临床前沿尖端技术服务、高端医疗服务、先进适宜技术服务等集聚发展，使医疗中心城市的腹地宽广、动力更持续。

其次，要满足全球人才尤其是外籍人士的医疗服务需求。

积极推进商业健康保险发展，尤其注重完善外籍人士商业医疗保险流程及政策，加快打通国内外医疗费用支付体系，实现商业医疗保险"国内购买、全球范围落地服务"。

（三）强化公共卫生优势，建设信息透明、服务安全的国际医疗中心城市

首先，要注重医疗管理和卫生宣传方面的国际交流。

医疗中心城市排名中，中国只有北京进入前100，这一方面说明除北京外的城市医疗知名度还不够高，相关评估指标有差距；另一方面说明中国各大城市医疗卫生方面的信息提供和宣传力度不够。因此中国大城市需要在未来发展中注意收集管理信息，注重信息发布；注重医疗管理、医学发展方面的交流，尤其是要重视医疗卫生城市管理层面的交流，提升城市医疗的知名度。

其次，公共卫生安全服务要对应实际管理服务人口。

目前，中国北上广城市的传染病救治能力居前。在公共卫生投入方面，北京是17个城市中公共卫生投入力度最大的城市；全国实力最强的传染病医院主要集中在北上广等一线城市，且上榜医院多为大学的附属医院。17个GDP超过万亿元的城市集中了全国9%的疾病预防控制中心，其中，重庆、北京和青岛所拥有的疾控中心最多，分别是41家、29家和26家。以代表疾控机构专业实力的卫生技术人员为例，上海人才配置力量最强，平均每家疾控中心拥有122名卫生技术人员，北京为105名，而其余15个城市每家

疾控中心所拥有的卫生技术人员均不足100人，如青岛更是不足30人[①]。

作为国际城市，北上广等城市有越来越多居住时间未满6个月就离开的人群，即国内外的商务出差、旅游等人口，新冠肺炎疫情使传染病的国际传播风险日益凸显，需扩大公共卫生服务人群，锚定的范围要拓宽。一方面，要进一步发挥科技的力量，尽快采取锁定和防治措施；另一方面，要加强国际沟通和合作，从源头把控。面对日益国际化的人员流动，中国大城市的公共卫生优势有待提升。

附表

医疗中心城市国际排名前100位

排名	城市	排名	城市	排名	城市	排名	城市	排名	城市
1	Tokyo	21	Manchester	41	Brussels	61	Hanover	81	Leicester
2	Boston	22	Copenhagen	42	Marseille	62	Milan	82	Vienna
3	London	23	Oxford	43	Cologne	63	Seattle	83	Beijing
4	Paris	24	Zurich	44	Busan	64	Belfast	84	Canberra
5	Seoul	25	Barcelona	45	Bern	65	Incheon	85	Freiburg
6	Munich	26	Los Angeles	46	Chicago	66	Nice	86	Madison
7	Melbourne	27	Perth	47	Leeds	67	Sheffield	87	Milwaukee
8	Amsterdam	28	Adelaide	48	Lausanne	68	Cleveland	88	Rome
9	Basel	29	New York	49	San Francisco	69	Madrid	89	Jerusalem
10	Berlin	30	Frankfurt am Main	50	Nuremberg	70	Gothenburg	90	Haifa
11	Sydney	31	Vancouver	51	Winnipeg	71	Denver	91	Bristol
12	Stockholm	32	Kyoto	52	Bonn	72	Nottingham	92	Rochester
13	Brisbane	33	Dresden	53	Geneva	73	Victoria	93	Richmond
14	Hamburg	34	Fukuoka	54	Southampton	74	Dallas	94	Oklahoma City
15	Toronto	35	Calgary	55	Ann Arbor	75	Minneapolis	95	Lisbon
16	Singapore	36	Lille	56	San Jose	76	Dublin	96	Tel Aviv
17	Oslo	37	Birmingham	57	Daejeon	77	Glasgow	97	Ramat Gan
18	Montreal	38	Baltimore	58	Osaka	78	Cincinnati	98	Krakow
19	Cambridge	39	Bordeaux	59	Houston	79	Indianapolis	99	Prague
20	Heidelberg	40	Newcastle Upon Tyne	60	Leipzig	80	Edinburgh	100	Dubai

① 李果、李燚：《17座万亿GDP城市公共卫生报告：北上广传染病救治能力居前》，http://news.southcn.com/21sjjjbd/content/2020-04/11/content_190728484.htm，2020年4月11日。

参考文献

2019 Hospital City Ranking，https：//www.medbelle.com/best-hospital-cities-uk，2020.

Amy Baxter，"Tokyo is the Best Hospital City in the World，"https：//www.healthexec.com/topics/quality/tokyo-best-hospital-city-world，2019-10-17.

上海市人民政府：《上海市人民政府关于推进本市健康服务业高质量发展加快建设一流医学中心城市的若干意见》，http：//www.shanghai.gov.cn/nw42843/20200823/0001-42843_56500.html，2018年7月25日。

李果、李燚：《17座万亿GDP城市公共卫生报告：北上广传染病救治能力居前》，http：//news.southcn.com/21sjjjbd/content/2020-04/11/content_190728484.htm，2020年4月11日。

王烨捷：《上海公共卫生适宜程度全球第三、全国第一》，http：//news.cyol.com/app/2019-10/20/content_18202421.htm，2019年10月20日。

B.11
纽约建立长者服务生态系统应对老龄化的策略启示[*]

余全明[**]

摘　要： 本文基于城市未来中心于2020年1月发布的《机遇时代：政策建议》，探讨了未来城市应对人口老龄化的措施。该报告系统分析了纽约未来应对人口老龄化的策略，指出应从城市设施和城市服务等方面为长者提供友好的环境和贴心的服务，以及为了提高长者的生活质量，政府、企业、家庭以及长者自身应注意的事项和采取的措施，确保长者服务生态系统的完善。在分析该报告的基础上，本文提出了中国城市未来应对人口老龄化的建议。

关键词： 纽约　人口老龄化　健康生活

人口老龄化是许多城市不得不面对的挑战。未来纽约老龄人口将大幅增加，但其城市基础设施和服务并不能完全满足长者需求，长者的生活面临诸多挑战。纽约将从城市设施、城市服务、长者身心健康等方面关注未来长者的生活，提供优质服务，满足长者需求。纽约围绕住房、交通、设施可达性、医护、财产安全等采取措施，构建完善的长者服务生态系统，保证长者能够获得妥善的照顾，提高长者生活的舒适性。

---

[*] 本文主要基于城市未来中心发布的《机遇时代：政策建议》开展介评，并就其对中国城市应对人口老龄化的借鉴意义予以分析，特此致谢。

[**] 余全明，上海社会科学院应用经济研究所博士研究生，主要研究方向：产业经济学。

一 城市设施建设

（一）增加住房供给

制订长者住房计划，建设新型住房，满足长者的住房需求，扩大长者可负担的住房供给。制订共享住房计划，加强纽约市长者基金会与长者服务部门（Department for the Aging, DFTA）的合作，推进共享住房计划。共享住房计划要求房客支付低租金，但需为长者房东提供购物等服务。实施地下室试点计划，为中低收入房主提供低息或无息贷款，将其地下室改建为出租房。

提前申请公租房。由于等待时间较长，应该允许长者从50岁开始申请公租房，保证长者在遭遇住房危机之前申请到公租房。为无家可归的长者提供专业服务。加强住房与发展部和金融部门的合作，依据住房数据设置预警程序，识别无家可归的长者及其家庭，及时为这些家庭提供住房服务。首先，通过财政拨款为无家可归的长者提供援助；其次，应确保行动不便的长者可以进入政府支持的庇护所；最后，通过住房基金为孤寡长者提供必要的服务。

完善自然退休社区（Naturally Occurring Retirement Community, NORC），帮助长者安度晚年。增加投入和扩大覆盖范围，为长者高度集中的社区提供专业的医疗和社区服务。就长者免房租（Senior Citizen Rent Increase Exemption, SCRIE）福利开展宣传活动。在长者服务中心、图书馆、公交站、医院等场所宣传SCRIE，方便长者了解SCRIE相关信息。

增加DFTA维修计划的资金，为长者提供上门维修服务，并且为其住宅安装适当的配套设施。改善住宅配套设施，安装坡道和新式电梯，增强住房的可达性；针对开发项目与服务供应商协调，避免长者住房的电力、天然气、水和其他关键服务中断；建立透明的工作流程，为老年居民公寓确定固定的维修日期；提供维护资金，针对老年居民的公寓安排例行的非结构性维修。

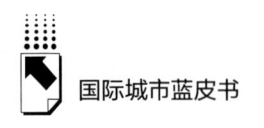

（二）设施可达性

审查所有政府建筑物的可达性，并制订升级计划，确保政府建筑物的可达性。对全市公共场所的建筑物和设施进行审核，包括公立医院、急诊室、娱乐中心、游泳池、法院、公共服务等候区等。推动城市长者服务中心现代化，吸引长者参与活动，使活动中心成为具有吸引力且舒适的场所。

政府在进行交通规划和投资时，须兼顾长者的出行需求，确保公共交通系统的可达性。完善公共交通系统，加快改善公交服务的进程。将自行车列入城市共享自行车规划，弥补地铁和公交服务"最后一英里"的空白。将电梯运行和地铁站运营相关信息与手机应用程序连接，让乘客能够准确获得公共交通的实时信息，以便实现在城市中的畅通出行。改善地铁站照明和清洁系统，提高电梯运行效率，方便长者出行，增强地铁出行对长者的吸引力。

二 优化城市服务

（一）增加长者护理服务

加大对家庭护理相关项目的投资。家庭护理员的缺乏，导致需照顾长者的家庭数量激增，这给家庭带来了巨大的经济压力。一方面，为长者居家服务（Expanded In-Home Services for the Elderly Program，EISEP）提供资金，并扩大覆盖范围。为 EISEP 大幅度增加资金，为收入水平低于标准的孤寡长者支付全部家庭护理费用。另一方面，对护理员进行培训。家庭护理员的短缺，导致纽约长者的健康、安全等相关问题日益严峻。加大对护理机构的投资，实施新的职业阶梯计划，提升护理员的技能水平和服务质量，并通过增加工资的方式提升护理岗位的吸引力。

（二）扩大长者医疗保健服务范围

鼓励护理机构与社区服务组织合作，为长者提供服务。州卫生部和老年事务办公室（The State Department of Health and Office for the Aging，SOFA）应制定标准和流程，与社区服务机构共享患者相关医疗信息。管理医院出院计划的工作人员须向护理中心和有关社区服务机构提供出院患者的餐饮注意事项和建议等信息。

为没有医疗补助的居民建立安全网。为收入不超过贫困线 200% 的长者报销医疗费用。为成人保护服务（Adult Protective Services，APS）成员构建全方位服务系统。DFTA 和人力资源管理局成立联合应对小组，为处于危机的长者提供服务，重点关注 APS 成员的心理健康，并且将心理治疗覆盖范围扩大到居家和孤寡长者。

（三）制订志愿者计划

鼓励长者通过志愿服务助力城市和社区发展。大多数长者具有丰富的专业知识，能够为城市中小学生、大学生、企业家及城市机构等提供专业的知识服务。应建立长者志愿者中心，为长者提供志愿服务平台。

（四）改善长者健康数据系统

为 DFTA 等相关机构建立共同的指标体系。根据指标测评结果为老年服务供应商提供补贴，并将补贴提供依据从服务数量转向服务质量，提高 DFTA 和长者服务机构的投资水平。简化数据统计报告，与服务商共享数据。允许供应商输入单一形式的数据，避免数据重复输入，减轻工作人员的负担。DFTA 与供应商共享信息，确保供应商准确了解长者的健康状况。

三 关注长者身心健康

（一）避免长者出现社会孤立感

扩大社区访问项目，缓解长者的社会孤立感。DFTA 应在全市范围内推

行社区访问项目。与城市大学合作，鼓励学生开展社区访问，避免长者产生孤独感。将线上技术引入老年服务，通过线上交流方式缓解长者的社会孤立感。借助数字通信技术消除长者面临的数字鸿沟，消除行动不便的长者社会隔离感。为政府工作人员举办有关长者服务的讲习班。DFTA 和 NYSOFA 应与专业的培训机构合作，对负责长者服务的一线政府工作人员进行培训，以更加贴心的方式为长者提供服务。

图书馆是长者可以随意闲逛且无须花钱的地方之一。图书馆能够提供阅读和社交的自由空间，对长者具有很大吸引力。为图书馆提供资金，增强图书馆为纽约长者提供服务的力度。建造和维护长者游乐场，制定满足长者娱乐需求的规划，为长者提供社交平台和社交机会。实施餐饮俱乐部计划，支持长者的社交活动，为长者提供新的社交途径，防止其出现孤独感，并尽可能保持长者身心健康。探索志愿者近邻服务模式，识别有需要的长者，为其提供就医和购物服务，消除长者的社会孤立感。

（二）保障长者财产安全

首先，制订技能提升计划，鼓励长者继续工作，鼓励长者留在劳动力市场。为长者提供兼职工作，提高长者就业率，增加长者收入。扩大年龄歧视相关调查的范围，识别年龄歧视事件，关注对年龄歧视问题的调查。其次，制订"再创业"计划，鼓励长者"再创业"，并为长者提供策划、资助和启动商业构想的服务，建立老年企业家孵化器，为老年企业家运营企业提供帮助。这样不仅可以促进纽约的经济发展，还可以促使长者在经济方面更具灵活性。最后，大多数长者不具备规划未来支出的丰富的专业知识，只能依靠自己的积蓄。因此需要创建长者理财机构，帮助长者理财。为 40 岁的纽约人制定退休后的财务规划服务，让其有足够的时间对退休计划进行调整。

（三）保证长者营养均衡

对于低收入长者而言在保证支付房租和医疗费用外，通常无法保证营养均衡的支出。因此，对于许多长者来说，长者服务中心的午餐是最可靠的营养来源。大多数长者服务中心不提供晚餐和周末餐，许多长者被迫选择不健康的食物，这会使糖尿病和高血压等慢性病患者健康状况恶化。应增加对长者饮食的补贴，要求长者服务中心供应晚餐和周末餐，并为低收入长者提供晚餐和周末餐补贴。同时与其他社区组织合作，为长者提供更合理的餐饮服务。考虑到文化的差异，DFTA 应加大补贴力度，扩大覆盖范围，增加对特定文化饮食计划的资助。

扩大生鲜直达的配送范围，为长者提供服务。生鲜直达服务对行动不便的长者而言至关重要。实施生鲜直达计划，有助于改善长者健康饮食问题。积极实施社区之家健康饮食计划，与当地的绿色市场和社区服务机构合作，兼顾长者的膳食需求，为长者提供新鲜健康的菜品。

（四）避免长者受虐事件出现

随着老龄人口的增长，虐待长者的事件逐渐增多，包括骗取长者财物、伤害或利用长者的事件。政府相关部门应加大力度，跟踪、调查和起诉针对长者的诈骗行为，打击针对长者的犯罪活动。支持、扩大和评估针对长者的保护计划，为不同文化背景的长者提供服务。扩大"共同为长者提供选择"计划的覆盖范围，为受虐待长者提供服务。在社区、长者服务中心、图书馆、教堂等场所对长者开展宣讲活动，向长者宣传虐待或欺诈等相关信息，提高长者的自我保护意识。在全市所有急诊部门制订预警计划，对医疗专业人员进行培训，将检测时发现的虐待长者的现象报至相关部门，协助其调查立案。

四　对中国城市应对人口老龄化的启示

（一）加快城市建筑和服务设施建设，兼顾长者需求，便于长者出行

设立专项资金，对城市建筑物和服务设施进行改造，使其更好地满足长

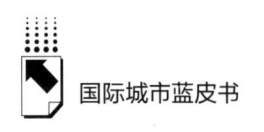

者需求，确保长者能够顺利使用公共设施。重新规划交通系统，对道路进行优化，增强交通系统的可达性，包括路牌和地面设施，方便长者出行。优化公共交通设施，兼顾长者实际需要，以便行动不便的长者乘坐公交车和地铁出行。对老旧居民楼进行改造升级，加装辅助设施，保障行动不便的长者的便利出行。

（二）建立数据库，与社区共享数据，并建立"后服务追踪"制度

建立数据库，统计各社区长者相关信息，标明需重点关注的长者和注意事项，并提供专业或者一对一服务，提高服务精准度。建立社区医院和专业医院的对接程序，专业医院应给出长者日常生活的注意事项，确保长者出院后仍能得到合理的照顾，而社区医院则应定期检查长者身体状况，以便专业医院能准确地了解长者身体状况。建立"后服务追踪"制度，持续跟进离开医院或者长者服务中心的长者情况，确保长者居家时身体状况仍保持良好。开展"关爱长者"进社区活动，在社区定期举行医疗宣传活动，宣传日常预防疾病知识以及日常生活中的注意事项、急救措施。为长者提供精准服务，关注长者接受护理服务的质量和数量，避免出现部分长者不能获得合理的服务的情况。

（三）注重长者身体健康，关注长者心理健康

注意长者的日常饮食健康，结合长者身体健康状况，制作合适的食谱，合理安排长者饮食。提供适合长者的运动课程，鼓励长者适当参与运动，保证长者身体健康。开设适合长者的娱乐场所，鼓励长者积极参与社交，丰富长者日常活动，避免其出现孤独感。举办适合长者同家人一起参与的活动，增进长者同家人的交流和亲密度，提升长者幸福感。社区定期举行防诈骗宣传活动，提醒长者日常注意事项，避免其上当受骗。对遭遇诈骗的长者定期进行心理疏导，避免其出现心理问题，影响心理健康。实行志愿者家访计划，志愿者定期上门家访，了解长者生活状况，缓解长者的孤独感。

（四）优化养老服务，提升服务水平

优化养老服务，提高专业服务人员的业务素质。首先，扩大养老产业从业人员队伍，提升养老服务人员的专业水平。加强对各类社会养老机构的监管，实行职业资格认证制度，要求从业人员持证上岗。要求家庭护理人员必须经过培训，将照顾和护理长者的相关知识纳入培训内容，并对其进行考核。其次，政府对养老机构和培训机构提供财政补贴或者税收优惠政策，吸引更多企业加入养老产业，提升专业培训水平，推进养老产业发展。最后，对政府基层工作人员进行培训，要求其在与长者接触过程中，加强服务长者意识，提供更加合适且专业的服务，并且针对行动不便的长者，提供上门服务。

参考文献

Center for an Urban Future, "Age of Opportunity: Policy Recommendations," https：//www. nycfuture. org, January 2020.

Arup, "Cites Alive Designing for Ageing Communties," https：//www. arup. com/perspectives/publications/research/section/cities-alive-designing-for-ageing-communities, June 2019.

The United Nations, "World Population Ageing 2019," https：//www. un. org/development/desa/pd/sites/www. un. org. development. desa. pd/files/files/documents/2020/Jan/un_2019_worldpopulationageing_report. pdf, 2020.

B.12
利用建成环境促进健康公平：
针对中小城市的有效干预措施[*]

程 鹏 商萌萌[**]

摘 要： 美国城市研究所发布的《利用建成环境促进健康公平：针对中小城市的有效干预措施》聚焦美国中小城市的健康公平问题，总结了通过建成环境促进健康公平的有效干预措施。本文基于该研究报告重点介绍了六大与健康相关的建成环境领域、十项可能会影响健康和健康公平的干预措施，以及美国中小城市建成环境促进健康公平的实践经验，提出了针对中国健康城市发展的启示：贯彻健康城市发展理念，强化城市规划、建设和管理的健康影响评估，营造以健康为导向的城市建成环境和关注弱势群体的健康公平。

关键词： 建成环境 健康公平干预措施 中小城市

2020年7月，在新冠肺炎疫情全球蔓延的背景下，位于华盛顿的城市研究所（Urban Institute）发布了《利用建成环境促进健康公平：针对中小城市的有效干预措施》。该报告指出，建成环境由人们生活和工作的所有物

---

[*] 本文基于美国城市研究所《利用建成环境促进健康公平：针对中小城市的有效干预措施》研究报告开展介评，并就其对中国城市的借鉴意义予以研究分析，特此感谢。
[**] 程鹏，博士，上海社会科学院城市与人口发展研究所助理研究员，主要研究方向：城市开发与规划控制、公平城市与城市治理；商萌萌，同济大学建筑与城市规划学院硕士研究生，主要研究方向：城市规划。

理部分构成,是影响健康的社会决定因素之一,包括房屋、工作场所、街道、社区、基础设施、公园和步道等。健康公平意味着"每个人都有公平公正的机会尽可能保持健康"。为了实现健康公平,社区必须提供不同群体获得健康促进系统和资源(如住房、交通、工作、公园和娱乐设施、食品、医疗保健等)的途径,并保障其质量和安全性。该报告将研究对象锁定为人口规模少于25万的中小城市,采用文献综述、专家认定以及人员访谈的方法,探讨为促进健康和健康公平可以采取的改善建成环境的相关措施,具体可以分为三个部分:一是提出六大与健康相关的建成环境领域;二是基于六大领域筛选了十项可能会影响健康和健康公平的干预措施;三是总结了中小城市建成环境促进健康公平的实践经验。

一 与健康相关的六大建成环境领域

绝大多数的研究表明,建成环境会影响居民健康,并拉大居民健康差距。影响建成环境最常见的监管途径包括环境法规、区划法规/土地使用规划、建筑和住房法规、税收、消费能力等。公共卫生研究人员和从业人员现在越来越多地参与人工物理空间和设施(如建筑物、公园和基础设施)的设计、建设和使用,并完善相关的公共政策。报告通过检索公共卫生、城市规划和公共政策领域的相关文献,结合卫生健康、环保基础设施、城市规划、土地使用、市政法规和地方政策制定方面的专家建议,确定了六个与健康相关的建成环境领域,涵盖公共政策和相关实践。

(一)安全、健康和负担得起的住房

许多研究表明,各地社区的住房质量与居民健康之间存在联系,主要体现为房屋的安全性、区位和可负担能力等。房屋安全性方面,如含铅油漆引起呼吸道疾病、空间拥挤加剧传染病、无家可归带来焦虑和抑郁。房屋区位方面,靠近杂货店、工作地、公园和交通设施,可以增进健康;而靠近犯罪现场、洪泛区、排污的工厂,可能有损健康。房屋的可负担能力方面,无法

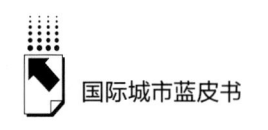

每月支付租金会迫使家庭拥有较高的居住流动性,进一步影响儿童健康保险覆盖率、医疗卫生设施的使用以及居民心理健康等。

通常住房的建成环境干预措施包括:建造无障碍的优质住房,避免环境污染;靠近公园、杂货店和公共交通设施等促进健康的空间和便利设施;确保可负担能力并修复不安全的房屋,以减少疾病和伤害。联邦、州和地方各级组织都在不断开展住房领域的工作。美国住房和城市发展部(HUD)管理着复杂的联邦住房计划、拨款和法规体系;在州一级,政府将联邦资金分配到各地以支撑其实施住房计划;县和市住房部门负责州和联邦的资金分配和监督工作,并制订当地的住房计划。此外,地方政府还制定有关建筑、居住和土地使用的法规。

(二)积极的活动空间和设施

为居民创造可以放松、安全地进行日常体育锻炼的环境是促进健康的有效方法。修建和改善步道、人行道和自行车道等基础设施,以及公园和娱乐中心,可以扩大社区的步行区,并促进居民增加体育活动,这既属于休闲活动,又属于交通方式。但在社区中高质量公园的分布是极不均衡的,社区一般无法平等地获得促进健康生活的公共环境,如贫困社区难以获得进行安全体育活动的空间,小型城市的人口更有可能远离绿色空间。同时,除了建成环境和便利设施的可及性问题,还涉及不同人群对不同设施的需求差异问题。

政府可以通过相关的规划、计划等影响居民可使用的生活设施和基础设施,如公园管理局通过实施管理"国家娱乐步道"计划。在地方政府中,各部门也有相关举措可以影响建成环境的活力,如规划部门可以制定道路、行人和自行车总体规划;运输部门可以提升公共交通的可达性和效率,促进步道建设并使其发挥作用;公共卫生部门可以通过规划来促进生活基础设施建设和交通选择。

(三)区域和地方基础设施

公共基础设施是提供水、能源、交通和互联网等服务的物理系统。国家和地方经济、整体居民生活质量以及社区的短期和长期环境质量（清洁的空气、水和土地）都得益于有效的基础设施支撑。基础设施建设滞后影响公共卫生和健康公平，尤其是对贫困社区的影响更大。

每个基础设施领域都有相关法规，并有相应的联邦、州和地方政府的主管部门。联邦、州和地方政府在这些不同系统的设计、开发、融资和维护中扮演着各种角色并担当责任，这也导致相关基础设施政策、计划和项目的制定与实施呈现分散化和专业化特点。其中，基于复杂的政府网络体系运作，地方政府在建立和维护这些系统中扮演着至关重要的角色。

（四）粮食安全、健康和营养

建成环境在几个关键领域与营养和食品政策有关，主要涉及影响居民获取营养食品的能力。一些城市和社区拥有更多的杂货店和农贸市场，则能确保健康食品供给充足；有些地方有更多的小卖部和快餐店，但售卖新鲜食品的地方相对较少。研究表明，低收入社区和农村社区的杂货店相对缺乏，社区的食品店也缺少健康食品的供应；与郊区相比，城市中心地区或小型城市的人口分布在超级市场、购物中心和杂货店半英里以外的范围比例更高。此外，作为机构购买者，学校、医院和监狱等在何处以及如何购买食物会影响当地农业供应基础设施与所服务人群的健康和营养。

与建成环境有关的大多数食品政策都是由地方政府制定的。非营利组织在粮食安全、卫生和营养领域也发挥着重要作用。地方经济发展和规划部门决定在哪里建立新的杂货店和街角商店；地方的非营利组织管理农贸市场，向有需求的家庭分发食物，帮助建立和运营社区花园，并倡导通过便利店、自动售货机和街角商店提供健康食品。

（五）闲置土地复垦和城市绿化

各种类型城市都存在一定程度的物业和用地空置现象，在许多老工业城市，撤资的累积影响（如人口流失、资产减少、犯罪等）导致房屋空置

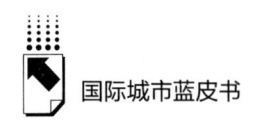

和废弃，引发公共卫生问题。空置物业是影响邻里问题的主要因素，使该地区居民的健康和安全受到威胁，表现为在具有持续枯萎特征的社区营造了一种社会和心理混乱的氛围，引发犯罪和暴力活动，影响社区的自我组织和修复能力。

为应对由废弃建筑物和用地造成的物理空间恶化以及相关的社会经济、公共安全和健康危害，会有各种各样的干预措施，较常见的是拆除空置房屋和废弃建筑物，然后通过城市绿化处理这些空置土地来改善建成环境。城市绿化通常包括公园、步道和开放空间、社区园艺、绿色基础设施等，每种类型都涉及一系列政策措施和处理方法。尽管地方政府的许多城市绿化干预措施起着至关重要的作用，但限于中小城市的财力和人员配备，地方非营利组织和社区组织往往起到重要的作用。

（六）邻里和社区设计

邻里和社区设计通过塑造建成环境在多个方面影响居民健康和健康公平，包括：获得社区资源的机会，如工作场所、企业、商店、饭店、娱乐场所、社区中心以及其他社会和商业基础设施；自然活动和出行选择，如自行车道、人行道、公园和开放空间、良好的公共交通；安全感，如低频度的汽车通行、良好的街道照明和预防犯罪的基础设施；邻里的吸引力，包括绿树成荫的街道等环境品质。

地方政府可以使用区划法规以及规划标准和指南来影响促进健康的核心要素，如土地使用、建筑物布置、密度、建筑和景观设计、停车和街道维护等。通过这些要素，邻里和社区设计会影响居民的体育锻炼、幸福感和心理健康。当前，许多讨论都围绕着城市设计展开，尤其是新城市主义作为一种规划和城市设计运动兴起，强调以步行和公交为导向的邻里设计以及土地混合使用，塑造安全、舒适、便捷的街道等。为使邻里和社区设计促进健康公平惠及所有人群，应推动多元参与者共同协作设计"健康场所"，推进社区主导的行动和基于场所的策略实施，以增进居民的健康和福祉，并形成持久的健康文化。

二 促进健康和健康公平的十项干预措施

围绕与健康相关的六大建成环境领域，可以通过十项干预措施改变社区建成环境，促进中小城市健康和健康公平。这些措施涉及三个方面的因素：一是干预措施是否有较强或一般性的证据表明其与一项或多项健康结果相关；二是干预措施使用的普遍性及其可复制性；三是干预措施促进健康公平的潜力。从类型上看，这些干预措施总体上可以划分为五种常见的干预类型，即政策（Policy）、规划（Plan）、计划（Program）、实践（Practice）和项目（Project），称为"5Ps——地方政策生态系统"。各级政府、社区和合作机构可以结合使用五种干预类型的一项或多项来改善建成环境，实现健康和健康公平。

表1 建成环境的六大领域、十项干预措施与"5Ps"关系

六大领域	十项干预措施	"5Ps"干预类型
安全、健康和负担得起的住房	以健康为中心的战略法规执行和主动租赁检查	Practice（实践） Policy（政策）
	房屋修复贷款	Program（计划）
	住房信托基金	Policy（政策）
积极的活动空间和设施	公平资助的步道和道路	Project（项目） Practice（实践）
区域和地方基础设施	取代所有公共和私人的含铅水利基础设施	Plan（规划） Program（计划）
粮食安全、健康和营养	农贸市场和摆放健康食品的街角商店	Program（计划）
闲置土地复垦和城市绿化	闲置地块清理和绿化	Program（计划） Practice（实践）
	协调绿色基础设施与城市林业	Plan（规划） Program（计划）
邻里和社区设计	完整的街道设计导则	Practice（实践） Policy（政策）
	健康和公平的综合区划法规改革	Policy（政策）

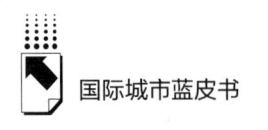

（一）以健康为中心的战略法规执行和主动租赁检查

帮助修缮不安全的住房，一是基于关注健康的战略实施框架，识别违反住房法规的行为，尤其是影响居民安全和长期健康的违规行为；二是定期检查物业，确保出租房屋的安全性。

（二）房屋修复贷款

提供房屋修复贷款使家庭能够进行房屋修缮，从而获得健康益处：儿童的血铅水平降低，哮喘发作减少；与呼吸有关的疾病、跌倒受伤的机会减少；社区犯罪率降低，体育活动增加。

（三）住房信托基金

为有一定资金能力的住房开发商提供融资或开发补贴；帮助低收入购房者获得首付支持；提供紧急租金，为有迁居风险的家庭提供援助。

（四）公平资助的步道和道路

完善的步道系统可以将居民与就业机会、企业、社区资源（如公园和图书馆）连接起来，使用者可以获得健康益处，包括压力减轻和出行质量提高。

（五）取代所有公共和私人的含铅水利基础设施

在公共饮用水基础设施中更换铅管可以减少居民与铅的接触机会，获得健康益处。

（六）农贸市场和摆放健康食品的街角商店

杂货店、街角商店和农贸市场是社区的重要资源，充分利用现有的零售基础设施来增加获得健康食品和新鲜农产品的机会。

(七)闲置地块清理和绿化

增加社区居民获得娱乐和绿色空间的机会,获得生态系统收益,可以增强社区凝聚力,减少犯罪,从而使个人和社区的健康状况得到改善。

(八)协调绿色基础设施与城市林业

通过实施绿色基础设施和城市林业计划,建设透水地面和雨水花园,种植灌木丛、行道树等,减少雨水污染,提供更多的绿色空间,降低城市热岛效应,减少空气污染并提供野生动植物栖息地。

(九)完整的街道设计导则

设计建设适于任何年龄、能力、种族、收入或出行方式人群的安全舒适的街道,包括有活力的人行道、专用自行车道、安全的人行横道和安全便捷的车道,降低事故发生率。

(十)健康和公平的综合区划法规改革

区划是使用最普遍的土地使用政策工具。以区划建立鼓励健康使用的发展模式,或者限制或禁止对社区健康产生负面影响的土地使用、建筑设计和基础设施,以影响城市建成环境。

三 通过建成环境促进健康公平的实践经验

人口数量可能并不是城市建成环境促进健康公平的决定性因素,尽管大城市在资源和人口方面具有优势,但中小城市可以使用更具战略性和灵活性的方法来实现健康和健康公平。受人员和预算限制,这些城市运行中仍然面临挑战,但在实践中其仍有值得借鉴的经验。

(一)将健康公平视角应用于建成环境的六种实践

一是,使用健康影响评估和健康需求评估来了解特定人群面临的挑战,

或者新的发展趋势、政策和计划对人群可能造成的影响。

二是，增强社区参与，让相关人群参与制定最新干预规划，并确保干预措施在特定文化社区及其现有资源基础上得以实施。

三是，通过审视社区内部结构和体系，有的放矢地解决公平问题。

四是，进行包容性沟通培训，帮助工作人员更好地与居民建立联系，并促使他们在对挑战有所理解后转化为行动。

五是，使用以人为本的健康数据和分类数据来识别和优先考虑需要获取更多资源和工作时间的社区。

六是，承认并试图减轻建成环境干预措施的潜在不利影响。

（二）中小城市克服实施挑战的七种实践

一是，加入相关城市网络，促进交流以增进知识和信息共享。

二是，建立以区域和地方卫生部门为重点的合作伙伴关系，促进跨部门协同共同应对健康挑战。

三是，加强与核心机构、区域卫生中介机构、社区发展金融机构和社区基金会的合作，以便其为促进健康公平项目提供资金，以及帮助收集和分析数据。

四是，与大学、合作社、非营利组织和研究机构合作，以便获得技术援助并评估干预措施的影响。

五是，通过实习生、志愿者、城市研究员和其他有技能的人来提高业务水平，促进创新。

六是，确保规划的实施过程中具备强大的平台和执行力。

七是，将工作实践与规划紧密衔接，促进政策、规划和计划的实施。

四 对中国健康城市发展的启示

习近平总书记指出，我国城市化道路怎么走？关键是要把人民生命安全和身体健康作为城市发展的基础目标。要更好地推进以人为核心的城镇化，使城市更健康、更安全、更宜居，成为人民群众高品质生活的空间。在城市环境问题凸显和城市居民对身心健康诉求增加的背景下，以高品质城市空间推动健康城市发展成为重要议题。

（一）贯彻健康城市发展理念

"健康中国2030"规划纲要提出，把健康融入城乡规划、建设、治理的全过程，促进城市与人民健康协调发展。作为大多数居民的生活载体，健康城市的规划、设计、建设和发展，是建设健康中国的重要内容。习近平总书记在2020年6月2日主持召开的专家学者座谈会上进一步指出，要推动将健康融入所有政策，把全生命周期健康管理理念贯穿于城市规划、建设、管理全过程各环节。严峻的公共健康问题催生了现代城市规划，城市规划与公共卫生经历了"同源—分化—再交汇"的学科演变进程。深入贯彻健康城市发展理念，迫切需要城市规划回归初心，以提升城市空间的健康促进和疫情应对能力，保障公共健康和福祉。

（二）强化城市规划、建设和管理的健康影响评估

健康影响评估（Health Impact Assessment，HIA）指"用来系统评估某项政策或项目对人群健康存在的潜在影响的程序、方法和工具"，其中包括研究某项政策或项目在不同人群中的影响以便采取适当的行动。基于建成环境对公共健康的影响研究，在规划、建设和管理过程中引入HIA，加强多学科合作完成健康影响研究，促进有利于健康的规划方案、决策的产生，对我国未来开展促进健康的城市建设和管理具有重要作用。

（三）营造以健康为导向的城市建成环境

城市发展不能只考虑经济效益，必须把生态和安全放在更加突出的位置。营造以健康为导向的城市建成环境，是推动健康城市从理念到实践的重要抓手。围绕城市建成环境的构成要素，如土地使用、空间形态、道路交通，以及绿地和开放空间等，其实现路径可以有：一是通过改善城市建成环

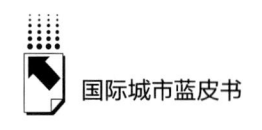

境消除或减少污染源，减少居民因接触污染源而面临的健康风险；二是向城市居民提供各类健康设施；三是依托于良好的城市建成环境促进活动和交往，提倡健康低碳的生活、工作、交通和娱乐方式，促进居民身心健康。

（四）关注弱势群体的健康公平

我国尽管与美国等西方国家典型的贫困社区存在的健康不平等问题存在差异，但城市中的健康不平等现象也较为突出，经济条件较好群体的健康状况和享有的公共卫生资源、高品质建成环境明显优于经济条件较差群体。关注弱势群体的健康公平，意味着城乡之间、区域之间，中小城市和大城市等不同区域的社会群体，以及不同经济条件的社会群体都能够享受到政府提供的基本公共健康服务和有利于身心健康的建成环境。

参考文献

Urban Institute, "Leveraging the Built Environment for Health Equity," https：//www.urban.org/sites/default/files/publication/102557/leveraging-the-built-environment-for-health-equity.pdf, 2020.

王兰、廖舒文、赵晓菁：《健康城市规划路径与要素辨析》，《国际城市规划》2016年第3期。

王兰、蒋希冀：《2019年健康城市研究与实践热点回眸》，《科技导报》2020年3月8日。

张雅兰、蔡纯婷、王兰：《城市再开发中健康影响评估的应用——以美国亚特兰大市环线复兴项目为例》，《规划师》2017年第33期。

杨瑞、欧阳伟、田莉：《城市规划与公共卫生的渊源、发展与演进》，《上海城市规划》2018年第3期。

B.13
华盛顿特区民间力量合作开展社区教育的经验启示[*]

陶希东　郁奇民[**]

摘　要： 华盛顿哥伦比亚特区第8区的市政厅教育艺术休闲园区为周围社区提供了优质而丰富的教育服务。非营利组织"跨河建桥"作为枢纽，有力协调并促进了不同教育机构的跨组织合作，基于家长行动和组织协议这两种机制在五大领域取得了巨大成效。本文基于对美国城市研究所（The Urban Institute）2019年10月发布的研究报告的分析，结合中国实际情况，对我国社区教育提出了相关建议。

关键词： 社区教育　跨组织合作　市政厅教育艺术休闲园区　"跨河建桥"组织

市政厅教育艺术休闲园区（Town Hall Education Arts Recreation Campus，THEARC）是一个耗资6000万美元、占地203000平方英尺的社区中心，由非营利组织"跨河建桥"（Building Bridges Across the River，BBAR）管理，

---

[*] 本文主要基于美国城市研究所的"Mayor's Annual Equality Report 2018–2019 a Preliminary Study of Service Use Across Colocated Providers"开展介评，并就其对中国城市的借鉴意义予以研究分析，特此致谢。

[**] 陶希东，本书副主编，理学博士，上海社会科学院社会学研究所研究员，主要研究方向：社会治理、城市管理；郁奇民，上海东滩投资管理顾问有限公司咨询顾问，主要研究方向：社会治理、宏观经济。

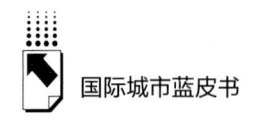

位于华盛顿哥伦比亚特区第8区。市政厅教育艺术休闲园区周围的社区贫困率与犯罪率居高不下,"跨河建桥"组织及其合作伙伴主要提供的针对儿童与青少年的园区项目涵盖了广泛的服务,包括教育、娱乐、艺术、健康、劳动力发展和环境调查等。2007年5月,市政厅教育艺术休闲园区获得了城市土地研究所颁发的卓越奖,其因对社区的贡献、对社会需求的响应、创新公共/私人合作关系以及环境保护和改善而受到赞誉。2017年,超过10000人次参观了市政厅教育艺术休闲园区,其常驻合作伙伴为社区提供了价值3000万美元的项目及服务。

本文基于对美国城市研究所的研究报告的分析,探讨了市政厅教育艺术休闲园区为缩小华盛顿特区特别是第8区的社会、健康、环境和经济差异而采取的措施,总结了市政厅教育艺术休闲园区中教育机构跨组织合作的成功经验,并对我国社区教育提出了相关建议。

一 市政厅教育艺术休闲园区概况

在市政厅教育艺术休闲园区周边社区中,大约43%的有子女家庭收入低于联邦确定的贫困线水准,贫困率高于该地区所有家庭贫困率的两倍以上。同时,阿纳卡斯蒂亚河以东(位于华盛顿特区的第7区和第8区)地区人口占华盛顿特区总人口的25%,儿童人口却占华盛顿特区儿童人口总数的42%。而在第8区,几乎有一半(47%)的儿童生活贫困。实际上,在美国所有辖区中,华盛顿哥伦比亚特区的儿童贫困率是最高的。第8区这样高度贫困社区面临着严峻的挑战:教育水平不高、歧视、失业、单亲家庭和犯罪等问题影响了儿童的福祉。

于是,华盛顿特区的开发商克里斯·史密斯提出在华盛顿东南部地区建立社区中心,即市政厅教育艺术休闲园区,并专门成立非营利组织"跨河建桥"来负责园区开发、营造和管理等事务。市政厅教育艺术休闲园区的建设资金来自联邦和地区政府、公司、基金会和个人的慈善捐款。成立市政厅教育艺术休闲园区是振兴华盛顿特区阿纳卡斯蒂亚河东部地区的关键举措，围绕河东地区的舞蹈、音乐、美术、学术、娱乐和其他项目（包括社会服务、指导、课余护理和病例管理以及医疗和牙科护理）以及医疗和牙科护理等提供服务，降低儿童及其家庭获得服务的成本。园区由3栋建筑、1个农场和1个大操场组成，包括设有365个座位的剧院、可调节大小的体育馆、计算机实验室、美术馆、图书馆、社区会议中心，以及先进的音乐、艺术和舞蹈工作室及一流的设施。

自正式开放以来，市政厅教育艺术休闲园区为社区周围的数千名居民提供了服务，并促进了社区的重建。园区内最先进的剧院常年举办各种活动，如社区电影节和演唱会、艺术表演、毕业典礼、社区舞蹈和舞台表演、音乐会、大师班、时装表演和社区会议等。

二 教育机构的跨组织合作现状

市政厅教育艺术休闲园区有14个组织为常驻机构，并与3个非常驻机构合作。这些机构共同为居住在阿纳卡斯蒂亚河以东的社区居民提供教育、健康、文化、娱乐和社会等相关服务，其中超过90%的受益者是黑人。这些组织的共同目标是提高参与者的生活质量。这些组织的服务对象中，31.2%的人获得了两个机构的服务，1.22%的人获得了三个及以上机构的服务。

（一）作为纽带的"跨河建桥"组织

其中，"跨河建桥"组织是市政厅教育艺术休闲园区跨组织合作的重要纽带，起到核心作用。

联邦政府的国家土地管理中心（National Park Service）将土地租给"跨河建桥"组织使用99年，授予"跨河建桥"组织园区自治管辖权。"跨河建桥"组织扮演着市政厅教育艺术休闲园区的房东、物业管理者、设施协调者等角色，并负责园区内外的项目运营。该组织的使命是提高居住在阿纳卡斯蒂亚河以东的居民的生活质量。

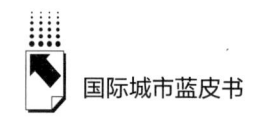

"跨河建桥"组织的短期活动和表演吸引了周围社区的许多居民,"跨河建桥"组织擅长向由合作伙伴吸引到园区的参与者推广项目和活动,如在园区中参加教育项目的孩子经常参加"跨河建桥"组织的农场郊游活动。

(二)市政厅教育艺术休闲园区的跨组织合作

"跨河建桥"组织与常驻机构服务对象共享比例(29%)低一些,因为大量的园区来访者只是参加"跨河建桥"组织的短期活动,如农贸交易或演出。而园区内的儿童健康中心、华盛顿女校和华盛顿芭蕾舞团与其他组织的服务对象共享比例(60%~75%)较高(见表1)。艺术画廊、男孩女孩俱乐部的服务对象和园区内5个以上的机构有联系,莱文音乐学校与4个机构共享服务对象。

表1 市政厅教育艺术休闲园区八个机构的跨组织参与者

单位:%

项目	"跨河建桥"组织	男孩女孩俱乐部	儿童健康中心	华盛顿芭蕾舞团	莱文音乐学校	华盛顿女校	三一学院	艺术画廊
与其他机构共享,包括"跨河建桥"组织	29	16	72	60	27	75	39	41
与其他机构共享,不包括"跨河建桥"组织	——	11	4	16	15	69	32	35

资料来源:市政厅教育艺术休闲园区名册,2018年9月。

但是"跨河建桥"组织能与其他机构建立联系,并在与这些机构的合作中起到核心作用,就儿童健康中心来看,共享服务对象的占比为72%,其中"跨河建桥"组织占70%。同样,华盛顿芭蕾舞团与其他机构共享的服务对象大部分也和"跨河建桥"组织有联系。

华盛顿女校的服务对象与其他机构的交叉比例很高,为75%(见表2)。首先,华盛顿女校将"课外活动"(如美术课、课后护理和健康诊所)外包给其他常驻机构,如男孩女孩俱乐部。其次,华盛顿女校要求学生家长签署保证书,以便学生可以将儿童健康中心作为事实上的合作诊所。

最后，华盛顿女校与其他常驻机构合作，在学校期间为学生提供课程，如华盛顿芭蕾舞团的舞蹈课和"跨河建桥"组织的农业课。

表2 按机构服务对象交叉共享的占比

单位：%

项目	与所有其他机构交叉	"跨河建桥"组织	男孩女孩俱乐部	儿童健康中心	华盛顿芭蕾舞团	莱文音乐学校	华盛顿女校	三一学院	艺术画廊
男孩女孩俱乐部	16	9	—	4	2	0	6	0	1
儿童健康中心	72	70	1	—	1	0	1	0	0
华盛顿芭蕾舞团	60	49	3	9	—	3	1	0	1
莱文音乐学校	27	16	0	1	10	—	0	0	4
华盛顿女校	75	32	53	25	3	0	—	0	3
三一学院	39	36	0	32	0	0	0	—	0
艺术画廊	41	11	17	7	4	9	4	0	—

资料来源：市政厅教育艺术休闲园区名册，2018年9月。

三 促进教育机构跨组织合作的措施

（一）服务对象主动咨询

服务对象及其家人具有多方参与的积极性，进入园区后通常会研究可获得的服务，并选择满足其需求的服务。服务对象经常到园区参观，通过传单和印刷材料寻找可满足其需求的服务。由于服务对象大多数是儿童，主要由其父母向教育机构咨询，偶尔也会有儿童在经过场地时因看到班级活动而主动要求参与。

（二）丰富接待台内容

园区专设的接待台位于区内中心位置，可提供常驻机构的相关印刷材料和传单。接待台常年配备至少一名"跨河建桥"组织的工作人员，负责为

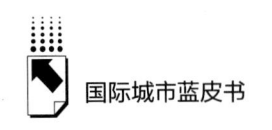

服务对象提供信息、回答问题和管理宣传材料。接待人员经常充当引导员，为服务对象推荐项目，引导参观者参观和了解不同的机构，有时还请合作机构的工作人员亲自接待参观者。"跨河建桥"组织接待人员热心为园区访客，尤其是附近贫困社区居民与需要低成本或无偿服务的家庭提供服务。

（三）与合作机构的协议

合作机构之间达成正式和半正式协议，为服务对象提供持续的服务，包括为儿童提供教育资源。"跨河建桥"组织努力促成相关合作协议的达成，列出跨组织合作的书面谅解备忘录。

一些机构更多的是通过非正式合作将服务对象介绍给其他机构。而华盛顿女校等机构采用更具战略意义的合作形式，以正式协议使园区与学校课外活动无缝对接。儿童健康中心与整个园区建立战略合作伙伴关系，提供协调服务，与常驻艺术机构协作，为患者提供音乐治疗课程，并设立治疗期间的艺术课程。一些机构与园区内每所学校建立伙伴关系，充当学校诊所并提供其他服务，如华盛顿女校学生接受为期16周的学习，重点关注情感、牙齿保护等知识；协调园区食品资源，确保患者和社区居民获得健康的食品。

（四）设施共享

园区内的合作机构经常基于"跨河建桥"组织和其他机构的设施提供服务。艺术机构和学校经常组织学生和参与者在由"跨河建桥"组织管理的园区剧院表演。一些合作机构定期使用园区的会议室和剧院召开董事会议。许多人经常使用男孩女孩俱乐部的体育馆进行体育锻炼、举办大型活动，儿童健康中心每年在体育馆内为400多名患者及其家人举办假日派对等。

（五）机构人员的非正式推荐

机构人员在为服务对象提供服务时，如果得知某人对特定的服务感兴趣或更偏好其他机构的服务时，会推荐其转到其他合作机构。

四　跨组织合作的成效

经济安全、住房安全和高质量的早期教育等社会和经济因素对儿童健康产生深远影响，这些因素可能会随着儿童的成长而对其产生特别深远的影响。在资源匮乏的社区中长大的孩子通常面临健康风险，如营养不良以及接触铅、过敏源和其他污染物，他们成年后更有可能面临健康恶化的风险。新兴的神经科学研究表明，非规范性压力（如父母的死亡或没有人照料的高强度、频繁的长期压力）会影响儿童大脑的发育，从而损害其学习能力。

园区的教育机构通过跨组织合作，基于两种机制将关键的社会和经济资源整合在一起。首先是家庭对孩子的积极支持即家长行动机制。"跨河建桥"组织工作人员重视为孩子提供服务过程中父母的作用。其次是机构之间的正式和非正式协议即组织协议。这些协议可维持各方合作，以帮助不同的家庭找到合适的服务支持方式，满足儿童的需求。尤其是在教育、健康和社区环境中，华盛顿女校、男孩女孩俱乐部、"跨河建桥"组织、莱文音乐学校、儿童健康中心达成的战略合作协议反映了组织之间的正式和非正式协议促进了合作机构的服务提供。

关于家长行动机制和组织协议可以从以下几个方面来分析。

一是经济稳定。家长行动机制中，学生家长从华盛顿女校获得其他免费或低成本服务以维持生计。组织协议规定，提供低收入或中等收入家庭可负担的服务。"跨河建桥"组织几乎与所有常驻合作机构建立正式合作伙伴关系并发挥核心作用，儿童健康中心和"跨河建桥"组织的"农产品+"项目致力于帮助低收入家庭获得健康的食品。

二是教育机会。家长行动机制中，父母通过与园区员工沟通获得服务信息，如参加"跨河建桥"组织的农场一日游和当地学校的活动，这是吸引家庭入园的关键因素。组织协议中，当地机构通过合作扩展教育内容，如华盛顿女校将园区扩展为校园，为学生提供丰富的活动。

三是健康获得。家长行动机制中，新的服务对象经常向园区接待台咨询

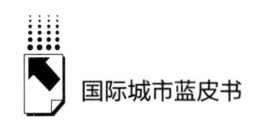

儿童医疗保健信息。组织协议中，莱文音乐学校为儿童健康中心的患者提供治疗性音乐服务。

四是设施环境。家长行动机制中，家长会帮助孩子对接园区机构。组织协议中，大部分儿童通过正门进入男孩女孩俱乐部。而根据两个机构的谅解备忘录，华盛顿女校的学生可通过校园东大楼直接进入俱乐部。

五是社会支持。家长行动机制中，家长通过菲利普斯收藏馆资助的妇女组织、儿童健康中心和其他社区如华盛顿女校的支持社区，寻找合适的项目。组织协议中，菲利普斯收藏馆资助儿童、青年服务项目，与儿童健康中心一起在更广泛的社区提供社会情感支持。

五　对我国城市的相关启示

在美国华盛顿特区第8区的市政厅教育艺术休闲园区取得了相当的成就，尽管我国的教育体制和方式与美国有不小的差异，但仍可获得关于社区教育发展的一些启示。

（一）注重家庭的教育因素

教育的主体是学生，无论是作为法定监护人还是实际抚养者，孩子的父母都是最关键的教育者，家庭是教育的第一所学校。第一，为家庭中父母教育孩子提供必要的服务支持，提高父母的教育能力，有助于实施更高水平的家庭教育，有利于儿童身心健康。第二，在孩子尚未具有独立判断能力时，向父母提供足够的信息，以便父母选择适合孩子的教育方式和教育机构。第三，在父母无暇关注孩子教育时，提供相应的令人放心的服务。如放学后或寒暑假期间，父母因工作难以正常接送孩子，校内与校外跨机构合作提供的托管服务保证了无缝交接安排且安全。

（二）发挥社会的力量

在学校的正式教育之外，课外补习班、兴趣班成为许多家长为孩子提供的教育选择。多元化的教育现今依然处于供不应求的状况，天价补习班现象频出。一方面，常规学校需保证自己的教学供给与质量，另一方面，在额外课程如艺术兴趣类的教育提供上，支持社会办学，提供更多的关于教育机构的选择。

（三）发掘"家门口"的教育服务

不少家长和孩子周末奔波在各补习班之间，不同教育机构因距离较远也难以开展合作，这是忽略了教育中社区这一关键因素。教育体验中社区也是重要的一环，可以让孩子在学习之外对其身处的社区产生兴趣，获得更多的情感支持，在实践中增强社区认同感、归属感、责任感和参与感，在生活中学习。社区可提供丰富的儿童教育服务，也可以为父母提供育儿培训，将家庭留在社区，也有利于处于同一社区的教育组织的合作交流。

（四）跨组织合作

不同教育机构的跨组织合作有利于优化教育资源配置。这需要一个统一协调沟通的枢纽，可由社区或相关部门负责，也可由专门建立的相应组织负责，在教育设施安排、课程服务提供、教育时间分配方面通过协作交流共享资源。灵活运用大数据的手段，以正式或非正式合作的方式促进不同教育机构之间的合作。

参考文献

Urban Institute, "A Preliminary Study of Service Use Across Colocated Providers," 2019 – 10.

US Census Bureau, "American Community Survey 2013 – 2017 5 – Year Estimates," https：//www. census. gov/programs – surveys/acs/technical – documentation/table – and – geographychanges/2017/5 – year. html, 2019 – 10.

城市文化篇
Urban Culture

B.14
国际文化大都市建设中的政策设计和硬件发展[*]

胡苏云 詹春林[**]

摘 要： 文化软实力是城市影响力和竞争力的重要部分，城市文化中蕴藏着激发城市综合经济活力、改善城市人居环境以及提高城市可持续发展水平的强大力量，在国际咨询公司 Resonance Consultancy 发布的《全球最佳城市报告 2020》（World's Best Cities 2020）中，伦敦、纽约、巴黎和东京位列榜单前四，文化有关指标也是该报告评价体系中的主要内容之一。本文梳理了上述 4 个全球化城市的文化发展现状，从文化政策支持和文

---

[*] 本文主要基于国际咨询公司 Resonance Consultancy 发布的《全球最佳城市报告 2020》，以及世界城市文化论坛（WCCF）发布的《世界城市文化报告 2018》开展介评，并就其对中国城市的借鉴意义予以研究分析，特此感谢。

[**] 胡苏云，上海社会科学院城市与人口发展研究所研究员，主要研究方向：人口经济学、社会保障、医疗卫生改革和人口老龄化；詹春林，上海社会科学院城市与人口发展研究所硕士研究生，主要研究方向：人口资源学。

化基础设施两大维度，总结了国际城市在文化建设和发展方面的经验。在我国城市化进程新阶段和特大城市转型发展新时期，本文提出了制度层面完善文化建设体系和理念层面优化城市文化服务供给等适合我国特大城市文化发展的建议，以期提升城市活力，让文化软实力促成城市的全面可持续发展。

关键词： 全球城市　城市文化　文化建设

人类城市文明经历了从物质建设到精神追求的阶段性跨越，文化繁荣才是企业、城市和国家持续发展的决定力，未来城市间的竞争更多的是城市文化软实力的竞争。[①] 在瞬息万变的环境下，文化已成为一种强大和持续的力量，这种力量成为贯穿城市发展的创造力，为城市各项政策的制定与实施提供积极且富有深度的理念思路和方案路径。[②] 本文选取了国际咨询公司 Resonance Consultancy 的《全球最佳城市报告 2020》中排名前四位的伦敦、纽约、巴黎和东京国际大都市，分析其在文化方面的政策支持和文化基础设施情况，并对其文化资源供给以及文化力量对城市整体发展的促进作用进行了剖析，以期为我国城市文化建设提供思路和建议。

一　全球城市文化建设中的政策支持

（一）伦敦的文化建设支持政策

1. 源远流长的文化演化为城市发展核心

得益于早期工业革命，英国伦敦在 19～20 世纪一直是世界上最大的城

---

① 曹康：《西方现代城市规划简史》，东南大学出版社，2010，第 247～248 页。
② 黄鹤：《文化规划：基于文化资源的城市整体发展策略》，中国建筑工业出版社，2010，第 8 页。

市之一。虽然工业基础在第二次世界大战后受到巨大冲击，但通过保留社会服务部门，伦敦的文化"软实力"得以延续。如今，伦敦有近900万来自不同种族和文化背景的人口，超过300种地方语言。伦敦将文化重新定位为城市发展中的优先事项，并将文化嵌入城市规划、城市复兴、经济发展、环境建设和社会治理等各类政策。文化建设中的重点是让公众更广泛地参与，采取措施鼓励尽可能多的人参加文化活动。作为金融和商业服务中心，伦敦也是文化和创意产业中心，涉及电影、时尚和设计行业及日益活跃的新兴技术产业。

2. 经济和文化实力面临挑战

地价上涨、住房短缺、房租上涨和生活成本高等都给伦敦人带来压力。艺术家工作室、音乐场所、LGBT场所、酒吧和俱乐部等都很容易受到房价和租金上涨的影响。此外，"脱欧"也增加了伦敦未来文化发展中的不确定性，伦敦与国际的经济联系依赖于资本、贸易和人口的流动，包括创意部门的国际人才流动。

3. 文化融入规划，政策多方参与

文化部门是伦敦最具活力的部门之一，相关部门的增长速度超过了任何其他经济部门。它赋予城市独特的性格，并发挥着积极作用，将社区聚集在一起，使人们更加健康、快乐。在"伦敦规划"中，提出了多项新政来发展和保护城市的文化和遗产，新的文化战略以所有伦敦人的文化原则为基础，致力于打造一个社会各要素高度融合的可持续发展城市。

在过去的十年里，伦敦的创造性工作空间和基层音乐场所迅速减少。为了保留城市中文化基础设施，包括保护创造性的工作空间和酒吧从而留住人才，政府出台了一系列新的政策，如要求住宅开发商对建筑进行隔音处理以适用于相关文化活动，实现文化场馆与城市住宅的共存。同时，伦敦政府鼓励和支持发展新的创意企业区和创意社区，包括对在此扎根的艺术家和创意企业提供资金支持和税收减免，留住和吸引艺术家在城市新区创业，文化力量对伦敦的经济发展产生重大促进作用。此外，政府还联合伦敦大学学院、萨德勒威尔斯剧院、英国广播公司、伦敦时装学院、史密森学会和V&A博物馆等多个机构，打造世界级的"伦敦文化区"，并以此带动附近社区参与文化事业，增强社会整体文化活力。

（二）纽约的文化建设支持政策

纽约市是世界领先城市之一，经济的繁荣、对思想和移民的开放，以及世界级的文化资产仍是其强有力的优势所在。纽约正努力打开文化建设的新局面，其文化决策已融入城市治理的各方面，在所有文化团体争取权益的同时，促进了政府、机构及市民之间更好的对话。

1. 文化助力城市发展

纽约是美国第一大城市和第一大港口、世界贸易中心和金融"首都"，也是美国的创意产业中心。纽约的文化生活长期以来一直被视为城市更广泛活力的象征。从卡内基音乐厅到现代艺术博物馆，基于公私合作制，纽约诞生了一系列世界级非营利文化机构。2019年，纽约的国际游客数量创新高，达到6700万人次。[1] 近年来与文化部门相关的产业发展迅猛，人们也日益认识到创造性活动和文化建设对城市经济和社区健康而言的价值，这些街区在发展艺术方面发挥了革命性作用，包括纽约下东区的伊迪什剧院、布朗克斯区的嘻哈和涂鸦、东村的流行艺术和朋克摇滚、哈莱姆的爵士乐和文学，以及百老汇剧院区的持续发展和演变等。文化在纽约五个区都深深扎根于社区中并发挥着巨大的创造作用。

2. 文化建设中的社群力量

得益于"社区支持文化"体系的构建，以社区为基础的基层组织在文化建设中发挥了极大作用。目前，纽约有250个文化团体的基础设施项目正在进行重大升级和翻修，财政投入达9.34亿美元，包括哈莱姆工作室博物馆和美国自然历史博物馆的扩建工程。政府的一系列支持措施培养了城市的创造性生态，让公众认识到机构和个人的充分参与会对城市文化生活起到决

---

[1] NYC & Company, "NYC& Company Annual Report 2019 – 2020," https：//indd. adobe. com/view/a614092f – 2162 – 4a39 – 97c3 – f4d67b0cbe0b, December 8, 2020.

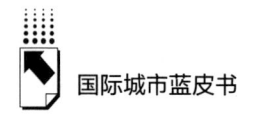

定性作用。

城市内小型文化组织促进了文化的发展。纽约首个综合文化计划——"创建纽约"于2017年启动。该计划旨在调动社会各文化组织进行文化建设，并利用城市的文化优势来解决一些长期存在的问题。纽约市的文化部门积极促使艺术家群体和艺术组织成为实际问题的解决者。目前，纽约文化领域获得的公益捐款中有近一半被用于资助小型组织和机构。此外，纽约市还利用现有以及新增的资助条件，大力鼓励城市内不同种族的群体加入各类艺术组织，同时加强与其他城市相关机构的合作。

3. 聚焦现实问题，推进文化建设

城市的经济繁荣同样为纽约带来了一些现实问题和挑战。曼哈顿地区较高的房租使得许多文化组织和机构相继关闭或搬离，该地区的文化发展受到了不小的冲击。为此，纽约市长承诺在未来十年为艺术家建造和提供1500个低于市场价的生活空间和500个专属工作空间，以支持文化组织和机构的运营。

（三）巴黎的文化建设支持政策

1. 多元投入，支撑文化发展

巴黎在全球艺术和设计领域占据着特殊地位，全球人才汇聚于此，从艺术家到企业家。它的时尚、美食，以及博物馆和历史建筑一直吸引着全球各地的游客。

2014年以来，巴黎市长办公室一直在规划巴黎的文化发展，包括最主要的建筑环境计划，从嘻哈文化中心（La Place）到位于城市郊区的巴黎交响乐团，涵盖了各种艺术。此外，巴黎城市规划发展预算中的1%会用于艺术创作领域。在投入大量财政资金的同时，巴黎也在寻求通过更多的公私合作计划来拓宽资金渠道，以支持城市的文化建设。在巴黎，私募基金机构资助博物馆建设已有悠久的历史，如今，一些私募基金机构正在尝试建造艺术场馆，如路易威登基金机构与政府签署了长达55年的入住协议，计划在巴黎布洛涅森林的市政土地上建设新的博物馆。

2. 整体布局，助推文化发展

随着巴黎市中心"中产阶级化"的加剧，城市中富有的人渐渐搬离，这不利于内部城区与城外郊区的物质和文化交流。因此，在"大巴黎项目"中，有近350亿欧元投向区域交通网络建设，以增加地区民众在教育、就业和文化活动方面的机会。此外，在法兰西岛闲置地区的开发和建设中，政府会优先推动工作坊、艺术空间等文化类空间的使用。总之，文化建设已经融入城市的建设和发展的整体计划之中。

3. 大众共建，丰富文化生活

巴黎政府还一直鼓励和支持公众参与文化建设，致力于让文化服务适应城市的生活节奏。政府通过制定独立书店、唱片店和美术馆相关的扶持政策，支持小型文化企业构建复合型文化业态，同时，还利用巴黎的一些重大知名活动，如时装周和巴黎博览会，建立人才培养机制并为大众提供学习机会，鼓励社区和民众的广泛参与。除了在周日开放更多的图书馆，城市的夜生活也是巴黎政府重点考虑的内容，为此，政府成立了专门的"夜间理事会"来管理和协调夜间城市的各项活动。

巴黎虽然以旅游、美食和时尚而一直深受人们欢迎，但也致力于发挥其作为思想领袖的作用。随着各项文化建设方案的推进，巴黎在解决一些现实问题上展示出极大的优势，并在国际舞台上扮演着重要的角色。

（四）东京的文化建设支持政策

1. 东西方文化赋能都市文化魅力

东京在17~18世纪逐步成为日本的商业、艺术和文化中心，并在1869年成为日本的首都。19世纪末开始，明治维新让日本发生了一场现代化变革，大规模兴建公路、铁路和电信线路等现代基础设施，西方文化渐渐融入东京的大街小巷。

虽然经历了1923年关东大地震和第二次世界大战带来的巨大破坏，以及20世纪末日本的经济衰退（这一伴随消费主义兴起和城市人口波动变化而产生的周期影响），东京在一波又一波的挫折中发展起来。东京都

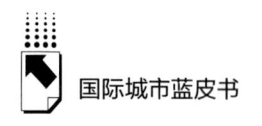

市圈人口超过3800万，是世界上最大的城市。东京是传统与创新融合的地方。

2. 借助国际契机应对现实挑战

当前，东京面临的最大挑战是严重的"少子化"和人口老龄化问题，这将在经济、文化等各方面产生深远影响。东京远景规划（Tokyo Vision）是该市制定的长期文化规划，旨在借助奥运会和残奥会等国际重大活动，向全球游客推广日本的艺术和文化。

3. 多方政策加持，复兴传统文化

传统文化仍然是日本当代各类时尚设计和建筑设计的重要灵感来源，人们对传统文化的衰落表示关切，因此，保护传统文化成为东京乃至日本各项文化活动中的重点内容，是文化建设中的重要一环。东京政府开展了一系列翻新工程，复建东京在20世纪80~90年代经济繁荣时期的文化场馆，同时推出包括电影节、艺术节在内的多种传统文化活动，以提升文化的包容性与多样性。

二 城市文化硬件基础设施建设

（一）伦敦文化基础设施

伦敦是世界上一些最受欢迎博物馆的所在地，包括大英博物馆、泰特现代博物馆和国家美术馆，与此同时，更丰富的城市文化资源不断增加，文娱场所、文化公园以及博物馆等场所受到重视。

在这4个城市中，伦敦拥有最多的历史遗产名录遗址，其中有4个被联合国教科文组织列为世界遗产名录，因此伦敦正努力协调各部门创造一个更清洁的城市环境，同时保护好历史建筑，增进相关开发方对文化价值的理解，在空间规划和建设中加强对文化设施的保护、传承与革新。

表1　伦敦主要文化基础设施及相关文化资源状况

文化机构和相关人才储备	年均国际游客人次（百万人次）	国际留学生数（人）	专业文化保健机构（家）	创意产业就业比重（%）
	19.83	105870	11	11.9
文化馆和自然遗产	世界遗产名录遗址（个）	其他历史遗址（个）	历史遗址占公共绿地的比重（%）	博物馆（个）
	4	20557	33	192
文化活动场所	公共图书馆（个）	艺术画廊（个）	酒吧（个）	艺术家工作室（个）
	325	478	3615	240
艺术活动场所和节日活动	剧院（家）	音乐厅（家）	现场音乐场地（个）	节日和庆祝活动（次）
	270	10	1056	197
电影院与游戏设施设备	电影院（个）	影院屏（块）	电影节门票销量（张）	年均电影票销售总值（百万美元）
	163	911	208900	1058

资料来源：BOP Consulting,"World Cities Culture Report 2018," 2018。

（二）纽约文化基础设施

纽约在应对复杂人口结构变化和提高城市生活质量时，面临住房、公共服务、通信、交通等方面的挑战。纽约不断升级和扩建文化基础设施，包括哈莱姆工作室博物馆、美国自然历史博物馆科学和教育中心、纽约历史学会妇女历史中心新剧院、布朗克斯河艺术中心翻新工程。同时，将布鲁克林文化区南部遗址区域打造为当代非洲侨民艺术博物馆的新家园，并作为布鲁克林公共图书馆的分支，为舞蹈和艺术家提供表演空间。纽约的一系列举动表明政府正将社区与艺术家作为文化空间塑造的主导力量，通过新一轮文化基础设施的建设和改造，推进城市整体的文化发展工作。

（三）巴黎文化基础设施

巴黎的艺术类场所数在4个城市中名列前茅。在音乐艺术方面，一些场馆得以翻新，各类艺术文化场馆相继落成，如巴黎交响乐团于2015年搬进

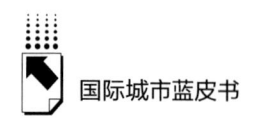

表2　纽约主要文化基础设施及相关文化资源状况

文化机构和相关人才储备	年均国际游客人次（百万人次）	国际留学生数（人）	创意产业就业比重（%）	外国出生人口占比（%）
	12.7	60791	5.38	38
文化馆和自然遗产	世界遗产名录遗址（个）	其他历史遗址（个）	历史遗址占公共绿地的比重（%）	博物馆（个）
	1	34000	27	140
文化活动场所	公共图书馆（个）	艺术画廊（个）	书店（家）	酒吧（个）
	207	1475	814	2113
艺术活动场所和节日活动	剧院（家）	音乐厅（家）	现场音乐场地（个）	节日和庆祝活动（次）
	637	15	277	309
电影院与游戏设施设备	电影院（个）	影院屏（块）	电影节门票销量（张）	电子游戏拱廊（个）
	98	428	120000	17

资料来源：BOP Consulting, "World Cities Culture Report 2018," 2018。

巴黎郊区的一座新建筑，形成了音乐城综合体；位于巴黎 Seguin 岛用于满足未来艺术需求和文化创造的表演空间 Les Plateaux Sauvages、由大型模块化音乐厅和古典音乐表演礼堂组成的音乐艺术中心 La Seine Musicale，以及巴黎第一个数字艺术中心 Atelierdes Lumiere 等。其他艺术方面，城市从政策层面帮助小微创意企业解决土地使用、媒体宣传等问题，支持其参与巴黎的文化活动。

可以看出，政府在文化基础设施的规划与建设中，重点将城市文化场所设施的土地配置问题作为工作开展中的优先事项，积极发挥城市自身的文化特长，提升城市文化资源的供给水平。

表3　巴黎主要文化基础设施及相关文化资源状况

文化机构和相关人才储备	年均国际游客人次（百万人次）	国际留学生数（人）	创意产业就业比重（%）	公共专业艺术设计学院学生数（人）
	16.2	111678	9	13655

续表

文化馆和自然遗产	世界遗产名录遗址（个）	其他历史遗址（个）	历史遗址占公共绿地的比重（%）	博物馆（个）
	4	4115	9.5	297
文化活动场所	公共图书馆(个)	艺术画廊(个)	书店(家)	酒吧(个)
	1047	1142	1251	4316
艺术活动场所和节日活动	剧院(家)	音乐厅(家)	现场音乐场地（个）	节日和庆祝活动（次）
	836	16	452	475
电影院与游戏设施设备	电影院(个)	影院屏(块)	电影节门票销量（张）	年均电影票销售总值(百万美元)
	312	1107	138450	467.24

资料来源：BOP Consulting,"World Cities Culture Report 2018,"2018。

（四）东京文化基础设施

东京以历史遗迹和庙宇闻名，在 Kabukiza 剧院、国家 Noh 剧院和 Kokugikan 大厅等场馆，每天都在演绎着数个世纪以来的日本传统艺术节目，如能剧（Noh）、歌舞伎（Kabukiza）和落语剧（Rakugo）等。同时，东京作为日本及亚洲创作者的文化中心，以时尚、音乐、艺术、动画和数字技术而闻名，如起源于东京并已在日本乃至全球广泛使用的社交程序 LINE、有超过 5000 万名注册会员的日本最大视频社交网站尼康尼科等，作为一个具有文化影响力的国际文化中心，东京还保留了浅草、秋叶原、原宿和涩谷等具有本地文化特色的街区街道。

值得注意的是，东京的创意产业就业比重达到 13%，在 4 个城市中排名第一，发达的创意产业和充足的文化人才是东京文化建设中的主要优势。与其他国家相比，日本的艺术品收藏家较少，这有助于增加日本在艺术品市场中的份额，吸引新的观众，特别是年轻人。市内大型商城中涌现出不少美术馆和剧院，如新宿的玉山博物馆、银座六号的剧院和艺术画廊，以及日本国家电影档案馆等，这些新建的文化基础设施作为优秀的文化资源，为东京注入了文化生命力。

受制于城市土地资源，奥运会的筹办过程中一些文化场馆建设要让位于体育场馆建设，东京面临着中型剧院、表演场地等较大面积文化场所短缺的问题。因此，高效开发和利用土地资源，是东京文化基础设施规划和建设中的重点。

表4 东京主要文化基础设施及相关文化资源状况

文化机构和相关人才储备	年均国际游客人次（百万人次）	国际留学生数（人）	创意产业就业比重（%）	公共专业艺术设计学院学生数（人）
	11.89	103456	13	1341
文化馆和自然遗产	世界遗产名录遗址（个）	其他历史遗址（个）	历史遗址占公共绿地的比重（%）	博物馆（个）
	2	872	7.5	173
文化活动场所	公共图书馆（个）	艺术画廊（个）	书店（家）	酒吧（个）
	387	618	1646	29358
艺术活动场所和节日活动	剧院（家）	音乐厅（家）	现场音乐场地（个）	节日和庆祝活动（次）
	236	13	649	141
电影院与游戏设施设备	电影院（个）	影院屏（块）	电影节门票销量（张）	电子游戏拱廊（个）
	312	1107	138450	11

资料来源：BOP Consulting, "World Cities Culture Report 2018," 2018。

三 对中国城市文化发展的启示与建议

一座城市的魅力往往不在于瞩目的经济数据，而在于能真正让人们铭记的城市文化，城市基础文化资源与个性文化资源的配置和供给是城市文化魅力的主要体现。国外优秀城市将人与城市全面可持续发展的诉求作为其文化建设方面的基本目标，通过相关政策的支持和硬件设施的搭建，不断完善文化建设中的各项环节，值得借鉴。我国城市文化建设应结合自身条件，正视不同城市面临的现实问题，从"软件"与"硬件"出发，以文化发展体系、文化资源供给和大众共建为落脚点推进城市文化建设中的各项工作。

（一）突破部门限制，构建全局发展体系

从政策支持来看，由于文化职能部门的专业局限性，传统的文化政策在制定和实施中易忽略文化对经济、社会、环境等各因素的引领作用。伦敦政府联动各部门协调运作，将文化发展的相关措施嵌入城市整体规划，并取得了良好的社会效益，巴黎政府在城市发展规划中专门划拨1%的预算用于支持城市的艺术创作，这足以体现巴黎作为全球艺术典范城市对艺术发展的重视。因此，在制定城市总体规划时，要将文化融入城市远景规划，并统筹多部门为城市文化建设做好功课，实现文化与城市的有机融合，全面提升城市文化软实力和竞争力，将文化融入城市的产业、社会和生态等各个方面，实现各层级中文化的发展，以文化带动城市经济社会的可持续发展。

从空间配置来看，在城市空间资源紧张的今天，对城市空间进行合理规划尤为重要。东京市的"包容性公共空间"是在社区内为艺术家或文化群体设置的一类公共空间区域，旨在为不同群体提供文化活动场所。这种文化区域是在空间资源十分有限的情况下采取的一种空间布局措施，适合在人口密集的城市中心地带推广。对于上海、北京、深圳、广州等房价高的一线城市而言，市中心高昂的房屋使用成本造成了大量艺术家等文化群体的流失和艺术空间等文创企业的关闭，对此纽约市通过采取公益性经营和土地信托等土地使用方式，降低土地使用成本或房屋租金，使得文化群体可以继续在城市中"发光发热"。因此，在保护固有文化建筑和历史遗址的同时，还要让城市成为保留、传承和创造文化的空间载体，成为推动文化发展的重要动力。

（二）整合城市资源，提升文化供给水平

文化资源需整合进城市可持续发展总框架，使文化资源在公共文化服务的各个环节实现优化配置，在满足公众需要的同时促进城市经济发展。

我国城市大多都拥有十分悠久的历史，历史建筑和文化遗址众多，作为难得的文化资源，需要打造"文物—历史建筑—历史文化风貌区"的文

遗产保护格局，并对相关文化资源进行适当的开发和利用以丰富城市自身的文化资源。

伦敦西史密斯菲尔德遗址是伦敦贸易和工业的遗产，伦敦博物馆新馆便在此建设，建筑物保留了维多利亚风格，不难看出，其选址和风格都是伦敦城市文化的沿袭和反映。因此，我国城市在新建工程时，要考虑到对城市文化的传承和体现，并以各城市不同的历史文化背景为基础，包括物质文化和非物质文化，基于具有地域特色的文化脉络，促进新旧文化的融合，实现文化资源的创新。

同时，要挖掘城市公立的图书馆、博物馆、美术馆以及民间私人博物馆等文化场所的文化资源供给潜力。以上海为例，上海市政府通过调动民间力量，在宝山区和奉贤区相继开放了多家私人博物馆，增加了全市博物馆数量，优化了全市文化场馆布局。城市产业发展方面，要对文化创意、旅游等产业进行优化升级，促进城市文化资源供给多元化，提高城市文化活力。

（三）调动全民力量，营造社会共建氛围

文化建设顶层设计方面，政府应充分了解不同文化分支、不同区域的文化特点，寻求城市和区域文化的特色化发展，避免盲从和"一刀切"，鼓励政府机构、社会组织、各类企业、文化机构和个人等的积极参与，激发全社会力量，使广大人民群众成为文化建设的决策者、执行者和监督者。

组织与制度方面，要让更多的市民加入城市文化发展浪潮中。纽约市政府利用各类文化机构促进与艺术文化群体的接触与合作，包括联合编制相关活动方案和发展规划，增加纽约市全民的文化活动参与度，并以此为契机吸引更多的人来到纽约发展。上海作为我国对外交流的窗口，应以"虹桥海外人才荟"为范例搭建人才服务平台，吸引国际人才队伍，壮大文化建设的公众力量。

政策扶持方面，要给予相关企业合理的资金支持和税收减免，鼓励文化类企业积极进行行业融合，形成具有一定规模和影响的文化业态。巴黎市政府通过"艺术和商业互利"的发展关系，帮助当地艺术家实现了文化创作

和文化增值的目标。因此，政府文化机构、非政府机构、文化群体、艺术家的合作互助，不仅鼓励了大众积极参与文化活动，还提升了人们的文化认可度和自豪感，这是从个体到组织的共建共享。

参考文献

曹康：《西方现代城市规划简史》，东南大学出版社，2010。

黄鹤：《文化规划：基于文化资源的城市整体发展策略》，中国建筑工业出版社，2010。

NYC & Company, "NYC& Company Annual Report 2019 – 2020," https://indd.adobe.com/view/a614092f – 2162 – 4a39 – 97c3 – f4d67b0cbe0b, December 8, 2020.

BOP Consulting, "World Cities Culture Report 2018," 2018.

Resonance Consultancy, "World's Best Cities 2020," Vancouver: Resonance Consultancy, 2020.

B.15 吉隆坡聚焦国际影响力建设"文化创意之城"*

陈晨 秦群**

摘　要： 马来西亚文化经济发展机构（Cultural Economy Development Agency, CENDANA）于2018年发布了《吉隆坡成为文化创意之城》（Kuala Lumpur as a Cultural & Creative City），提出了至2022年吉隆坡跻身国际公认的十大文化创意城市的愿景。报告首先对吉隆坡文化创意经济的动态进行了描述；其次，进一步分析了将吉隆坡打造成国际公认的文化创意城市面临的机遇和挑战；最后，提出了在2022年之前将吉隆坡建设成为国际公认的文化创意城市的主要行动方案。该规划内容丰富、数据翔实、逻辑清晰、目标明确，对于我国超大特大城市制定文化创意产业发展策略具有重要的借鉴意义。

关键词： 吉隆坡　文化　创意　行动计划

一　吉隆坡"文化创意之城"战略的提出

马来西亚文化经济发展机构（Cultural Economy Development Agency,

---

* 本文主要基于 CENDANA 2018 年发布的"Kuala Lumpur as a Cultural & Creative City"以及 CENDANA 网站（https://www.cendana.com.my）的相关信息进行介绍，特此致谢。

** 陈晨，上海社会科学院城市与人口发展研究所助理研究员，主要研究方向：城市发展战略与规划、城乡规划方法与技术；秦群，上海社会科学院城市与人口发展研究所硕士研究生，主要研究方向：区域经济学。

CENDANA）于2018年发布了《吉隆坡成为文化创意之城》（Kuala Lumpur as a Cultural& Creative City）。CENDANA于2017年9月成立，是一个艺术发展组织，由马来西亚政府提供资金支持，由通信和多媒体部管理。该组织专注于支持独立音乐、视觉艺术、表演艺术和创意场地等领域，旨在通过提升文化生态系统造福马来西亚民众。创意经济已经成为全球大城市增长最快的经济类型之一，作为马来西亚首都，吉隆坡具备一定程度的文化创意产业发展基础和条件，将文化创意之城作为发展目标具有现实的必要性和可行性。报告提出了2022年的愿景"吉隆坡跻身国际公认的十大文化创意城市行列"，以及在吉隆坡文化创意经济部门创造12.5万个就业机会的目标。

CENDANA发布的这份关于吉隆坡的报告主要包括以下内容：首先，对吉隆坡文化创意经济动态进行了描述，试图确定吉隆坡文化创意产业的基线；其次，指出将吉隆坡打造成国际公认的文化创意城市面临的机遇和挑战；最后，提出在2022年之前将吉隆坡建设成为国际公认的文化创意城市的主要行动方案。

二 吉隆坡文化创意产业的基础

高质量的文化和创意经济数据是开展前期研究的基础，但相关数据的缺乏给研究带来了一定的困难。地区级统计数据较少，企业数据难以通过传统方法获取。该研究在克服困难的基础上，综合利用行业利益相关者（包括但不限于监管机构、地方当局和行业协会）提供的公开材料和数据，以及基于700多个利益相关者的定性访谈调查信息，对吉隆坡现状进行了相对清晰地描述。

吉隆坡具备成为全球中心的条件，已经是东南亚地区主要的金融和教育中心，在推动经济多元化发展方面具有很大潜力。当前，推动吉隆坡文化创意经济发展的关键领域分别是视觉艺术、表演艺术、音乐、工艺品、文学与出版和馆藏。

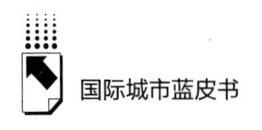

（一）视觉艺术

2016年，视觉艺术产业对吉隆坡GDP的贡献值为1.13亿马来西亚林吉特，相关就业岗位约300个，有数十所私立高等教育机构、公立高等院校、艺术学院开展相关方面的教育，有30个视觉艺术画廊，每年约有10场拍卖活动。作为一个严重依赖视觉的行业，视觉艺术的发展越来越需要社交媒体的参与。通过照片共享社交媒体平台，艺术家可依靠粉丝群来提高作品的知名度。视觉艺术在发展中也存在一些不足，如在培养学生、年轻人对艺术的兴趣方面还需要做更多的工作。

（二）表演艺术

2016年，表演艺术产业对吉隆坡GDP的贡献值为2.64亿马来西亚林吉特，相关就业岗位约2650个，有提供表演艺术学位的私立高等教育机构、公立高等教育机构与表演艺术学院，有31个遍布吉隆坡的表演艺术场所，并且有贯穿全年的演出活动。马来西亚文化发展多元化，为不同文化背景的观众提供了多样化的选项。不过，吉隆坡表演艺术的发展仍面临诸多问题，如高质量舞台演出的票务销售额不高、不同的剧院和舞蹈公司专注于不同的产品、缺少连接和支持各个行业参与者的财团等。

（三）音乐

2016年，音乐产业对吉隆坡GDP的贡献值为0.31亿马来西亚林吉特，有多所学校设立音乐学院。主要的热点区域有约80个遍布吉隆坡的允许现场表演的场地，打造了亚洲未来音乐节等重要音乐节庆活动。吉隆坡正逐步加强音乐版权保护，成立了越来越多的公司，保障音乐家的合法收入。同时，音乐产品正在向数字平台转移，基于数字音乐销售平台发行或者购买曲目日渐流行，降低了用户端的购买成本。吉隆坡的音乐产业也存在艺术营销和推广不力、现有政策限制国际学生参加音乐创作等问题。

（四）工艺品

2016年，工艺品产业对吉隆坡GDP的贡献值为0.31亿马来西亚林吉特，相关就业岗位约200个，有相关领域的公立高等教育研究机构，形成了包括中心市场在内的一些相关活动集聚区域。吉隆坡工艺品以独特的主题、设计、历史，对外国游客具有很强的吸引力，拥有巨大的发展潜力，但其发展仍面临如下问题：一是小规模企业居多，工艺生产方法创新、业务推广动力不足，工艺传承前景不明朗；二是缺乏促进手工业发展的平台；三是来自周边地区的工艺品面临的市场竞争较激烈。

（五）文学与出版

2016年，文学与出版业对吉隆坡GDP的贡献值为5.85亿马来西亚林吉特，相关就业岗位约2000个，有大学提供创意写作学士学位，形成了一些出版公司集聚的热点区域，也打造了比较有影响力的书市活动。马来西亚人对本土写作的青睐，激励了当地作家的创作，大多数出版社都有足够的选题储备来满足市场需求。目前，电子书开始流行，出版成本相对较低，作者可以在亚马逊等在线平台上自行发布，并以相对较低的价格销售，这一新趋势给出版业的发展带来了新的挑战。

（六）馆藏

2016年，馆藏业对吉隆坡GDP的贡献值为0.34亿马来西亚林吉特，相关就业岗位约270个，目前没有学校提供与文物修复相关的课程。主要资金来源为政府资助。主要的热点区域有19家公立和私立博物馆，以及若干文物点。

此外，设计、时尚服装业以及电影、广播和数字产品制造业也是支撑文化创意产业发展的重要领域。

三 吉隆坡文化创意产业的五年行动计划

该报告列出了吉隆坡文化和创意经济发展中的重点行动，主要包括：推

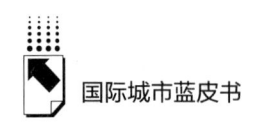

动文化创意教育，发展创意中心和基础设施，培育市场，加强商业支持和投资，鼓励创意空间、宜居和旅游发展。

（一）推动文化创意教育

推动文化创意教育，建设一支富有创造力的员工队伍，需重点做到：①学校培养人才，鼓励合作和解决问题，支持艺术；②制定学校、学院和文化组织的教育方案，培养文化受众；③学校、学院和大学积极推动创造性就业和创造性工作；④大学积极推动创造性创业，提供行业必备技能培养；⑤设立促进跨文化和创意经济发展的技能课程。

（二）发展创意中心和基础设施

在发展创意中心和基础设施方面，需重点做到：①设立一系列便利且负担得起的创意中心，促进交流，加速增长，并保护创意实践免受投机性房地产开发行为的影响；②有能为行业合作伙伴提供创意空间和平台的大学；③在公共空间、创意中心和文化建筑提供宽带接入和免费 WiFi；④丰富文化基础设施（从大型的世界级博物馆、画廊和剧院到创新的社区设施），采用混合经济商业模式，并实现数字化发展，使之成为文化和创意经济的价值创造者。

（三）培育市场

在培育市场方面，需重点做到：①为创意内容、商品和服务规划清晰的路径——如清晰、用户友好、透明的线上和线下分销系统；②消息灵通的国内市场，忠实于本地内容、商品和服务，有明确的购买机会，有批判性的评论社区；③量身定制的市场开发活动——如贸易展览、强大的商业节日部门等。

（四）加强商业支持和投资

在加强商业支持和投资方面，需重点做到：①为文化创意产业的不同领域量身定制商业咨询服务，如创业、管理、知识产权和出口；②强大的创意商业网络和贸易机构，允许知识交流、价值链发展和协作；③有针对性地投资和投资者准备活动，如创意孵化器、加速器和投资者网络；④与一些专门的创意基金（从小额信贷和小额赠款到股权）协作的投资活动。

（五）鼓励创意空间、宜居和旅游发展

在鼓励创意空间、宜居和旅游发展方面，需重点做到：①文化和创造力成为经济政策、城市规划和治理中的重点；②文化成为社区参与、保护环境活动中的核心要素；③形成一个强大和创新的节日和活动部门；④将文化和创造力创造性地用于地方品牌、外来投资和旅游宣传活动。

四　吉隆坡经验举措对于中国城市的启示

CENDANA 发布的这份关于吉隆坡文化创意产业发展的报告内容丰富、数据翔实、逻辑清晰、目标明确，对于我国超大、特大城市制定文化创意产业发展策略具有重要的借鉴意义。

（一）通过客观、翔实的数据支撑发展策略

虽然数据搜集方面面临着诸多困难，吉隆坡还是通过多种途径和手段获得了大量的一手资料，在研究的前期进行了大量的数据分析工作，用于支撑后续的规划策略和行动计划的制定。客观认识文化创意产业发展现状是制定规划的前提。作为新兴的经济产业门类，文化创意产业存在行业分类不明确、非正规就业比例较大等特征，精准把握行业发展现状的困难较大，这就对制定相关规划的前期工作提出了更高的要求。因此，文化创意产业发展研究不能局限于传统的统计资料分析工作，需要因应行业最新发展趋势，创新数据搜集方式和分析手段，深入行业第一线，定性分析和定量分析相结合，科学把握行业发展现状和趋势。

（二）基于发展基础重点突破细分领域

文化创意产业的内涵较广，涉及细分产业较多，若不突出发展重点，相关研究和规划工作有可能陷入"汪洋大海"而难以脱身。同样的，一个城市也不可能在文化创意产业的所有领域均匀发力，必须要突出重点。把握重点的可以基于：一是现有的发展基础，二是未来的发展趋势。吉隆坡在深入研究现状的基础上，识别了当前驱动文化创意产业发展的六大领域，即视觉艺术、表演艺术、音乐、工艺品、文学与出版、馆藏，同时也指出设计、市场服装业与电影、广播、数字产品制造业是具有潜力的重要领域。基于这一判断，在后续面向未来的文化创意产业发展研究中，吉隆坡在上述"6+2"基础上进行了领域的整合与细分。

（三）积极应对文化产品数字化的趋势

互联网与信息技术的迅速发展正在改变人类的生活方式。无论是物质性的活动还是非物质性的活动，均受到数字化的冲击，文化创意产业首当其冲。吉隆坡这份文化创意产业报告中，在多处顺应了数字化发展的潮流，分析了数字化可能带来的影响，提出了促进数字化发展的措施。因此，在面临数字化冲击的当下，文化创意产业应当正视客观事实和规律，积极应对挑战，抓住潜在机遇，变劣势为优势，实现产业的健康可持续发展。在新冠肺炎疫情全球蔓延的背景下，基于线上传播方式的相对优势，相关文化产品的制作、传播和销售面临新的机遇，文化创意产业的发展要以此为契机，积极探索新场景、新模式、新业态，减小疫情对产业发展的不利影响。

（四）加大文化创意产业的政策和资金支持力度

与金融、房地产等产业不同的是，文化创意产业属于孵化期较长、早期投入大、经济效益提升慢的产业。因此，文化创意产业在发展初期尤其需要政策和资金的支持。吉隆坡通过政府支持、企业支持、机构支持等多种途径支撑文化创意产业发展。在我国，一些城市也开始注重通过政策、资金来扶持文化创意产业发展。例如，上海通过在建扶持类项目重点支持兼具社会效益与经济效益，以及具有良好发展前景、行业引领、导向意义、自主创新能力的文化创意产业项目；对演艺、动漫游戏、网络视听、艺术品、新闻出版和市级文创园区等进行资助；采取政府购买服务方式全额资助产业研究类项目，并取得了一定的成效。未来，相关的扶持政策可以进一步向经济效益较低、地价敏感度较高、人力成本较高的文化创意项目倾斜，并加大对优质成果的支持力度。

（五）重视文化创意产品需求分析和市场培育

吉隆坡这份报告还有一大特点是，进行了专门的文化创意产品需求分析。报告开展了基于消费者的需求调查，将受访者分为两大类，即艺术参与者和潜在的艺术参与者。调查的内容除了包括受访者的性别、族群、年龄、婚姻状态、收入等属性外，还包括对文化创意产品的态度、关切维度、满意度等。基于这些调查结果，结合当地文化创意产业的发展现状进行产品供需关系的分析，为市场培育和产业发展提供了建议。

参考文献

CENDANA,"Kuala Lumpur as a Cultural & Creative City," https://www.cendana.com.my/offline/articles/top‐picks/cendana‐launches‐the‐kuala‐lumpur‐cultural‐and‐creative‐city‐report‐with‐art‐in‐the‐city, February 2018.

〔美〕刘易斯·芒福德著《城市文化》，宋俊岭、李翔宁、周鸣浩译，中国建筑工业出版社，2009。

B.16 澳大利亚南珀斯实施以社区为中心的下沉式文化规划*

陈晨 秦群**

摘 要: 澳大利亚南珀斯地方政府首份文化规划（Cultural Plan），主题为"探索、创造、参与"（Discover, Create and Engage）。该规划聚焦社区层面，重视面向社区进行文化资源分配。该战略延展了文化的内涵和定义，认为文化即居民生活、工作和娱乐的方式。规划重视现状分析和数据梳理，并为公众参与提供了机会。在此基础上，规划提出了十大实施策略，每个策略都有具体的目标、行动计划、时间表和政府所需承担的责任。该规划特色鲜明，其理念、制定过程与实施策略对于我国城市文化发展策略的制定和实施具有重要的借鉴意义。

关键词： 南珀斯 文化 社区 战略规划

一 南珀斯文化规划的背景

南珀斯（City of South Perth）是西澳大利亚州首府城市珀斯（Perth）南

---

* 本文主要基于南珀斯地方政府发布的"City of South Perth：Cultural Plan 2019－2023"以及南珀斯政府网站（https://southperth.wa.gov.au）的相关信息开展介绍，特此致谢。
** 陈晨，上海社会科学院城市与人口发展研究所助理研究员，主要研究方向：城市发展战略与规划、城乡规划方法与技术；秦群，上海社会科学院城市与人口发展研究所硕士研究生，主要研究方向：区域经济学。

郊的一个辖区，距离珀斯市中心约 4 公里。南珀斯区域面积约有 19.9 平方公里，人口约为 4.2 万（2016 年）。近期，南珀斯地方政府制定了首份文化规划（Cultural Plan），规划期为 2019~2023 年，提出了当地文化发展的愿景、战略和目标。该规划的主题为"探索、创造、参与"（Discover, Create and Engage），致力于为城市的艺术和文化制定一个整体框架，整合现有资源，发现新机会。文化是一种生活方式，集成了社区的共同价值观、态度和信念，受到历史、社会、环境、经济的综合影响。这份规划聚焦社区层面，重视面向社区进行文化资源的分配。因此，该规划在制定过程中尤为注重社区层面的反馈，涉及社区利益相关者、职员、议员等，以期为城市的文化发展指明方向。

二 南珀斯文化规划的愿景和目标

（一）愿景与方向

南珀斯的发展愿景是：成为一个充满活力和美丽的城市，塑造联系紧密、交通方便、充满活力的社区以及独特、可持续的自然环境。南珀斯文化规划（2019~2023）与城市社区战略规划（2017~2027）的方向相衔接：

(1) 目的：构建多元化、互联、安全和参与的社区；
(2) 成果：文化和社区；
(3) 战略：为城市的社会、文化和体育活动提供便利和创造机会。

（二）文化规划的内涵

南珀斯文化规划中的"文化"具有更广义的内涵，即居民生活、工作和娱乐的方式。文化发展是利用艺术和文化活动吸引公众参与的过程。文化规划旨在为市民实现理想提供平台，推动社会和经济发展。文化艺术在社会发展中扮演着重要的角色，为提升社会活力、凝聚力和促进文化认同和表达做出贡献。

通过2019~2023年的文化规划，南珀斯寻求增强社区的文化实力，为文化服务提供新的选择，突出文化资源，并重视城市的文化遗产、公共空间和社区身份，鼓励城市和社区利用新的机会和更多资源开展艺术和文化活动。

（三）规划的目的

南珀斯文化规划助力城市识别其现有的文化资产，并从战略层面思考如何基于这些文化资产实现更广泛的经济、社会和环境目标。文化规划为未来五年的文化活动和投资制定了方针，为文化艺术项目、服务和设施的规划提供了指引，规划的主要目的有：

（1）根据城市其他规划和关键战略，指导城市未来文化发展；
（2）梳理已有的文化资源，寻找机会；
（3）在现有优势基础上进一步确定符合社会期望的优先发展次序；
（4）寻找与外部机构合作的机会，以促进经济发展和文化旅游；
（5）消除社区参与艺术和文化活动的障碍，最大限度地促进社区参与；
（6）促进创意产业的能力建设、网络及持续学习。

（四）规划的制定过程

规划是基于深入研究以及多方参与而制定的。各类社区参与了这个规划的制定过程，共同思考文化在城市中可以扮演的角色。首先，规划基于一些资源和数据开展了评估分析工作，相关材料包括社区人口、城市大事件、社区战略规划、公共艺术调查，以及相关片区的规划等。随后，围绕规划进一步进行了公众调查、本地咨询、与城市咨询小组的社区咨询会议、基于摄影工作的文化地图绘制、与关键的利益相关者的会谈、民意代表小组会议等相关工作，助力规划编制工作的推进。基于上述规划制定过程，发掘市民对艺术和文化的需求，增进市民对文化的认知。规划通过当地报纸、网站、主要的社区团体和组织、图书馆等公共文体设施、外部利益相关者、艺术和文化协会等途径进行宣传推广。

三 规划的十大实施策略

规划确定了实施策略的十大范畴：①社区；②社区健康；③事件、活动和项目；④文化遗产；⑤文化认同；⑥公共艺术和艺术收藏；⑦协作；⑧文化场所、开放空间和基础设施；⑨创意经济；⑩文化规划。在上述范畴内，确定了规划期内具体的目标以及若干项行动计划，每一项行动计划还列出了城市的参与角色以及具体的实施时间。其中，确定的城市参与角色包括五类：①规划者，确定并保障社区对服务和设施的需求；②支持者，为社区组织提供设施、资金、信息渠道等支持；③合作者，与有相似目标的组织合作以实现资源共享；④协调者，将利益相关者聚集在一起共同提供服务和设施；⑤供应者，提供设施和服务。

（一）社区

该范畴的实施策略的目标是：确保所有年龄、背景和能力的社区成员都能接触到当地社区的文化生活。主要的行动计划有：①在规划活动、节日、服务和设施时，依据身心障碍者准入和融入计划；②制订和推行调解行动计划；③通过展示世界各地的文化活动和文化节目，进一步增强文化的多样性；④向社区、艺术和文化团体推广城市的社区资助计划。

（二）社区健康

该范畴的实施策略的目标是：通过文化机会，为市民的健康和福祉做出贡献。主要的行动计划有：①发起、促进和支持社区文化活动，减少孤立，提高目标人口的福祉；②鼓励和培育与社区（学校、俱乐部、团体等）的伙伴关系，提升社区福祉，支持社区、艺术和文化项目；③继续为促进代际联系、知识分享和故事叙述提供机会；④按照社区安全计划，继续支持和落实社区安全倡议；⑤继续为员工提供参加工作场所文化活动的机会。

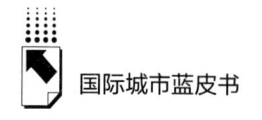

（三）事件、活动和项目

该范畴的实施策略的目标是：发展、推广和传递事件、活动和项目，突出城市的独特身份并提供真实的体验。主要的行动计划有：①继续面向本地、地区或全澳大利亚观众举办各种艺术和文化活动；②继续促进和支持场所和空间的活动；③鼓励适当使用城市的公园和保护区，促进这些空间的使用，策划适当的活动；④继续对文化活动的风险管理计划进行年度评估。

（四）文化遗产

该范畴的实施策略的目标是：珍视、保护及传承共同的文化遗产。主要的行动计划有：①继续推动记录和传承城市丰富文化遗产的项目；②继续支持活化及推广文化遗产的社区团体和机构；③为政府职员提供增强文化意识培训；④在全市范围内传承本地遗产。

（五）文化认同

该范畴的实施策略的目标是：强化社区的集体认同、独特性及创意。主要的行动计划有：①继续提供彰显文化认同的活动；②继续提供本地文化奖项；③继续通过文化和当地历史项目收集和分享当地故事；④继续提供鼓励创造性表达、教育和个人发展的项目和活动。

（六）公共艺术和艺术收藏

该范畴的实施策略的目标是：为社区提供高质量的公共艺术。主要的行动计划有：①制定艺术收藏政策和公共艺术总体规划；②继续将公共艺术和设计融入基础设施改善与发展项目；③继续落实公共艺术战略和公共艺术政策；④开展关于城市艺术收藏的在线互动项目；⑤继续推广城市临时性和短期性公共艺术项目；⑥继续梳理现有的城市艺术和公共艺术收藏信息，并进行持续性的登记、更新和维护。

（七）协作

该范畴的实施策略的目标是：与整个城市和社区合作，通过共享知识和资源来增加项目和活动的价值。主要的行动计划有：①建立本地和区域的团体、设施、服务的文化艺术资料库；②继续寻找与社区团体和邻近地方政府部门合作的机会，提供文化项目和设施；③继续与本地组织合作，协助举办市民活动，提升社区能力；④鼓励商业单位将文化元素融入现有文化项目；⑤在节日和文化项目中进一步寻找与当地企业和其他利益攸关方的合作机会，并继续为文化项目提供拨款。

（八）文化场所、开放空间和基础设施

该范畴的实施策略的目标是：提供场地、休憩用地及设施，以促进创意活动。主要的行动计划有：①确保大型新城发展项目涉及的基础设施和技术；②鼓励和促进社区文化活动场所使用的多样化；③按照城市规划纲要，继续为特殊障碍人士提供休憩用地；④继续推动城市图书馆成为所有人都可访问的社区中心，鼓励社会互动，加强文化联系，并为增进社区福祉做出贡献。

（九）创意经济

该范畴的实施策略的目标是：鼓励建立一种支持创意产业并认同其经济效益的文化。主要的行动计划有：①继续支持社区市场和相关活动，并将这些活动融入社区和文化活动，以促进本地业务的发展；②通过城市的社区资助计划继续支持社区和文化团体；③调查空置店面和写字楼的短期用途，供本地"创业"企业使用。

（十）文化规划

该范畴的实施策略的目标是：规划南珀斯社区未来的文化发展。主要的行动计划有：①继续评估社区、文化及康乐活动政策；②每年评估文化发展活动和项目。

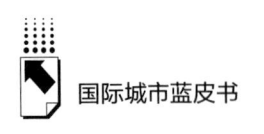

四 南珀斯文化规划对于中国城市的启示

南珀斯这一版本的文化规划具有鲜明的特色，体现为文化内涵的外延、空间尺度的把握、规划战略的下沉、政府角色的发挥、相关资源的整合与分配等。这些特色对于我国城市的文化发展战略的制定和实施具有较强的启示作用。

（一）重视文化规划策略的下沉

南珀斯是澳大利亚珀斯市都市区内的一个区域，在一定程度上相当于我国大城市的一个市辖区。本文所介绍的这版文化规划的制定者是南珀斯地方政府，规划实施空间为南珀斯辖区范围。因此，这一规划显得较"接地气"，尤其注重规划策略的下沉落地以及实施可行性。规划将空间尺度聚焦社区（community），具体到社区内的空间、设施、文化资源、利益相关方等。我国各大城市或通过城市总体性战略规划，或通过文化专项规划，大都确定了城市的文化发展战略目标和方向，但不少规划还相对停留在宏观层面，市民与社区的获得感和参与感不足，因此有必要将相关规划的目标、战略思路、策略下沉到更小的空间尺度上（如市辖区、街道、社区等），让规划距离市民更近。

（二）注重文化资源的整合与再分配

南珀斯在文化规划的制定过程中，特别注重对已有各类文化资源的梳理，如公共文化设施、文化产业、艺术创作、文化收藏、文化遗产、非物质文化资源等。在这些文化资源的梳理过程中，建立相应的数据库用于管理、更新、维护相关的资源。进一步的，在规划制定阶段，面向社区尺度和层面，进行文化资源的再分配。这一思路有利于实现文化资源的精细化、精准化全覆盖，有助于实现公共文化服务水平的空间均等化和空间正义。中国城市包括文化服务在内的公共服务还存在空间布局不均衡问题，离人民群众对美好生活需求的期待还有一定的距离，未来有必要在规划编制过程中加强文化资源的挖掘、梳理及合理布局。

（三）合理发挥政府在不同实施策略中的角色

南珀斯这份文化规划的一大特色是，每一项行动计划都列出了城市政府的参与角色（规划者、支持者、合作者、协调者、供应者）。例如，城市政府在"制定艺术收藏政策和公共艺术总体规划"行动计划中的角色是"规划者"，在"建立文化艺术资料库"行动计划中的角色是"协调者"，在"通过城市的社区资助计划继续支持社区和文化团体"行动计划中的角色是"支持者"。南珀斯明确政府在各项行动计划中的角色有利于精准定位政府的职能，有利于针对不同的角色制订行动计划及具体的落实方案。在我国城市包括文化发展在内的城市战略性规划中，较少有如此清晰地明确政府在各项实施策略中的职责的方式，原因可能有多种。不过，在国家推进政府职能转变和"放管服"改革的当下，在城市战略性规划中根据具体策略的实际情况科学合理发挥政府的功能有利于规划的高质量落实。

（四）激发创意产业的文化经济效益

对于致力于发展文化战略的城市来说，创意产业是一个城市文化创新的源泉，是该城市保持文化繁荣的重要经济基础。南珀斯的这份文化规划也尤为注重通过创意经济激发城市文化活力，增加经济效益，并充分认可创意产业的这一重要作用和价值。规划通过多种措施来促进创意经济的发展，既包括物质层面和非物质层面，也包括公益性的和商业性的。此外，优化城市创意产业发展的环境也是助力创意经济发展的前提条件。从南珀斯及其他国际城市的经验来看，"包容、平等、宽松"是创意经济友好环境的基本特质。因此，城市在硬件水平达到一定程度后，需要特别注重"温度"的提升，让城市的发展更有"热度"。

（五）重视规划制定过程的公众参与

南珀斯这份规划需要面向社区落地，故具备较强的可实施性。规划的制

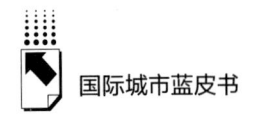

定过程中均尤为注重多方参与，充分满足各类社区和人群的需求，充分考虑各利益相关方的诉求。在"以人为本"理念深入人心的当下，充分的公众参与是各类面向公众的规划所必须具备的要素。需要注意的是，对于可实施性较强的规划项目来说，公众参与应当做实，只有这样才能让规划内容更加具有科学性，让规划能够更好地平衡各方利益从而实现空间正义。因此，面向规划制定过程中的公众参与需要通过丰富参与形式、拓展参与渠道、延展参与周期等方式切实拓展公众参与的深度与广度。

参考文献

"City of South Perth：Cultural Plan 2019－2023，" https：//southperth.wa.gov.au/discover/arts－and－culture/cultural－plan，December 2018.

〔美〕刘易斯·芒福德著《城市文化》，宋俊岭、李翔宁、周鸣浩译，中国建筑工业出版社，2009。

城市生态篇
Urban Ecology

B.17
国际城市组织倡导
以"负责任消费"推进气候治理[*]

余全明[**]

摘　要： 国际城市组织C40、Arup和利兹大学发表的《未来1.5℃世界的城市消费》，探讨了城市消费干预对气候的影响和城市为减少温室气体排放可采取的消费干预措施。该报告指出与食物、建筑和基础设施、私人交通、航空、服装和纺织品、电子产品和家用电器有关的消费干预措施能够显著影响气候变化，并分析了这些措施的减排目标，探讨了在渐进目标和宏伟目标情景下，消费干预措施的减排成效。在分析该报告的基础上，本文提出了中国城市未来消费减排的相关建议。

关键词： 气候变化　温室气体　消费干预

---

[*] 本文主要基于C40、Arup和利兹大学于2019年发表的《未来1.5℃世界的城市消费》开展介评，并就其对中国城市的借鉴意义予以研究分析，特此致谢。

[**] 余全明，上海社会科学院应用经济研究所博士研究生，主要研究方向：产业经济学。

2018年10月，政府间气候变化专门委员会（Intergovernmental Panel on Climate Change，IPCC）发表了1.5℃的全球变暖特别报告。IPCC提出升温1.5℃的界限是保证全球生活环境宜居的唯一可行方案。IPCC认为将全球变暖的温度限制为1.5℃而不是2℃能够减少4.2亿人免受极端热浪的影响，约6500万人免受热浪的影响。2019年6月，国际城市组织C40集团[①]、顶级城市规划设计公司Arup和利兹大学联合发布了《未来1.5℃世界的城市消费》在国际城市层面予以响应。报告分析了与食物、建筑和基础设施、私人交通、航空、服装和纺织品、电子产品和家用电器有关的消费干预措施及其减排目标，以及在渐进目标和宏伟目标情景下各消费干预措施的减排效果。报告指出城市消费减排可以显著减少食物排放（2030年减少36%，2050年减少60%）、建筑和基础设施排放（2030年减少26%，2050年减少44%）、私人交通排放（2030年减少28%，2050年减少39%）、航空排放（2030年减少26%，2050年减少55%）、服装和纺织品排放（2030年减少39%，2050年减少66%）以及电子产品和家用电器排放（2030年减少18%，2050年减少33%）。

一 消费干预措施

城市消费是推动气候变化的关键动力。2017年在全球45GtCO_2排放中，有4.5Gt是由C40的消费造成的。为满足C40的消费需求，世界各地生产并输送了大量的商品和服务。通过全球供应链，城市消费影响了其所在城市边界以外的温室气体排放。通过推动商品生产方式和消费习惯的变化，C40能够影响全球温室气体排放。C40影响了全球大约10%的CO_2排放。如果没有限制，到2030年C40将耗尽1.5℃的温室气体预算，并且到

[①] C40城市气候领导联盟是为应对气候变化而成立的全球性城市网络。C40城市拥有包括纽约、东京、北京在内的97个城市成员，占全球GDP的25%，覆盖全球1/12的人口，提供了10000项应对气候变化的行动。

2050年C40消费排放将增加87%。为了将全球气温上升控制在1.5℃以内，到2030年C40的人均城市消费对气候的影响必须下降50%，到2050年下降80%。

报告提出了食物、建筑和基础设施、私人交通、航空、服装和纺织品、电子产品和家用电器六个消费类别和相应的干预措施以及减排目标，如表1所示。实施消费干预措施能够大幅减少C40的消费排放。如果C40需要在2030年之前将消费排放减少50%，并在2050年之前将消费排放减少80%，那么消费者必须改变消费习惯。同时政府需制定激励政策和企业需开发新模式，鼓励居民采取可持续的消费行为，促进消费减排。

表1 不同消费类别的干预措施和目标

消费类别	消费干预措施	2017~2030年消费类别的减排目标	2017~2050年消费类别的减排目标
服装和纺织品	●减少每年购买的新衣服 ●减少供应链浪费	39% （仅减少新服装项目就占37%）	66% （仅减少新服装项目就占64%）
食物	●饮食变革：按照健康饮食建议，减少肉类和乳制品消费 ●减少生活垃圾 ●减少供应链浪费	36% （仅饮食变革就占27%）	60% （仅饮食变革就占45%）
航空	●减少航班数量 ●增加低碳航空燃料的使用比例	26% （仅减少航班数量就占18%）	55% （仅减少航班数量就占31%）
建筑和基础设施	●提高材料利用效率 ●提高建筑利用率 ●使用更低碳的材料 ●使用低碳水泥 ●重复使用建筑构件	26% （提高材料利用效率和提高建筑利用率占18%）	44% （提高材料利用效率和提高建筑利用率占29%）
私人交通	●减少汽车保有量 ●延长汽车寿命 ●提高物质效率	28% （仅减少汽车保有量就占24%）	39% （仅减少汽车保有量就占31%）
电子产品和家用电器	●优化IT设备的使用寿命	18%	33%

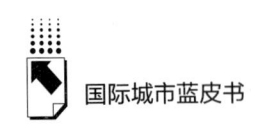

二 城市消费干预的行动

六个消费类别指明了未来城市制定减排方案的新方向。18 种消费干预措施通过推动需求变化干预消费排放。干预措施旨在降低商品和服务的碳强度，而又不影响其功能；鼓励低碳消费，而又不影响居民生活质量。

（一）重点消费领域减排潜力

为每项干预措施建立两个减排目标：渐进目标和宏伟目标。渐进目标是依据当前技术和消费者行为渐进变化的假设而制定的。宏伟目标是假设资源高效生产和消费习惯广泛变化而制定的。消费干预要求消费模式和消费行为发生重大改变，并且推动相应的供应链和行业生产发生结构性转变。图 1 显示了在不同目标假设下，六种消费类别到 2050 年的累积排放，其中在国家自主贡献（Nationally Determined Contribution，NDC）[1] 和期限 2020[2] 假设与宏伟目标假设下，建筑和基础设施累积排放量最大，分别累积排放 21GtCO$_2$ 和 11.9GtCO$_2$，其次是食物分别累积排放 17.7GtCO$_2$ 和 6.8GtCO$_2$。

（二）消费干预

1. 消费干预：食物

2017 年，C40 城市与食物有关的消费排放占总消费排放的 13%。大约 75% 的排放源于肉制食品，25% 的排放源于非肉制食品。发电和化石燃料生产是影响食品供应链变革的关键因素。在 NDC 假设下，2017～2050 年与食品有关的化石燃料和发电排放占 25%；最重要的排放源是农作物产地排放，

---

[1] NDC 是《巴黎协定》的核心，以不威胁粮食生产的方式，提高适应气候变化的能力，以低温室气体排放为长期目标。NDC 体现了每个国家为减少本国排放和适应气候变化而所做的努力。

[2] "期限 2020" 详细说明了 C40 城市需要实施的行动路径，将《联合国气候变化框架公约》缔约方会议第 21 次会议（COP21）巴黎协议从愿景变为现实。

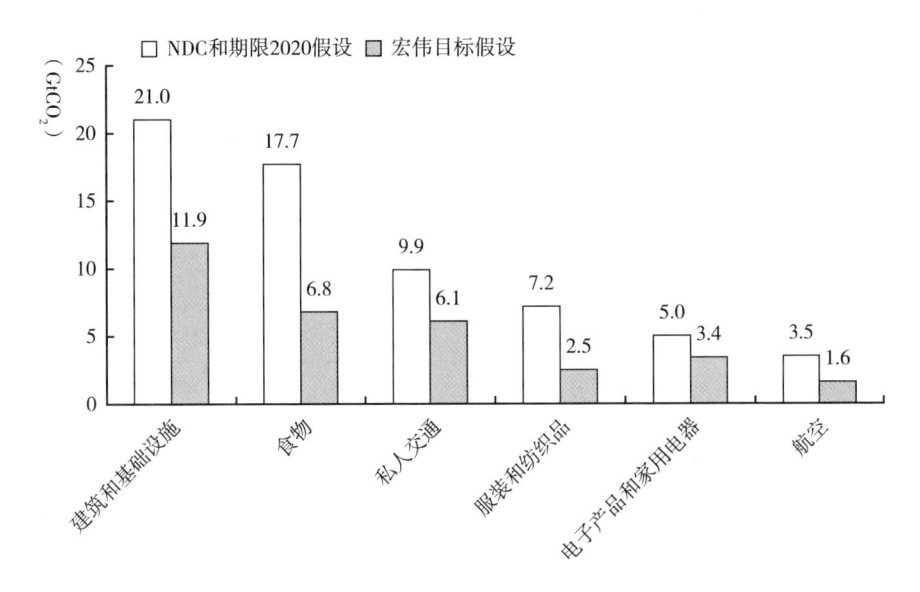

图1 到2050年六种消费类别的累积温室气体排放

占总排放的34%；畜牧业占总排放的25%。如果C40采取表2中的措施，在NDC假设下，2017~2050年排放将减少51%，而实现宏伟目标则能够额外减少9%。饮食变革是效果最好的消费干预措施。健康饮食（即减少肉类和奶制品的摄入量）将减少60%的排放量（分别为43%和17%）。避免家庭食物垃圾和供应链食物垃圾将分别减少10%和5%的排放量。

表2 食物及相关目标的消费干预

消费干预	2030年渐进目标	2030年宏伟目标
饮食变革	每人每年6公斤肉	每人每年0公斤肉
	每人每年90公斤乳制品消耗量（牛奶或等效衍生物）	每人每年0公斤乳制品消费（牛奶或等价的衍生物）
	每人每天2500卡路里	每人每天2500卡路里
减少生活垃圾	减少50%的家庭食物浪费	0%家庭食物垃圾
避免供应链浪费	供应链食物浪费减少50%	供应链食物垃圾减少75%

2. 消费干预：建筑和基础设施

2017年，C40新建和翻新建筑及基础设施的排放量为0.45 $GtCO_2$。在

NDC 假设下，2017～2050 年金属产地排放和矿物产地排放占总排放的 27%。发电和化石燃料生产造成的排放最多，占总排放的 46%。在 NDC 假设下，如果所有 C40 采取表 3 中的干预措施，2017～2050 年建筑和基础设施排放将减少 27%，如果实现宏伟目标则能减少 44%。提高材料利用效率，提高建筑物利用率和使用低碳水泥等，能有效减少排放。

表 3　建筑和基础设施及相关目标的消费干预

消费干预	2030 年渐进目标	2030 年宏伟目标
提高材料利用效率	钢铁和水泥用量分别减少 20% 和 32%	钢铁和水泥用量分别减少 35% 和 56%
提高建筑利用率	新建筑需求减少 10%	新建筑需求减少 20%
使用更低碳的材料	木质结构建筑占住宅的 75%、商业建筑的 50%	木质结构建筑占住宅的 90%、商业建筑的 70%
使用低碳水泥	50% 的水泥被低碳替代品替代	61% 的水泥被低碳替代品替代
重复使用建筑构件	原始金属和石化材料减少 11%	原始金属和石化材料减少 22%

3. 消费干预：私人交通

2017 年，C40 与私人交通有关的消费排放占总排放量的 8%。在 NDC 假设下，2017～2050 年汽车制造供应链中最大的排放源是发电，占总排放的 36%。其次是化石燃料生产排放，占总排放的 15%。如果 C40 采取表 4 中的干预措施，在 NDC 假设下，私人交通产生的排放在 2017～2050 年将减少 23%，而实现宏伟目标将额外减少 32%。

表 4　私人交通及相关目标的消费干预

消费干预	2030 年渐进目标	2030 年宏伟目标
减少汽车保有量	每千人 190 辆汽车	0 辆私家车
延长汽车寿命	车身（外壳和内饰）的使用寿命为 20 年	车身（外壳和内饰）的使用寿命为 50 年
提高物质效率	减少使用 50% 的金属和塑料材料	

4. 消费干预：航空

2017 年，C40 与航空有关的排放主要来源是飞行中消耗的燃料（称为"航空排放"）。在 NDC 假设下，2017～2050 年航空排放占总排放的 66%，化石燃料生产占总排放的18%。如果C40居民减少乘坐飞机次数，并且航空公司按照渐进目标增加低碳航空燃料的使用比例，那么将累计减少43%的排放。在宏伟目标假设下，减少航班比增加低碳航空燃料的使用比例更有效，前者减少11%的排放，而后者仅减少1%。

表5 航空及相关目标的消费干预

消费干预	2030年渐进目标	2030年宏伟目标
减少航班数量	每人每2年1次短途运输回程航班（少于1500公里）	每人每3年1个短程回程航班（少于1500公里）
增加低碳航空燃料的使用比例	采用53%的低碳航空燃料（或其他等效的低碳技术或燃料）	采用100%的低碳航空燃料（或其他等效的低碳技术或燃料）

5. 消费干预：服装和纺织品

2017年C40服装和纺织品的排放占总消费排放的4%。初级天然材料的生产造成了大量的排放，其中包括饲养牲畜生产动物产品（如羊毛）和种植纤维作物。在NDC假设下，2017~2050年发电排放是最大的排放源，占总排放的27%；农作物产地排放和畜牧业排放占总排放的32%；化石燃料生产排放和化学品产地排放占总排放的24%。如果C40采取表6中的干预措施，2017~2050年服装和纺织品的排放将减少47%，而实现宏伟目标能够额外减少19%。减少每年购买的新衣服的影响明显超过了减少供应链浪费的影响。在宏伟目标假设下，生产有限的产品意味着可以通过减少供应链浪费来减少排放。

表6 服装和纺织品及相关目标的消费干预

消费干预	2030年渐进目标	2030年宏伟目标
减少每年购买的新衣服	每年每人8件新衣服	每年每人3件新衣服
减少供应链浪费	供应链浪费减少50%	供应链浪费减少75%

6. 消费干预：电子产品和家用电器

电子产品和家用电器的生产和消费在过去几十年保持高速增长。2017

年，C40 与电子产品和家用电器有关的排放占总消费排放的 3%。在 NDC 假设下 2017~2050 年排放源主要来自发电和化石燃料生产，占总排放的 50%，其次是杂物排放，占总排放的 14%。如表 7 所示，通过优化 IT 设备的使用寿命，到 2050 年电子产品和家用电器的总排放量将减少 33%。

表 7　电子产品和家用电器及相关目标的消费干预

消费干预	2030 年渐进目标	2030 年宏伟目标
优化 IT 设备的使用寿命	笔记本电脑和类似电子设备的 7 年最佳使用寿命	

三　对中国城市引导负责任消费的启示

全球极端气候频发，波及范围越来越广。2019 年，国内经历了玉树雪灾、南方夏秋冬连旱、"利奇马"等极端气候，国外也出现了加州大火、西欧热浪、巴西雨林大火、澳洲大火等自然灾害。频发的自然灾害提醒每个城市应加强对全球变暖和温室效应的关注，加大环境保护力度。节约能源、减少温室气体排放、保护环境并不意味着不消费或者减少消费，而是在保证居民生活水平的基础上鼓励低碳消费，逐步实现碳中和。由于城市的异质性，各城市不必遵循完全相同的减排路径，可以依据自身实际采取不同的消费干预措施。本文通过分析不同消费类别的干预措施，得到如下启示。

（一）加大公共宣传力度，鼓励低碳消费，推动消费习惯转变

首先，发挥社区和公益组织的引导作用，扩大健康饮食、低碳消费、节约资源等公益广告覆盖范围，积极宣传低碳生活，减少资源消耗和浪费，引导居民消费习惯转变。其次，加强学校对低碳消费、节约资源等环保行为的宣传力度，提高学生环保意识，培养学生低碳消费意识，加强学生对家庭消费习惯的影响。最后，鼓励居民低碳消费，增强低碳消费理念，培养居民形成低碳生活和低碳出行的习惯，鼓励并引导居民购买低碳商品而非碳含量高的商品，降低消费端碳排放。

(二)加大低碳技术投资,发展低碳技术,推广低碳生产

加大对低碳技术的投资,推进低碳技术研发,以低碳生产方式取代现有的生产方式;建立低碳产品的行业认证体系,提高低碳技术在商品生产中的应用比例,逐渐降低生产端碳排放;鼓励建筑公司设计低碳建筑,提供多种类型的低碳建筑;制定税收优惠政策,提供补贴,刺激企业转向低碳生产。化石能源的消耗是产生大量温室气体的重要因素。增加对清洁能源的投资,加快清洁能源的开发和推广,在替代化石能源的同时确保不会出现"能源荒";开发新能源并逐步取代化石能源,减少温室气体排放;推广以核能、太阳能、生物燃料为代表的清洁能源应用,替代化石能源的使用,逐步减少温室气体的排放,降低运输环节的碳排放。

(三)推动绿色产业链发展,实现碳中和

发挥政府主导作用,积极推动产业园区生态发展。通过财政补贴和税收优惠等政策,刺激企业开发绿色技术,推动能源综合利用、循环再生、绿色材料等技术的发展,并且吸引企业大规模应用低碳技术和绿色技术,鼓励企业转向绿色生产。制定城市产业升级规划,逐步推动产业向绿色生产升级,建立绿色低碳循环发展的产业体系,逐渐达成碳中和的目标。

参考文献

C40, Arup and University of Leeds, "The Future of Urban Consumption in a 1.5℃ World," https://www.arup.com/perspectives/publications/research, June 2019.

The Bellona Foundation, "An Industry's Guide to Climate Action," https://bellona.org/publication/an-industrys-guide-to-climate-change, chapter 2—chapter3, November 2018.

World Bank, "Green Growth, Green Jobs and Labor Markets," https://openknowledge.worldbank.org/handle/10986/3277, March 2012.

B.18
英国南约克郡区域建设"氢能源经济圈"的方案启示[*]

樊豪斌[**]

摘　要： 英国通过立法确定了2050年实现零碳排放的目标，引领清洁发展的现代工业战略革新。本报告详述南约克郡地区四城市"氢能源经济圈"的构想与发展条件，探讨该地区氢能源的生产、存储和转化及其在运输、工业、供热等领域的远景规划和发展机遇，以及氢能源经济圈多方合作模式对我国长三角地区建设氢能源经济圈的启示。

关键词： 低碳　氢能源经济圈　英国

英国颁布的《气候变化法案》正式确立了英国于2050年实现温室气体"净零排放"的目标，成为率先以法律形式确立零碳战略的主要经济体，走在了清洁能源革命创新的最前沿。素以工业闻名于世的南约克郡（中心城市谢菲尔德），21世纪以来一直引领着英国的氢能源技术创新。英格兰北部加氢站和世界规模最大的电解槽工厂均坐落于南约克郡地区。本报告基于奥雅纳工程顾问公司对南约克郡四个城市（巴恩斯利

---

[*] 本报告主要基于伦敦奥雅纳（Arup）工程顾问公司调研报告《区域氢能源经济圈构想》（Establishinga Reginal Hydrogen Economy）和 https://www.arup.com/ 的相关信息开展评介，并就其对中国长三角发展的借鉴意义进行分析，特此致谢。
[**] 樊豪斌，博士，上海社会科学院城市与人口发展研究所助理研究员，上海市人民政府发展研究中心与复旦大学博士后，主要研究方向：产业组织、城市经济。

市、唐卡斯特市、罗瑟汉姆市、谢菲尔德市）合作建设"南约克郡氢能源经济圈"方案的调研分析，探讨其对于中国长三角地区建设氢能源经济圈的启示。

一 发展氢能源经济的必要性

（一）发展氢能源经济是未来英国进一步降低碳排放、实现清洁发展的重要手段

英国政府通过立法形式，明确了到2050年实现零碳排放，将清洁发展定位为现代工业战略的核心。英国是最早进行能源转型、引领全球低碳革命的发达国家。

（二）为实现"净零排放"的目标，应从需求和政策上改变英国生产、分配、储存和消费能源方式，以保障低碳能源的安全性和可持续性

氢能源本身具有的清洁、热值高以及零碳排放的优点，为低碳目标提供了一个多用途、清洁和灵活的能量载体。英国现有能源创新方向之一是在运输、工业、热能等很难脱碳的领域由"碳"能源向新能源方向过渡。目前，仅依靠电气化的脱碳途径将无法实现英国的既定目标，因此氢能源是脱碳过程中必不可少的要素。

（三）绿氢是未来发展方向，需要同时拉动氢能源需求以及搭建新能源可持续发展的支持和监管框架

根据制氢方式的不同，大致可以分为"灰氢""蓝氢""绿氢"三种。其中，"绿氢"由可再生能源（如风电、火电等）电解水制取，全过程100%绿色，为终端部门深度脱碳奠定了基础。为实现氢能源的最大化产能生产，一方面，需要拉动氢能源的需求，建设一系列氢能源生产供

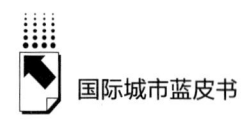

应设施；另一方面，需要政府制定政策和监管框架以确保新能源经济可持续发展。

二 南约克郡地区氢能源经济圈的发展条件

交通便利、工业历史悠久、科创氛围深厚，南约克郡地区四个城市具备了发展氢能源经济所需的交通和文化条件。南约克郡（South Yorkshire）地区是英国英格兰中部的一个都市化地区，辖巴恩斯利市、唐卡斯特市、罗瑟汉姆市、谢菲尔德市四个城市，是世界知名的工业地区。本部分分别从4个城市的经济、交通、文化等方面分析其发展氢能源经济所具备的条件。

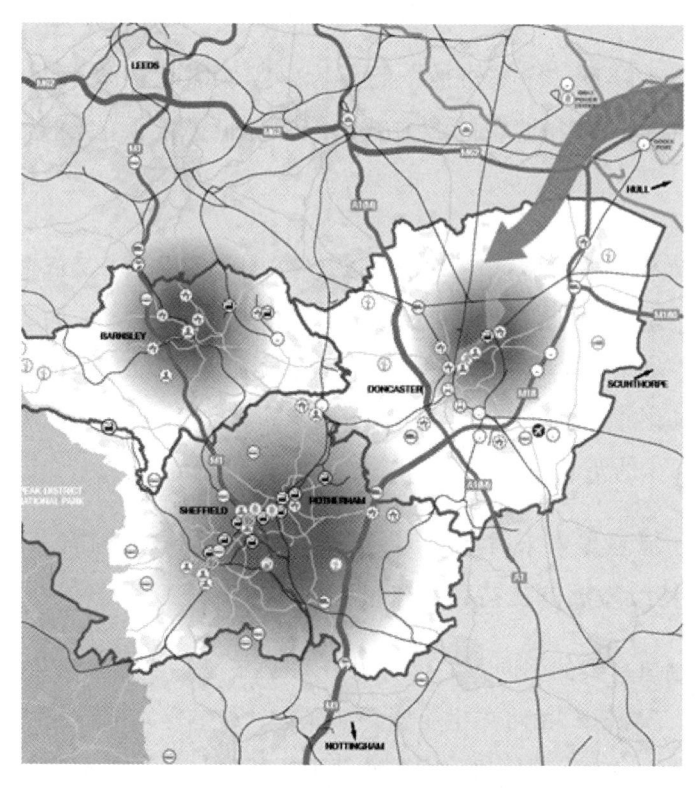

图1 南约克郡地区氢能源经济圈构想

（一）罗瑟汉姆（Rotherham）可担当氢能源经济圈氢能源生产、存储和运输的重任

罗瑟汉姆地处南约克郡地区东南部，位于谢菲尔德和唐卡斯特之间。罗瑟汉姆拥有世界上最大的制氢电解槽生产工厂，电解槽可以将可再生电力转化为一种具有所有灵活性但不排放任何天然气碳的气体。同时该地区还具备生产储氢气瓶的能力，是南约克郡地区氢能源供应链上的重要一环。储能和清洁燃料公司 ITM Power 开发了英国首个投放公共使用的氢能源站。该氢能源站位于罗瑟汉姆的高级制造园中，由英国技术战略委员会 Innovate UK 提供资金，满足了氢能源在运输领域的需求。在罗瑟汉姆地区实施的氢能示范项目，为附近建筑提供了部分电力支持和氢能燃料，包括 225kW 的风力发电机、先进的电解槽、可储存 200kg 氢气的储氢系统和功率为 30kW 的燃料电池动力系统。该氢能综合示范系统集合了 ITM 能源公司最先进的氢能商业化模块，是英国氢能基础设施非常重要的组成部分。

（二）唐卡斯特（Doncaster）为氢能源经济圈的主要交通枢纽

唐卡斯特地处英国英格兰南约克郡东部，是英国重要的铁路运输和公路运输枢纽，同时拥有短车程的机场和最大的陆运物流中心。唐卡斯特车站，由东海岸公司管理，是英格兰东北部的重要车站之一，可以为氢能源在南约克郡地区的运输提供支持。南约克郡的陆上风能发电能力已经达到 121MW，其中 44MW 的电能由唐卡斯特市北部的吐温桥风车发电站提供。唐卡斯特政府已拟定开发陆上风力发电制氢，承担南约克郡地区氢能源经济圈的氢能生产和供给。同时，政府计划对唐卡斯特现有卡车停车场进行改造，建立服务于物流行业的重型汽车的加氢站中心网络，以满足南约克郡地区氢能源经济圈建成后的氢能需求。

（三）巴恩斯利（Barnsley）可为氢能源经济圈提供技术支持

巴恩斯利是英格兰南约克郡的一个镇，位于迪尔恩河流域，南邻谢菲尔

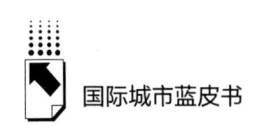

德，东接唐卡斯特。这座曾以煤矿和制造玻璃闻名的工业重镇，曾有着灿烂的工业遗产文明。在巴恩斯利的西部地区，有多家风力发电厂利用风车生产富余的"绿氢"，并可向南约克郡地区供热。同时，沿 M1 高速公路，可以在巴恩斯利北部高速公路服务站点建设加氢站，为南约克郡氢能源经济圈提供氢能源。巴恩斯利学院低碳中心项目获得欧盟专项资助，是低碳建筑技术和可再生能源利用技术的典范项目，可为南约克郡地区氢能源经济圈的发展提供技术支持。

（四）谢菲尔德(Sheffield)为测试工业构想的理想地，并承担氢能源经济圈的人才输送任务

谢菲尔德人口居英国城市前 10 位。19 世纪起，谢菲尔德市以钢铁工业闻名于世。谢菲尔德通过 M1 和 M18 高速公路与国家高速公路网连接。M1 高速公路环绕该市的东北部，使谢菲尔德与南面的伦敦以及北面的利兹连接起来；M1 高速公路的分支 M18 高速公路将该市与唐卡斯特、罗宾汉唐卡斯特谢菲尔德国际机场和亨伯港口连接起来。该市谢菲尔德大学和谢菲尔德哈勒姆大学得到高端制造研究中心（AMRC）资助，致力于技术创新。这两所大学的研究和开发能力足以为社会输送氢能源领域的专业人才，因此谢菲尔德市是测试工业构想的理想地。

三 南约克郡氢能源经济圈的发展机遇

（一）氢能源生产、存储和转化过程中的发展机遇

南约克郡地处内陆，紧邻亨伯港，因此可结合再生能源电解制氢和氢能源进口以满足不断增长的需求。英国政界及金融集团一致认为，如果采用天然气转化制氢，则必须采用碳捕集及封存技术，通过对二氧化碳的捕集、埋存和利用，避免大量排放。2030 年后，氢能源需求大幅增长，作为内陆地区的南约克郡大概率会从亨伯港口进口氢能源。而亨伯港口区域可以借助海

上风能产生的可再生电力来生产绿氢,也可以通过碳捕集的天然气转化制氢,或者直接依靠港口从他国进口,具体发展机遇:①利用可再生能源(如风能、太阳能等)发电产生的过剩电力制氢。②在天然气管道系统中注入或混入绿氢,以减少家庭生活中的碳排放。③部分英国的供气管道将于2030年完成100%氢气运输的转化,南约克郡区域将实现通过天然气管道网络获取工业生产或港口城市进口的氢能源。④管道网无法覆盖区域,氢能源可以通过罐车或铁路运输保证供给。⑤加强氢能源存储以满足季节性的供热需求。

(二)氢能源运输过程中的发展机遇

南约克郡是英国公路和铁路网络覆盖最密集的地区之一,可以利用交通的便利性拓展氢能源在运输领域的应用。作为英国交通运输枢纽,南约克郡在物流配送领域具有战略地位,同时也是亨伯港口向南航行的必经区域。尽管用于氢能源制动汽车制造的相关设备和配套设施还远落后于电力制动汽车,但作为最有前景的脱碳手段,氢能源制动汽车在未来极具发展潜力,具体发展机遇:①燃料电池公交车可在南约克郡市中心至周围郊区的公共交通运输线上投入使用。②对唐卡斯特现有卡车停车场进行改造,建立服务于物流行业的重型卡车的加氢站网络。③在南约克郡地区高速公路服务站建立大型加氢站,同时提供加氢及充电服务。④由于现在柴油动力列车进行电气化改造时遭遇瓶颈,英国计划最快用两年时间推出氢燃料列车,以取代现有柴油动力列车,从而减少噪声和空气污染。⑤唐卡斯特机场飞行区内通用车辆已经开始向低碳方向转型,将氢燃料电池汽车运用于机场绿色运输体系,这也是全球范围内机场低碳化转型的方向。

(三)氢能源在工业领域的发展机遇

南约克郡地区工业历史悠久,与亨伯区域合作紧密,应以该地区的工业基础为依托,加强规划的协调统一,实现零碳排放目标。亨伯区域清洁能源发展白皮书也提出了应对零碳排放挑战的战略路径。因此,不论是在南约克郡还是亨伯区域,氢能源都将具有举足轻重的地位。南约克郡地区每年大概可以生产170万吨的钢材。该区域没有炼钢高炉（电弧炉用来回收废钢），而是使用大量天然气替代煤来锻造钢化产品，但这仍会产生大量的碳排放。大型能源消耗行业在国家或区域经济中占有重要地位，因此在由化石燃料向清洁能源过渡时期需平衡经济发展和技术变革的关系，避免因技术转型而导致失业率大幅提升。建议以立法形式逐年减少高耗能工业（如钢材、玻璃、砖块和水泥等）在生产过程中温室气体的排放额度，具体发展机遇：①锅炉燃烧或者烧钢过程中的应用：将原天然气中混入氢气加以燃烧或完全使用100%的氢能源。②制氢过程中的副产品的利用。③氢燃料制动汽车、火车、飞机的应用。④利用工业生产过程中的废热作为天然气制氢方法中的预热阶段。

（四）氢能源在供热领域的发展机遇

可将氢能源应用于商用和民用供热领域的脱碳过程，且无须对中央供热系统进行大规模改造。短期来看，在现有的天然气管网中最高按体积20%的比例注入氢气，可以降低供暖耗能产生的碳排放。使用这种方法减碳的优点是用户无须改变现有设备和管道。虽然用热泵供电可以代替天然气为新建筑供暖，但需要对旧建筑进行改造。而氢能源则不受此类限制，氢燃料锅炉可以产生更高的热量，而且只需对家庭现有的燃气锅炉进行更换，而不用对整个中央供热系统进行改造，具体发展机遇：①各类建筑物供热向氢能源方向转化：中学、学院、大学、医院和地方政府等建筑。②对不同密度的城区和住宅分别试验小型、中型、大型的氢供热系统：南约克郡地区每年会新建4000~5000间住宅，确定一定比例的存量住宅或新建住宅试用氢能源供热可以作为脱碳的方案之一。③在天然气管网从运输天然气向输送氢气转化的阶段，或者天然气管网无法覆盖的地区，可以使用卡车（长管拖车）运输。④使用氢能源的脱碳效果明显，并且可以优化谢菲尔德地区高温区域供热系统。⑤南约克郡地区现有和拟建的天然气供热系统具备采用氢燃料发电的潜力。⑥在南约克郡地区新楼盘建设中家用氢能源供热设备已经开始使用。

(五)发展氢能源的科研合作机会

南约克郡地区坐拥世界一流的学术机构、研究中心和技术型企业集群，是氢能源技术发展的核心区域。南约克郡拥有两所世界性大学：谢菲尔德大学和谢菲尔德哈勒姆大学。两所大学受高端制造研究中心（AMRC）资助，致力于技术创新。这两所大学的研究和开发能力足以为社会输送氢能源领域的专业人才。南约克郡也是很多知名组织的总部所在地，如 ITM Power，世界领先的储氢系统和清洁燃料系统的设计和制造商，同时向国内外市场供给电解槽。这类厂商的存在，使得南约克郡应用氢能源技术具有天然的优势，也促进了氢能源技术人才的增加。南约克郡地区可以以高端材料制造和产业声誉为基础，快速发展成为氢能源电解槽市场的领导者，同时建立一支高素质的人才队伍，具体发展机遇：①加强研究机构与氢能企业的合作，明确研究方向，从而有针对性地解决技术性问题。②加强氢能企业与当地的学校合作。③建立独特的教育和学徒体系，以保证南约克郡当地的组织机构能够拥有充足的人力资本。④鼓励成熟的氢能产业公司向南约克郡以外的地区输出产品、技能和专业知识，以扩大南约克郡氢能源经济在英国的影响力。

四 对长三角地区发展氢能源经济的启示

(一)氢能源经济发展正迎来政策性利好，"十四五"规划坚持绿色复苏的治理思路

习近平总书记在气候雄心峰会上通过视频发表题为"继往开来，开启全球应对气候变化新征程"的重要讲话，提倡增强信心，坚持绿色复苏的气候治理新思路，并大力倡导绿色低碳的生产生活方式。2020年6月1日，中国人大网公布《关于2019年国民经济和社会发展计划执行情况与2020年国民经济和社会发展计划草案的报告》，在2020年国民经济和社会发展计划的主要任务中提出，制定国家氢能产业发展战略规划；支持新能源汽车、储

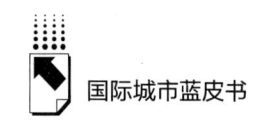

能产业发展，推动智能汽车创新发展战略实施。

长三角区域氢能源合作已经踏上征途，在长三角区域合作办公室的指导和上海市科委、南通市人民政府、如皋市人民政府等单位的大力支持下，由中国汽车工程学会编写的《长三角氢走廊建设发展规划》于2019年5月正式发布。该规划分为三个阶段：第一阶段为近期发展规划（2019~2021年），立足于长三角现有氢能产业基础，示范推广氢燃料电池汽车。同时将以上海为龙头的产业先行城市打造成氢走廊的核心点，率先启动建设4条氢高速示范线路。先行城市包括已经确定积极发展氢能与燃料电池汽车产业的上海、苏州、南通、如皋、宁波、嘉兴、湖州、张家港等。第二阶段为中期发展规划（2022~2025年），大力推进燃料电池汽车的应用发展，进一步提升氢能关键技术水平，在重点城市之间推广建设10条以上氢高速公路，拓宽燃料电池汽车运营范围。同时实现氢能产业快速成长，形成具有影响力的氢能产业集群，打造特色鲜明的氢走廊创新发展模式。第三阶段为远期发展规划（2026~2030年），氢走廊要覆盖长三角全部城市和20条以上主要高速公路，形成具有国际影响力的燃料电池汽车应用区域，充分带动全国燃料电池汽车产业的发展，推动未来社会清洁能源和动力转型。

（二）长三角氢能源经济圈建设应关注网络内城市之间的互通联动和共利共赢

虽然该规划立足于将长三角打造成为国际领先的加氢基础设施网络，但是尚缺乏对该网络内城市之间协同、互通联动、共利共赢等问题的探讨，借鉴南约克郡的案例，可以考虑如下。

1. 以加氢基础设施网络化为主体，打通燃料电池汽车互通路径，实现多个城市发展的规模经济

以燃料电池汽车为例，其普及需要有完善的氢能基础设施，但加氢站建设前期需要投入大量资金，常常存在规模小而运营成本高的问题。应多城合作形成规模效应，促进氢能的推广和应用，从而在具体产业层面促进高质量的长三角一体化。

2. 建立氢能源专利联盟，加强长三角燃料电池汽车知识产权的维权合作，提高燃料电池汽车知识产权维权的效率

专利联盟有利于较好地实现新能源汽车知识产权协同，通过联盟联合开发、保护和运营氢能领域的知识产权可以提高知识产权维权的效率。建立信息共享平台，通过平台实现对燃料电池汽车产业各领域关键技术的知识共享，在此基础上协同开发燃料电池汽车产业的相关技术，申报各类专利，实现燃料电池汽车知识产权共享。

3. 完善长三角地区氢能产业链，重点扶持氢能及燃料电池汽车产业集群的建设

在长三角地区特别是江苏省，形成了以皋氢能源小镇、江苏丹徒氢能源产业园、南京金龙客车制造有限公司和江苏奥新新能源汽车有限公司等为代表的多个氢能及燃料电池汽车产业集群，基本形成包括制氢、储氢、运氢、加氢、燃料电池研发生产、汽车整车开发制造、产品示范应用等环节的氢能产业链。建议政府政策进一步加大对江苏省氢能产业链的投资，扩大产业规模，与上海市嘉定区新能源汽车产业集群协调发展。

参考文献

Arup, "Establishing a Reginal Hydrogen Economy," https：//www.arup.com/perspectives/publications/research/section/establishing－a－regional－hydrogen－economy, 2019.

吕映、廖连莹：《长三角燃料电池汽车产业链知识产权协同创新研究》，《常州工学院学报》2019 年第 6 期。

王虹、梁雪莲、陈庆玺：《氢能产业政策研究》，《煤气与热力》2020 年第 7 期。

B.19
美国智库提出实施城市交通"绿色新政"构想*

盛垒 刘文英**

摘 要： 美国拥有高度繁荣的城市，但城市交通面临许多亟待解决的问题，包括道路设施老化、碳排放增加、交通事故频发、公平性不足等。美国城市交通"绿色新政"旨在为上述问题提供解决方案，使美国的城市和郊区变得更绿色、安全、健康、公正、繁荣。美国的城市交通"绿色新政"，可以为我国的城市交通发展提供一定的启示。

关键词： 美国 交通 "绿色新政"

随着现代城市的快速发展，交通日益成为城市治理中的重点。但现代城市尤其是大都市面临的交通困境已远不只是拥堵问题。从美国的城市交通来看，道路设施老化、高度依赖汽车、碳排放大幅增长、公交发展不足、交通事故频发、交通不平等等问题凸显。为此，美国智库公交中心（Transit Center）于2020年发布《城市和郊区交通"绿色新政"》，分析了美国城市交通中存在的问题，并提出了美国交通政策改革的愿景和措施。本文基于这

---

* 本文主要基于美国智库公交中心（Transit Center）报告"A Green New Deal for City and Suburban Transportation"开展介评，并分析其对我国城市交通发展提供的政策启示，特此致谢。
** 盛垒，博士，上海社会科学院世界经济研究所研究员，主要研究方向：城市创新、城市产业发展；刘文英，上海社会科学院世界经济研究所硕士研究生，主要研究方向：西方经济学。

一报告,对美国城市交通"绿色新政"的目标与内涵进行解析,以期对中国的城市交通发展提供一定的启示。

一 美国城市交通系统存在诸多问题

交通系统既是美国碳排放的主要来源,也是引发不平等问题的主要因素。民众获得安全、实惠和可靠的交通服务是一项基本权利,但限于联邦公交政策,大多数美国人这项权利并未得到保障。

(一)联邦交通支出优先鼓励公路建设

半个世纪以来,美国的联邦交通政策优先在就业中心和富裕的白人地区修建公路。这迫使大多数美国人为了工作和生活,越来越离不开汽车,通勤距离越来越远,不仅增加了碳排放,也限制了有色人种、低收入人群的流动性和发展机会。

美国联邦政府每年为公路提供近450亿美元的资金保障,这些资金基本上在没有任何附加条件的情况下分配给各州。实际上,各州将这些资金的相当一部分用于公路扩建,以进一步巩固单人驾车作为主要交通方式的地位。以汽车为基础的交通网络会造成严重的污染,应鼓励碳密集型的出行和发展模式。

这种政策迫使美国人花在汽车上的时间越来越长。目前,美国人要么承担拥有汽车的成本(这在许多家庭预算中占极高的比例),要么选择稀缺而不可靠的公交服务,要么步行或骑自行车,这让就业机会对大多数人而言遥不可及。

(二)交通支出以扩建而不是维护为主导致驾驶量和排放量增加

美国各州的交通支出多用于道路扩建,而忽视了道路维修。事实上,在现有的资金拨款制度下,那些车辆里程数随着资金规模增加而增加的州获得了奖励,而那些致力于减少居民驾车出行的州获得的资金不断减少。因此,

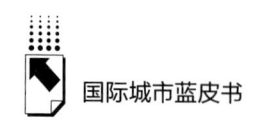

"破败的基础设施"几十年来一直是人们谈论的话题,但联邦政策继续为各州提供扩建道路的资金,而不是要求各州修复现有道路。2009~2017年,美国公路网的车道里程增加了223494英里,足以绕美国行驶83次。2015年以来,州级交通部门增加了5325英里的车道里程规划。

新的公路和车道的建成促使驾车出行更为频繁,进而引发高排放和拥堵问题更凸显,这种反馈循环被称为"诱导需求"。驾驶量的增加与车道里程的增加成正比,车道里程每增加10%,驾驶量就会增加10%,排放量随之增长。交通领域已经成为美国最大的温室气体排放来源,占温室气体排放量的29%,其中83%的来自汽车和卡车。1990~2017年,美国驾车里程增长了50%,同期排放量增加22%。联邦交通对扩建公路的资金支持变相鼓励了驾车出行,削弱了对低碳交通方式的投入,如骑自行车、步行。

(三)用于发展公交、自行车和步行的资金不足

美国的联邦交通资金用于道路扩建,这影响了用于公交、自行车等领域的资金。美国的资本投资拨款(CIG)方案中,只有26亿美元专门用于公交系统扩建,这笔资金对于各机构来说很难获得,也难以保证。与道路扩建资金不同的是,公交资金并不来自能确保其可用性的信托基金,需要审核批准,这导致每年都会发生年度预算之争。联邦政府通常承担公路项目80%~90%的费用,但最多只承担公交工程费用的50%,这给选择修建或扩建公交的当地社区带来了巨大负担。1998年以来,联邦交通政策只资助小微公交机构的运营,大多数机构只能通过票价收入和当地税收来保障运营火车和公共汽车的资金。另外,2018年美国行人死亡人数是1990年以来的最高值,而美国每年只有8.5亿美元拨款用于解决慢行交通(自行车和步行)安全问题,这是远远不够的。

(四)车速及道路设计导致交通事故频发

美国各州交通部门在设计道路时以速度和车辆吞吐量为目标,而联邦交通指导方针并没有更正这种做法。美国城市和郊区的街道经过优化使得汽车

可以无阻碍地高速行驶，这导致乘坐公交、骑自行车、步行等除驾车以外的出行方式变得越来越不安全。每年都有成千上万的美国人死于交通事故，是发达国家平均死亡率的4倍。2007年以来，每年有超过35000名美国人死于与汽车相关的交通事故，行人死亡人数增加了35%。

在州际公路和其他主要干线公路方面，高速行驶具有高效率。但是，把居民区和其他社区街道视为高速交通通道，不仅会导致高伤亡率，而且影响了街道两旁的商业和零售活动。此外，在只有汽车才能安全通行的社区，公交出行变得更加危险，并且给受限于收入、年龄或身体伤残而不能自驾出行的占比达30%的美国人带来了巨大风险。

二 走向城市和郊区交通"绿色新政"：美国交通改革愿景

为消除现有交通系统的弊端，美国智库"公交中心"提出了交通改革的"绿色新政"，倡导通过城市和郊区交通"绿色新政"，使交通系统变得安全、公正、低碳，主要目的和意义如下。

一是重新规划公交和道路系统，投资零碳个人车辆，并重点改造农村、郊区等公交服务严重缺乏的地区。

二是基于交通部门走向"绿色新政"的战略重点，解决美国碳排放量较高的问题，让数百万人从事现有基础设施的升级和修复工作，并降低与私人车辆相关的事故率等。到2030年，美国道路和公交系统进入良好的状态，并创造超过660万个就业机会。

三是让城市和郊区不用开车就能方便通行，促进经济增长。在公交便利、街道安全且适合步行和骑行的城市，更多的低收入人群可以找到工作，而交通成本也大幅下降。通过减少交通事故每年将挽救数万人的生命，改善空气质量将避免更多过早死亡事件发生。由汽车排放污染引起的哮喘、心血管疾病和其他慢性疾病的发病率将会下降。

四是优先考虑交通便利，使得数百万人能够较好地在其所在城市和地区寻找工作，消除因种族、收入、年龄或能力而造成的流动性差异。越来越多的人将被雇佣来支撑迅速扩张的公交系统，建设更安全、可持续的交通网络。

五是交通"绿色新政"给人们带来驾车以外的安全和可靠的选择，从而减少交通拥挤。这将改善现有道路网络的功能，为那些必须开车的人提供便利，并促进货物运输效率提升。

三 美国交通"绿色新政"的主要措施

（一）加大公交项目投入，鼓励公交导向发展

一是增加公交资金，尤其是公交运营资金。将联邦政府对公交的年度支持资金额度由130亿美元增加到500亿美元。调整联邦交通资金中公交分配方式，将公交运营经费补助额与机构客流量挂钩，使各机构能将公交网络的运行频率调整为每15分钟一次，将居民与工作、学校、商店、诊所和其他日常目的地连接起来。为确保这些资金的增加不会影响当地机构的运营收入来源，应在保持当地收入水平的基础上予以联邦补助。鼓励在地方建立更完善的公交服务网络。那些符合经常性全天服务基准的公交机构应获得额外资本和运营资金支持，从而形成更优的服务、更好地维护和更高的客流量的良性循环。此外，扩大公交机构服务范围，在服务缺乏的城市、郊区和农村建立公交路线网络。

二是促进公交基础设施现代化。实施每年180亿美元的公交系统维护项目，允许公交机构进行全国性的维修"突击战"，在六年内将维修积压量减少一半，并采购现代化、低排放或零排放的车辆。

三是改进CIG方案。美国联邦政府新建或扩大公交项目的主要来源是资本投资拨款（CIG）方案。该方案需要通过上级审批来进行年度拨款，资金持续性难以保证。近年来，每年约有20亿美元划归该方案。然而，目前超过230亿美元的项目资金来源没有明确。为此，应以一种新的方案来满足公交扩张的需要，包括每年60亿美元的公式拨款扩展方案，以及每年60亿美元的资

本项目审批型拨款方案，审批型拨款旨在增加低收入人群获得便利的公交服务的机会，两者都要求当地出资20%。这两个方案将为公交扩张提供可靠的资金来源，使公交项目与其他地面交通项目均衡发展，保证各机构为重大项目申请拨款的能力，并使联邦公交资本投资决策具有可及性和公平性。

四是减少公交优先项目的繁文缛节。进一步使 CIG 方案更加精简和流程化，强调明确的、以结果为导向的公交项目联邦资金拨款标准，并根据公交扩建项目是否能有效增加就业和其他机会来确定项目的优先次序。

五是促进公交发展公平导向。各州、大都市规划组织、公交机构制定公平的公交导向发展和交通计划，确定该州需要综合投资战略的地区，以保持和振兴现有的社区和通道，同时保持或提高住房和公交负担能力，并为现有的居民和企业创造平等的机会。为各州和其他机构提供技术援助，以便为公交附近地区制定公平的经济发展战略。

（二）鼓励社区设计安全且便利的街道

一是创建完备的街道。为创建更安全的街道，并使公交、自行车和步行相关的改善计划更容易实施，联邦政府将每年联邦公路基金的5%用于完备街道项目。各州制定方案，为社区建设完备街道项目提供技术援助和奖励资金。引导各地遵循完备街道政策，为各地获取专用资金制定相应标准。

二是填补人行道空缺。联邦政府在地面交通区域拨款项目中制定"行人优先"专项拨款，用于为人行道、缘石坡道、人行横道等提供资金。各州公交部门和城市规划组织调查20万人以上城市的人行道空缺和缘石坡道空缺情况，并规划"行人优先"资金项目。

三是放弃汽车"服务指标"。取消或不再强调汽车"服务指标"（衡量交通顺畅程度的指标，LOS），更加注重更短的汽车行程以及自行车、步行、公交和客运铁路行程，引导支持这些交通方式的基础设施投资。在衡量交通系统成功与否时，不再只关注拥堵指标，要考虑所有将人们与工作和服务联系起来的交通方式，从而将交通、客运铁路、自行车和步行投资与公路投资放在同等的地位。

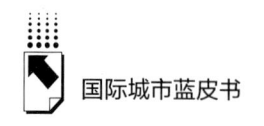

(三)优先修护而不是扩建道路,并确保符合环保标准

一是在联邦公路拨款中优先考虑维修项目,创造一个基于竞争的道路扩建方案,改进公路绩效指标,将其公之于众,奖励资产管理达标的州。国家公路性能计划(NHPP)和地面交通区域拨款计划(STBG)以道路维修为重点。

二是测量道路上的温室气体排放量和人均驾车里程。优化评估方式,除衡量高速的驾车行程外,将减少温室气体排放和驾车里程纳入评估体系。联邦政府制定温室气体排放量和汽车里程的绩效指标,其中包括人均减排目标,并要求所有州制定相应的政策。为达标的州提供资金奖励,对未能达标的州设置联邦高速公路资金使用限制。

三是为道路扩建创建竞争性方案。联邦政府停止对公路扩建开"空白支票",为区域或国家范围内有意义的新项目或重大替代项目提供特殊资金。针对道路扩建制定一个竞争性方案,确保新的道路有利于实现国家和地方目标,如就业和服务的改善、减少温室气体排放、改善行人安全、降低公交系统管理成本、改善弱势群体现状等。

四是增加公路拆除的可用资金。有的公路基础设施使社区特别是弱势社区支离破碎,导致人们失去与工作、服务和其他社区的联系,不仅加剧了现有的不平等,而且恶化了空气污染和公众健康状况。这些公路把人们想去的地方变成人们想远离的地方。为此,联邦政府应制定用于修复社区联系的拨款计划,为拆除现有公路路段提供资金扶持和技术援助。

(四)确保公平转型

一是为公交运营工作提供资金支持。美国各地的公交机构都面临运营相关人员短缺的问题,这影响了机构提供定期服务的能力。为提高公交服务水平,联邦新的公交运营援助计划将帮助公交机构支付运营工人的工资,以支持机构雇佣数千名运营工人。同时,将更多的资金奖励给那些能提供高密度、便捷性公交服务的公交机构,而不是像过去那样将更多资金分配给运营成本低于平均水平的机构。

二是为培训和学徒计划提供资金。联邦交通部将为公交机构提供专项资助，建立公交运营工人、机械师和建筑岗位培训和学徒项目。

三是为促进公众参与设立挑战基金。联邦交通部将建立挑战基金，鼓励公交机构改进公众参与方式，在更短的时间内与更多的公共交通乘客沟通，尽快落实各项交通项目。

（五）制定公平的电动汽车激励计划

对每辆电动汽车予以一定的补贴，这样的激励计划可能会产生一些与"绿色新政"目标不一致的结果。单一的补贴结构可能导致：收入分配不均，大部分资金被高收入家庭获得；未能考虑到郊区和农村地区更加依赖汽车旅行；对消耗更多电能的大型车辆的补贴会给输电网络带来更大的压力，且与小型车辆相比，大型汽车给公共交通安全带来更大的风险。为确保电动汽车激励计划顺利实施，应高度关注公平性原则：一是政策向低收入人群倾斜，激励措施采用浮动比例，使低收入家庭受益，并避免对富裕家庭进行补贴；二是政策向那些公交不便的乡村和郊区倾斜，从而在交通资源稀少、必须驾车出行的社区最大限度地鼓励电动汽车的使用；三是不补贴耗电量较大的大型汽车，鼓励购买更小、更节电的汽车。

（六）提供资金以研究公平供应公交中的障碍

除了上述政策外，美国还计划增加研究和规划项目，给地方政府提供更多解决公交不平等问题的工具。一是建立科研中心降低公交建设成本。美国拥有世界上最高的公交建设成本，这削弱了其迅速建设交通项目和实现气候目标的能力。美国交通部门计划建立一个专门研究这一问题的中心，由建筑经理、工程师、会计师和翻译人员组成，中心将对来自世界各地的低成本公交项目进行审计。

二是帮助地方决策部门获得基本数据，用于分析交通可达性。根据"绿色新政"，联邦政府将提供政策支持，以便任何地方政府的决策者能对

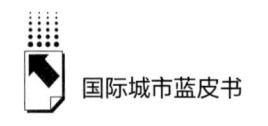

交通系统帮助人们获得工作和其他机会的作用进行分析。

三是促进新的高效出行方式。共享单车、共享电动车、共享滑板车等新型出行服务,在交通系统中扮演着越来越重要的角色,它改变了人们在城市中的出行方式,并解决了长期存在的"第一公里"和"最后一公里"问题。未来,自动驾驶技术和其他尚未开发的服务将进一步影响出行。随着服务方式的创新,政府和公交机构正努力将这些服务纳入交通网络,从而为确保公平、减少拥挤、保护环境等相关目标做出贡献。

四 对中国城市绿色交通发展的启示

从美国城市交通"绿色新政"的愿景、目标和内涵来看,其最终目的是减少交通碳排放,应对气候变化;其政策核心是公交优先导向,加大公交资金投入,实现到 2030 年让大多数美国人步行就能便利地到达公交站的目标。为此,美国正推出一系列改革举措,包括调整交通支出分配方式和结构、改进社区街道设计、优先维护而不是扩建道路、建立电动汽车激励计划、保障交通公平发展等。美国城市交通"绿色新政",对我国城市未来的交通发展具有重要启示。

(一)强化公交发展导向原则

交通"绿色新政"能使城市变得更绿色、更安全、更健康、更公正、更繁荣。要进一步强化城市交通公交发展导向原则,加大公交项目和资金的投入力度。建立更密集的公交服务网络,建立公交机构发展激励机制,扩大公交机构服务范围,鼓励其为城市和郊区中公交建设滞后的区域建立公交路线网络。

(二)城市交通设计要以人为先

城市地面交通系统的设计、运营、维护和评估环节,需要将街道上的行人安全考虑在内,并要便于居民之间的交往和联系,而不仅仅是有利于汽车行驶和交通顺畅。在城市规划和道路设计中，要更多地把能够将居民与工作、服务联系起来的交通方式纳入，按照以人为先的原则促进城市交通包容性发展。

（三）将新型出行方式逐步纳入交通规划

当前，各种新型出行方式蓬勃发展，并驱动交通领域的变革。中国城市要面向未来交通变革，把各种新型、高效的出行方式逐步纳入交通网络和交通规划，不断提升交通网络效率。另外，可借鉴美国的经验，出台电动汽车激励计划，积极推进汽车电动化发展。城市电动车补贴政策应向低耗能的小型车倾斜，不断推动城市交通绿色化发展。

参考文献

Steven Higashide, Hayley Richardson, Ben Fried, Billy Fleming, Emily Mangan and Scott Goldstein,"A Green New Deal for City and Suburban Transportation,"Transit Center, March 2020.

https：//smartgrowthamerica.org/resources/transcending－oil－hawaiis－path－clean－energy－economy/.

https：//www.minnpost.com/environment/2019/01/minnesota－has－done－a－pretty－good－job－reducing－greenhouse－gas－emissions－from－electricity－generation－reducing－emissions－from－transportation－could－be－harder/.

城市治理篇
Urban Governance

B.20
疫情下美国城市治理的重点与难点：
2020年美国市长演讲分析[*]

樊豪斌 蒋励[**]

摘　要： 2020年新冠肺炎疫情给美国的经济发展、公共卫生以及种族平等带来了前所未有的冲击与挑战。美国城市联盟自3月以来持续追踪美国各城市的城市治理政策变化，通过研究各城市市长1~4月的公开演讲稿，详述了城市治理中的价值引导、城市愿景与使命、城市经济与公共卫生状况以及亟须改善的社会问题，分析了美国城市应对健康与经济双重危机的政策倾向性以及疫情下美国城市治理中的重点与难点。

---

[*] 本文主要基于美国城市联盟《2020城市状况分析》(State of the Cities 2020)开展介评，并分析了其对中国城市的借鉴意义，特此致谢。

[**] 樊豪斌，博士，上海社会科学院城市与人口发展研究所助理研究员，上海市人民政府发展研究中心与复旦大学博士后，主要研究方向：产业组织、城市经济；蒋励，美国杜克大学公共政策学院研究生，主要研究方向：社会政策、国际关系。

疫情下美国城市治理的重点与难点：2020年美国市长演讲分析

关键词： 城市治理　经济复苏　公共服务

2020年全球就深陷新冠肺炎疫情的危机，美国新冠肺炎确诊病例数全年超过2039万，死亡人数超过35.3万，为全球新冠肺炎感染人数和死亡人数最多的国家。美国的所有城市在公共卫生、经济危机和种族主义冲突方面面临着巨大的变革与挑战。美国城市联盟发布《2020城市状况分析》（State of the Cities 2020），对美国市长1~4月的公开演讲稿进行分析和归纳。报告基于对美国疫情防控下公共政策倾向性的分析，探讨美国城市治理中的重点和难点。

一　宏观背景

疫情下美国城市仍具有很强的韧性与稳定性，美国各城市市长们正积极应对由新冠肺炎疫情引发的公共卫生危机和经济下行的双重挑战。市长们置身一线，与工人、消防、警察、环卫和公共卫生部门的负责人齐力带领着所有市民共渡难关。市长们深刻地意识到抗击疫情的旅程才刚刚开始，城市的恢复和重建将是接下来的中心任务。

美国的城市政府，先于联邦政府，是最早对疫情做出反应的行政机构。城市政府更早颁布了居家令，并采取了必要的措施以减缓疫情的蔓延，最大限度地减小疫情对社区居民的负面影响。3月以来，美国城市联盟一直在跟踪不断变化的地方政策，及时分享城市为应对新冠肺炎疫情而采取的措施：从为无家可归者提供住房、公共设施重启到政府日常运作的转变等。例如，佛蒙特州伯灵顿等城市已强制执行居家令，以减缓疫情的蔓延。同时，该城市政府与社区紧密合作，不仅为一线抗疫工作人员提供高质量口罩，且建立虚拟资源和恢复中心，为居民提供食物和其他支持。在美国各城市，类似的情节不断上演，无论是在危机时期还是在经济繁荣时期，城市领导人都站在最前线，帮助市民化危为机，共谋发展。当下的美国经济深陷困境，失业率

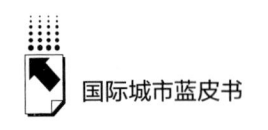

在14%以上。2020年因政府财政困难，预计将有100万以上公共部门工作人员被迫减薪或失业，而公共服务部门的裁员将直接导致城市应急响应时间变长。同时，社会服务和青年项目协调员的减少也将导致暑期项目和家庭健康访问的减少，而这些都是必不可少的社区服务，尤其是对社区的弱势群体来说。因此，各城市作为一个整体共同进退乃势在必行。相反，如果城市各自为政，独自承受这场流行病带来的负面影响，美国将陷入更长久的困境。

以下的城市政策倾向性分析显示，城市领导人一直都通过引导有针对性的投资来支持市民和企业的发展。这不仅是为了促进城市经济发展，更是指导城市以一种更加包容、公平、可持续和前瞻性的方式来实现长远的发展。

二 数据和研究方法

本项研究分析了美国各城市市长在2020年1~4月发表的131次相关演讲。这131次公开演讲涉及不同人口规模和不同地理位置的城市。其中，以人口规模划分主要有以下四类城市：不足50000人城市（占42%）、50000~99999人城市（占20%）、100000~299999人城市（占28%）以及300000人及以上城市（占10%）。以地理位置划分，主要有以下四类城市：东北部城市（占24%）、中西部城市（占21%）、南部城市（占27%）以及西部城市（占27%）。每次演讲都提出了主要议题和更明确的重点话题。每个重点话题均对应以下10个主要议题中的一个：经济发展、基础设施建设、财政预算和管理、住房问题、公共安全、健康与公共服务、教育、能源与环境、政务数据和科技以及人口统计。如果该演讲中重点话题的相关词语数量至少占演讲的10%（该最低阈值根据特定主题演讲的平均部分计算可衡量市长对某一主题的关注程度），则将演讲内容定义为涵盖重点话题对应的主要议题。

美国的城市正面临着新的变革与挑战，2020年的演讲充分体现了美国应对健康与经济双重危机的政策倾向性,涵盖了城市治理的价值引导、城市愿景与使命、城市经济与公共卫生状况以及亟须改善的社会问题。许多城市在卫生和社会服务、小企业支持以及社区治安方面都采取了创新性措施。此外,市长们也在演讲中指出了卫生、教育、公共安全、住房、经济发展和交通等方面暴露出来的问题。危机即转机,美国各城市亟待以此次疫情为契机大胆进行重建和变革,开启迈向包容、公平与复苏的征程。

三 城市治理的十大重点议题

131个市长演讲报告中,出现频率最高的5个议题如下。

(1)经济发展(占75%):艺术和文化作为促进市中心地区社会交往的有力工具继续成为经济发展中的热门话题。

(2)基础设施建设(占63%):推进水利基础设施升级,提高使用效率,以便更好地抵御自然灾害。

(3)住房问题(占40%):将为无家可归者提供可负担住房和服务作为优先处理的社会问题。

(4)能源与环境(占39%):应对气候变化和全球变暖是城市的首要任务。

(5)公共安全(占37%):通过消防安全教育和公众宣传来增进消防部门和社区之间的互动。

此外,其他被讨论的主要议题依次为人口统计(占35%)、财政预算和管理(占32%)、健康与公共服务(占32%)、教育(占17%)以及政务数据和科技(占8%)(见图1)。

(一)经济发展

在疫情防控和疫后复苏阶段,重点扶持小型企业和少数族裔持有的企业是激发市场活力的主要手段。毫无疑问,城市是美国经济的引擎。城市领导人通过提供政策服务来促进当地经济的发展,当前政府的主要策略包括帮助

经济发展
（占75%）

基础设施建设
（占63%）

住房问题
（占40%）

能源与环境
（占39%）

公共安全
（占37%）

人口统计
（占35%）

财政预算和管理
（占32%）

健康与公共服务
（占32%）

教育
（占17%）

政务数据和科技
（占8%）

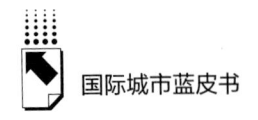

图1 2020年1~4月美国市长演讲中十大议题情况

企业家建立网络形象、竞标城市项目、与小额贷款机构建立联系等。有研究表明，在经济低迷时期小型企业面临的竞争最为激烈，但如果这些小型企业能得到政策扶持，很可能成为经济复苏的核心动力。

根据小型企业管理局的数据，2009~2012年63%的新工作岗位均由小型企业创造。2020年市长们继续推进扶持小型企业的政策，例如，路易斯安那州巴吞鲁日市市长拟制定一项小型企业认证计划，为该市"弱势企业"提供政策支持。北卡罗来纳州达勒姆市政府发起了帮助少数族裔和妇女创立企业的倡议，并通过与Built2Last公司合作提供技术支持，设立专项的债务和股权基金，为新创立的企业提供营运资金。在阿肯色州小石市市长计划针对该市少数族裔和女性持有的企业制定一个多样化的供应商采购计划，在未来三到五年内该城市用于这些企业的开支至少增加25%。这些政策表明美国各城市的领导人都致力于支持小型和少数族裔企业发展，以激发城市的经济活力。这给现在面临困境的小型和少数族裔企业打了一针强心剂。最近的一项研究表明，在短期内面临失业和倒闭风险的小型企业数量将达到 420 万家，涉及 4780 万个工作岗位。为了解决这个危机，俄亥俄州莱克伍德市启动了一项租金支付偿还计划，向受疫情影响的小型企业提供高达 3000 美金的租金偿付补助金。俄勒冈州的威尔森维尔市通过了小型企业新冠肺炎疫情救济金计划，即将向 125 家小型企业拨款 40 万美元。田纳西州查塔努加市专门为少数族裔持有的企业举办了网络研讨会，以支持小型企业申请管理贷款。

城市的发展与治理不仅要致力于商业繁荣和创建市民的美好生活，还应充当在压力下支撑企业发展和国民经济的桥梁。

经济发展的五大重点话题为：①中心城市建设（占 52%）；②艺术与文化建设（占 44%）；③城市社区建设（占 34%）；④就业机会（占 24%）；⑤商业创新和商业发展（占 22%）（见图 2）。

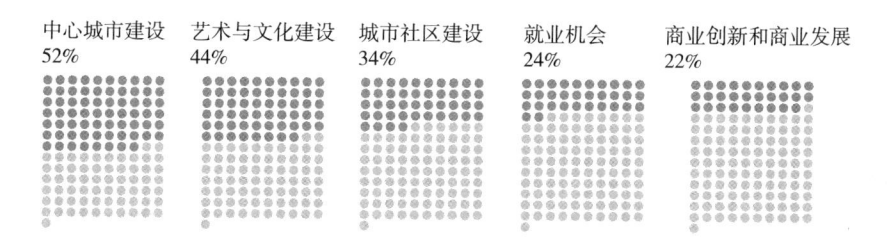

图 2　2020 年 1~4 月美国市长演讲中经济发展的五大重点话题

（二）基础设施建设

保持对基础设施和公共工程领域的投资，不仅可以减缓病毒的传播速度，还可以增强城市韧性，从而确保城市的经济复苏与长期发展。从城市供水设施、下水道和垃圾处理到道路建设和维护，基础设施建设和公共工程服务是保证城市平稳高效运行的关键。

超过 1700 万名美国工人从事基础设施相关工作，基础设施建设作为美国城市发展最重要的部分之一，在疫情当下需要获得更多的支持。2021

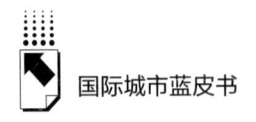

年，市长们表示将致力于通过升级基础设施和推动公共交通的公平使用来解决城市基础设施水平与城市发展不匹配的问题。俄勒冈州独立市市长表示政府正在投资废水处理设施，这些设施不仅能高效地处理排放的废水，而且不会对社区环境造成污染。在新冠肺炎疫情暴发之前，乔治亚州费耶特维尔市就已开始建造 Whitewater 溪水污染控制厂，以改善陈旧的基础设施，使水资源管理和处理更加高效。公共交通改善方面，北卡罗来纳州维克森林市已经计划启动第二绕城巴士的运营，它将逆时针绕城行驶，方便市民出行。

然而 2021 年的基础设施建设面临前所未有的挑战。受制于财政资金，政府继续改善基础设施和其他重要公共工程服务的能力受到重大影响。根据 2020 年 4 月 NLC-USCM（美利坚商业领袖峰会）的一项调查，35% 的城市表明本年度需要削减在基础设施建设领域的预算，并将预算用于公共卫生领域以应对新冠肺炎疫情的冲击。如马里兰州巴尔的摩和宾夕法尼亚州费城等城市都制订了面向居民的高质量饮用水紧急计划，保证不会因居民拖欠水费而停止供水服务，并同意免除居民的滞纳金。华盛顿州西雅图市的公共服务部门将在新的 7×24 小时避难所加强卫生服务，以增强对无家可归人口的安置能力。这些服务将包括新建 16 个便携式厕所和 8 个洗手站。蒙大拿州的废水监测项目成功地测量了类阿片类药物的传播情况，这促使人们开始探索是否可以在当地社区利用废水来监测病毒的传播情况。这将是一种有效的数据收集策略，城市可以以较低的成本提高主动检测能力，消除人际接触病毒的监测盲区，并监测无症状病例。

基础设施建设的五大重点话题为：①道路和街道标识系统建设（占 55%）；②城市供水和排水系统建设（占 47%）；③行人交通设施建设（占 31%）；④基础设施融资（占 28%）；⑤公共交通建设（占 27%）（见图 3）。

（三）住房问题

进一步落实多样化住房供应体系改革，扩大针对弱势群体的住房资源，以确保每个居民都能获得安全且可负担的住房；增加城市流动人口的居住稳

| 道路和街道标识系统建设 55% | 城市供水和排水系统建设 47% | 行人交通设施建设 31% | 基础设施融资 28% | 公共交通建设 27% |

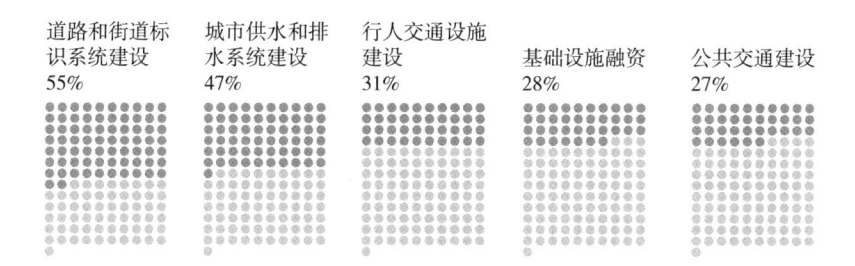

图3　2020年1~4月美国市长演讲中基础设施建设的五大重点话题

定性，以有效防控疫情。美国近2/3的租房者买不起房且流动人口居住稳定性差是新冠病毒感染率居高不下的主要原因之一，政府对城市住房的支持与调控政策尤其重要。

目前，许多城市已采取各类举措来满足弱势群体的住房需求。加利福尼亚州长滩市市长启动首个安全停车计划，为以车为家的市民提供了一个安全的避风港。该市还在监狱里配备临床医生，在图书馆配备社会工作者，以确保无家可归者能够获得相应的帮助。西弗吉尼亚州查尔斯顿市市长聘请了针对城市无家可归者的外联协调员，协助制订了劳动力计划，旨在为无家可归者提供潜在的工作机会。印第安纳州华沙市政府与开发商合作，新建平价老年公寓72间，同时配备各种便利设施。作为"林登市中心"计划的一部分，俄亥俄州哥伦布市将新建100间老年公寓和商业场所，以方便老年人在市中心地区的出行。

因疫情原因，住房危机加剧，低收入居民的住房负担上涨，无家可归者人数骤增。研究估计，在确保社交距离的前提下，需要耗资115亿美元提供多达40万张庇护所床位，以安置所有无家可归者。同时，随着经济衰退的加剧，城市无家可归者可能会持续增加。目前，全美有2200万人申请失业，31%的美国房客未能支付4月的房租。尤其是非裔租房者，房租通常占其收入的比例在50%以上，因此非裔家庭面临的住房危机更为严峻。在疫情防控期间，城市针对住房和无家可归者安置问题的措施对减缓病毒的传播至关重要。在加利福尼亚州洛杉矶市，400万名居民中就有63%是租房者，市长已禁止驱逐需要援助的租户。在华盛顿特区，实施了驱逐和止赎禁令，以帮助租户在疫情期间能获得稳定的居住环境,并要求房东向面临财务困难的租户提供租金支付计划。除了在营地周围建设卫生站外,城市还将一些室内公共场所临时改造成无家可归者的收容所。俄亥俄州辛辛那提市市长计划在确保社交距离的前提下,将会议中心改造成无家可归者的收容所。目前,纽约市一共为6000名市民提供了必要的暂时住所。

随着住房以及公共卫生危机加剧,城市领导人更需要确保每个居民都能获得安全、稳定和可负担的住房,并应高度关注城市弱势群体和病毒传播风险人口的居住问题。

住房问题的五大重点话题为:①住房供应与发展(占32%);②可负担住房(占29%);③分区规划(占27%);④无家可归者问题(占24%);⑤旧房改造(占19%)(见图4)。

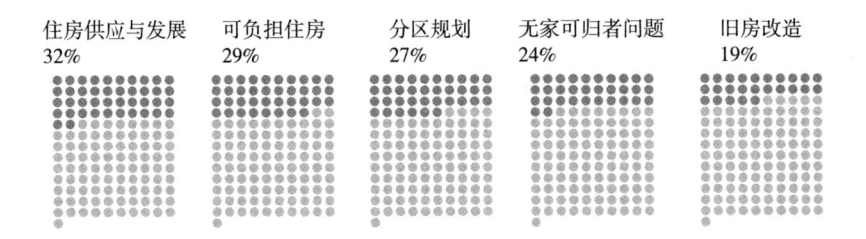

图4 2020年1~4月美国市长演讲中住房问题的五大重点话题

(四)能源与环境

城市必须推进可再生能源的生产,保护自然资源,且需要对极端气候做好应对准备,实现城市的可持续发展。近年来,美国许多城市越来越重视环境保护,以应对气候变化和减少温室气体排放。同时,各级政府还意识到环境卫生与社区居民身体、心理健康和经济密不可分。根据美国肺脏协会(American Lung Association)的《2020年空气状况报告》,46%即1.5亿人在空气不健康的环境下生活,并且有研究表明,长期接触空气污染的人更容易死于新冠肺炎。

北卡罗来纳州达勒姆市为减少需要填埋的城市垃圾,计划实施食物垃圾、庭院垃圾大规模转化为混合肥料的项目，如果项目顺利，到2024年达勒姆市可以将运往垃圾填埋场的垃圾减半。印第安纳州成立了路边垃圾处理小组，并计划清理居民院子里废物中的塑料袋，以防止有害污染物进入土壤。印第安纳州布卢明顿市实施了该市有史以来第一个可持续发展计划，明确到2023年具体的、可衡量的可持续发展的目标与手段，如建立"变革性可持续性投资基金"。2019年10月起，亚拉巴马州贝塞默市与联邦、州和县的合作伙伴通力合作，在全市范围内陆续建造了多处风暴避难所。然而，在许多城市，应急准备、可持续性发展和经济发展常常被视为独立的治理问题。如果城市能够采取整体方法解决这些问题，获得的社会回报将会更高。如果政府能通过发动城市各行业劳动者设计创造性的环境保护方案，城市定能应对多重挑战并推动地方经济发展，社区居民也可以更好地应对未来的冲击和压力。

目前，许多市长已经明确表示经济复苏中必须优先解决气候问题。5月7日，包括10位美国市长在内的C40城市群发表了一份原则声明，"我们不应该回归原本的商业模式——因为我们已身处一个气温上升了3℃的世界"。因此，市政府应利用弹性视角分析各部门的所有预算决策，并基于总体规划和统筹的指导思想，加强各部门的联系，以提升当地应对环境、能源变化的常态准备能力，改善居民健康，帮助城市经济复苏。

能源与环境的五大重点话题为：①环境监测与跟踪（占28%）；②绿化与城市景观（占27%）；③环保能源经济（占20%）；④太阳能（占17%）；⑤气候变化与全球变暖（占17%）（见图5）。

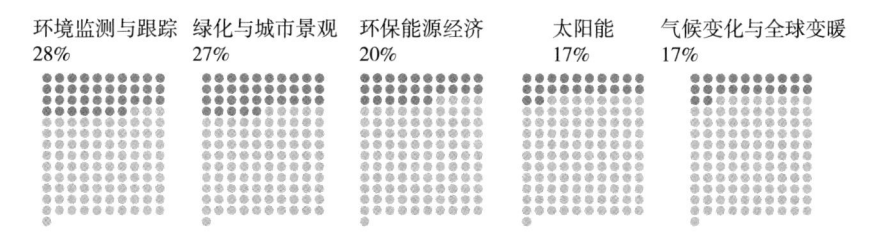

图5 2020年1~4月美国市长演讲中能源与环境的五大重点话题

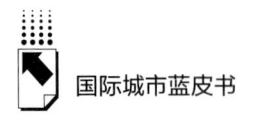

（五）公共安全

公共安全是决定社区整体生活质量的最重要因素之一。城市治理应加强公共安全的教育和宣传，促进警民互动，同时应保障防控疫情期间对一线工作人员的资金支持。

华盛顿州埃弗雷特市计划重振社区警察学院，旨在减少社区犯罪，加强警民互动。华盛顿州西雅图市启动"社区反应计划"，委派训练有素、值得信赖的社区志愿者协助警察开展枪击事件发生后的安抚和支持工作，缓和紧张局势，支持受害者家庭和幸存者，阻止暴力行为的再发生。美国长期以来通过"严厉打击犯罪"来改善公共安全状况，但不幸的是，它导致了大规模监禁人口和极高的再犯率。美国人口占世界人口的4%，但美国被监禁人口却占世界的21%。因此，"严厉打击犯罪"的做法是否为最佳举措引起了社会关注。针对该问题，美国一些城市领导人推出了各种改革司法系统的举措。例如，纽约州奥兰市实施了审前拘留计划改革。"法案改革"将取消几乎所有轻罪和非暴力重罪案件的保释金和审前拘留，且不管辩方有没有要求，警察都应该在15天内将相关拘捕的材料移交给辩方。北卡罗来纳州达勒姆市设立了一个轻罪改判法庭，对初犯者进行有依据的酌情处理。

虽然疫情对这些举措的实施构成巨大挑战，但各城市仍将司法改革作为工作重点。例如，印第安纳州印第安纳波利斯市通过释放和对低级别犯罪发放传票来减少入狱人口。宾夕法尼亚州费城市调整了对低级别犯罪的警务巡视，避免不必要的人身拘留，力争最大限度地减缓病毒的传播；与法院合作，增加对老年人、医疗弱势群体和因低级别犯罪而被拘留人口的监狱释放率，以及改善当地惩教设施内的卫生条件。哥伦比亚特区正在改善监狱医疗条件，加强社交隔离，并为囚犯和狱警提供培训，减缓病毒的传播。

疫情除了对司法改革产生影响外，对财政的影响可能是公共服务的缩减。根据2020年4月NLC-USCM的调查，削减公共服务将影响公共安全。因此地方领导人应优先保证疫情期间身处一线的公共安全工作人员能获得必要的资助与支持。

疫情下美国城市治理的重点与难点：2020年美国市长演讲分析

公共安全的五大重点话题为：①执法部门（占50%）；②消防部门（占39%）；③交通安全（占19%）；④紧急医疗服务系统（EMS）（占8%）；⑤监禁部门与累犯（占5%）（见图6）。

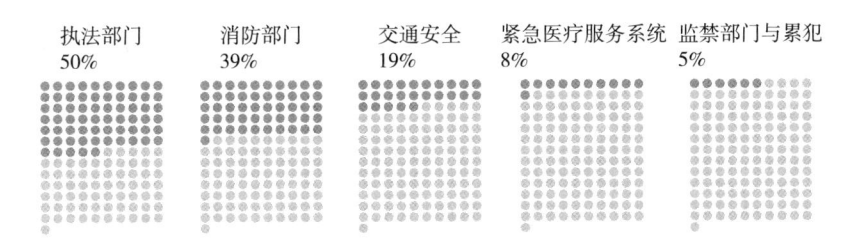

执法部门 50%　　消防部门 39%　　交通安全 19%　　紧急医疗服务系统 8%　　监禁部门与累犯 5%

图6　2020年1~4月美国市长演讲中公共安全的五大重点话题

（六）人口统计

人口普查的完整性和准确性是联邦政府项目能否准确满足美国人口需求的决定性条件，疫情防控期间应鼓励创新人口普查方式。城市、城镇和村庄基于人口普查数据进行资源分配，包括应急准备、救灾和复原规划等。因此，人口普查数据是国会划分区域和进行资源分配的重要基础，数据的准确性保证了各级政府作为市民代表的客观性。

在美国，尤其是在历史上人口数量被低估的社区中，实现全面、准确的人口统计在疫情期间更为重要也更具挑战性。就在2020年人口普查的第一阶段正式启动的几个星期之后，美国人口普查局宣布将人口普查的工作时间表史无前例地延长至2020年10月31日，以确保公众和人口普查局雇员的健康和安全。同时，受疫情影响，人口普查局的实地普查也出现了延误，这对于人口数容易被低估的家庭普查尤为不利，包括有0~5岁的幼儿（本国最大的未被准确统计的群体）、少数族裔、租房者、农村和城市中心的低收入者以及英语水平有限者的家庭。因疫情原因，在社区中登门走访等传统的实地普查方法变得不再可行。各地领导人正使用新的技术手段开展人口普查工作。得克萨斯州达拉斯市正在使用 Hustle 软件提供人口普查信息，该软件还能同时提供虚拟欢乐时光、诗歌之夜和电影等线上

269

娱乐。在这次人口普查中，城市领导人也更注重与社区工作人员的合作，因为后者与社区居民相互信任，也更了解难以被统计的人口的情况。例如，佛罗里达州北迈阿密海滩的领导人通过将人口普查信息纳入在线的教堂服务，获得了一个长期关注语言、识字和移民问题的克里奥尔语社区的人口信息。在内华达州的拉斯维加斯，市领导巧妙地将人口普查与健康计划和食品银行结合起来。如政府正在与一个全国性的拉丁美洲公民参与组织（Mi Familia Vota）合作，在该组织向弱势社区提供食品杂货和其他抗疫物资的同时完成人口普查信息收集工作。

人口普查局根据防控需要调整了工作方式，市领导们正在以各种创新的方式开展人口普查工作，以确保对所有居民进行全面和准确的统计。

人口统计的五大重点话题为：①公民参与度（占36%）；②2020年人口普查（占33%）；③社区精神（占22%）；④人口多样性（占11%）；⑤青壮年（占8%）（见图7）。

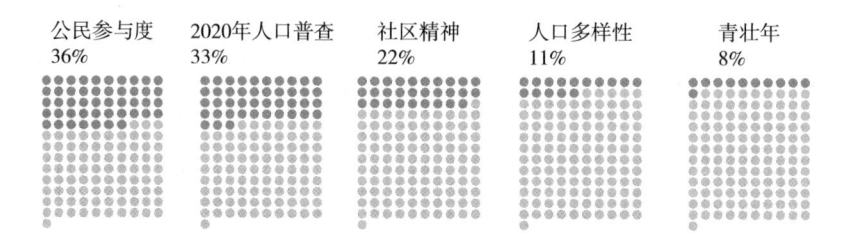

图 7 2020 年 1~4 月美国市长演讲中人口统计的五大重点话题

（七）财政预算和管理

城市的财政预算和管理是经济和竞争力的驱动要素，能否平衡财政预算和节约社会资源是应对疫情冲击的关键。城市治理应不仅为经济投资提供服务，还要为维护经济发展而完善基础设施。城市建设与社区人民的健康、安全和福利息息相关。

政府需承担公开财政预算的责任和履行接受公众监督的义务。城市政府如何处理好与州政府和地方政府的关系，实现财政盈余也是其工作重点之一。本研究表明，市长们在财政预算和管理上表现出色，展现了平衡财政预算和节约社会资源的能力。路易斯安那州巴吞鲁日市实施了预防性维修政策，将来自外部供应商的维修车辆数量减少了50%，并通过内部维修减少了市教区的费用支出。密歇根州兰辛市正通过与该市的工会的谈判，以期解决未来债务问题。在市长的领导下，特拉华州威尔明顿市的政府性基金余额在过去三年内增至1700万美元。犹他州盐湖城启动了内部风险评估。该项评估是为不可避免的事情做好准备，以确保盐湖城的稳定发展。

这些行动表明了市长们对健全预算编制系统的承诺。但尽管做出了这些努力，因疫情的持续蔓延，地方政府的财政能力也已到达极限。近九成的城市预计，受疫情的影响，本年度的财政预算将出现严重缩减。西弗吉尼亚州查尔斯顿市在2019财年批准了9890万美元的预算，但2020财年仍可能出现200万美元的财政赤字。科罗拉多州一个城市的预算总缺口甚至达到4100万美元。路易斯安那州新奥尔良市政府官员估计，由于销售税收入的减少，该市2020年的财政收入可能减少近1.5亿美元。

为了应对疫情带来的冲击，各城市将不遗余力地通过推迟征收房产税、暂停收取营业执照费和取消图书馆收费来减轻居民和企业的额外负担。许多城市因财政问题被迫削减公共服务支出，但疫情期间这也是社会最需要的时候。此外，美国很大一部分雇员被辞退或被迫休假和回收资本项目，进一步影响了当地就业、商业合作和整体的经济投资。因此，各城市的财政预算和管理面临着前所未有的压力与挑战。

财政预算和管理的五大重点话题为：①领导与治理能力（占18%）；②财政预算的透明度与规划（占16%）；③财政平衡与运营能力（占15%）；④房产税（占15%）；⑤政府债券（占11%）（见图8）。

（八）健康与公共服务

通过为居民提供心理咨询和良好的卫生设施，健康与公共服务将提高居民的生活质量和一线抗疫人员心理健康的关注度。近年来，健康风险评估和

| 领导与治理能力 18% | 财政预算的透明度与规划 16% | 财政平衡与运营能力 15% | 房产税 15% | 政府债券 11% |

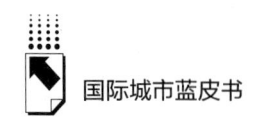

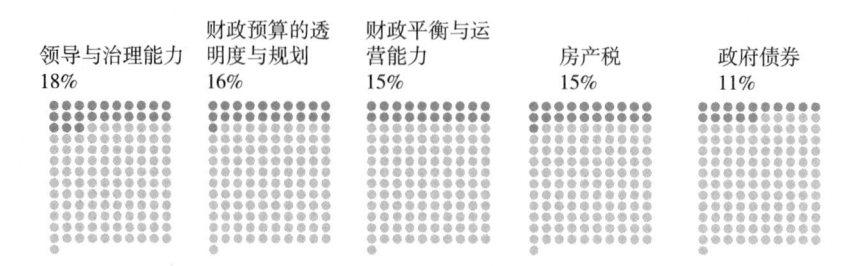

图8　2020年1~4月美国市长演讲中财政预算和管理的五大重点话题

员工健康计划等被广泛运用，以达到管理医疗成本、提高生产力和减少缺勤的目的。随着美国医疗保费的持续快速增长，各城市正积极增加医疗资源、扩大医疗保险覆盖范围和增加额外医疗服务，以满足民众医疗需求。

俄亥俄州哥伦布市拟开设一个社区市场并配置救济药房，为低收入、弱势群体提供免费食品、处方和健康检查。密歇根州萨吉诺市拟建一所最先进的康复医院，计划新增48张住院床位，促进中风康复医学研究。随着心理健康成为城市日益关注的问题，市长们也表示将通过加强公共安全来改善影响居民心理健康的物理环境。爱达荷州瀑布市通过为警察、消防员及其直系亲属制订心理健康计划，解决了急救人员最大的心理问题——情绪和精神上的胁迫感。为了消除消防员的身心疲劳，明尼苏达州罗斯维尔市政府新建了一个特殊的桑拿房，帮助消防员清洗其在火灾救援过程中接触到的化学物质，并针对该市消防局制订了一项心理健康计划。

新冠肺炎疫情下医务人员仍然坚守在第一线，他们的身心健康越来越受到关注。加利福尼亚州旧金山市政府与民营企业合作建立了心理健康机构，以增加短期心理健康方面的可用资源，提供一对一的员工咨询服务，以及为急救人员和其他城市员工提供7×24小时的心理健康服务。像旧金山一样，其他城市也陆续增加城市短期和长期心理健康相关服务资源，并优先为拯救他人生命的一线抗疫人员服务。美国疫情形势仍不容乐观，政府将调配所有可用资源用于防控疫情，同时增加额外资源以最大限度地保护医务人员和其他一线抗疫人员的安全。

健康与公共服务的五大重点话题为：①公园与休闲娱乐建设（占62%）；②医院和诊所医疗（占15%）；③健康生活方式（占10%）；④心理健康（占9%）；⑤营养膳食和食品沙漠问题（占9%）（图9）。

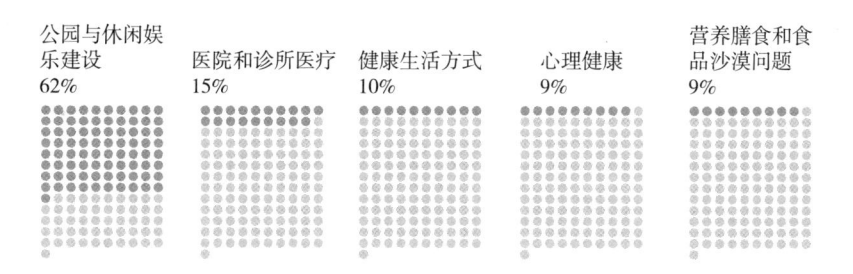

图9　2020年1~4月美国市长演讲中健康与公共服务的五大重点话题

（九）教育

青少年是城市的未来，政府正着力于满足儿童的教育需求，为青少年提供接受高质量教育的机会，并将学前教育作为政府工作的重中之重。教育从业者作为青少年成长中的领路人，是城市中的重要成员。近年来，研究人员发现，不同族裔和收入群体之间的入学准备差距略有缩小。为了强化这一趋势，城市政府必须继续保持教育的灵活性和创造性，同时不遗余力地支持最需要帮助的幼儿及其家庭。

2020年各城市在入学准备上做出了新的调整。北达科他州格兰德福克斯市与社区开展合作，积极增强学生的社会和职业体验。加利福尼亚州长滩市的州立大学长滩分校拟在未来十年持续增加招生人数。长滩市市长表示，虽然本年度对入学的部分学生将进行网上授课，但疫情结束后14个新建的教室将容纳更多的学生进行课堂学习。俄亥俄州哥伦布市宣布，儿童权益组织（FutureReady）正在制定一项普及学前教育的战略。罗得岛州普罗维登斯市市长在提及普及学前教育的目标时表示，"幼儿园教育在决定未来学生校内外发展上发挥着巨大的作用。许多孩子因为缺乏5岁前的学前教育，在入园后各方面的表现都差于接受过早教的孩子。普及学前教育的目的就是要

让5岁前的幼儿教育惠及每个家庭"。

2020年为了遏制病毒的传播,许多城市的学校将线下授课改为网络课堂,并利用社交媒体向所在学区传递公共信息。同时,各城市正努力确保粮食安全,通过调动资金助力学校间的粮食供给;与社区合作,为居民提供食品;并对医务人员和其他一线抗疫人员的年幼子女提供保育服务。芝加哥市市长表示,对冲基金公司Citadel和Citadel Securities的合作伙伴将提供250万美元的援助,以支持芝加哥公立学校和芝加哥食品银行向市民提供必需的食品。

教育的五大重点话题为:①基础教育(占15%);②高等教育(占12%);③职业培训和发展(占11%);④图书馆(占8%);⑤教育基金(占8%)(见图10)。

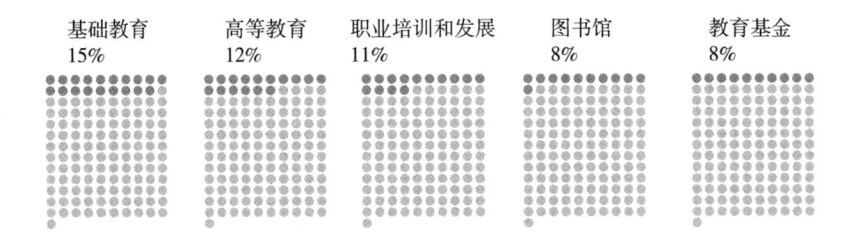

图10 2020年1~4月美国市长演讲中教育的五大重点话题

(十)政务数据和科技

各城市政府加强技术手段的应用,以提高政府流程的透明度,从而确定最受市民欢迎的活动、项目和服务,挖掘潜在的改进机会。

近年来,市长们逐步提高科技平台的使用频率,以传达和获取关键的政策和议题。目前,各城市正积极推进智慧城市的建设。纽约州萨拉托加泉市与SiFi Networks公司正式启动5G光纤网络的建设工程,以提高城市的互联网速度和WiFi服务水平,吸引新的企业进驻。Verizon公司承诺投资数百万美元以支持全纽约州首家5G设备的建设。此外,市长们也积极促进市民使用社交媒体平台来改善生活质量。如阿肯色州小石城的居民被鼓励去参观小石城的各种景点，在社交媒体上分享自己的旅行经历并参与抽奖。这不仅是一种与公众接触的方式，也是一种促进居民了解城市历史和美学遗址的方式。加利福尼亚州圣马科斯市通过社交媒体大数据分析来确定最受市民欢迎的活动、项目和服务，以便更好地了解人们对这座城市的感受，并通过改善城市治理中的不足，巩固既有优势，提升社区居民的生活品质。

智慧城市方面，在疫情防控中，部分城市通过使用传感器来收集数据以确定市民是否遵守了社交距离的规定，从而有效地阻止病毒传播。例如，新泽西州伊丽莎白市计划通过部署无人机时刻提醒人们遵守社交距离的规定。犹他州盐湖城与科技公司合作，利用智慧城市技术追踪感染病毒者的接触者，并向社区通报情况。在新冠肺炎暴发之后，城市倡导通过增加社交媒体的使用来保护高危人群。例如河滨市市长贝利在推特上指出，"加州政府已经向加州各县、长期护理机构和该州13个最大城市提供了1亿美元的紧急补助资金，并立即用于帮助无家可归者的安置工作"。社交科技的进步很大程度上帮助了居民在居家令实施期间满足自己的社交需求。城市正依靠智能技术和社交媒体来传达政府政策，向居民传播准确的信息和保持与公众进行有效的沟通。

政务数据和科技的五大重点话题为：①行政效率与效能（占29%）；②智能城市建设（占5%）；③大众媒体（占4%）；④数据治理与绩效管理（占3%）；⑤政府公开数据（占2%）（见图11）。

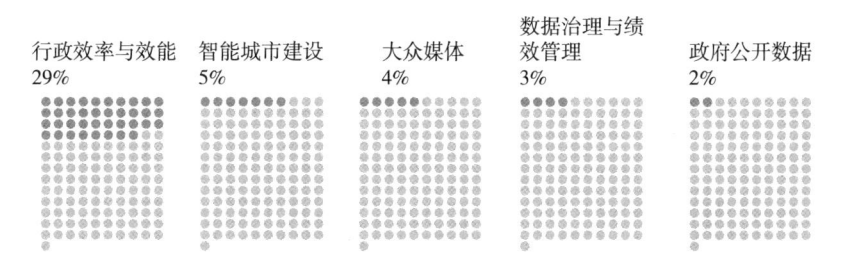

图11 2020年1~4月美国市长演讲中政务数据和科技的五大重点话题

市长们演讲的号召力展现了美国"强市长"城市治理体系的灯塔作用。本研究通过对本年度1~4月的131次市长演讲的分析，明确了疫情下美国城市治理中的重点与难点集中分布在经济发展、基础设施建设、住房问题、能源与环境和公共安全五大领域。在当前的公共卫生和经济危机的双重挑战下，市长们主张在城市治理方面应集中精力支持公共服务（尤其是公共卫生和公共安全）、增强基础设施建设的弹性、完善住房供应体系、鼓励新能源使用、制定合理的财政预算，同时发布有针对性的政策以支持少数族裔和妇女所持有的小型企业。为了更好地满足城市社区日益增长的需求，并为今后漫长的复苏之路做好准备，各级政府间需要建立强有力的合作关系。城市联盟在积极向后经济危机时代复苏之路前进的同时，城市领导人也为引领市民顺利度过这次疫情带来的经济危机打下了坚实的基础。城市兴衰乃国之兴衰，当下美国的兴衰与每一位市民息息相关。

四 对中国城市治理的启示

目前中国在疫情防控和经济发展"两手抓"的政策指导下，疫情防控形势向好，复工复产取得了阶段性胜利。但在全球陷入公共卫生和经济发展双重危机的宏观环境下，中国也应该体现大国担当，加速建设适应"双循环"新发展格局的现代化城市治理体系。

（一）经济发展方面，应加大扶持中小企业力度，进一步激发市场活力，鼓励商业创新，促进经济复苏

《国家治理》2020年2月的调研显示，较大比例的中小企业和外资企业对未来经济持悲观态度，高于平均值7个百分点。"鼓励新经济形态发展"是保持经济增长活力最重要的手段，应鼓励跨界、跨地区的商业模式融合和创新。2020年线下实体经济受疫情冲击较大，在正常复工复产之后可以考虑线下实体空间的多重利用模式，例如鼓励餐饮企业和文化生活企业共享实体空间以节约场地成本，帮助企业复苏。此外，还应该以此次疫情为契机，鼓励"高附加值产业建设"。疫情下的经济建设不仅应考虑如何应对短时期的经济下行，还应考虑如何走向高质量发展之路。

（二）基础设施建设方面，应以可持续发展和韧性建设为基本理念，加大与城市常态和非常态应急治理体系相匹配的基础建设投资

本次疫情暴露出了我国城市在非常态应急治理体系中基础设施建设方面的短板。如在新冠肺炎暴发后，医院病床位、隔离收容场所都极度短缺。缺乏预防性的收容场所对疫情暴发后的患者收容能力造成巨大影响，不利于第一时间控制住病毒的传播。因此，可以在未来的基础设施建设中考虑其在非常态应急情况下的变通性和实用性。例如，在社区层面可以规划"15分钟社区生活圈"，划定"公共健康单元"针对日常健康和疫情应急两大类予以健康设施和服务考虑。

（三）住房方面，应加大住房供应，重点关注城市外来人口的住房问题，加强居民的住房稳定性

疫情防控期间，城市中的流动人口和租房者是高风险人口，因此市民居住的稳定性对社会稳定和公共安全而言十分重要。可以完善外地人口在城市住房的登记和跟踪机制，提供一定住房补贴以鼓励租房者长期稳定地居住在固定住所。同时，关注社区弱势群体的住房问题，在特殊时期要给予其一定的支持和补助。

参考文献

National League of Cities, "State of the Cities 2020," https://www.nlc.org/resource/state-of-the-cities-2020/, 2020.

王兰：《建构"公共健康单元"为核心的健康城市治理系统》，《城市规划》2020年第2期。

石晶、王虹、李思琪：《当前公众关于保持经济增长的信心、期待与建议调查报告》，《国家治理》2020年第Z3期。

B.21
借助新技术促进交通出行公平性的美国城市实践[*]

陶希东 郁奇民[**]

摘　要： 美国的交通运输系统在历史发展中缺乏足够的公共交通资源，不利于贫困人群和有色人种的出行。对此，美国政府基于新出行技术带来的出行便利性，将网约车和微型交通作为公共交通的补充。新出行技术能够减少交通不平等，但是，如果没有予以适当的引导，它们可能会加剧现不平等现象。消除出行技术发展过程中的障碍，促进交通公平是必要的举措。本文基于美国城市研究所（The Urban Institute）2020年6月发布的美国运用新出行技术促进交通运输公平性的研究报告，分析美国实际状况，并对我国的交通出行提出了相关建议。

关键词： 技术　交通出行　公平性

一　美国交通运输网络的不公平性

20世纪50年代州际公路系统的发展塑造了美国城市的交通格局，深刻

---

[*] 本文主要基于美国城市研究所的"New Mobility and Equity: Insights for Medium-Size Cities"开展介评，并就其对中国城市的借鉴意义予以研究分析，特此致谢。
[**] 陶希东，理学博士，上海社会科学院社会学研究所研究员，主要研究方向：社会治理、城市管理；郁奇民，上海东滩投资管理顾问有限公司咨询顾问，主要研究方向：社会治理、宏观经济。

影响了数十年来的人口流动。大量白人家庭从城市搬到郊区，同时依靠汽车每天进入城市工作。但是，这种居住方式在最近发生了逆转，越来越多的年轻人和高收入者重返城市核心地区，城市核心区人口密度的提高将低收入者推向人口密度较低的郊区，并使其交通出行面临极大的挑战。

美国政府交通运输系统相关资金很少用于公共交通客运，多为支持汽车相关领域。2015年，联邦交通支出中约有17%的用于铁路和公路，用于公共交通客运的仅占0.4%，州和地方政府交通支出中69%的用于公路建设和维护，用于公共交通客运的仅占22%。白人比有色人种更容易买到汽车，一是因为双方财富积累的差异，二是因为黑人家庭在借贷和购买方面受到不少限制，这阻碍了他们采取与白人相同的行动。

基于历史上对种族的排斥，本地区域交通系统存在对低收入社区和有色人种的不平等待遇。高质量、可靠、便捷的交通方式可以帮助人们更容易获得就业、教育、医疗保健、社会网络和服务等资源，缺少公共交通将使以此为主要出行方式的居民与这些资源隔离开来。

美国政府意识到，需要努力确保所有人都能平等地以相同的时间和金钱获得满足其需求的公共交通，为此，必须将公平这一目标纳入涉及交通出行项目的计划、范围界定和评估体系。

二 新出行技术服务于交通出行

2008年以来，网约车和微型交通如共享单车、共享电动自行车、共享滑板车等的诞生为居民提供了越来越多在社区内和跨社区的出行方式。这些方式对应于不同的需求，并且在传统的公共交通系统之外得以运行。新型出行技术的普及，为建立更公平的交通系统提供了机会。

（一）新技术改变出行方式

Uber 和 Lyft 公司以互联网技术和地理信息技术为依托构建服务平台，在公司成立的前五年，两家网约车公司每天服务于百万人次的出行，对交通

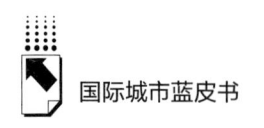

出行产生了巨大的影响。研究显示，美国的乘车出行用户减少了6%的巴士和3%的轻轨使用量，增加了3%的铁路使用量。同时，私人车辆的拥有数量变化较大，一项针对北美地区的研究显示，32%的网约车使用者出售了自己的私人汽车，另一项研究显示美国25%的网约车使用者出售了自己的私人汽车，并且还有25%的网约车使用者推迟了购车计划。

除了网约车外，微型交通的发展也为城市居民提供了更多的交通选择。全国城市交通协会的数据显示，截至2018年，美国约有100个城市可使用超过85000辆电动滑板车。微型交通出行的次数较上年翻了一番以上，共计8400万人次，其中使用电动滑板车达3850万人次。上下班、娱乐、健身是微型交通的主要使用目的。

（二）新技术促进城市交通系统更新

新出行公司收集、处理、分析有价值的交通出行数据，如车辆状态、出行历史和采取的路线。通过与新出行公司合作，城市可以更好地了解人们的出行偏好，洛杉矶制定了移动性数据使用规范，政府通过实时分析数据来更好地监督这些服务提供者。城市交通运输部门也可以使用这些数据来改善公共交通服务，创建能更好地满足各群体出行需求的交通系统。随着城市居民越来越依赖于新出行方式，城市必须前瞻性地制定政策，便于为居民提供更方便和更具包容性的服务。

新出行技术可以合理配置交通运行的空间与时间。由于公共交通运营不足，根据美国公共交通协会的统计，45%的美国人无法获得公共交通服务。新出行技术可以通过在非高峰时间扩展交通方式，增加对服务不足社区居民的交通服务并减少其出行时间来提高交通供给的公平性。新出行技术在满足"第一公里"和"最后一公里"的需求上具有明显优势，可以消除以公共交通工具为主要出行方式但距离过远的低收入居民的交通障碍。

新出行技术可以为城市和居民节省交通成本。许多新出行公司提供出行补贴，再加上减少的等待和乘车时间，可以帮助居民以相近或更低的费用更快地到达目的地，这意味着居民能准时到达工作地点，进而增加工作保留率，并能将时间花在其他更有价值的事情上。麻省理工学院2019年的调查显示，被给予50%折价票卡的乘车者比其他人多30%的出行次数，医疗保健出行增加。而拼车、网约车等方式可以减少居民的私家车需求，降低家庭在汽车、保险、汽油和维修方面的支出。一些城市交通机构将短途交通服务外包给了新出行公司，以弥补公共交通系统的短板。

三　新技术面临发展障碍

新出行技术能够减少交通不平等，但是，如果没有予以适当的引导，反而可能会加剧不平等现象。新出行技术产生的影响往往集中在大城市，如纽约、旧金山、西雅图、华盛顿，但是中型城市（人口15万~30万）的新出行技术应用中存在比大城市更多的问题。

（一）服务进入不足

由于中型城市人口规模小、就业地点分散、人口密度低，中型城市的新出行公司的利润低于大城市。新出行公司会将资源更多地安排在城市核心区和游客集中区，而不考虑低收入社区和远离城市的社区，这将加剧交通不平等。

（二）基础设施缺乏

美国的基础设施投资严重不足。根据美国土木工程师学会的数据，15%的建筑、17%的系统（如电源、通信、费用收集）、35%的轨道和37%的车站未处于"良好维修状态"，而这一积压的维修费用到2032年预计将达到1230亿美元。许多社区还缺乏自行车道和人行道设施，如得克萨斯州奥斯汀市2017年的报告显示，该市只有51%的地区有人行道，北卡罗来纳州达勒姆市2017年计划需要新的或改进420英里人行道和468英里自行车道。需要升级基础设施以确保行人的安全和微型交通的正常使用。

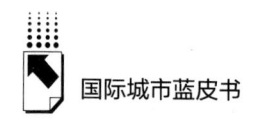

（三）部分群体应用不便

提供新出行服务所需的应用程序可能会对部分群体造成访问障碍。这些程序往往需要移动智能手机以及信用卡，而收入低于30000美元的美国居民中30%的没有智能手机，7.7%的美国居民没有银行账户。另外残疾人在面对出行不便的情况下往往也选择减少出行。还有部分群体对新技术缺乏了解，又担心信息安全问题，对新出行技术感到不适应。

（四）跨部门合作阻碍

负责规划、运营和支持交通系统的组织内部和各组织之间的沟通交流不足。政府交通部门与新出行公司签订合同，但通常不负责构建和维护正确使用新出行技术所需的基础设施。规划、运营和建设分属不同部门，容易产生摩擦，责权划分不明晰，响应与服务能力差，重复使用资金，多式联运交通体系难以形成。而在中型城市中，较少的政府员工和预算限制了政府的能力，也缺乏与新出行公司合作解决实际问题的协调能力。

（五）技术发展超出规划流程

新出行交通工具在最近几年发展非常迅速，超出了人们可预料的范围，充满了不确定性。美国联邦公路管理局要求所有大城市至少制订以20年为期的交通计划。然而网约车和微型交通都是近十年才出现的新事物，相关的公司不断倒闭、兼并。交通规划机构没有足够的资金、人员、责权和资源围绕新技术的发展前沿做出准确判断。尽管大城市可以帮助建立一个区域交通运输系统，但没有执行规划的权限，难以对瞬息万变的新交通环境做出快速反应。

（六）数据运用不充分

一方面，新出行公司与规划人员共享的数据不足，仅每天、每小时、高峰时段的出行频次、平均速度、平均出行时间等数据还无法辅助规划人员做出更好的判断，还需要出行目的、出行路线、出行成本等数据，但因为涉及隐私等问题，这些数据的使用依然受限；另一方面，规划人员也缺乏使用分析数据的技术能力，对这一新兴技术的陌生限制了数据的运用。

（七）各州政府禁止

网约车和微型交通作为新兴事物，涉及与传统交通方式的利益分配问题，也涉及一定的法律空白和盲区，不少州政府选择了禁止新型交通出行方式，如马萨诸塞州、内华达州、加利福尼亚州、得克萨斯州等现在或曾禁止Uber网约车服务。

四 交通综合治理实现出行公平

针对新型交通出行方式应用中所遇到的障碍，美国各城市从各个方面进行了探索，以促进交通出行的公平性为准则，采取了一些举措来提升交通综合治理能力。

（一）灵活使用准入协议

新出行公司在尝试进入新市场时比较愿意与政府沟通，因此美国许多城市使用竞争性的准入规则来选择运营公司，已经进入的新出行公司也需要重新申请准入。准入规则主要考虑以下几个因素：①许可证及许可证期限；②快速、频繁调整的响应能力；③市场对新出行技术的需求；④公平性要求；⑤社区参与；⑥允许运营的公司数量和每家公司可以部署的车辆数量；⑦终止许可的条件；⑧收取的费用以及用于支付交通出行的费用；⑨数据共享要求和用户隐私；⑩州和地方法律限制。

其中许可证制度规定新出行公司根据要求每季度或每半年调整规则，以应对新技术带来的挑战，增加灵活性和响应能力。在发放许可证时，也会要求公司支付一笔费用，用作城市交通系统中与新出行技术相关的支出，例如支付与新出行公司合作的员工薪酬，或用来改善基础设施以促进新技术发展。

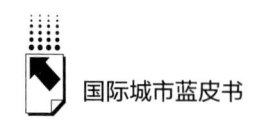

（二）打通数据壁垒

促进交通运输系统更好地为居民服务，需要更多的出行数据来提供支持，然而美国对于数据使用在法律上有限制。尽管各地政府做出了许多尝试，如洛杉矶运输部开发 MDS 标准化数据和应用程序接口，不包含个人身份信息，包括乘车起点和终点以及乘车路线；北卡罗来纳州利用许可证要求新出行公司共享每月每周总出行次数、总出行距离、平均距离、出行持续时间、踏板车数量、每个踏板车的每日行程、损坏的踏板车数量、每个使用频率的用户数量以及投诉总数等数据，但依然面临被告违反第四修正案的风险。

一些城市基于第三方数据管理公司来集成和分析数据，这些公司不仅在数据处理上更专业，也能规避数据隐私法进而与各新出行公司开展合作。

（三）加大社区投入

交通公平需要基于有效的社区参与。新出行技术对美国大多数人而言还是新事物，需主动向居民推广并及时了解居民的使用体验。新出行公司对员工进行社区参与方面的培训以及积极响应社区需求，举办自行车和踏板车安全研讨会，在节日和社区活动中进行相关技术演示，开展安全出行宣传活动。

（四）保障资源分配公平性

为避免新出行公司将交通资源全部投入实现利润最大化的大城市核心区而忽略其他区域居民的出行需求，美国政府督促公司在一些领域加大投入。如新型交通工具等资源向贫困社区倾斜、评估社区基础设施和投资需求时优先考虑贫困社区居民的生活体验、设计交通路线时重点考虑经济适用房区域的出行需求、允许人们使用现金在便利店购买钥匙或乘车证、对弱势群体（残疾人、低收入人群、有色人种、孕妇、儿童）提供交通补贴或折扣优惠。

（五）政府部门流程再造

随着美国各地对交通公平越来越重视，原先的政府部门已难以承担相应的功能，为此，一些城市开始重组资源、简化流程、创建新部门来应对挑战。如2018年阿克伦市将其规划和城市发展、经济发展、市中心运营部门和工程局的一个部门合并成综合发展办公室，2019年启动规划流程，确定以公平为中心的战略框架，在内部优化系统、流程。

五　对我国促进公共交通公平性的启示

（一）加大公共交通投入

美国因体制等原因，无法增加对老旧基础设施改建的投入，也无力加大公共交通运输投入，不得不使新出行公司成为交通运输体系的补充，并致力于提高交通资源分配的公平性。对于中国而言，随着城市化进程不断加快，人口向城镇集中，城市公共交通的投入还有相当大的提升空间。2019年预计全年公路、水路营业性客运量分别为130.2亿人次、2.7亿人次，城市公共交通客运量超过900亿人次，铁路旅客发送量达36.8亿人次。[①] 在城市的交通运输体系中，公共交通能让居民最大化享受到交通服务，也是城市交通公平性的保障，需加快建设以地铁、轻轨、公共巴士线路为代表的城市公共交通，提升接驳交通的高效性和便利性，增强城市交通"1小时"的通达性。

（二）有效利用交通信息数据

近些年来，网约车、共享单车等新出行方式同样在中国发展迅速，基于地理信息技术和移动互联网技术的新出行方式已积累了大量的交通数据。在保证数据隐私的情况下，对交通信息大数据的收集、整理和分析，以及算法的优化有助于交通道路、基础设施的规划优化，合理安排路网、各交通节点和交通资源分布，满足每一个居民的出行需求，高效配置资源，使新技术更好地为居民的日常生活服务。

---

① 数据来源于2019年12月27日交通部新闻发布会。

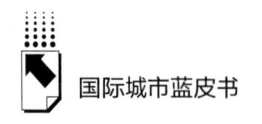

（三）为特殊人群使用新技术提供便利

技术的进步使人们的生活更方便，但并不意味着每个人都因此而受益。一部分人在接受新技术上存在障碍，如没有智能手机的人群、操作智能手机有困难的老人等。一方面，针对无力购买智能手机的人群提供相应的解决方案，发动社会力量帮助老人熟练运用新智能终端等常见的电子操作设备，促使老人尽快融入数字世界；另一方面，提供无须智能手机也能获取网约车、共享单车的使用条件，允许通过现金支付来获取新出行交通工具的使用，确保更多的居民享受到新技术带来的出行便利。

（四）做好监管规范措施

新出行技术是一把双刃剑，它在方便居民出行的同时往往也触及法律空白区域，造成危害。在没有约束的情况下，网约车车主门槛过低给居民的出行安全带来隐患，无节制的堆放共享单车导致"单车坟场"出现。在新出行公司因经济利益而忽视社会责任时，政府需要对新出行技术的影响做出快速判定，规范新型交通出行秩序，完善相关法规条例，引导新出行技术更好地为居民服务。

参考文献

Martha Fedorowicz，Emily Bramhall，Mark Treskon，Richard Ezike,"New Mobility and Equity：Insights for Medium-Size Cities," 2020 – 7.

Adeyemi Ajao,"Electric Scooters And Micro-Mobility：Here's Everything You Need To Know," 2019.

City of Durham,"Equity and Inclusion Department," https：//durhamnc.gov/606/EquityInclusion – Department，2020 – 4.

B.22
迪拜以区块链技术增进城市治理和产业效率的战略

苏宁 邵孟浩*

摘　要： 近期迪拜发布的区块链城市战略成就报告显示，该城市的区块链应用进入新阶段。该战略由迪拜酋长发起，由智慧迪拜办公室和迪拜未来基金会合作制定。迪拜通过区块链战略探索和评估最新的技术创新，为企业及居民提供更加无缝、安全、高效和有影响力的城市体验。区块链的应用实践使政府效率、产业创新和国际领导力成为迪拜区块链战略的三大支柱。迪拜区块链城市战略对中国智慧城市建设中的区块链应用形成了重要的借鉴作用。

关键词： 迪拜　区块链战略　智慧城市

2020年1月，智慧迪拜办公室发布了《迪拜区块链战略2020成就报告》，对该城市的区块链战略进行了全面梳理，并归纳了该战略在政府效率、行业创造力以及领导力方面对城市发展的主要作用。《迪拜区块链战略》（Dubai Blockchain Strategy）规划于2016年10月由迪拜酋长穆罕默德·本·拉希德·阿勒马克图姆发起，由智慧迪拜办公室（Smart Dubai Office，SDO）和迪拜未来基金会（Dubai Future Foundation，DFF）制定，

---

* 苏宁，上海社会科学院世界经济研究所副研究员，主要研究方向：国际城市比较、城市经济；邵孟浩，上海社会科学院世界经济研究所硕士研究生，主要研究方向：国际政治经济学。

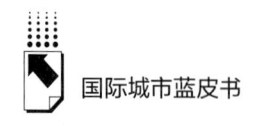

旨在不断探索和评估最新的技术创新,展示提供更加无缝、安全、高效和有影响力的城市体验,使迪拜在2020年成为世界上第一个通过网络应用完成所有交易的政府。[1] 账单支付、学位认证、签证申请、许可证续签、健康记录和房地产交易等领域作为迪拜首批投入区块链服务的领域已持续运行推进。

一 迪拜区块链战略的缘起及主要挑战

(一)迪拜区块链城市战略的缘起

迪拜是阿拉伯联合酋长国(阿联酋)人口最多的城市和酋长国,其生产总值已达820亿美元。经过40余年的发展,迪拜已建设成为全球城市、区域商业中心和旅游中心,成功地树立了其作为经济和投资中心的国际声誉,吸引诸多国际知名公司在迪拜自由区设立了区域总部。

在经济快速增长的背景下,迪拜政府部门高度重视卓越技术的运用,以及数字城市转型。迪拜的数字技术转型始于其1999年宣布的第一个信息通信技术战略,并随后相继推出迪拜互联网城、迪拜电子政务、迪拜智能政府和智慧迪拜办公室。近年来,迪拜在采用新技术和创新智能试点方面已处于世界领先地位。由于敏锐观察到区块链技术对城市服务的潜在影响,加之全球范围内区块链的应用趋势,仅2016年,迪拜私营部门就向区块链行业投资了11亿美元。在这一趋势下,2016年10月,迪拜正式启动了全市范围的区块链战略,目标是到2020年该城成为全球第一个由区块链驱动的城市。

(二)迪拜区块链战略的主要挑战

迪拜各个经济部门的快速发展对迪拜政府效率的要求不断提高,政府行

---

[1] Smart Dubai, "Dubai Blockchain Strategy 2020 Achievement Report," January 2020.

政效率变得越来越重要，尤其表现在"政府对消费者"（G2C）和"政府对政府"（G2G）的服务方面。随着商业、建筑业和旅游业的快速发展，迪拜政府需要对许可证（如许可证和无异议证书）以及交易核查及追踪等活动进行更严格的监控。而随着城市新企业和居民对各类活动需求的不断增加，以往简单的行政流程变得日趋复杂。在这一趋势下，迪拜亟须灵活、便捷的解决方案来简化不断增加的政府程序。

在上述需求之下，迪拜将区块链的应用视为重要解决方案。区块链是一种利用开放的分布式数据库处理涉及价值的事务的技术，其编码方法允许在分布式的线上账本中安全地保存记录，在这种账本中，成员无须中央授权即可共享和确认信息。迪拜政府认为，区块链消除了交易中对可信第三方的需求，这一属性将大大简化迪拜政府的管理流程。在区块链技术日益被视为可信机制的背景下，迪拜决定在全市范围内推广运用区块链技术。

在推进迪拜区块链战略过程中，迪拜政府也面临着一系列问题和挑战。

首先，区块链技术本身仍不够成熟。迪拜区块链战略已实施三年多，相较于其他技术而言，区块链技术在应用过程中仍处于"婴儿期"。区块链在运用中存在可推广性不强、手续费用较高、经济模型不尽成熟等现实问题，尚不能很好地满足在多领域的整合式应用需求。不同技术应用试点仍处于孤立或半孤立的状态，部分技术还处于试验或试用阶段。

其次，区块链技术大规模商业化应用还需时日。由于区块链大规模应用涉及大量链上信息整合及数据同步共享，对硬件基础设施和程序软件的要求较高，从目前情况来看，迪拜区块链大规模商业化应用所需的超大容量的区块链存储系统暂时还难以建立。

同时，区块链技术发展还面临着监管挑战。区块链本身的去中心化、去中介化以及可匿名性等技术特点决定了其不能被某个机构或个人拥有或控制。区块链技术算法实现了以地址来寻址的特点，即在链上的身份是地址身份而不是个人身份，这就导致监管部门在执法过程中因创建者的匿名和数量众多而难以确定主要责任人，增加了监管执法的困难。

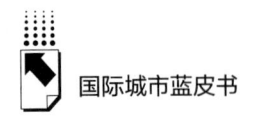

二 迪拜区块链战略的愿景规划

随着区块链技术被重视起来，世界各国政府都在谨慎地探索区块链应用程序，而迪拜是第一个在全市范围内充分应用这一创新技术并发掘其潜力的城市。在迪拜区块链战略引导之下，迪拜政府大力推动创新，并为区块链技术在公共和私营部门的蓬勃发展建立起行之有效的生态系统。迪拜区块链战略的愿景建立在政府效率、产业创新和国际领导力三大支柱基础之上。智慧迪拜办公室具体领导迪拜区块链战略的实施，并围绕区块链战略的三大支柱制定了详细的路线图。

（一）政府效率规划

迪拜拟通过区块链新技术大大提高政府效率，推动迪拜公共和私营部门实现智能化发展，并积极推动在所有适用的政府服务中应用区块链技术。

迪拜率先在部分适用的政府服务中试点区块链技术，并预计在未来全面实施。迪拜推进在可以去除第三方影响、去中心化，并可以实现智能控制或自动化操作的相关领域试点。前期阶段，迪拜主要在能源、交通、物流、旅游、卫生、教育与就业、经济发展、安全与司法、社会服务、市政与土地工程以及智慧街区等多个领域试点。涉及政府部门包括迪拜水电局、道路交通局、旅游及商业推广局、经济发展局、警察局、卫生局等，还包括诸多为上述部门提供技术支撑的合作伙伴。为确保各试点部门获得足够的支持，智慧迪拜办公室还联合各部门推出了讲习班，目的是确定所在部门的最佳潜在试点，并提供实施试点的技术标准和统一协议，帮助各部门甄别合适的潜力项目、选择合作方。

（二）产业创新规划

除了在政府部门中试点区块链外，迪拜还致力于构建"区块链产业系统"，使私营部门和初创公司能够利用该技术创造新的业务。重点通过为初创公司和企业提供良好的生态系统，支持迪拜区块链行业的创建。为实现这一目标，迪拜确定了4个关键行动领域，以支持建立这一系统，具体如下。

（1）区块链推进政策。对区块链实施的政策影响进行持续的跟进与评估，并在安全、消费者权益、创企孵化、金融科技等领域制定相关政策。

（2）区块链加速器。推动启动区块链加速器，引导初创公司积极共享区块链发展中的创新机遇。该加速器还将作为一个知识中心运行，以增进人们对区块链技术的认识和理解，推动其在迪拜及全球的应用。

（3）智慧迪拜全球区块链挑战赛。迪拜举行年度全球区块链挑战赛，为来自世界各地的创业公司参与智慧迪拜区块链建设搭建平台。

（4）私营部门参与共建。迪拜成立全球第一个区块链理事会，由来自私营部门的46名成员组成，以建立多样化的区块链生态系统。此外，迪拜政府还计划成立一个地方性私营部门工作小组，并与政府机构密切合作，充分挖掘区块链发展潜力。

（三）国际领导力规划

在这一战略支柱中，迪拜的目标是实现区块链技术应用的全球引领，构建区块链智力资本和技能发展中心。为此，迪拜确定了以下5个关键行动领域。

（1）技能发展。迪拜的目标是成为区块链技术发展的区域和全球中心，为区块链程序员、政策制定者、战略专家和项目经理提供最全面、最高频的培训项目，增强区块链技术开发实力。

（2）智力资本。迪拜将通过为全球其他各相关城市试点开展案例研究，创造和分享与区块链应用相关的智力资本。同时还定期委托专家开展区块链技术前沿研究。

（3）区块链辩论计划。迪拜将定期邀请区块链专家和研究者，以引领对城市层面有关区块链技术应用中最紧迫和最有争议的问题的讨论。

（4）国际区块链奖。迪拜将对区块链的最佳全球城市应用进行表彰，并奖励那些主动采取措施推动创新边界的城市。

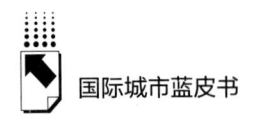

（5）学术激励。迪拜将积极让大学参与所有的区块链活动，如试点开发、培训、演讲活动和智力资本建设等。

三 迪拜区块链战略推进的主要成果

2016～2020年，迪拜全力推进区块链战略的实施并取得一系列成果。《迪拜区块链战略2020成就报告》显示，迪拜区块链战略在政府效率、产业创新和国际领导力三大支柱领域已实现较为深入的应用，并取得诸多推进经验和成就。

（一）政府效率推进提升效果

在政府效率领域，迪拜已推出了多项区块链试点，并通过制定实施区块链政策，搭建起区块链服务平台，提高政府服务效率。

1. 区块链应用案例

在区块链试点方面，政府部门和私营实体正在推进24个区块链应用试点（Blockchain Use Cases）。这些应用试点涉及8个行业，即金融业、教育、房地产、旅游、商业、卫生、交通和安全。根据迪拜出台的区块链试点"四步走"实施规划。2017年3～4月，迪拜完成了对区块链应用程序的认证工作，并于同年4～12月，从战略规划及技术应用上与政府实体联合设计区块链应用方案。2018年，实现区块链应用的第一阶段试点，并从2019年开始，实现区块链应用试点的逐步实施。截至2020年1月，迪拜政府部门和私营实体已推动8个行业中24个区块链应用试点，部分行业已实现完全应用。

在金融业方面，基于区块链技术的迪拜支付对账和结算系统、Bitoasis加密货币交易平台、Addenda保险支付结算平台、利用区块链技术在阿联酋和印度之间进行的金融转账业务等区块链试点已完全投入应用。2018年9月，智慧迪拜办公室的"区块链支付对账与结算系统"上线运行，新系统可以在几秒钟内完成政府部门和银行之间的支付对账，而以往这一过程需要耗费45天。

在教育领域，基于区块链技术的迪拜智慧城市学院X10、哈姆丹·本·穆罕默德智慧大学数字认证证书、阿联酋扎耶德大学数字认证证书、Al Mawakeb school数字认证证书试点项目已经投入应用，学生能够通过区块链网络向高校提出申请并获得证书。同时，基于区块链技术的（阿联酋）酋长国间学生转学手续注册试点正在推进中，可用于在学校和机构之间信息分享，以及转校、大学申请和工作申请。区块链的不可篡改和去中心化优势，能够大大节省学生获取毕业证书的步骤和时间，并杜绝学历造假等信息。这将改变学术机构出具证书的方式，将学习记录的所有权归于学生，并为其提供全球流动性，杜绝学术欺诈行为。

在房地产方面，基于区块链技术的迪拜产权认证、Wasl大厦房地产租赁手续、SmartCrowd房地产投资等区块链试点也均全部投入应用。

在旅游方面，迪拜亚特兰蒂斯酒店数字钱包、迪拜凯撒蓝水数字钱包系统已可通过使用区块链技术，为来自世界各地的游客提供一个安全、透明和实时的交易环境。同时，伊玛尔地产平台项目（Emaar Properties Referral and Loyalty Platform）的区块链技术试点正在推进中。

在商业领域，由迪拜Landmark Group和汇丰银行合作推出的、基于区块链技术的全球商品供应链管理试点已投入应用。由迪拜经济部推出的可追溯贸易许可证记录系统，由迪拜工商联合会与迪拜港口世界集团联合推出的为贸易融资、注册和供应提供解决方案的数字经济之路系统，以及由阿联酋Etisalat电信运营商推出的阿联酋贸易融资和防网络欺诈网络等区块链项目也得到应用。

在卫生领域，由迪拜卫生局牵头的医疗卫生专家认证区块链试点项目已投入应用。

在交通领域，由迪拜道路交通管理局推出的迪拜车辆生命周期监测试点项目已经投入应用，该系统将为客户提供"从制造商到废品场"的历史记录。迪拜水电局推出的电动车绿色环保充电、注册等两项应用区块链技术的项目也在运行之中。

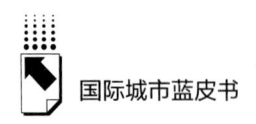

在安全方面，由迪拜警察局推出的证件遗失证明或护照申领业务试点在推进实施中。

2. 迪拜区块链政策

迪拜区块链政策由迪拜区块链未来理事会①（The Dubai Future Council for Blockchain）在2019年7月的第二次会议上提出并批准，并于2019年11月19~21日在巴塞罗那举行的第九届世界智慧城市博览会上由理事会主席Aisha BintButti Bin Bishr博士宣布启动，这一政策也是全球首个全面的区块链实施政策。

迪拜区块链政策是该理事会计划于2019年和2020年实施的三项举措之一。该政策的启动推进了理事会的议程，旨在将迪拜打造成全球区块链之都，并为探索区块链应用提供了卓越的平台，以应对未来迪拜在智慧城市建设中面临的挑战。

迪拜区块链政策的起草和实施共分四个阶段。

第一阶段是收集和确定各个部门面临的区块链方面的挑战，包括政府部门和私营公司，此外还要进行关于区块链政策制定和实施的全球基准研究。

第二阶段根据第一阶段的研究结果，确定一套指导区块链政策实施的关键领域。关键领域分为三个方面：互联网治理、互联网操作和关键技术支撑。迪拜推进的互联网治理，主要涵盖网络所有者和成员资格、知识产权、互联网衍生品、基金及货币化等。在互联网操作领域，迪拜重视数据安全、数据使用及协调、合规审查、互联网安全和风险管控、通信和应用等。迪拜关注的区块链关键技术支撑主要包括法律支持、共享网络服务、互联网体系建构和标准，以及技术平台。互联网治理和操作是迪拜区块链政策实施的两个方向，关键技术支撑为迪拜互联网治理和操作提供必要的技术保障。

第三阶段包括一系列研讨会，来自20个官方和半官方部门、12家银行和14家初创公司的68名代表对区块链政策的要求和选择进行探讨。

---

① 迪拜区块链未来理事会由迪拜未来基金会成立，理事会讨论拟议立法，促成迪拜各部门区块链技术的实施，其宗旨是为迪拜未来50年发展提供创新解决方案。

第四阶段即最后阶段，根据一系列指导原则对区块链政策试点进行评估，包括促进创新、提高效率和投入应用的能力。此外，第四阶段也将对潜在的区块链试点的安全性、私密性及是否合规进行评估。

3. 区块链服务平台

智慧迪拜办公室还与 IBM 合作推出了共享的迪拜区块链平台，该平台允许政府实体开发应用，而无须投资于单个区块链平台。

（二）产业创新推进效果

产业创新方面，迪拜以多种举措为区块链领域的企业，尤其是初创公司创造良好的产业发展环境。统计表明，目前全球共有超过 8000 家区块链公司，其中有 114 家位于迪拜，占全球的 1.4%。迪拜区块链市场在 2018 年增长了 24%，远超 19% 的全球平均水平。

2017 年开始，迪拜连续举办三届年度性"全球区块链挑战赛"。迪拜全球区块链挑战赛作为迪拜未来区块链峰会工作的一部分，由智慧迪拜办公室从国际区块链投资、监管部门等邀请国际知名的专家、科学家和决策者选定一系列区块链主题，并在全球范围内公开选拔。在 2018 年 5 月的第二届全球区块链挑战赛中，共收到了来自 85 个城市的 200 多份申请。经过筛选，智慧迪拜办公室挑选出 17 家最佳试点，并推荐其参加迪拜未来区块链峰会，展示其最优秀、最智慧的区块链解决方案。三个优胜者将获得现金奖励，并被推荐与迪拜相关政府和私营部门开展合作。2019 年的比赛共收到了来自世界各地 79 个国家的 700 多份参赛申请，与 2017 年第一届比赛收到的近 100 份申请相比，增长了 6 倍左右。

（三）国际领导力推进效果

为将迪拜打造成为"区块链之都"，2018 年 4 月，智能迪拜推出了"全球智能城市网络"研究平台，这是全球最大的智慧城市网络研究平台之一。该研究平台着力于将先进技术、智能生活和基于以人为本的科技服务等相关资源聚集在一起。平台的成员包括来自政府部门、私营实体、研究中心、学

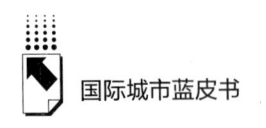

术机构、主题专家和媒体等的代表。

迪拜在区块链试点上取得的成就得到外界的关注。在2017年巴塞罗那智慧城市博览会上,基于区块链技术在智慧城市建设中的应用,迪拜获得"城市项目奖"。在2019年迪拜未来区块链峰会上,共有将近1万名与会者参加,这也是世界上参加区块链峰会人数最多的一次。迪拜在区块链应用方面取得的巨大成就,使其被国际新闻媒体冠名为"区块链世界之都"。迪拜也因其在这一领域的影响力,得以与联合国、世界经济论坛等重要国际组织合作发布多项区块链报告。

四 对中国智慧城市建设的启示

(一)制定综合性的区块链城市发展战略

迪拜将区块链技术作为智慧城市发展中的重要因素,并提出城市的区块链战略,以该战略推进政府效能、产业创新、城市形象等方面的发展。迪拜的经验表明,区块链技术能够在多领域对智慧城市的建设起到重要的支撑作用。同时,该技术应用表现出多领域协调的特点。中国城市在推进智慧城市的建设过程中,应高度重视区块链技术的应用,从战略层面制定区块链技术的城市应用整体规划。通过全面设计政务、产业、社会、能源、物流、地产等多领域的综合性区块链推进策略,整体推进区块链技术应用生态体系的建设,及其在市域范围的发展。

(二)推进城市区块链产业生态体系建构

迪拜的区块链发展战略,重视构建区块链产业体系,鼓励私营部门和初创企业利用技术进行业务创新。这就使得城市不仅成为新技术的应用者,也成为技术创造者。中国城市可借鉴迪拜的经验,通过制定区块链产业推进政策,为该产业的发展提供资金、安全、效率等方面的支撑。同时,通过建设区块链产业加速器等平台,支持该领域初创企业的快速发展,并提供共享区块链发展的创新机遇。区块链产业加速器可发展为国际区块链知识交流的中心枢纽，为创新中心建设提供助力。

（三）先期谋划区块链政务试点体系

迪拜在区块链的政务应用方面，重视多领域的应用试点。迪拜在战略实施的初期，选取金融、教育、房地产、旅游、商业等八个核心领域持续推进24个区块链应用试点，并取得了较好的效果，避免了技术在前期因全面铺开而面临的风险。中国城市的政务区块链应用，可借鉴迪拜经验，分阶段选取重点领域进行试点。可先期在金融、教育、商业、卫生、交通等数据密集领域进行试点，并阶段性总结政务区块链应用的经验与模式，在后续阶段向相关领域扩展，形成"滚动推广，领域互动"的试点推进模式。

（四）举办国际区块链城市"大事件"

区块链城市的交流与知识共享，不仅促进了国际智慧城市及科技的交流，也为城市打造智慧发展品牌提供了重要机遇。中国城市应注重区块链技术应用领域的国际话语权及其发展引领，发挥政府在大型活动举办方面的综合能力，积极促进区块链"大事件"的举办，在互联网领域之外再形成一个新的国际新兴技术交流平台。中国城市可策划举办"国际城市区块链应用大会"，打造全球性城市区块链应用交流论坛，并设置区块链应用奖项，提升在国际区块链应用领域的话语权。同时，通过为全球相关城市，特别是新兴城市提供区块链试点开展案例研究，共享发展成果，并推动形成"国际区块链城市联盟"等新兴领域的国际城市组织。

参考文献

Smart Dubai,"Dubai Blockchain Strategy 2020 Achievement Report,"January, 2020.

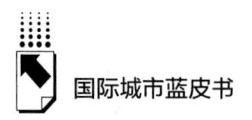

United for Smart Sustainable Cities, "Enhancing Innovation and Participation in Smart Sustainable Cities," 2017.

Aisha Bin Bishr, "A Smart City Powered by Blockchain," Innovations, Volume 12, 2018.

World Economic Forum, "Data Driven Cities 20 Stories of Innovation," October 2017.

Smart Dubai, "Dubai Future Council for Blockchain Launches Dubai Blockchain Policy," 21 November, 2019.

城市空间发展篇
Urban Space Development

B.23
英国倡导以更灵活的土地功能分区规划应对住房危机[*]

刘玉博[**]

摘　要： 近几十年，英国一直存在住房危机，特别是在房价较高、消费水平较高的大城市，住房危机更为严重。英国城市中心研究院于2020年6月发布研究报告，分析了英国导致住房短缺的原因，认为关键在于"强计划、轻市场"的住房规划系统。这种规划系统导致开发商住房建设速度趋缓、新房质量差、区域不平等、住房供需市场扭曲等。报告指出通过制定更灵活的土地功能分区规划来应对住房危机，重视土地价值、促进土地灵活使用、逐步纳入欠发达地区土地进行功能分区、

---

[*] 本文主要基于英国城市中心研究院（Centre for Cities）"Planning for the Future: How Flexible Zoning will End the Housing Crisis"的相关内容开展介评，特此感谢。
[**] 刘玉博，博士，上海社会科学院城市与人口发展研究所助理研究员，主要研究方向：城市收缩、人口流动与区域均衡发展。

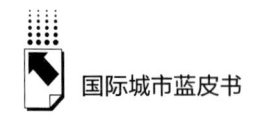

重视公众咨询和土地开发统一税费征收等，值得参考借鉴。

关键词： 住房危机　土地功能分区　土地利用效率　住房规划

英国住房危机由来已久，典型表现即大城市和城镇的高房价现象。部分学者将英国持续加剧的住房问题与停滞不前的生产力联系起来，认为住房危机对经济发展产生了连锁反应。英国城市中心研究院对这一现象进行了研究，并对英国住房危机产生的制度原因进行了分析，进一步提出通过制定基于市场的更灵活的土地功能分区规划来应对住房危机。重视土地利用效率，允许土地重复开发利用，土地经济密度随着经济发展水平的提高而有所调整，这可从根源上解决引发住房危机的制度问题。

一　英国住房危机的表现

根据英国政府官方数据，2018 年英国平均房价为平均工资的 8 倍左右，25～34 岁年收入为 2.22 万～3.06 万英镑的人群中，自有住房比例从 20 年前的 65%下降至 27%，其中伦敦这一比例由 47%下降至 20%。除高房价现象以外，英国住房市场还存在土地资源紧缺、新房供求失衡、新建房屋质量较差、老旧房屋置换率低等问题。

（一）城市和大城镇住房价格过高

英国住房市场存在严重的供需失衡，导致消费水平较高的城市与大城镇房屋销售价格和租房价格飙升。由于长期供不应求，英国城市与大城镇住房价格不可避免地出现上涨，2013～2018 年，英国东南部（伦敦、英格兰东南部和东部）的城市中房产价值相较于其他城市增加了 8 万英镑以上，其中牛津房价价值上涨 8.9 万英镑。

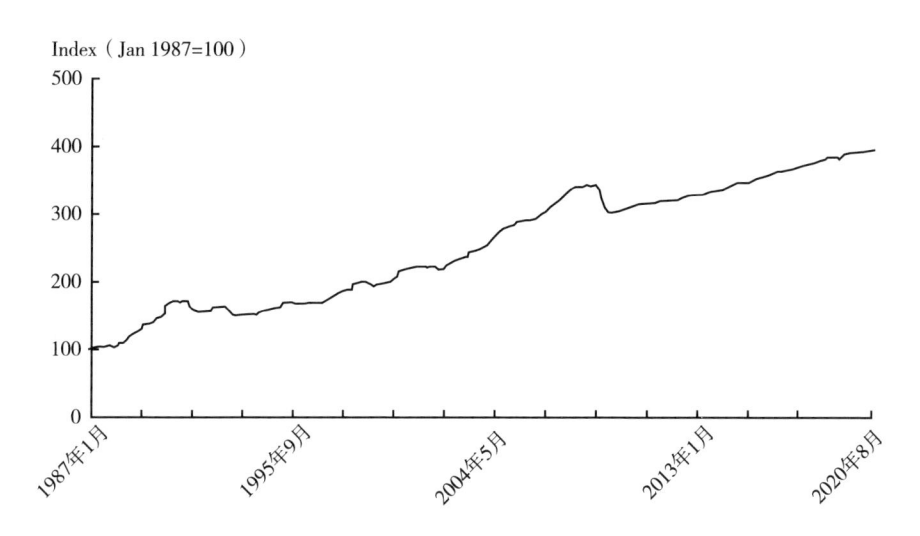

图 1 英国房价指数

资料来源：英国统计局网站。

（二）城市和大城镇住房空置率过低

2019 年，英国城市和大城镇房屋长期空置率仅为 0.9%，其中伦敦、剑桥、布里斯托尔和克劳利地区的空置率更低，分别为 0.7%、0.5%、0.4% 和 0.1%，远低于日本东京 2.4% 的空置率。即使在英国空置率最高的大城市（伯恩利），空置率（2.1%）也相对较低。这种现象表明，在住房需求较高、经济较为发达的地区，英国的住房市场存在供不应求的现象。

（三）欠发达地区住房空置率过高

在英国，新建住房往往集中分布在特定的区域，如 2011~2019 年英格兰和威尔士以 4% 的郊区面积贡献了 45% 的新建住房。而英国一半的郊区一年内供应的新房数量不足 1 幢，2011~2019 年新房贡献率不足 2%。然而，在住房需求较低、经济发展较为欠缺的地区，英国的住房市场存在供过于求的现象，房屋的空置率往往较高，房价上涨空间不大，如 2013~2018 年桑兰德和米德尔斯堡的房产价值平均上涨幅度仅为 3000 英镑（对比英国东南

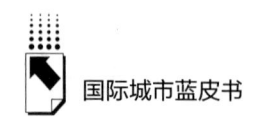

部城市房产价值增加幅度超过8万英磅）。这种现象加剧了英国财富分配的不均衡程度，扩大社会贫富差距。

（四）新建住房质量较差，且老旧房屋置换率低

英国城市和大城镇的住房市场供不应求，属于卖方市场，市场竞争不足，因此新建房屋质量往往较差，如新建房屋周边基础设施建设速度缓慢，且容易出现配套设施不足的现象。同时，英国城市和大城镇的一些老旧房屋很难置换，如2014年英国有62%的房屋建成时间早于1970年，37%的房屋建成时间早于1945年。

二 英国住房危机的制度性原因

英国城市中心研究院的研究表明，英国的住房危机与不合理的住房规划体制密切相关。这种住房规划体制是计划性的而非市场性的，表面是高度确定的，但是由于可供开发的土地由规划者逐案讨论决定，传递给企业的信号是不确定的，即企业不能根据市场信号判断某块土地进行许可开发的可能性，最终导致土地的低效利用和不合理配置，引发住房市场长期的供不应求。

（一）住房规划的计划性强、适应力弱、落地性差

带有计划色彩的住房规划的落地性往往较差。科尔奈和利普塔克在1965年提出"完美规划"（Perfect Planning）的概念，揭示计划性强的住房规划得以有效实施必须具备的条件：一是中央政府有明确的目标，二是地方政府和地方企业以极大化实现中央政府的目标为前提，三是规划者充分考虑了可用资源和环境条件的限制，四是规划可以随着市场需求信息的变化快速做出调整，五是执行有力。然而，英国中央政府往往制定相互冲突或不切实际的发展目标，如扩大新建住房面积和保护绿化带之间存在矛盾，或制定了每年建设30万套新房的不切实际的目标；地方政府和地方企业在实际发展中采取了与中央政府目标背道而驰的行动；计划性的规划适应不了朝夕万变

的市场需求，如约克自20世纪50年代以来没有制定新的战略规划。以上种种原因，导致英国计划性强的住房规划落地困难。

（二）建造方储备土地、缓慢开发，以规避风险

当市场需求不确定时，计划性强的土地和住房规划会导致开发商对住房供给的预期存在不确定性。在计划性强的规划中，往往通过制定土地开发许可证制度来限制土地开发，因此房地产开发商倾向于囤积拥有开发许可证的土地，并进行缓慢开发，以便分散未来可能面临的土地开发许可申请失败带来的风险。同时，某个地块一旦获得开发许可，土地价值将大幅上升，如2010年剑桥附近未被许可开发的土地每公顷价值约为1.85万欧元，获得开发许可后，每公顷土地的价值增加到290万欧元，被称为"规划收益"。这些高昂的土地成本，将以高房价的形式，转移给消费者，扭曲住房市场。

三 设计灵活的土地功能分区规划解决住房短缺问题

土地功能分区可以节约土地资源，促进土地高效利用。英国城市中心研究院建议在英国实施基于市场的更灵活的土地功能分区规划，减少规划中对土地资源由上而下的配置，而更注重发挥土地资源配置过程中市场的主导力量。更灵活的土地功能分区制度一般包含以下内容。

（一）制定灵活的土地功能分区制度

英国城市中心研究院建议英格兰的住房、社区和地方政府部（The Ministry of Housing, Communities and Local Government，MHCLG）以及其他区域的地方政府制定更灵活的土地功能分区规划，设置尽可能少的土地功能分区类别。目前，英国已存在14个相似的土地功能分区单元。根据英国城市中心研究院的设计，在每种类别的土地功能分区中，土地可以有多重用途，土地经济密度随着经济发展水平的提高而有所调整。这种土地功能分区制度允许在没有中央规划许可的情况下对不同区块的土地用途进行微调。如

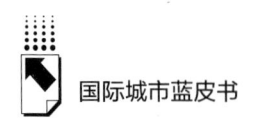

某郊区因为经济发展需要，可以开发共有产权住房和社区商店，商业中心区可以建设旅店和高层公寓。

（二）批准所有符合国家土地功能分区规定的地方性土地利用规划

与其直接配置土地指标，中央政府应该更多关注地方在土地利用性质和土地经济密度方面的平衡。根据英国城市中心研究院的设计，任何符合国家土地功能分区标准和建设规定的土地利用方案均应被批准实施，如此将使土地供应由"不确定性"转为"确定性"，将房地产开发商的"土地数量"竞争转变为"房屋建设质量"竞争，继而可以有效地解决房屋"纵向短缺"问题。而且，这种体制还可以削弱土地开发许可政策与土地价值增值之间的相关性，对抑制高房价有一定的效果。

（三）重视土地价值，允许重复开发

根据不同区域的土地价值，合理配置土地资源，如在城市中心或火车站等土地价值较高的地区，配置更多的土地资源，以满足土地需求。根据城市、小镇或区域等不同空间的经济发展状况，制定相应的土地功能分区方案。在具有特定价值的历史、文学、美学等特殊区域，明确特定的土地用途。在住房需求较高的地区，供应更多的居住用房，而不是"冻结"土地使用。如果房屋租金相对于当地收入水平持续提升，地方政府则会以更高利用强度来重新考虑土地配置。

（四）按实际人口增长情况进行土地功能分区调整

根据英国城市中心研究院的设计，英国需根据不同区域的人口增长情况，5~7年对土地功能分区进行调整，并在人口增长较快和房屋空置率较低的地区，征用未规划、未开发地块的土地以解决住房供求失衡问题。如此，新建住房将集中在住房需求最高、房屋价格较高的地区。同时，英国城市中心研究院设计了政府和开发商之间在建造新房时的分工：在新征用土地的建设过程中，市政府负责规划和建设下水道、学校等主干道和主要基础设施，

房屋开发商负责建造支路和次要基础设施。定期调整土地功能分区制度，保证城市扩张的有序性，使其与城市发展阶段和基础设施建设同步。

（五）由国家统一设立特殊性的非经济价值地块

对具有重要非经济价值的地区，如野生动物环境保护区和历史文化遗产保护区，可归为灵活土地功能分区制度的特殊区域，并允许此类区域不受未来发展政策的影响。此类特殊区域需由国家政府统一规划，兼顾当地社区和国家利益的均衡，并进行独立的成本效益分析，着重强调其社会效益而不是经济效益。

（六）变更土地开发可变税率为统一税率

根据英国城市中心研究院的设计，英国在贯彻土地功能分区政策过程中，应摒弃随意性较高的税收形式，而是采用对新开发土地价值征收20%固定税率的简单方案。根据英国城市中心研究院的测算，如果采取这种统一税率的方案，那么即使在伯明翰、布里斯托尔、伦敦、曼彻斯特和纽卡斯尔等地的郊区，从170万~210万个新住宅中将增加930亿~1160亿欧元的税收收入。根据土地功能分区制度，这些税收将被用于建设基础设施和保障性住房。

（七）充分融入公众咨询

将公众咨询纳入地方规划体系，尤其重视弱势群体、租房居民的意见，体现社会公平。将公众咨询结果作为地方城市建设过程中提高审美体验、历史价值等的重要参考。

四 对促进我国住房供求平衡的政策启示

英国房地产市场发展过程中出现的问题与我国具有一定的相似性，特别是在制度根源方面较为相同，如部分大城市中心城区房价较高、土地利

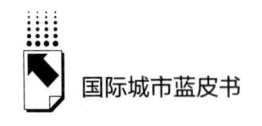

用效率较低、老旧房屋置换难度较大、土地价值与土地开发政策高度相关、中心城区住房空置率较低与欠发达地区住房空置率偏高现象并存等。英国城市中心研究院提出的基于市场的更灵活的土地功能分区体制对提高我国土地利用效率、促进我国住房供求平衡较具参考和借鉴意义，主要包含以下几个方面。

（一）尝试在试点城市建立灵活的土地功能分区制度

世界范围内，制定灵活的土地功能分区制度以应对住房危机的国家不止英国，如日本实行高度灵活的土地功能分区法规，每年约有95万套住房开工建设，是住房需求量的2倍，每年新增住房约36万套，而且集中分布于东京、名古屋等经济高度发达和住房需求最高的城市，有效地促进了区域间的住房市场均衡。在采用灵活土地功能分区制度的城市，理论上住房市场具有更大的灵活性，可参考英国土地功能分区政策，在我国部分城市进行试点，更加关注土地利用性质和土地经济密度之间的平衡，允许土地重复开发、适当调整土地利用性质，并根据人口数量调整土地功能分区。

（二）建立与市场变化紧密联动的长效机制

英国灵活的土地功能分区制度允许土地在一定程度上重复开发、适度调整土地用途、根据市场需求调整土地利用效率，是依据市场信号做出灵活调控的政策。我国总体上坚持"房住不炒"理念，但行政化、短期化、数量型的调控政策不能在根本上解决住房市场内部结构失衡问题，应建立长效的住房市场调控机制，建立与市场紧密联动的动态响应机制，优化包括土地在内的要素市场，以及优化住房市场供应结构。

（三）重视在大城市发展并规范房屋租赁市场

与伦敦相似，我国大城市房屋租赁市场的发展水平不高。如北京私人租赁住房比例为23.10%，伦敦为26.10%，远低于柏林65.90%和纽约56.10%的水平，也低于东京39.80%的平均水平。在增量上，2008年东京新增租赁住房建筑面积占新建住房总建筑面积的 52.32%。我国在稳定房产市场健康发展的过程中，应借鉴英国灵活的土地功能分区制度，重视房屋租赁市场的发展，提高房屋入住率，从供给结构上调整住房市场。

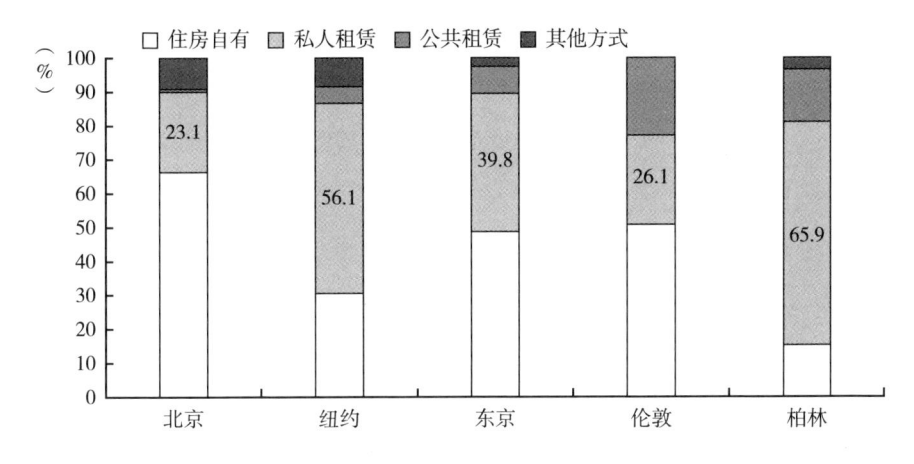

图 2 国际大城市住房供给结构

资料来源：贝壳研究院，2019 年 7 月。

（四）更加关注新建住房的品质和经济适用性

尽管英国房屋供应量在 2017~2018 年达到了 22.2 万套，但是新建房屋质量欠佳。根据英国城市中心研究院的调查，由于大城市和城镇房地产市场供不应求，新建房屋质量较差，且配套设施不完善。另外，在新增住房中，应关注新建住房的经济适用性，根据伦敦土地功能分区系统，同时参考东京、新加坡、纽约城市的住房市场发展经验，城区中小套型房型的建设比重约为 85% 较为合理，郊区中小套型房型的建设比重约为 75% 较为合理。

参考文献

屠启宇等：《国际城市蓝皮书：国际城市发展报告（2020）》，社会科学文献出版社，

2020。

卢为民、廖志强、张琳薇等：《国际大都市住房发展规划的经验与启示》，《上海城市规划》，2016 年 3 月。

许小乐、李攀丽：《中国如何解决 14 亿人的住房问题》，https：//mp. weixin. qq. com/，2019 年 7 月。

Anthony Breach, "Planning for the Future：How Flexible Zoning will End the Housing Crisis," *Report of Centre for Cities*, 2020.

B.24
英国以激活"休眠型郊区"破解大城市住房危机的思路*

盛垒 刘文英**

摘　要： 住房短缺和房价高企是典型的大城市病。而许多城市郊区缺乏像城市中心城区那样的持续更新建设,成为"休眠型郊区"。本文分析了英国"休眠型郊区"的住房供给模式,以及激活休眠型郊区对城市住房市场的影响,以期对中国城市提供相关政策的启示。

关键词： 休眠型郊区　住房　大城市

住房短缺和房价高企是现代大都市普遍面临的问题,尽管政府努力通过建造更多住房来解决此问题,但在许多城市,问题仍然较为严峻。想要解决住房问题,需重新调整住房的供应和需求,在房价高的城市和大型城镇建设更多的住房。这就需要对建造新房的地点和方式进行改革。本文基于英国城市研究中心(Centre for Cities)发布的研究报告《休眠型郊区——郊区在解决住房危机中的作用》,介绍英国城市不同的住房供给模式,分析休眠型郊区对城市住房市场的影响,并提出激活休眠型郊区的政策建议,为中国城市提供参考和借鉴。

---

* 本文主要基于英国城市研究中心(Centre for Cities)报告"Sleepy Suburbs: The Role of the Suburbs in Solving the Housing Crisis"开展介评,并对中国城市发展提供参考和借鉴,特此致谢。
** 盛垒,博士,上海社会科学院世界经济研究所研究员,主要研究方向:城市创新、城市产业发展;刘文英,上海社会科学院世界经济研究所硕士研究生,主要研究方向:西方经济学。

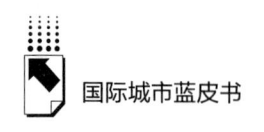

一 住房供给模式的英国城市案例

英国房价较高的城市普遍面临严重的住房短缺问题。通过建造更多的住房来应对这场住房危机，对于减轻居民住房压力，解决城市内部和全国范围内日益严重的不平等问题，以及促进国家和地方经济发展至关重要。但是，一些房价高的城市（如牛津和伯恩茅斯）建造的新房却比房价较低的城市（如巴恩斯利或彼得伯勒）少。大多数城市的新房供应和需求之间的联系较弱，导致许多经济实力强的城市往往面临住房短缺问题。通过分析英国不同城市的新房供应模式，可以发现住房供需量不同的城市是如何解决新房供应问题的。

（一）布莱顿：高需求、低供给的城市

位于英格兰南部的海滨城市布莱顿，是英国高房价城市之一。2019年，其平均房价是平均收入的14倍。这座城市面临严重的住房短缺问题，建造更多的住房对于该市经济和社会发展至关重要。不过，尽管房价难以负担，但自2011年以来，新房供应量仅增长了3%，而人口增加了6%。其中，布莱顿市中心的住房供应增加了7%，低于英国城市中心16%的平均水平。而郊区住宅供应量仅增长2%，低于城市总体增长量。2011年以来，郊区中59%的居民区年均新建住房量低于1栋，17%的居民区根本没有新建住房。新建住房与现有的交通基础设施也没有关联，布莱顿的一些火车站周围几乎没有新建住房。

像布莱顿这样房价较高的地方，高地价对开发商来说意味着再开发在经济上是可行的。由于土地价格反映了家庭和企业对该地区的潜在需求，经济实力、人口不断增长的城市的土地价格不断上升。通过使更多的家庭分担日益昂贵的土地成本，私营或公共部门的这种再开发有助于这些城镇的住房变得更容易负担。但这似乎并没有在布莱顿发生。除了现有郊区住房存量保持低增长外，布莱顿市中心并没有太多的房屋供给。因此，尽管住房需求量很高，住房价格也很高，但总住房供给量很低。

英国以激活"休眠型郊区"破解大城市住房危机的思路

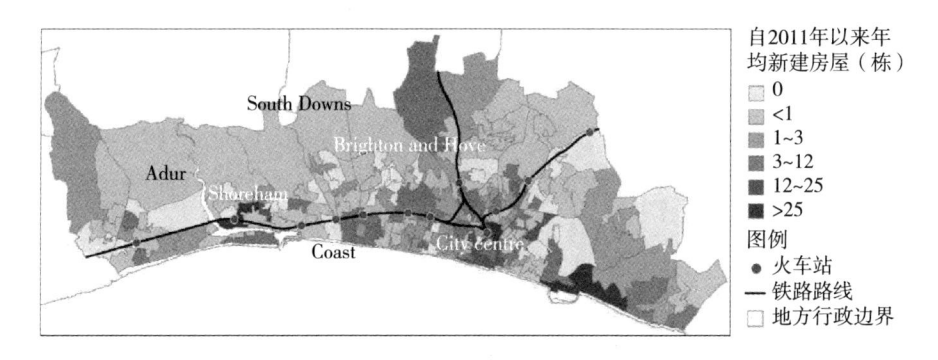

图1　2011年以来布莱顿新建住房区位示意

资料来源：Anthony Breach and Elena Magrini,"Sleepy Suburbs: The Role of the Suburbs in Solving the Housing Crisis," Center for Cities, March 2020。

（二）韦克菲尔德：低需求、高供给的城市

与布莱顿情况相反，位于英国西约克郡的韦克菲尔德自2011年以来提供了更多的新房，其中经济适用房也较多，平均房价是平均收入的7倍。但这种较低的房价似乎主要是由韦克菲尔德的低住房需求推动的，因为该市经济表现不佳。自2011年以来，该市住宅存量仅增长了10%，低于16%的市中心平均水平。尽管市中心的住房供应量很低，但新的郊外扩建项目提供了大量新房，使得该市总住房存量增长了8%，高于全国6%的平均水平。该市有许多新房建造在绿地上，其中包括在郊外新建的大型城市扩展区，还有一些较小的填充式开发项目填补了韦克菲尔德众多小城镇之间的空白。

韦克菲尔德大部分现有的建成郊区几乎没有新的建筑。2011年以来，该市34%的现有郊区每年新建住房少于1栋。韦克菲尔德现存郊区的低层建筑比例在各城市中是最低的，但该市1/3的区域几乎没有新建住房，尤其是缺乏拆迁和再开发项目。

城市中心和现有郊区几乎没有再开发项目，同时伴随着大量城市扩展和绿地开发，这种发展模式确实与韦克菲尔德等低地价城市的预期住房供应模式相符合。如果土地价格低，那么在没有公共部门干预的情况下，私人开发

311

图2　2011年以来韦克菲尔德新建住房的区位示意

资料来源：Anthony Breach and Elena Magrini, "Sleepy Suburbs: The Role of the Suburbs in Solving the Housing Crisis," Center for Cities, March 2020。

商将难以为再开发项目融资。此外，居民很少有动力选择使用更少的土地面积和生活在人口密度高的地方来省钱。

尽管韦克菲尔德是一个住房需求量较低的城市，但它提供的新房量远远大于住房需求量较高的布莱顿市。类似这样的低地价且房屋供应以郊外绿地为主的城市不少，如桑德兰、巴恩斯利和曼斯菲尔德等。虽然每个城市都有独特的条件，但仍然需要考虑，更靠近城市核心区的开发和扩建项目是否可以减少这些城市的通勤时间，并减少基础设施需求。

（三）埃克塞特：高需求、高供应的城市

位于英国德文郡中东部的埃克塞特是英国房价最高的城市之一，但与其他许多面临住房短缺的城市不同，埃克塞特自2011年以来建造了大量住房，住房供应量增长8%。与其他房价高的城市（如牛津或布莱顿）或需求低的城市（如韦克菲尔德）相比，埃克塞特的住房供需更均衡，否则，埃克塞特的房价会更高。

英国以激活"休眠型郊区"破解大城市住房危机的思路

埃克塞特的住房供应模式使市中心的新住房供应量增加了8%,但大部分的新房分布在郊外,而且是集中分布在郊外的一个特定区域,即靠近新火车站和高速公路交叉口。这些位于埃克塞特郊外的住房占整个郊区住房供应量的10%。

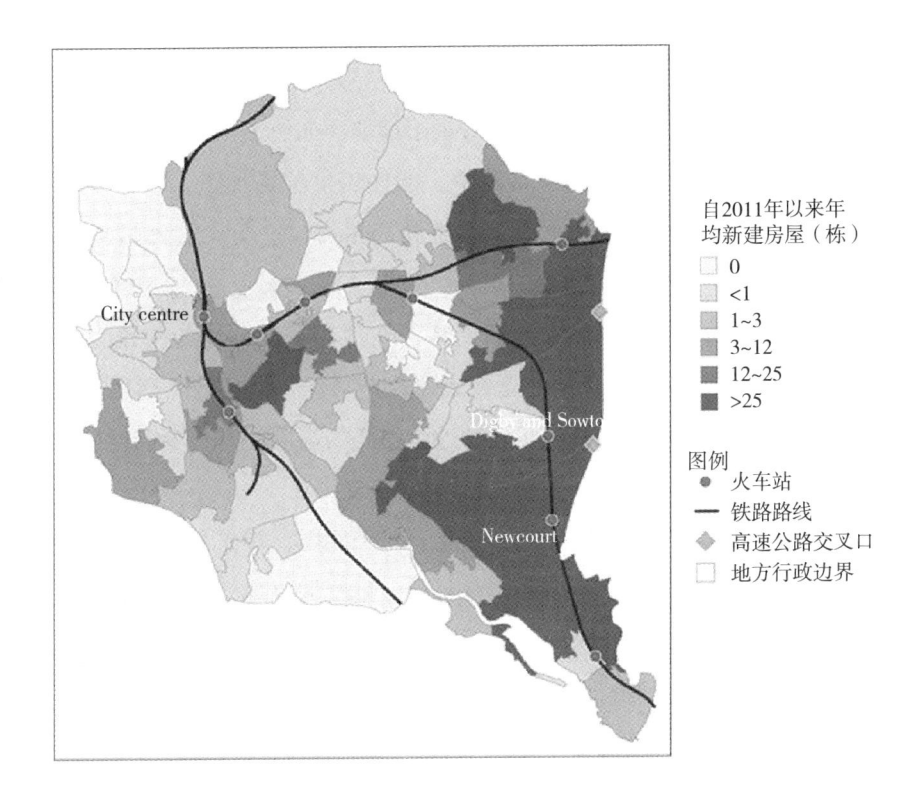

图3 2011年以来埃克塞特新建住房的区位示意

资料来源：Anthony Breach and Elena Magrini, "Sleepy Suburbs: the Role of the Suburbs in Solving the Housing Crisis," Center for Cities, March 2020。

不过,埃克塞特的新增住房供给仍集中在部分郊外地区和市中心。这可能是因为与提供大量新住房的东部地区不同,城市的其他地区缺少配套基础设施支持新建住房。尽管如此,埃克塞特48%的郊区居民区年均建造的房屋少于1栋,14%的郊区居民区在此期间没有新建住房。

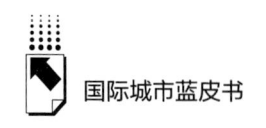

埃克塞特以及其他住房需求量大的城市，如雷丁或剑桥，相对于其他房价较高的城市来说，正在加快建造新住房，这些地方将需要继续供应更多的住房，以确保房价长期稳定。由于郊外很快就挤满了新房，在现有郊区提供更多住房对于控制当地的住房成本而言将变得更加重要。

（四）曼彻斯特：由许多地方主体组成的大城市

相比之下，一些大城市中心的新房供给增加，如位于英格兰西北区域的曼彻斯特。2011年以来，曼彻斯特市中心的住房供给增加了25%，主要是分布在紧邻市中心的居民区，如索尔福德和胡尔梅，这反映出2011年以来曼彻斯特市中心向外扩张的趋势。

尽管有了这些新开发项目，曼彻斯特的住房存量实际增长率仅为5%，不到6%的城市平均水平。市中心正在迅速建造新房，但郊区新建房屋却很少。即使算上那些新建在郊区但实际靠近市中心的高层住宅，曼彻斯特所有郊区住宅总数仅增长了4%。

曼彻斯特郊区很少建造新住宅，主要有两个原因：首先，城市严格的绿化带规定。不像埃克塞特，曼彻斯特没有很多集中的绿地开发，这使得城市很难提供足够的新住宅。其次，郊外房屋供应不足并没有导致建成区普遍密集化。2011年以来，曼彻斯特约56%的现有郊区居民区每年建造不到1栋房屋，28%的根本没有建造过房屋。尽管绿化带的目标之一是回收"废弃和其他城市土地"，且曼彻斯特近年来城市经济取得了成功，但其大部分地区的土地很少或根本没有被循环利用。

然而，曼彻斯特与其他小城市不同的是，在郊区有一些房屋供给密度更高的小板块。这些小板块位于博尔顿和伯里等中心，它们都与曼彻斯特的其他地方有良好的交通联系。这些小板块就像是各自的小城市中心，中心是繁荣的高密度建筑，而周围的郊区几乎没有新房屋。每个地区都有自己的住房目标，提供的一些新住房显然分布在曼彻斯特的中心。利物浦和伯明翰也有类似的住房供应模式。

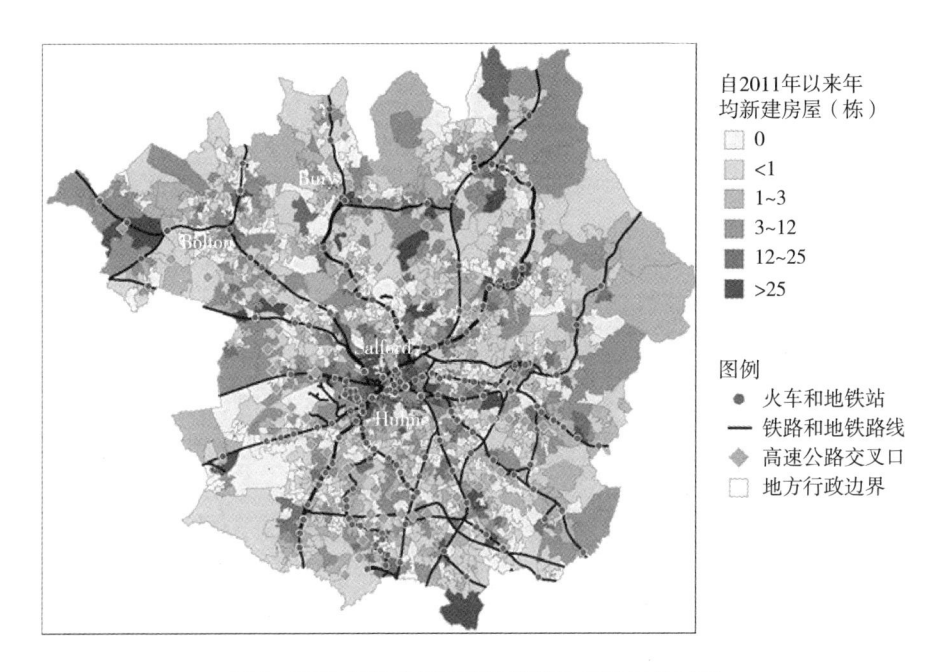

英国以激活"休眠型郊区"破解大城市住房危机的思路

图4 2011年以来曼彻斯特新建住房的区位示意

资料来源：Anthony Breach and Elena Magrini, "Sleepy Suburbs: The Role of the Suburbs in Solving the Housing Crisis," Center for Cities, March 2020。

（五）伦敦：拥有广泛公共交通网络的大城市

英国首都伦敦与曼彻斯特相似，但又有自身的特点。2011年以来，伦敦的住房供应量增长8%，高于城市平均水平6%。这不仅是因为市中心的供应量增加了15%，更重要的是，有着集中房屋供应的小板块地区遍布整个郊区，这与曼彻斯特相似，但规模更大。

由于伦敦根据公共交通便利程度来确定区域住房密度，郊区的这些房屋供应小板块一般分布在公共交通沿线。这类郊区小板块，通常曾是工业用地或会议地产，如斯特拉特福德的奥林匹克公园、温布利、老橡树公园、大象和城堡、九榆树公园、北格林威治和巴金河畔，这些地方都经历过房屋集中供应的爆发式增长。

但并非所有公共交通沿线都出现了同样的住房供应增长。伦敦每个

315

区的建成区都有很多地方几乎没有新建住宅。尽管有些小板块房屋分布密集，但自2011年以来，伦敦43%的郊区居民年均建房不到1栋，14%的为0。其结果是，少数居民经历了大规模的重建。自2011年以来，伦敦6%的郊区居民区提供了55%的新房，而其他地区几乎没有变化。

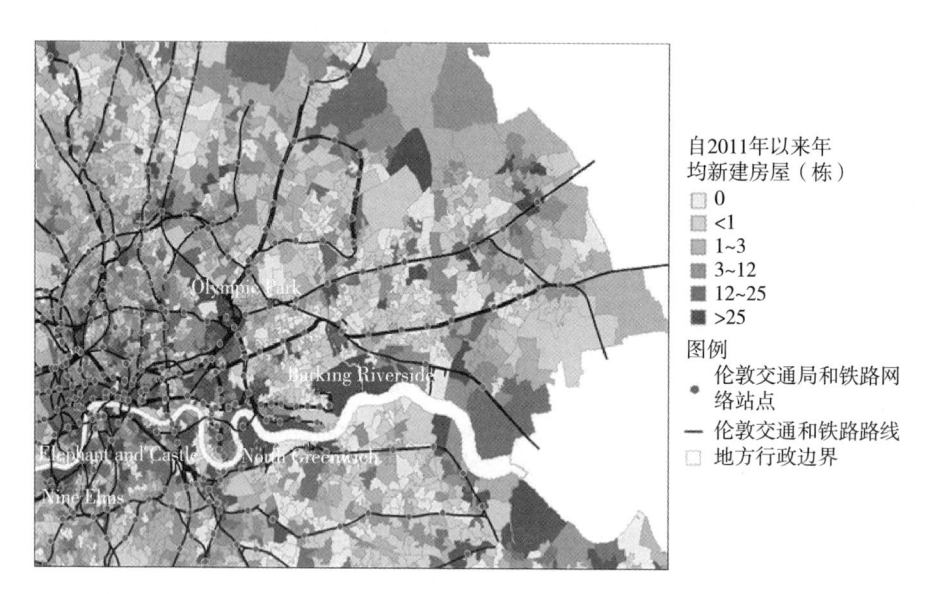

图5 2011年以来伦敦新建住房的区位示意

资料来源：Anthony Breach and Elena Magrini，"Sleepy Suburbs：The Role of the Suburbs in Solving the Housing Crisis," Center for Cities，March 2020。

像曼彻斯特一样，伦敦郊外几乎没有新的建设项目，这加大了这些供应量大的板块的房价压力。与埃克塞特不同的是，尽管在伦敦周围的绿化带有足够的土地可以为89.1万~110万名居民提供新住房，但伦敦选择不将大量未开发的土地用于建造新房。

总之，在英格兰和威尔士的许多规模和经济表现不同的城市中，虽然城市郊外、市中心以及大城市郊区的某些地段的住房供应量各不相同，但这些城市大部分地区的住房存量变化很小。现有建成郊区几乎没有新增住房，成为典型的"休眠型郊区"。

二 激活休眠型郊区对城市住房的影响和意义

住房供应集中在市中心和郊外,而现有建成郊区几乎没有新建住房,这种模式有两个后果。这意味着,在每个城市,新房不成比例地由少数居民区提供。这导致了当地新房供应与需求脱节,加剧了那些房价过高城市的住房危机。

(一)郊区住房供应高度集中在某些居民区

郊区的主要经济角色是为城市工人提供居住地,因此郊区的住房供应具有重要作用。尽管近几十年来人们有重新回到市中心居住的趋势,但2019年,英格兰和威尔士市中心的住宅总量才超过50万栋,而郊区的住宅数量则超过1370万栋。

然而,在英格兰和威尔士,几乎每个城市的郊区新建住宅速度都比市中心慢。尽管郊区因面积大而增加了更多住房,但市中心的住房存量2011~2019年增长了16%,而郊区仅增长了6%。图6显示了英格兰和威尔士所有郊区房屋建造情况,自2011年以来,22%的郊区居民区新增住房为零,其对住房供应的贡献为零。约51%的郊区居民区每年新增住房不足1栋,部分根本没有新增住房。这些地区占郊区新增供应量的2%,即只有1.7万套住宅。这些居民区被统称为"休眠区"。桑德兰的休眠区最多,70%的居民区年均建房不到1栋,而剑桥的这一比例为22%,是最小的。相比之下,虽然大多数居民区建房很少,但也有一些社区新房供给量巨大。2011年以来,大约66%的郊区新房(约48.8万户)是由10%的郊区住宅区建造的,这些居民区年均至少建造12栋房屋。但即使是在这些供应量大的居民区,新房也是高度集中在某些区域。自2011年以来,每年建造超过25栋房屋的住宅区占所有郊区住宅区的4%,但它们提供的新房占郊区新增供应量的45%,即33.3万套。这些每年建造超过25栋房子的街区被称为"密集型"郊区。

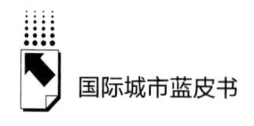

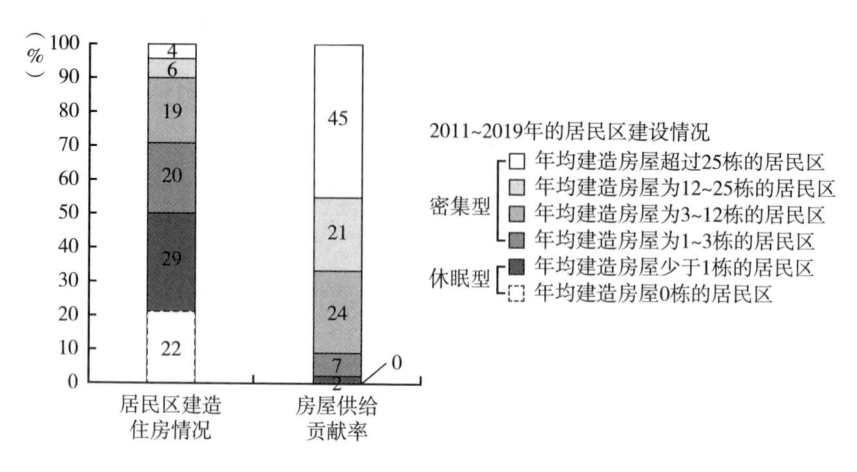

图6　2011年以来英格兰和威尔士所有郊区居民区的住房供应

资料来源：Anthony Breach and Elena Magrini, "Sleepy Suburbs: The Role of the Suburbs in Solving the Housing Crisis," Center for Cities, March 2020。

（二）城市供求不平衡影响了住房总供给

城市住房供求不平衡并不一定代表政策有问题。毕竟，建造大量新房的居民区在新建住房中所占的份额总是要比那些建造较少新房的居民区所占的份额大。这些不同的供应模式可能有经济上的解释，比如某些居民区的需求比其他地区高，或者某些地区公交更便利，如伦敦某些区域。

然而，城市有大片地区所建新房量很少，甚至为零，这些密集型居民区对城市新住房的供应而言已变得非常重要。比较埃克塞特和布莱顿有很高住房需求的城市可知，它们都有部分地区处于休眠状态，前者占46%，后者占57%。不过，埃克塞特的居民区有11%的在密集建设新房，但布莱顿该比例只有2%，这使得布莱顿的住房增长率低得多。2011~2019年，布莱顿住房总存量增长了3%，而埃克塞特增长了8%。

有着更多密集建房的居民区的住房总量增长较快。同住房负担能力等与新房需求实际相关的因素相比，城市对这些密集型居民区住房供给的相关政策与住房供应的总增长有更强的联系。新房需求量较低的城市，由于有太多密集型居民区，住房供应量大幅增加。相比之下，像牛津、布莱顿等这样住

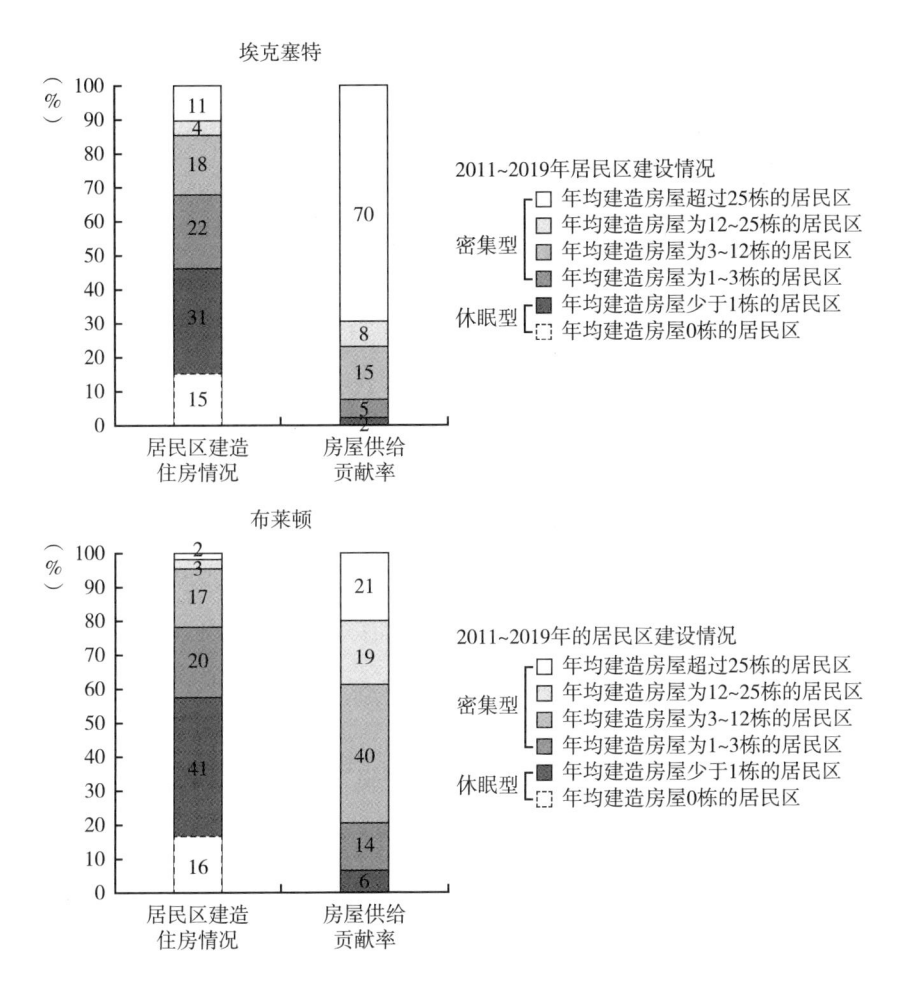

图7 2011年以来埃克塞特和布莱顿的住房供应

资料来源：Anthony Breach and Elena Magrini,"Sleepy Suburbs: The Role of the Suburbs in Solving the Housing Crisis," Center for Cities, March 2020。

房问题严重的高需求城市只建造了少量的新房，部分原因是它们很少有居民区在进行密集型住房建设。城市用于规划和交付新住房的体系出现了问题。目前，对于面临住房短缺的城市来说，在市中心和城市郊区的特定居民区提供大量的新房是至关重要的。但这一模式将当地住房供应与需求分离开来。这种模式使得城市住房供应总量取决于对城市特定居民区的政策。在整个系统内，这将使得住房问题更加严重。

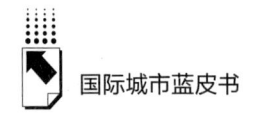

(三）休眠型郊区带来的其他负面影响

现有郊区缺乏新房建设，除了导致房价太高，还有其他负面影响。第一，休眠型郊区的房屋供给不足意味着现有的住房存量没有被新的、更高质量的住房所取代。随着家庭规模缩小、单亲家庭增多和人口老龄化，居民的需求发生变化，不变的住房存量将变得越来越不合适。此外，即使在安装隔热装置的情况下，老房子的能源效率往往较低。这意味着，与住房存量较小的城中心相比，住房存量不变的郊区碳排放更多。

第二，在城市郊区密集型居住区的新住宅项目一旦完工，就将陷入休眠状态。现有郊区新增的住房过少，造成非市中心的住房增长被迫向外扩张，这可能导致通勤时间增加、对汽车的依赖性增强。

第三，填充式开发和密集化建设对那些计划布局在具有独特要求的小型场地的中小型企业建设者尤其具有吸引力。现有郊区缺乏这种项目，原因之一可能是中小企业商业模式的衰落。

三 英国激活休眠型郊区对中国城市住房保障的启示

在中国，许多城市在房屋供给方面面临着与英国类似的问题：房屋供给与需求不匹配，市中心房价高企、住房短缺且新增住房过少，非市中心的住房增长被迫向外扩张，导致通勤时间增加，人们生活不便利；在已建成区外新辟大型居住社区，郊区公共服务和公共交通设施配套不足；对郊区已建成老旧小区的更新尚未提上议事日程等。通过激活休眠型郊区增强中国城市住房保障，基于英国的经验，可以得到以下启示。

（一）重新平衡住房供需关系

在确定城市住房政策时，要让价格机制发挥更大作用，同时要扩大许可开发范围，比如，向上扩建，或对非常小的地块进行填充式开发，使得在不进行较大重建的情况下逐步增加现有郊区住房的供应变得更容易，由此促进高房价城市和郊区的住房开发。

（二）通过改革实现老旧社区住房新供给

一是城市要在现有郊区分配更多的开发用地。二是城市应制定郊区设计指南。例如，英国的克罗伊登基于郊区设计指南，成功地提高了当地郊区密度。拥有一个更可预测、风险更低的郊区密集化进程，将使开发商更容易在房价高的城市建造更多的住宅。政府可以采取国家或地方规划来设计建筑外观、材料和其他美学特征，达标的开发项目可通过基于规则的模式进行，而那些不达标的开发项目可进行再权衡，以降低小型建筑商填充式开发的风险。

（三）在城市引入"公共交通可达性水平"

影响郊区密度的因素之一是"公共交通可达性水平"（PTAL），这是衡量公共交通网络连通程度的一个指标。评估"公共交通可达性水平"使建设者更容易了解哪些地方有能力进行进一步的开发，并确保新的开发有良好的交通基础设施。"公共交通可达性水平"框架增加了城市部分公共交通沿线的住房供应，但并非每个公共交通路线都是如此。应研究"公共交通可达性水平"对住房供应的影响，并改进评估方法，使其与城市规划相协调，以增加公共交通沿线的住房供应。

参考文献

Anthony Breach and Elena Magrini, "Sleepy Suburbs: The Role of the Suburbs in Solving the Housing Crisis," Center for Cities, March 2020.

Anthony Breach, "Capital Cities: How the Planning System Creates Housing Shortages and Drives Wealth Inequality," Centre for Cities, 2019.

Richard Florida：《美国的另一个住房危机：过于空旷的郊区》，http://k.sina.com.cn/article_6192937794_17120bb4202000b6cd.html。

B.25
美国中型城市以引导新出行方式促进公平交通的规划策略*

余全明**

摘　要： 基于城市研究所于2020年7月发布的《中型城市新出行方式和公平预见》，本文探讨了借助新出行方式实现中型城市公平交通的举措。报告认为中型城市的优势在于可以学习大城市应对新出行方式的策略，并且能够主动且高效地建立监管框架、发展合作伙伴关系并实现公平交通。报告指明了中型城市为将新出行方式纳入公平交通规划需要做的工作。报告也分析了中型城市制定公平交通规划的关键因素。在分析该报告的基础上，本文提出了其对中国中等城市未来交通规划的借鉴意义。

关键词： 中型城市　新出行方式　公平交通

2020年7月，美国城市研究所发布了《中型城市新出行方式和公平预见》（New Mobility and Equity Insights for Medium-Size Cities）。由于中型城市缺乏公共交通和相关基础设施建设的资金，公共交通系统不如大城市那样完善。中型城市在公共交通部门的工作人员和预算较少，导致各部门之间缺乏协调和

---

* 本文主要基于城市研究所于2020年7月发布的《中型城市新出行方式和公平预见》开展介评，并对中国城市交通规划予以借鉴研究分析，特此致谢。
** 余全明，上海社会科学院应用经济研究所博士研究生，主要研究方向：产业经济学。

美国中型城市以引导新出行方式促进公平交通的规划策略

无法精简工作流程，限制了中型城市主动行动的能力。中型城市[①]人口基数小、就业空间分散，公共交通的盈利能力不如大城市。报告指出尽管中型城市不如大城市那么完美，但是新出行方式正在逐渐由纽约、旧金山、西雅图等大型城市向中型城市延伸。这是因为中型城市拥有更多且灵活的空间可以适应新出行方式的需要，比如停车位和行车道规划。公共交通网络不完善，使得中型城市对新出行方式有极高的需求。报告指出中型城市可以学习大城市应对新出行方式的策略，依据大城市的经验主动且高效地建立监管框架，与新交通公司建立合作伙伴关系，实现公平交通。报告指明了中型城市将新出行方式纳入公平交通规划应做的工作。报告也分析了中型城市制定公平交通规划的关键因素。共享汽车、顺风车、拼车、共享单车等新出行方式[②]与传统的公共交通系统不同，提供了随需而变的交通出行方案。随着新出行方式的普及，不仅可以减少现有的交通不平等，还为建立平等的交通系统提供了机会。但如果没有适当的规划，它们可能会加剧现有的不平等，无法带来包容和公平的结果。

一　引入"新出行方式"的优势

（一）缩小空间和时间上的交通差距

新出行方式能够增加非高峰时段的交通选择和交通服务不足社区的出行选择，减少出行时间，改善交通状况。新出行方式能够连通公共交通的"最后一公里"，为没有汽车的家庭提供新的出行选择。新出行方式可以提高出行时间的可控性。通过提前预订，可以减少居民等待的时间。新出行方式可以增加低收入居民获得工作、医疗服务、现代化商店等服务的机会。在缺乏公共交通的情况下，新出行方式可以有效补充现有交通服务，同时新出行方式可以优化出行路线，节约时间。

---

① 美国中型城市：人口规模在500000~880000人。
② 按需运输的新出行方式，如共享单车、共享汽车、顺风车等。新出行方式在车辆所有权、租车服务、交通等方面与传统交通网络不同。

（二）降低交通部门和居民成本

新出行方式可以节省乘客和交通机构的时间成本。新交通公司通过提供交通补贴，并减少等待和乘车时间，帮助居民以更低的成本更快地到达目的地。居民采用更快的交通方式不仅可以节省时间，而且可以保证准时上班，增加工作的保留率，节省的时间可以用于其他活动。新出行方式降低居民对私家车的需求，减少家庭在汽车、保险、汽油和维修方面的支出。更多居民选择新出行方式，减少公共交通使用量，降低公共交通机构辅助运输服务的成本。

二 开展公平交通规划

（一）征询方案、许可证和试用期

城市可以通过征询方案（Requests for Proposal，RFP）、许可证、试用期等方法评估新出行方式的效果，然后将适合的新出行方式纳入公平交通规划。在实施征询方案、许可证或试用期等方法时，城市应考虑以下因素：许可证的有效期及其对需求变化的响应能力；市场对新出行技术的需求；公平交通规划的需求沟通和社区参与需求；限制公司和营运车辆数量；终止许可证的条件；合理定价；数据共享和居民隐私；法律约束。中型城市可以利用RFP等方法规范新交通公司的运行，并保持与新交通公司的密切合作。一方面，RFP反映了城市的需求，另一方面征询方案应允许公司采用具有创新性和灵活性的方法来满足城市需求。

（二）数据和分析支持

实现交通平等需要大量数据的支持。城市可以要求交通公司按照固定格式共享数据，提供历史数据，并定期更新。城市可以利用移动数据规范（Mobility Data Specification）对数据进行标准化。移动数据规范包含骑行起点、终点和骑行路线,但不包含个人身份信息。城市和交通公司也可以委托第三方数据管理公司,进行数据集成和分析。第三方数据管理公司不仅可以增加数据容量,还可以帮助城市规避数据隐私法律限制,客观分析城市交通规划与新出行方式的关系。

(三)公平交通规划调整运营方向

城市可以设立以公平交通规划为重心的部门,保障交通规划的公平性。俄亥俄州阿克伦市成立的综合发展部于2019年启动了一项五年战略,将平等作为规划的核心,以"创建更平等的阿克伦市"为目标。在内华达州的里诺市,瓦肖县区域交通委员会制定的2040年区域交通规划要求综合分析新出行方式对机动车的影响。2017年,盐湖城交通总体规划指出,智能手机使用不足加剧了新出行方式的平等性问题。布法罗2050年区域交通规划强调在制定公平交通规划时需要考虑的社区特征,其目标是:平等获得教育和岗位的机会;基于社区需求,完善公共公园、森林、港口等。

公平交通规划编制中还需要兼顾下列因素:多样化的付款方式;环保规定和居民住房的空间分布;公平的交通投资;一体化交通规划与住房规划和就业机会的协调;负担能力;共享关系;服务时间和地点;安全等。在城市公平交通规划中,重点关注居民生活、工作体验,而不是响应地方需求的交通方式。新出行方式需要平等地服务于每个居民。共享摩托、共享单车、共享汽车等交通工具的公平分配,一方面能够减少短途运输对私家车的依赖,另一方面也可以给子孙后代留下一个更清洁、更健康的地球。

(四)鼓励社区参与

社区参与是公平交通规划的关键组成部分。新出行方式对大部分人来说是新颖的。通过鼓励社区积极参与,可以及时了解公众对新出行方式的感受,收集相关数据和信息。新交通公司可以与社区联合开展自行车和摩托车安全研讨会,在节日和社区活动中为乘客提供自行车和摩托车等新交通工具具有的功能演示。

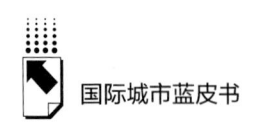

（五）发展合作模式，吸引关键的区域参与者

加强规模企业和交通服务机构的合作。企业通过宣传良好的通勤政策来吸引潜在员工，为员工通勤提供交通补贴。企业也可以根据交通规划，选择新的办公地点，减少员工通勤时间。当企业进行招聘时，交通服务机构可以向企业提供情况说明书，列出可用的新出行方式、附近的交通枢纽和路线、车辆停放等信息。城市还可以与社区、大学、企业、非营利组织和旅游局合作，制订区域交通计划，促进共享交通模式的发展，并在执法行动方面进行合作。

（六）评估公平交通影响，完善交通规划

规划新出行方式且兼顾公平需要考虑出行数据、系统升级、人员配备和流程改进等：①空间分布均衡；②支付方式和费用；②平均等待时间和乘车的可用性；④交通成本；⑤服务质量。城市需要综合评估公平交通投资所造成的影响，包括健康、财富差距、优质学校、安全社区、就业机会等。

城市可以将公共交通支付系统从专用性支付卡转向兼容性账户，允许居民在不同的交通模式之间转移交通补贴。这种转变能够极大地提高新出行方式的使用率，提升交通系统"最后一公里"连接能力，并提高新出行方式的客流量。简化跨模式交通补贴的使用流程，为特定群体（低收入家庭、孕妇、老人、学生、儿童等）提供交通补贴。公平交通不仅涉及支付系统公平，还需要保障街道使用权的公平。几乎所有的城市都将汽车作为主要的交通工具，只有部分居民能够自由使用街道，忽视了其他居民对街道的使用权，导致街道设计存在缺陷。城市规划者和工程师应优化街区，确保所有居民，不论年龄、能力或交通方式，都能安全通行。

（七）有效监督新出行方式

中型城市应重组部门，简化预算程序，打破壁垒和越过障碍，解决阻碍新出行方式普及的制度障碍。城市可以设置智能出行顾问等职位，处理与新

出行方式有关的技术问题。城市可以将经常合作的部门整合起来,简化工作流程,提升工作效率。例如,纽约综合发展办公室(the Office of Integrated Development)的职责是找出并消除阻碍群体全面发展的障碍,提高公共部门自身系统、程序、资源分配的公正性。

三 对中国中型城市引入新出行方式以改善城市交通的启示

新出行方式可以覆盖没有获得现有交通工具服务的社区和人口,从而建立交通更加平等的城市。但是,如果不协调一致地推动公平交通,出行方式的创新只会加剧现有的不平等。新出行方式与现有交通方式(尤其是公共交通)的关系具有不确定性。新出行方式可能进一步削弱公共交通系统,或者增加公共交通的作用,保障公共交通更易获得和更贴近居民的工作和生活。在新出行方式普及之前,城市必须确定公平目标,了解现有系统中的平等差距,并通过新技术来缩小这些差距。本文通过对中小城市公平交通规划策略的分析得到如下启示。

(一)鼓励多方参与,完善交通出行规范,避免新出行方式的出现引发混乱

借鉴大城市在新出行方式演变过程中的经验,依据城市自身特点,建立跨部门的协调应对小组,保持与交通公司的密切联系,及时解决可能出现的问题。搭建新出行方式意见反馈平台,广泛听取居民、社区、企业和交通部门等的意见,制定新的交通规范,规范新出行方式,保证新出行方式合理地嵌入现有交通系统,协调新出行方式与现有交通系统的关系,确保新出行方式与现有交通系统融合,共同改善城市交通环境。新出行方式与传统交通方式不同,需要普及与新出行方式相关的注意事项,如车辆停放、上下车注意事项,加强对新出行方式的宣传,提升居民对新出行方式的接受度。

（二）改善交通基础设施，完善交通空间布局，兼顾新出行方式的需求

无论是新出行方式还是原有交通系统，均依赖于交通基础设施。应调整道路交通规划、改善基础设施、推动交通系统升级、缓解交通拥堵等问题，提升出行的便利性。对停车位、停车场、自行车存放处等设施进行重新规划，兼顾新出行方式的需要，为新出行方式提供支持。加强新交通公司与交通部门和社区的合作，对"最后一公里"的交通进行精细规划，强化新出行方式在"最后一公里"方面与其他交通方式的连接作用，确保新出行方式能够满足不同人群（如残疾人、老人和孕妇）的需求，保障居民顺利出行，减少时间成本。

（三）整合数据，推动新旧出行方式精准衔接

首先，与专业的数据公司合作，收集交通出行的相关数据。既需要收集社区位置、就业分布、商业中心分布等信息，还需要收集出行方式的相关信息和数据，包括路线、等待时间、路线耗时、支付情况等。其次，城市交通部门需要与交通企业、社区、居民等保持沟通，准确了解各方需求。最后，根据收集的信息，综合分析新出行方式对现有交通体系的影响及其应如何嵌入交通规划，鼓励交通企业、社区、居民等共同参与规划制定，协调各方需求，以便制定合理的交通规划，推动新旧出行方式的精准衔接，确保新旧出行方式形成互补，推动新旧出行方式在运行方面的融合。

（四）统一支付方式，缓解居民出行压力，推动支付方式的融合

新支付方式与传统支付方式有很大区别，多种支付方式使得部分居民在出行时遇到困难，迫使居民在新旧出行方式中"二选一"，不利于新旧出行方式的融合。中小城市拥有大量的老年人等弱势群体，对新出行方式的接受度较低，尤其是支付方式的变化，使得弱势群体难以享受到新出行方式带来的便利。因此，需要简化并统一新旧支付方式。首先，将各种支

付方式合并，统一至一个账号中，简化操作，保障弱势群体能够利用新出行方式。其次，针对特殊群体，整合新旧出行方式的优势，设置金额和次数上限，在保障新旧交通企业利润的同时，为居民提供更多的出行选择，并降低居民支出压力。最后，可以鼓励新交通公司与社区合作，在社区宣传和展示新支付方式，增加居民对新出行方式的了解，提升对新出行方式的接受度，同时避免出现诈骗等行为。

参考文献

The Urban Institute，"New Mobility and Equity Insights for Medium-Size Cities，" https：//www.urban.org，July 2020.

Institute for Transportation & Development Policy and Living Cities，"Connecting Low-Income People to Opportunity with Shared Mobility，"https：//itdpdotorg.wpengine.com/wp-content/uploads/2014/10/Shared-Mobility_Full-Report.pdf，December 2014.

TransForm，"A Framework for Equity in New Mobility，"https：//www.transformca.org/sites/default/files，June 2017.

B.26
美国最佳小城市评选中的制胜之道*

陈 晨 秦 群**

摘 要： 国际咨询公司 Resonance Consultancy 发布了《2020年美国最佳小城市报告》(The 2020 America's Best Small Cities Report)。报告针对美国小城市，基于地理位置、产品、人口、繁荣程度、项目活动、推广提升六大核心建立评价指标体系，综合运用统计数据和定性评价数据，进行了最佳小城市的排名。针对排名结果的分析解读表明，美国最佳小城市的地理位置具有局部集中但整体均衡的特征；人口规模与排名位序有正相关关系，即人口规模越大，最佳城市排序越靠前；上榜的最佳小城市中，教育程度、连接性、夜生活、收入水平、公园户外等因素是反映城市吸引力和魅力的主要亮点。美国最佳小城市的特征分析对于中国中小城市的高质量发展具有一定的借鉴意义。

关键词： 美国 小城市 高质量发展

---

* 本文主要基于国际咨询公司 Resonance Consultancy 在 BEST CITIES 网站上发布的"The 2020 America's Best Small Cities Report"以及 BEST CITIES 网站(https://www.bestcities.org)的相关信息开展介绍以及分析解读，特此致谢。

** 陈晨，上海社会科学院城市与人口发展研究所助理研究员，主要研究方向：城市发展战略与规划、城乡规划方法与技术；秦群，上海社会科学院城市与人口发展研究所硕士研究生，主要研究方向：区域经济学。

一 评选的缘起

国际咨询公司 Resonance Consultancy 于 2020 年在 BEST CITIES 网站发布了《2020 年美国最佳小城市报告》(The 2020 America's Best Small Cities Report)，对美国最佳小城市进行了排名。

报告的评价对象是美国都市统计区域内人口小于 50 万人但超过 10 万人的城市。评价数据来源主要有两类，一是政府部门或相关机构发布的统计数据，二是当地居民和游客基于网络社交软件的评价数据。报告建立了评价指标体系，包括六大核心（地理位置、产品、人口、繁荣程度、项目活动、推广提升）和 23 项细分领域，每个细分领域有具体的代表性指标。地理位置包括气候、安全、风景和地标、公园和户外等细分领域。产品即城市的"硬件"，一个城市往往通过硬件的数量、质量和声誉来提升其地位，包括机场连接性、吸引力、博物馆、大学排名、会议中心、专业运动队等细分领域。人口是思想和创造力的来源，包括多样性和受教育程度两项细分领域。繁荣程度往往与居民收入与生活水平、大型知名企业等因素相关。项目活动是让城市良好运行的"软件"，具有促进城市活力提升和社区繁荣的重要作用，包括文化、夜生活、餐厅、购物等细分领域。推广提升包括媒体影响（谷歌搜索和趋势）、社交软件评价（脸书、猫途鹰、照片墙）等。

2020 年新冠肺炎疫情给城市带来了巨大挑战，市民的生活方式也因此被迫调整与改变。美国的小城市可能会因为远程办公的兴起等获得新的发展机遇。报告综合使用了客观数据和主观数据进行评价，由于使用的数据主要来自疫情之前，排名结果可能与疫情发生一段时间之后的情况有所差异。不过，Resonance Consultancy 的主席认为，榜单中排名靠前的城市抵抗风险的能力相对较强。因此，该美国最佳小城市评选结果仍具有一定的参考意义。

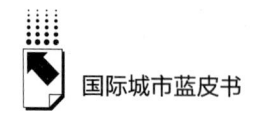

二 评选结果解读

报告评选出了美国最佳小城市前100名，这100个城市在空间上的分布特征如图1所示。下文将从地理位置特征、人口规模、亮点属性等方面解读该评选报告。

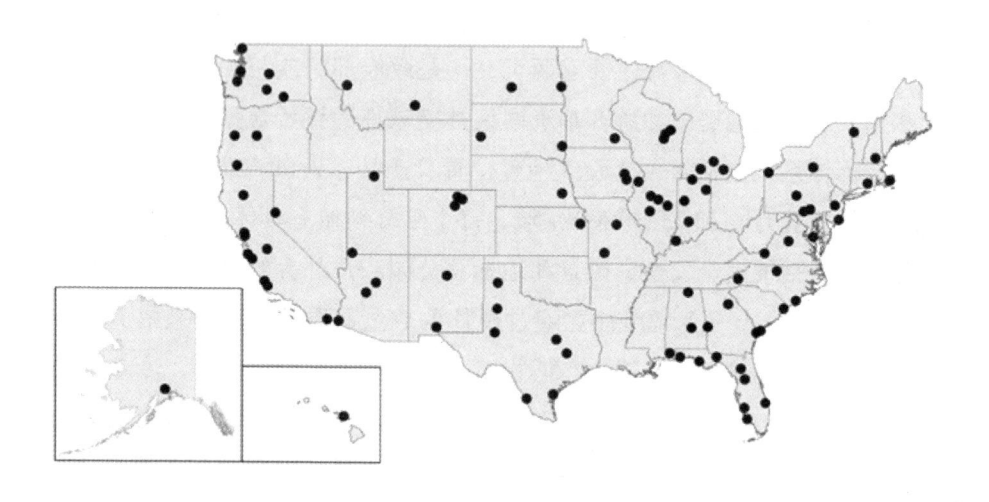

图1 美国最佳小城市（前100名）分布示意

资料来源：根据数据分析自绘。

（一）地理位置：布局相对均衡

从地理位置上看，美国最佳小城市的分布具有局部集中但整体均衡的显著特征。

一是，南部地区具有相对优势。相比于东北部地区，南部地区冬季气候相对温和，被称为"阳光带"，因而人口有从东北部地区向南部地区迁移的趋势，南部地区的小城市获得一定的发展机会。本次评选出的100个最佳小城市中，位于南部的佛罗里达州、得克萨斯州分别有8个和7个城市上榜，名列所有州的第2和第3位，彰显出南部地区小城市的吸引力。

二是，西海岸地区具有相对优势。相比于美国东海岸地区和中部地区，西海岸地区（华盛顿州、俄勒冈州、加利福尼亚州）的气温差较小，不容易出现极端高温或低温天气，且西海岸地区的 IT 业、数字经济相对发达，具有吸引高层次人才的产业基础，因此西海岸地区的小城市也有足够的吸引力。根据统计，西海岸 3 个州共有 18 个城市上榜。

三是，最佳小城市在国土空间上的布局相对均衡。尽管南部"阳光带"地区、西海岸地区的小城市具有较大的吸引力和魅力，但总体而言，美国最佳小城市的空间分布较为均衡，50 个州中共有 37 个州的小城市上榜，上榜州超过 2/3，中西部人口相对稀疏区域的各州基本都有小城市上榜。

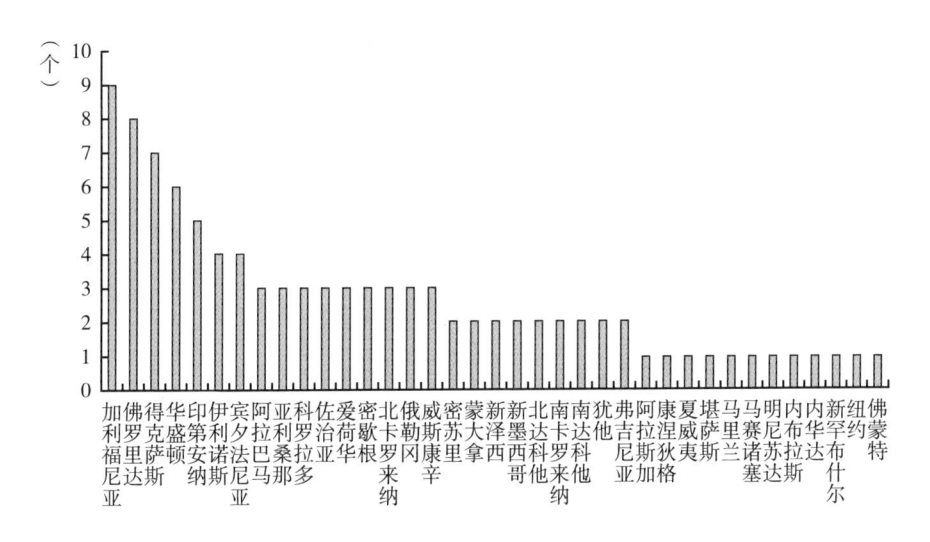

图 2　各州上榜的最佳小城市数量

资料来源：根据数据分析自绘。

（二）人口规模：排名和规模呈正相关

排行榜选择的研究对象是小城市，已经限定了都市区统计人口在 10 万～50 万的范围内，上限和下限值均有明确约束。为了进一步识别小城市的人口规模与排名有无相关关系，采取依排名位置计算人口规模滑动平均值的方法可以一定程度上避免直接比较单个城市人口规模时所存在的数值偶然性因素较大的影响。人口规模滑动平均值的计算方法为,对于任意一个城市,计算自身和前5位、后5位城市人口规模的平均值。如果前后不足5位的,按实际可选择的数量计算平均值,结果如图3所示。可以明显地看到,小城市的人口规模随着排名的降低而呈总体性的降低。排名最靠前的城市的人口平均规模在35万~40万,排名最靠后的城市人口平均规模在25万~30万,有明显的差异。

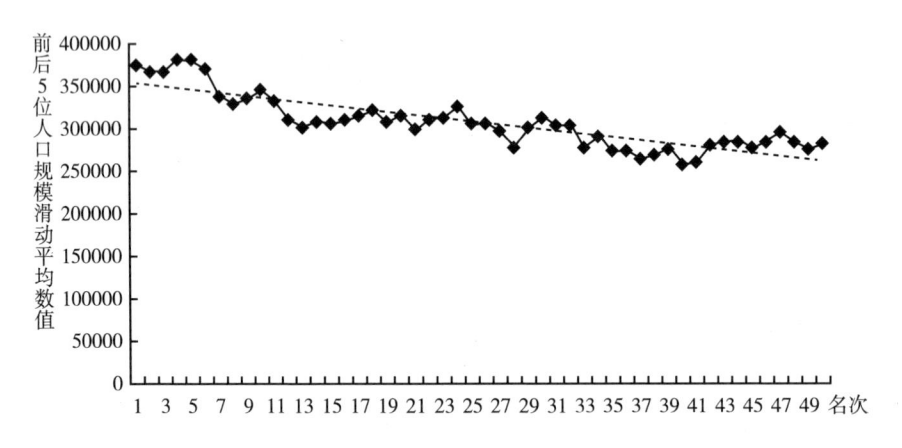

图3 美国小城市按排名计算前后5位人口规模滑动平均值

资料来源:根据数据分析自绘。

(三)亮点属性:教育程度居第一

排行榜针对排名前50位的小城市分别识别了两类亮点属性。将这些亮点进行汇总统计,并根据出现的频次进行排序,可以发现最佳小城市在哪些方面是更加受到关注或者更加关键的(见图4)。根据排序结果,频次最高的属性是教育程度,其后依次为连接性、夜生活、大学、家庭收入、公园户外、景点、会议中心等。值得注意的是,教育与经济类的属性占据了第1、第4、第5的位序,表明了人才集聚和生活水平对于小城市魅力提升的重要作用。连接性属性位列第2,这个属性主要依据交通的对外联系边界程度,表明对外联系的便利性对于小城市吸引力的重要支撑。夜生活体现了城市的活力程度,其列第3位,也是重要的亮点属性,是具有活力的小城市所必须具备的基本属性。此外，公园户外、景点等属性排序也较为靠前。

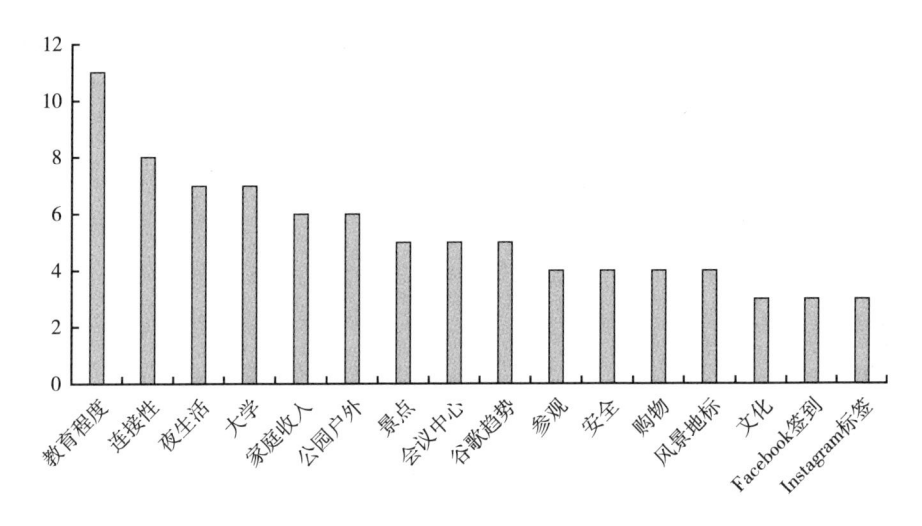

图4 美国最佳小城市前100名常见亮点属性汇总

资料来源：根据数据分析自绘。

三 对中国中小城市的启示

（一）区位和气候条件是不可忽视的重要因素

随着人口流动成本的降低，人类通过迁徙选择区位适宜、气候良好的地区居住、工作的可行性日益增加。以美国为例，人口从东北地区、"铁锈带"地区向南部"阳光带地区"、西海岸地区迁移的趋势尤为明显。其中的重要因素之一是气候条件。中国的城市人口迁徙也开始呈现这一趋势。我国东北地区本是城市化水平较高的区域，近年来不少人口向南方温暖地带迁徙，因而东北地区大量中小城市面临着"城市收缩"的风险。前段时间黑龙江鹤岗市住房"白菜价"在网络中的热炒也从一个侧面映射了这一问题。因此，对于我国中小城市来说，区位和气候条件的差异会对城

市未来发展造成长远性影响,有必要针对"优势"和"劣势"两种情形分别制定应对策略。

(二)先天条件的独特性是小城市特色发展的重要资源

美国不少具有独特魅力和吸引力的小城市往往具有相对独特或者唯一性的自然、历史、文化资源。不同于大城市,小城市更容易通过特色资源的利用寻求到一条特色化发展之路。对于我国小城市来说,应当充分挖掘并发现自身资源和条件的独特性,避免"千城一面"的格局。相对来说,我国西部地区、边境地区、多民族聚居区域、特色地形地貌区域的小城市在先天上更具备资源独特性的优势,应当在发展过程中充分利用好特色资源。

(三)人口规模适度做大有利于提升小城市综合竞争力

针对美国小城市的排名和人口规模的分析发现,小城市的人口规模和城市排名呈正相关性。这一规律表明,人口集聚对于功能多元化、资源集聚效应提升的正向作用在大城市和小城市中同样出现,是一个普适性规律。因此,我国的小城市在发展过程中,仍要注重人口规模的适当集聚与扩容。我国的小城市往往是县域范围内的中心城市,通过集聚县域内乡镇地区人口可以有效提升城市的规模体量和综合竞争力,让更多居民享受到便捷、优质的公共资源,实现资源的高效配置。

(四)着重为人才的集聚提供高质量软硬件环境

人才日益成为城市发展中的重要资源。美国不少小城市致力于通过特色化发展,营造高质量的软硬件环境,吸引人才集聚,提升城市的人才竞争力,实现城市的可持续发展。与美国不同的是,我国的小城市在硬件和软件方面与大城市的差距较大,在一些面向公众的基本公共服务和基本商业服务方面也有明显的短板,这也是影响人才长期性或者短期性入驻意愿的因素之一。因此,我国小城市需要着重提高相关的软硬件水平,引导服务向标准化、均质化、网络化方向发展,营造满足人才需求的高质量环境。

（五）积极发展适合小城市的旅游、文化、节庆活动

通过文化活动激发城市活力是不少美国小城市的做法。这些城市往往结合自然历史资源、产业基础、城市发展目标策划因地制宜的应季活动。例如，佐治亚州的萨凡纳每年有150多个节日，有圣帕特里克节游行、春季音乐节、夏季手工酿酒节等。美国小城市的活动往往形式多样，有音乐节、食品节、美术节、狂欢节等。积极策划旅游项目、节庆活动，除了能够促进小城市的社会交往和共同价值观的建立外，还能够吸引观光客、投资，促进地方经济发展。

参考文献

"The 2020 America's Best Small Cities Report," https：//www. bestcities. org, 2020.
〔美〕威廉·H. 怀特：《小城市空间的社会生活》，叶齐茂、倪晓晖译，上海译文出版社，2016。

丝路城市篇
B&R Cities

B.27
全球海洋中心城市的发展状况与特点[*]

李娜 夏文[**]

摘　要： "全球海洋中心城市指数"（2012年起发布）是除国际上"波罗的海（综合运费）指数"（1999年起发布）、"新华—波罗的海（国际航运中心发展）指数"（2014年起发布）之外，又一权威排名。本文基于《2019年全球海洋中心城市》，系统介绍了全球海洋中心城市客观评价体系，包括航运中心、海事金融与法律、海洋科技、港口与物流、城市吸引力和竞争力等五大类25个指标；主观评价主要基于全球200多个行业专家问卷调查，主客观结合对全球50个知名海洋城市进行评价和排名。其中新加坡、汉堡、鹿特丹、香港、伦敦等城市居于前

---

[*] 本文主要基于《2019年全球海洋中心城市》开展介评，并对中国城市发展予以借鉴研究分析，特此致谢。
[**] 李娜，博士，上海社会科学院城市与人口发展研究所副研究员，主要研究方向：区域经济、海洋经济；夏文，上海社会科学院人口资源环境经济学硕士研究生，主要研究方向：区域经济。

列。本文重点分析了全球海洋中心城市的五大类指标，以及我国入围的海洋中心城市排名情况，以期为我国建设全球海洋中心城市提供借鉴。

关键词：全球海洋中心城市　评价体系　排名

日前，挪威海事展、奥斯陆海运公司和梅农经济学研究所等机构联合发布《2019年全球海洋中心城市》，对世界范围内50个知名海洋城市进行排名。全球海洋中心（Leading Maritime Capitals of the World）这一概念源自2012年的"全球海洋中心城市"研究报告[1]，迄今为止共发布四次，国际影响力日益扩大。同时，建设全球海洋中心城市也成为引导我国重点城市参与国际海事竞争合作的新方向。目前，全球海洋中心城市建设任务已纳入我国海洋经济"十三五"规划，并提出推进深圳、上海等建成全球海洋中心城市[2]。除此之外，国内还有天津、大连、宁波—舟山、青岛等城市也提出了建成全球海洋中心城市的愿望。

一　全球海洋中心城市评价体系及排名

"全球海洋中心城市"排名是基于对国际海洋城市一整套较为专业、综合的评价体系，在目前世界海事界具有首创性和唯一性。从时间轴以及主客观指标对比等多维度评价国际海洋城市。

（一）全球海洋中心城市评价体系

全球海洋中心城市的评价体系分为客观因素和专家评价两方面。客观评

---

[1] Menon Publication, "The Leading Maritime Capitals of the World," http://menon.no/a/the-leading-maritime-capitals-of-the-world, *Menon Economics*, May 2012.
[2] 张春宇：《如何打造"全球海洋中心城市"》，《中国远洋海运》2017年第7期，第52~53页。

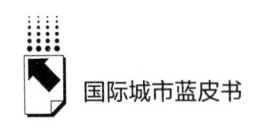

价体系包括五大类25个指标，均为各种权威国际海事报告中可获得的统计数据。五大类分别是：航运中心、海事金融与法律、海洋科技、港口与物流、城市吸引力和竞争力。具体来看，航运中心指标（4个）包括城市管理的船队规模、拥有的船队规模、拥有的船队价值、航运公司数量；海事金融与法律指标（8个）包括城市中的法律费用、海事法律专家数量、保险费收入、海洋产业贷款规模、航运投资规模、海洋上市公司数量、海洋产业上市公司市值、股票市场交易量；海洋科技指标（5个）包括船厂修造船产量、船级社数量、在建船舶的市场价值、技术专利数、海洋教育机构；港口与物流指标（4个）包括港口集装箱吞吐量、港口总货物量、港口装卸能力、港口基础设施质量和等级；城市吸引力和竞争力指标（4个）包括营商便利度、政府透明度和廉洁程度、创业、海关手续负担。

主观评价主要基于"你认为哪个城市排在航运中心前五名？"等22个问题对全球200多个行业专家进行问卷调查。每大类的主观指标均以全球被提名的企业高管（主要是船东和经理）的感知和评估的形式出现。这些专家包括海洋领域政府官员、大中型涉海企业高管、海洋领域科学家或技术人员等，其大约40%的来自欧洲，30%的来自亚洲，剩下的30%来自美洲、中东和非洲。

（二）全球海洋中心城市排名

2019年度报告主要对全球50个知名海洋中心城市进行评价。从评价结果来看，全球海洋中心城市前15名城市分别为新加坡、汉堡、鹿特丹、香港、伦敦、上海、奥斯陆、东京、迪拜、釜山、雅典、纽约、哥本哈根、休斯敦、安特卫普，如表1所示。其中，新加坡保持着世界领先的海洋中心城市地位。尽管传统航运业的经济呈现"新常态"，离岸服务市场疲软，但新加坡凭借在各方面的优势，仍保持着世界航运中心的领先地位。新加坡的航运中心、港口与物流、城市吸引力和竞争力等板块均领先于其他城市，海事金融与法律、海洋科技等两大板块的排名也进入了前10名。

从时间轴来看，新加坡、汉堡、伦敦和东京均保持了之前的排名，而其他城市的总分也有所提高。迪拜的排名上升了1个位次，目前在全球海洋中心城市中排名第9位。釜山的得分出现了较大的增长幅度。鹿特丹和香港的排名也有所上升，其中鹿特丹的排名上升了3个位次，居第3位；香港的排名上升至第4位。鹿特丹的五大板块得分均有所提高，增长最快的是航运中心板块，拥有的船队规模增加了50%，管理的船队规模增加了近60%。鹿特丹在海事金融与法律方面的排名也有所提升，这主要源于其海洋产业贷款规模较2017年增加了50%。与鹿特丹不同，香港的五大板块中仅有3个板块得分上升，即航运中心、海事金融与法律、港口与物流板块。香港以强大的基础设施和高效的海关程序，促进了航运业务的便利度提升。业内专家认为，香港是排名第二的最具吸引力的航运中心。自2017年以来，香港在本地股票交易所上市的已注册航运公司数量剧增，这表明香港是一个有吸引力的新股注册市场。从2017~2019年各城市证券交易所的债券、IPO的交易量和后续发行量来看，香港仅次于纽约，排第2位。

从客观和主观指标对比来看，大多数城市主客观指标的排名相对一致。但奥斯陆和东京有所不同，奥斯陆在主观指标上排名第2，但在客观指标上仅排名第10位。这主要由于奥斯陆缺少重要的港口，在港口与物流板块的客观指标上排名第50位。而东京的情况正好相反，在客观指标上排名第3，但在主观方面上仅排名第11。

表1 前15个海洋中心城市的综合排名及主客观指标排名

总排名	城市	客观指标排名	主观指标排名
1	新加坡	1	1
2	汉堡	4	3
3	鹿特丹	2	7
4	香港	5	5
5	伦敦	7	4
6	上海	6	6

续表

总排名	城市	客观指标排名	主观指标排名
7	奥斯陆	10	2
8	东京	3	11
9	迪拜	9	9
10	釜山	8	14
11	雅典	11	12
12	纽约	13	10
13	哥本哈根	15	8
14	休斯敦	12	15
15	安特卫普	14	13

二　全球海洋中心城市五大功能板块评价

全球海洋中心城市评价重点聚焦航运中心、海事金融与法律、海洋科技、港口与物流、城市吸引力和竞争力五大板块的主客观指标分析，并与2017年进行纵向比较，动态研析50个知名海洋城市的优势和劣势。

（一）航运中心功能

对航运中心的评价采用了4个客观指标和200名知名海事专业人士的主观评价的同等权重组合。新加坡、雅典和汉堡占据了全球航运中心前三名的位置，而香港和上海紧随其后，这意味着前五大航运中心中有三个位于亚洲。而2017年航运中心前五名均为欧洲沿海城市。

新加坡仍然保持着世界航运中心的领导地位。新加坡拥有世界三大船队，吸引了许多外国船舶业主集聚，这反映了新加坡的全球吸引力。雅典的优势在于庞大的船主群体，拥有世界上最大的船队，在世界各地共有700多名希腊船东。这也解释了为什么雅典在主观指标上排名第3而在客观指标上排名第1。此外，雅典航运中心被认为主要服务当地的希腊航运公司，而不是国际航运实体，因此专家投票时选择了在国际航运中占据区域或全球主导地位的其他航运中心。几十年来，希腊船主一直在该行业中扮演着关键角色，其未来仍有望成为强大的参与者。这一观点可以通过梳理雅典的希腊船主订单量变化来论证，自2016年以来，雅典合同订单量每年增长1倍以上。

汉堡拥有世界第四大船队，是欧洲重要的航运中心。业内专家将汉堡列为世界五大航运中心之一。尽管如此，德国船队的价值在过去几年中一直在下降。汉堡的船主把注意力集中在集装箱航运上，这一行业在过去几年里经历了大量破产。船东群体也不是很强大，他们的大部分船队都是通过KG结构融资的，个别船东对船队几乎没有控制权。

鹿特丹的航运中心排名有所上升，主要源于其在客观指标上的得分提高。其中，鹿特丹控制和管理的船队规模不断增加，2019年鹿特丹业主控制的船队增加了50%，管理的船队规模增加了近60%。

（二）海事金融与法律功能

伦敦在全球海事金融与法律方面排名第一，紧随其后的是纽约、奥斯陆、香港和新加坡。伦敦在全球金融行业中有着特殊的地位，其法律和海上保险服务业得到了广泛的认可。它是世界保险领先机构的所在地，如劳合社（Lloyd's）的保险业务，而且在航运纠纷中英国法律应用得最为广泛。根据全球金融中心指数，纽约、香港、新加坡和伦敦被认为是全球四大金融城市。

在海事金融方面，纽约排首位，其次是奥斯陆。纽约是全球最大的海上证券交易所所在地，在海上业务融资方面发挥着关键作用。在过去几年里，私人股本在航运业的重要性有所上升，而传统航运银行的作用在减弱。自2017年以来，香港、东京和上海等城市的在本地交易所上市公司数量呈增加态势，这表明它们对注册新公司（IPO）的吸引力。奥斯陆在海事金融领域的强势地位，主要得益于挪威在航运业和支撑航运业的世界领先金融服务业的发展。奥斯陆拥有全球领先的两家航运银行，并拥有以海事为重点的证券交易所以及领先的保险和经纪实体，在业内处于领先地位。

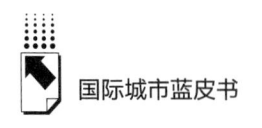

在船舶融资方面，鹿特丹虽然落后于奥斯陆，但仍被认为是这方面的领先城市，从 2017 年起鹿特丹船舶行业贷款价值增加了 50%。总部位于鹿特丹的荷兰国际集团（ING）和荷兰银行（ABN AMRO）提高了其在船舶行业贷款和 MLA（强制性牵头安排）投资组合中的地位。在最近的航运危机之后，亚洲（尤其是中国的银行）出现了船舶金融，全球十大银行中有三家是中国的银行（如中国银行、中国工商银行、中国进出口银行）。在评估世界各大城市银行顶级航运投资组合时，北京是表现最好的，其次是东京、巴黎、奥斯陆和鹿特丹。

新加坡在海事金融方面得到了行业专家的认可，排名列第 2 名。在主观评价方面，行业专家认为有四个城市在海事金融方面表现突出——伦敦、新加坡、奥斯陆和纽约。其中，新加坡在客观指标上仅排第 9 名。

（三）海洋科技

根据客观标准和专家评估，奥斯陆被评为世界领先的海洋科技城市，紧随其后的是伦敦、汉堡和釜山。与 2017 年相比，伦敦、汉堡、鹿特丹和雅典的海洋科技排名均有所上升，而新加坡和上海的排名有所下降。

挪威拥有海事技术集群，如 DNV GL 的总部位于奥斯陆。DNV GL 是世界领先的海事研发公司之一，其收入的 5% 用于新技术开发，同时也是劳埃德船级社中世界上最大的船级社。奥斯陆地区还拥有世界领先的设备生产商，如康士伯海事公司以及 Xeneta 等规模较小的专业技术公司。

伦敦因久负盛名的海事教育机构和拥有 1760 年历史的最古老船级社——劳氏船级社而得分很高。釜山之所以在这一板块中排名靠前，主要是因为其造船厂交付的庞大船队规模（CGT）、在建的船舶市场价值，以及海事公司生产的专利数量处于领先地位。釜山是韩国造船业集群的中心，造船厂专注于近海船舶和高附加值的"超大型船舶"，如集装箱船、超大型油轮和液化天然气油轮等。

东京拥有 ClassNK 船级社，其船级社船队的规模和专利数量位居第二，使其跻身于这一板块的前五名。ClassNK 是世界第二大船级社，大部分研发工作都在东京地区。在主观标准上，行业专家将东京列为第八大最重要的海事技术城市。

（四）港口与物流功能

新加坡在港口物流方面表现优异，在客观标准和专家评估方面均位居第一。新加坡是世界上集装箱吞吐量和货运量第三大港口。国际港务集团是全球领先的港口集团之一，总部设在新加坡，在亚洲、欧洲和美洲的17个国家开展业务，在新加坡港务码头和安特卫普港务集团拥有旗舰业务。

鹿特丹在主要港口城市中排名第二，紧随其后的是香港、上海和汉堡。就集装箱处理量而言，亚洲的广州和上海是世界上最大的港口，但鹿特丹的主要优势是货物处理能力超过广州。鹿特丹拥有欧洲最大的港口，也是世界第三大港口运营商。专家强调其与欧洲大陆建立了良好联系。鹿特丹的港口基础设施质量排名第一。按照国际标准，鹿特丹的港口基础设施被认为是最高效的。该港口多年来致力于提高自动化水平，鹿特丹Massvlakte Ⅱ码头已实现完全自动化。该港口最近还宣布设立一个拥有3D金属打印机的现场实验室。因此，鹿特丹在利用重要的新技术来补充其核心港口活动方面处于领先地位。

香港在主要港口城市中排名第三。香港的客观标准排名比行业专家评估的排名更高，行业专家将它排第5位。香港是一个重要的中转港，也是全球最大的港口运营商所在地，如和记港口控股有限公司。香港港口的效率和质量是公认的，港口基础设施质量仅次于鹿特丹和新加坡。

上海和汉堡也在前五大港口城市之列。无论是行业专家评估还是客观指标评价，上海都稳居第四。与新加坡、香港等港口相比，上海港口主要的是基础设施质量较低。汉堡是一个强大的航运中心，也是进入德国市场的最重要入口。汉堡港口的效率和质量很高，但其跻身前5名的主要因素在于业内专家的主观看法。

迪拜在港口与物流方面仍保持着重要性。无论是从航空业还是从海运业

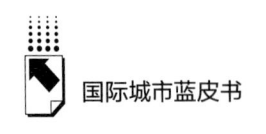

来看，迪拜是重要的物流枢纽。这座城市得到了政府的大力支持，成为中东地区的首选海上城市，综合排名第六。

（五）城市吸引力和竞争力功能

城市的吸引力和竞争力的评价主要指向未来，一个城市的吸引力越大，未来的增长就越强劲，能留住和吸引更多的公司。城市是一种复杂的经济体，有一系列因素影响着企业的决策，如是留在一个现有的地点还是搬到一个新的地点。因此，业内专家的判断和客观指标主要考量城市营商、创业生态系统、海事公司集群吸引力等。

根据客观指标和专家评估，新加坡仍然是世界上最具吸引力和竞争力的海洋城市。在大多数指标中新加坡都是领先的，除了哥本哈根的腐败感知指数、鹿特丹的全球创业指数和赫尔辛基的海关手续负担指数排在新加坡之前。

伦敦和哥本哈根的城市吸引力和竞争力指标与新加坡不相上下，都较2017年的排名有所提升。相比哥本哈根，伦敦的主观评价得分相对较高，比如在公司的总部、运营和研发部门重新选址的吸引力方面，伦敦拥有完整的海洋集群，并且扮演了海事活动的创新和创业中心的角色。哥本哈根的主要优势在于客观指标得分较高，包括营商便利度以及政府透明度和廉洁程度。在主观评价方面，当行业专家被要求选择三个最具创新精神和创业精神的海事活动中心时，哥本哈根排第4位，伦敦排第8位。

鹿特丹、汉堡和奥斯陆紧随其后。与2017年排名相比，鹿特丹在城市吸引力和竞争力等方面得分有了显著提高，主观和客观指标都有所改善，其中在全球创业指数中得分最高。在中东地区，迪拜是新兴的海洋之都，尽管在吸引力和竞争力板块的整体得分有所降低，但基于海关手续负担指数得分较高，业内专家将迪拜选为全球四大最具吸引力的企业经营地之一。

展望未来五年，海事专家预测新加坡仍将继续保持全球领导者的地位，而上海的重要性有望提高，成为第二大全球海洋中心城市。在欧洲的全球海洋中心城市竞争仍然会很激烈，其中奥斯陆、伦敦、汉堡、雅典和鹿特丹将是较强的竞争者。在中东、印度和非洲地区，迪拜是领先的航运中心，在全球排名第九。专家预测，迪拜尽管会面临来自欧洲城市和香港的激烈竞争，但其重要性将继续提升。到2024年，迪拜可能会跻身全球最重要的五大海洋中心城市之列。

表2　50个海洋中心城市基于客观指标的排名

城市	排名	城市	排名
新加坡	1	今治	26
鹿特丹	2	雅加达	27
汉堡	3	洛杉矶	28
东京	4	西雅图	29
伦敦	5	温哥华	30
上海	6	巴黎	31
香港	7	青岛	32
釜山	8	格拉斯哥	33
迪拜	9	热那亚	34
奥斯陆	10	北京	35
纽约	11	神户	36
哥本哈根	12	马赛	37
休斯敦	13	华盛顿	38
安特卫普	14	阿伯丁	39
雅典	15	天津	40
孟买	16	宁波	41
广州	17	巴拿马城	42
首尔	18	悉尼	43
赫尔辛基	19	利马索尔	44
吉隆坡	20	胡志明	45
伊斯坦布尔	21	斯德哥尔摩	46
卑尔根	22	马尼拉	47
迈阿密	23	圣彼得堡	48
大连	24	德班	49
新奥尔良	25	瓦莱塔	50

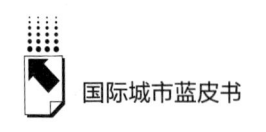

三 中国海洋中心城市排名情况及建设启示

（一）中国海洋中心城市排名

中国有 8 个城市入选该报告评价的前 50 位海洋中心城市。从客观指标来看，我国海洋中心城市排名从高到低依次为上海（第 6 名）、香港（第 7 名）、广州（第 17 名）、大连（第 24 名）、青岛（第 32 名）、北京（第 35 名）、天津（第 40 名）、宁波（第 41 名）。

上海在全球 50 个海洋中心城市中排名第六，在国内排名第一。上海的优势主要体现在海洋上市公司市值、船舶修建产量、港口集装箱量、货运总量、港口装卸能力等方面，以及在拥有的船队货物价值和保险费等方面；香港的优势主要体现在港口装卸能力、股票交易所的总交易量、港口基础设施质量和等级、营商便利度、海关手续负担、海洋上市公司数量、船队规模等方面；广州的优势主要表现在海洋产业贷款规模、航运投资规模、船级社数量和技术专利数量等方面；大连的海洋上市公司数量、青岛的法律专家数量、宁波的港口货运总量，以及天津在政府透明度和廉洁程度、创业、海关手续负担等方面也具有一定优势。总体来说，与领先的全球海洋中心城市相比，我国大部分海洋中心城市具有很大发展潜力。

（二）对我国建设全球海洋中心城市的启示

全球海洋中心城市的评价及排名，为我国海洋中心城市建设提供了标杆。在具体指标分析中通过发现其不足，为下一步建设全球海洋中心提供了启示。

推动特色海洋经济与城市综合力协同互济。分析全球 50 个海洋中心城市的发展轨迹和指标特点可以得出如下规律：第一，有 20 个城市（占 40%）属于综合型全球海洋中心城市，即在五大类 25 项指标维度上大都具备世界级能力（超过 20 个维度）；第二，多数城市（有 30 个城市，占 60%）在全球海洋领域的影响力具有独特性，表现为在部分专项领域具备世界级能力，属于专业型全球海洋中心城市；第三，全球排名前列（前10位）的城市多数是综合型全球海洋中心城市。中国城市中，上海、香港属于顶级的综合型全球海洋中心城市，分别在23个和21个维度上具备世界级能力，并分别在14个和15个维度上进入世界前15位，形成了顶级影响力。广州和大连属于综合型全球海洋中心城市，但仅在少数维度形成了顶级影响力。青岛、北京、天津和宁波—舟山还属于专业型全球海洋中心城市。为此，协同互济成为引领全球海洋中心城市发展的重要模式，以特色海洋经济引领城市发展，以城市综合力支撑海洋经济发展。

表3 顶级全球海洋中心城市和中国入选城市分析

单位：项

城市	总排名	25项指标中具备世界级能力（排名不空缺）的指标项	25项指标中具体顶级影响力（排名进入前15位）指标项
新加坡	1	24	23
鹿特丹	2	22	18
汉堡	3	21	16
东京	4	25	17
伦敦	5	23	19
上海	6	23	14
香港	7	21	15
釜山	8	22	12
迪拜	9	21	10
奥斯陆	10	21	14
纽约	11	20	10
哥本哈根	12	20	6
休斯敦	13	19	13
安特卫普	14	22	14
雅典	15	18	7
广州	17	21	9
大连	24	21	3
青岛	32	14	2
北京	35	19	5
天津	40	18	5
宁波	41	16	3

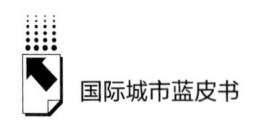

加大全球海洋要素吸引力，提升海洋资源配置能力。从全球海洋中心城市客观指标评价体系可以看出，海洋要素的集聚起到关键作用，如拥有船队规模、管理船队规模、海事法律专家数量、海洋上市公司数量等。而目前我国在海洋中心城市建设中在国际海洋要素集聚方面还有较大差距。在未来发展中，可着重加强三大方面的吸引力：一是吸引海洋公司和机构集聚，如船级社、航运公司、船队等海洋发展主体。培育本土海洋产业跨国公司，在全球海洋资源配置中发挥关键作用。二是以海洋技术和海洋人才为导向，提升海洋经济发展质量和效益。海洋技术已成为全球海洋中心城市发展中的重要板块，并将起到引领作用。三是吸引海洋金融法律专家，大力发展海洋高端服务业。海洋经济具有高投入、高风险、高技术等特征，其发展势必需要海洋金融服务业的支撑。

进一步提升海洋中心城市的实力和影响力。在全球海洋中心城市评价体系中，将城市吸引力和竞争力作为重要维度，城市的营商环境、创业创新氛围以及海关便利程度等都将影响海洋要素的集聚，也将成为海洋中心城市的软实力。为此，我国在海洋中心城市建设中要注重两大能力提升：一是举办具有国际影响力的海洋会展、节庆活动等。从国际看，新加坡、汉堡、奥斯陆等城市的海事展都举办了多年，具有广泛影响力和产业促进作用[1]。建议我国海洋中心城市举办专业化、具有特色的国际海事展和国际海事论坛，打造丰富多彩的海洋节庆活动，提高知名度。二是积极参与全球海洋治理。海洋已经成为全球经济合作和治理中的重要方面。我国海洋中心城市要抓住21世纪海上丝绸之路建设的重大机遇，搭建海洋合作平台，深化与全球海洋中心城市的交流合作，并注重海洋科技创新和海洋标准的制定，拓展海洋经济发展的纵深，提升海洋治理话语权。

---

[1] 胡春燕：《对标全球海洋中心城市加快国际海洋名城建设》，《青岛日报》2018年11月2日。

表4　中国各城市客观指标排名

城市	航运中心				海事金融与法律						
	城市管理的船队规模	拥有的船队规模	拥有的船队价值	航运公司数量	城市中的法律费用	海事法律专家数量	保险费收入	海洋产业贷款规模	航运投资规模	海洋上市公司数量	海洋产业上市公司市值	股票市场交易量
香港	4	5	17	10	5	11	27			3	10	2
上海	7	6	5	13	19	18	5			5	2	4
北京	34	22	22	37	40	29	7		1	14		19
广州	43	42	35	48	12	13	6	3	3	24	13	
大连	20	23	19	21	19	31	19			7	11	16
青岛	14	29	37	27	19	6	45					
宁波	36	30	32	35	40	48	33					
天津	48	43	41	46	30	35		7	10	20	22	

城市	海洋科技				港口与物流				城市吸引力和竞争力			
	船厂修造船产量	船级社数量	在建船舶的市场价值	技术专利数	海洋教育机构	港口集装箱吞吐量	港口总货物量	港口装卸能力	港口基础设施质量和等级	营商便利度	政府透明度和廉洁程度	创业	海关手续负担
香港	20		16		16	5	7	1	3	3	14	22	3
上海	2	18	3	24	13	2	2	2	35	34	39	25	32
北京	37	6			31		9		35	34	39	25	32
广州	37	5		5	31			11	31	26	19	23	29
大连	25	20		22	31		14		23	20	34	40	23
青岛		19			16				35	42	29	38	31
宁波	10		9		45		6		35	34	39	25	32
天津				17	31	34			16	19	2	2	6

参考文献

Menon Economics and DNV GL, "The Leading Maritime Capitals of the World 2019," 2019.

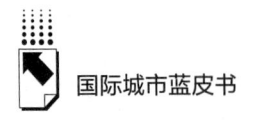

Menon Economics and DNV GL, "The Leading Maritime Capitals of the World 2017," 2017.

Menon Economics, "The Leading Maritime Capitals of the World 2015," 2015.

Menon Economics, "The Leading Maritime Capitals of the World 2012," 2012.

B.28 阿拉伯地区城市化发展新趋势*

苏 宁 张梓芃**

摘　要： 本文基于联合国发布的《阿拉伯城市报告2020》，对阿拉伯城市发展的现状与主要发展方向进行了分析。研究表明，当前阿拉伯城市化模式的可持续性不足。针对阿拉伯地区城市发展中所面临的挑战与风险，报告提出微观上应重点对基础设施的规划进行调整，运用融资工具，解决城市居民日益增长的需求；在宏观上，应从地区层面、国家层面、城市层面等三个层面，针对阿拉伯地区城市化发展形成综合策略，积极地推动社会发展。

关键词： 阿拉伯城市　城市化　基础设施　可持续发展

阿拉伯城市发展是世界城市化的重要组成部分。2012年以来，地区局势和世界局势发生了重大变化，地区冲突问题、难民问题、就业问题、城市管理问题、气候问题等一系列新问题对阿拉伯城市发展产生重要影响，并使该区城市化进程显示出诸多新的特点。对此，联合国开发计划署和联合国人类

---

* 本文为国家社会科学基金课题"'一带一路'新兴战略支点城市发展路径研究"（批准号：18BGJ019）和上海市哲学社会科学课题"'一带一路'沿线新兴战略支点城市特征与发展路径研究"（批准号：2017BCK005）阶段性研究成果；本文主要基于联合国开发计划署和联合国人类住区规划署的《阿拉伯城市报告2020》（The State of Arab Cities 2020）研究报告开展介评，并就其对中国城市的借鉴意义予以分析，特此致谢。

** 苏宁，上海社会科学院世界经济研究所副研究员，主要研究方向：国际城市比较、城市经济；张梓芃，上海社会科学院世界经济研究所硕士研究生，主要研究方向：国际政治经济学。

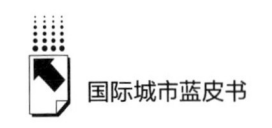

住区规划署联合发布《阿拉伯城市报告2020》(The State of Arab Cities 2020)，通过强调基础设施的作用、分析基础设施的融资方式，试图解决阿拉伯地区城市化中面临的问题与挑战，从而建成包容、繁荣、宜居的现代化城市。[①]

一 阿拉伯地区城市化的现状与挑战

联合国标准认为，阿拉伯地区（Arab Region）主要指4个区域，分别是马格里布（Maghreb）地区、马什里克（Mashreq）、海湾合作委员会成员国，以及阿拉伯南部国家（Southern Tier Countries），共22个国家。本研究所指阿拉伯城市（Arab Cities）主要为上述区域的城市。

（一）城市化进程趋缓

阿拉伯地区城市化速度较为缓慢，问题的复杂性阻碍着城市化速度的提高。具体来说，阿拉伯地区存在城市基础设施不完善、经济适用住房短缺、贫困和社会排斥现象日益严重、贫富悬殊、青年失业、性别不平等、获得土地和赚取财富机会的不平等等一系列问题。这些问题不仅一直没有得到缓解，反而因长期的冲突有所加剧，给一些国家和区域造成了巨大的破坏，甚至导致了大量人口流离失所，从而影响了阿拉伯地区城市"联合国2030可持续发展目标：城市和社区可持续发展"（SDG11）的实现。

（二）城市化发展不均衡

与世界和其他地区的平均水平相比，阿拉伯地区不同类型城市的城市化速度参差不齐。在过去的10年，阿拉伯地区中小城市的城市化速度远远低于大型或者超大型城市。如果按照目前的趋势，受冲突影响的马什里克地区和阿拉伯南部地区城市化有很大可能会偏离现有的发展态势，从而进一步加剧阿拉伯城市间的差距。另外，城市化的发展也加剧了阿拉伯地区城市内部

---

① The United Nations Development Programme, "The State of Arab Cities 2020," February 2020.

的高度不平等。高层建筑、大型项目、封闭式小区并未成为城市化的催化剂反而使城市居民的贫富差距进一步扩大。

（三）对数据的应用能力不足

数据是研究人员做出基础设施、融资、共享经济和智慧城市计划等相关决策的基础，对于促进可持续发展和持续观察该地区的可持续发展目标完成程度至关重要。但是阿拉伯地区大部分城市仍缺乏完善、有效的国家和地方层面的数据支持，从而严重影响政策制定者制定有效政策的能力，导致对阿拉伯地区的中长期投资规划不完善。

（四）基础设施不完善

部分阿拉伯国家基础设施的建设速度远远滞后于城市人口增长速度，导致主要基础设施投资难以满足实际需求，从而降低了投资的有效性和效率。例如，在埃及的郊区和新城区的快速发展过程中低密度住宅区的增加在一定程度上增加了人均基础设施成本。此外，负责不同类型基础设施的地区和地方公共机构之间缺乏协调机制，影响了阿拉伯国家基础设施规划的连续性。城市化投资机制缺乏透明度、官员的问责机制不完善、市场的复杂性、政治不稳定等因素，使得私人部门对基础设施的投资受到影响。

（五）地区冲突对城市的社会和经济影响

持续不断的冲突对阿拉伯地区的经济造成的破坏是巨大的，基础设施、公共服务、住房、文化遗产、居民的福祉等都因冲突遭受严重的威胁。而滞后的城市规划、残缺的基础设施以及难以维持的公共服务阻碍着城市的重建。最重要的是，暴力冲突导致人口减少，城市建设中极为重要的人力资源极度短缺。冲突使城市中居住的少数族裔群体被迫迁移，此类群体的资产损失情况较为严重。这些因素使部分阿拉伯地区城市建设困难重重。

（六）城市土地利用的可持续发展欠佳

阿拉伯部分城市的土地政策的可持续性不强，低密度城市蔓延现象加

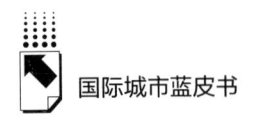

剧。城市蔓延带来阿拉伯国家的城市居民的交通出行等成本随之上升。在伊拉克摩苏尔等部分阿拉伯城市，由于城市可用土地资源的短缺，农业用地成为居民建设住房的主要空间。许多阿拉伯国家的土地质量也因气候变化等因素而不断恶化。

（七）城市治理方式相对落后

与发达国家城市相比，阿拉伯地区的城市管理方式存在以下不足：第一，财政收支管理能力不足。一方面，税收征收效率较低、中央与地方职责不明确，导致缺乏足够的资金来推进基础设施的建设与维护。另一方面，政府官员的薪酬、建筑物设备租金等固定成本占市政支出的比例过高，致使阿拉伯城市财政入不敷出，地方只能依靠中央政府的财政转移来进行基础设施建设。第二，金融体系不完善，缺乏多元化的经济结构，结构转型的需求不足几乎对私人投资没有吸引力。

（八）智慧城市建设进展有限

尽管许多阿拉伯国家与地方政府着力推进智慧系统在城市管理与规划方面的应用，但智慧城市的整体推进速度仍然较为缓慢。阿拉伯地区进行了小规模智慧城市的应用，部分海湾合作委委员（GCC）城市在智慧城市技术的应用方面走在前列。但是阿拉伯城市整体并没有达到大规模智慧城市应用的目标要求和综合愿景。另外，数据的不完善和封闭性也阻碍了智慧城市计划的实施，科威特、沙特、卡塔尔、阿联酋等国的智慧城市建设更多依赖于有效的开放数据体系。总体上看，以下领域需要进一步的推进：其一，涵盖自行车与共享汽车的智慧交通系统；其二，综合考虑个人隐私的智慧城市体系；其三，私人金融体系的数字化。

（九）对共享经济的监管不足

共享经济是创新性信息通信技术应用时代所孕育地对社会和经济发展产生变革性作用的典型例子。共享经济覆盖大量城市人口，促进了可持续发展和技术创新。尽管这一经济体系具有革命性的创新作用，但是也存在负外部性问题。与其他前沿技术一样，阿拉伯城市政府应当将共享经济纳入监管体系，而不是对那些生计受到共享经济影响的职工的抱怨漠不关心。

二 阿拉伯地区城市化的主要影响因素

联合国报告认为，随着阿拉伯城市居民的需求日益增长，城市管理者如果要想建立包容、繁荣、宜居的现代化城市，需要充分运用创新性的金融工具和加大重要基础设施投资。管理良好的城市对可持续发展而言意义重大，有助于满足生活在城市的大多数人对幸福生活的追求。对于阿拉伯城市而言，需要从整体上谋划城市基础设施的建设与维护，并将基础设施与高效的机构和充足的财政资源相联系，以积极推动社会发展。有效的、可持续的基础设施建设一直都是人与建筑环境之间的润滑剂。

（一）基础设施的作用

基础设施对于城镇的发展、运行和繁荣至关重要，而且对于城市的可持续发展和经济增长也意义重大。基础设施的发展提高了城市和地区的竞争力，提高了生产力和增加了就业机会，并从总体上改善了城市的投资环境。具体而言，基础设施能够满足城市发展的短期和长期需求。首先，阿拉伯城市政府最有效的对市场进行干预的手段之一就是灵活地调整地方财政以支持基础设施的建设、维修和更新。其次，由于市民参与塑造城市环境的活动，基础设施的规划和建设便促进了城市的社会安定、秩序稳定，增强了执政者的合法性和阶层的包容性。基础设施建设能够成为提升阿拉伯城市政治包容性和社会包容性的手段，而这对于该地区的妇女、年轻人、残疾人、劳工、少数宗教群体而言非常重要，此类人群具有的人力资本和潜力往往被忽略。

（二）融资的作用与途径

融资是城市发展中的限制因素，基础设施的发展需要依靠融资。随着阿

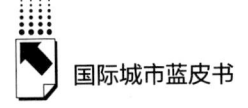

拉伯地区城市的发展，城市需要调整金融体系以满足增长的基础设施建设需求。有效的融资依赖于三个关键步骤：第一，确定所需的条件和评估现有的资产；第二，评估资金规模以及需求时间；第三，确定最有利于目标推进的金融工具。另外，融资问题的解决，也需要城市管理者坚持政策的连贯性，积极调动公共和私人资本，发挥金融中介机构的作用，增加中央政府财政转移的透明度。

三 阿拉伯地区城市化推进的建议

针对阿拉伯地区城市化中存在的问题和依靠的动力，《阿拉伯城市报告2020》从地区层面、国家层面、城市层面提出相关建议，以促进阿拉伯地区城市的健康发展。

（一）地区层面

为了落实阿拉伯未来城市计划，管理者应该为利益相关者建立以区域治理为重点的协调伙伴关系。在这种关系框架内，区域、次区域、国家和城市层面的利益相关者应该被赋予权力以及被有效组织起来。纵向和横向的行政协调对于加强地区间经验的分享以及知识的整合至关重要。应当建立一个地区级或者次地区级（国家级）的市政学院，以有利于民选的城市领导人、市政工作人员和地方利益相关者在简政放权的同时，做好履行应尽职责的准备。阿拉伯地区还需要建立"阿拉伯城市治理观察体系"（Arab Governance Observatory）等市政评估系统，检测和评估某一国家的简政放权改革以及某一地方可持续发展目标完成的程度。

（二）国家层面

阿拉伯国家内部要采取多管齐下的城市发展方针，从而恢复地方治理和法治、促进和平、复兴经济、重建基础设施、增强人们的认同感和归属感。具体来讲，应该从以下几个方面入手。

第一，加强领导力，防止腐败和滥用职权，提升政府的透明度，维护社会正义，保障民众权益，从而改善治理，提高私营部门对基础设施投资的信心。其中，民众参政意愿对于政治体制改革、经济机制改革和城市管理改革至关重要，有利于预防腐败，提高公信力。对于秩序不稳定的国家，参政意愿既可以增强所有行政官员以及行政部门的能力，又可以促进各个领域的投资，从而修缮老旧的基础设施和房屋、完善公共服务。

第二，释放土地潜在的价值。阿拉伯城市可以通过有效的土地管理、针对性的干预以及强制性的税收手段来减少公共基础设施投资或共担城市间基础设施的有关成本，实现城市的发展权（development rights）。土地融资将为地方财政带来更多的独立性，并有助于推进整个城市基础设施投资，改革土地注册制度，改善税收收入状况，与私营企业建立合作关系，从而减小城市化成本。

第三，以良好的数据管理促进基础设施建设，发挥基础设施带动就业的优势，在整合人力资源的同时促进城市可持续发展目标的实现。无论是阿拉伯地区的富裕国家还是饱受冲突影响的国家，应抓住以劳动密集型为特点的基础设施的建设机遇，增加参与设计、制造、管理和维修基础设施项目的劳动力就业机会。此外，城市管理者可以培训劳动力专门技能，建立具有包容性的社会保护制度以及制定灵活的工作制度。这些措施对动荡的城市更为重要，如利比亚的班加西和叙利亚的达拉等城市，都迫切需要增加青年人就业以复苏经济。

第四，确定和完善区域、地方、国家公共机构各类主体在参与基础设施建设中的角色和职责，从而节省项目资金，降低整个生命周期的运行成本。虽然基础设施项目计划可以由中央政府完成，但具体的实施工作应由市级政府负责，而维护工作要由地方政府负责。各级行政组织应该协调一致，提高城市战略规划方面的人员能力，并加强财政规划，从而优化服务，公平地提供公共服务。

第五，重视信息通信技术（ICT）基础设施在城市中的建设。阿拉伯城

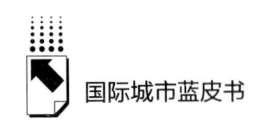

市应当重视高质量信息通信技术基础设施对经济与民众生活的积极影响，此类基础设施在阿拉伯未来城市计划（Arab Future Cities Programme）与市政学院（Municipal Academies）等项目支持下，已经在推动共享经济发展中发挥了重要作用。阿拉伯城市应当进一步提供低价格、高速度的互联网服务，并重视个人隐私保护与信息通信基础设施建设的有机联系。

第六，大力发展光伏、风力等绿色能源产业，在确保阿拉伯城市活力的同时推进绿色城市建设，实现城市发展的环保目标。目前，部分阿拉伯城市正在尝试建设"绿色城市"，如埃及大力发展风力发电厂和光伏太阳能发电厂、摩洛哥新建生态城市、阿布扎比制定绿色建筑条例以评估公共建筑和私人建筑是否满足绿色标准，这些对阿拉伯城市的可持续发展起到了推动作用。

第七，应及时解决民众权益和性别歧视问题，维护弱势群体的权益，满足群体基本的生活需求，从而保障其能够参与公共事业。对城市弱势群体权益的保障不应仅局限于将其作为一个"问题"来讨论，更为重要的是决策者要切实促成问题的解决。

第八，公共部门应率先发展共享经济。阿拉伯政府应该将使用高质、有效的数据和制定合理的决策相结合，根据社会发展的需要灵活调节共享经济体系，从而规避风险。此外，阿拉伯政府必须坚持包容和公平的精神，让所有的利益相关方平等地参与经济活动，防止性别歧视。

第九，促进产研结合，保持创新与经济同步发展。当前已有大型研究机构致力于研究共享经济的应用情况，阿拉伯城市的行政机关要及时跟进，深入学习最有潜力的研究成果，并且结合国情加以运用，促进创新经济发展。此外，许多研究成果的转化成本较低，这有助于财政困难的政府对于这些创新成果的利用。

第十，应投入更多的资源来建立健全数据体系，为制定空间规划以及跟踪可持续发展目标的实现程度提供支持。城市管理者需要保证数据的共享性，并保证民众、法人或者其他组织的数据安全，从而解决数据收集难、管理不透明等问题。

（三）城市层面

第一，建构城市可持续发展愿景。可持续发展战略应该是长期的，对此，应建立 10 年期的"城市可持续发展计划"（SUDP），从而将可持续发展目标纳入地方基础设施建设成果。另外，制定可持续发展的城市发展计划要将价值、供应链和空间分析相结合，从而使地方政府能够通过价值捕获来盘活当地资产。这将进一步巩固地方财税基础，而不只是有利于建设效率更高的税收系统。

第二，提升城市基础建设水平。城市规划应该将现有资产重新用于基础设施建设。这种策略有利于提高城市环境质量，并且符合《新城市议程》要求。尽管世界各地都在建设高楼大厦，但是阿拉伯地区是例外。在不受整体空间和社会约束的情况下，阿拉伯城市的标志性高层建筑的主导地位应更多地考虑城市发展的基本需求，从而弥合城市鸿沟，优化城市布局。

第三，优化城市财政金融体系。城市在简政放权的同时，要加强财务管理和促进问责制度化，提高公共服务的能力。联合国认为，阿拉伯城市政府如果要解决城市扩张、"贫民窟"和贫穷问题，需要将改善公共服务和地方税收改革相结合，以确保对公共服务的收支进行适当的管理。此外，城市政府迫切需要加强专业会计管理和审计工作。较高的财政收入和较低的固定成本将有利于城市对更广泛的领域进行长期投资，从而创造机会并改善生活质量。城市管理者需要引入创新性融资机制，包括公私合作的 PPP 模式，如伊斯兰金融、合作金融以及众筹，以满足整体资源优化配置的需求。例如，苏丹喀土穆国家住房基金（KSHF）采用的交叉补贴机制就为地方政府提供了创新性融资工具。

第四，通过基础设施和城市建筑的战略性公共投资来提高阿拉伯国家现有大都市区的经济竞争力，支持新的知识、研究、技术和金融活动，从而有利于减少本国对有限资源（如石油收入）的过度依赖。同时，要平衡大城市和中型城市，甚至是小城镇或者村庄部落的投资，加强小地方的基础设施建设，使其更具有吸引力，并且增强与其他城市地区的联系。

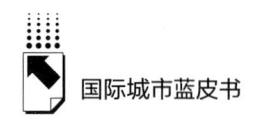

四 与阿拉伯地区城市合作推进的启示

（一）合作完善基础设施，优化基础设施发展

《阿拉伯城市报告2020》表明，基础设施建设对城市的发展至关重要。同时，在持续推进建设的同时，智慧化的管理仍然是城市基础设施发挥重要作用的基础。我国与阿拉伯区域国家的城市合作中应高度重视基础设施建设，持续推进重点项目建设，以满足市民不断升级的需求。同时，在推动基础设施建设过程中，应重视科学规划与智慧管理，针对城市的实际需求，增强基础设施建设的有效性，避免重复建设，使基础设施的推进更加低碳、绿色、环保。

（二）充分利用5G技术，建立完备的城市数据体系，促进智慧城市建设，以数字技术治理"城市病"

阿拉伯城市发展的经验表明，智慧城市建设是未来城市发展的重要环节，也是城市实现"包容、繁荣、宜居"目标的关键所在。当前，中国城市在5G技术应用上处于国际领先地位，我国与阿拉伯城市中的智慧城市合作可充分利用5G技术优势，重视城市发展所需的大数据的搜集与有效利用。在管理上，重视将数据作为城市管理的基础，增强管理的有效性与针对性，发挥数字化效能应对"城市病"，促进城市的健康发展。

（三）促进城市融资渠道多元化，降低政府财政压力

阿拉伯的城市发展表明，城市建设对政府财政拨款高度依赖，容易导致快速的城市化进程中政府财政压力增加，甚至可能引发城市的债务危机。我国在参与阿拉伯城市合作建设过程中，在建设周期短、收益回报高的城市建设项目中，更有效地运用PPP模式，充分发挥私人资本的作用，强化政府与私营部门的合作，以多元化的融资能力减轻政府财政压力。

参考文献

The United Nations Development Programme, "The State of Arab Cities 2020," February 2020.

United Nations, Department of Economic and Social Affairs, Population Division, "World Urbanization Prospects: The 2018 Revision," 2018.

Amale Andraos, "The Arab City," *Places Journal*, May 2016.

Janet Abu-Lughod, "The Islamic City: Historic Myth, Islamic Essence, and Contemporary Relevance," *International Journal of Middle East Studies* 19, No. 2, 1987,

André Raymond, "Islamic City, Arab City: Orientalist Myths and Recent Views," *British Journal of Middle Eastern Studies*, 21, No. 1, Autumn, 1994.

B.29
菲律宾达沃市城市经济发展新趋势[*]

苏宁 张晓娣 吴真如[**]

摘　要： 本文对"一带一路"沿线新兴城市菲律宾达沃的城市经济发展状况与特点进行了梳理分析。研究表明，达沃市作为菲律宾对接东盟东部增长区的重要城市，经济发展势头良好，在农业、信息技术外包、旅游业等领域形成了具有特色的经济体系，城市对外经济联系水平不断提升。达沃的经济发展中还面临基础设施水平、产业发展阶段、体制机制等方面的约束，需要在对外经济合作中有针对性地进行新一轮改革。

关键词： 达沃　城市经济　基础设施　对外经济合作

达沃市（Davao）是菲律宾南部迅速发展的新兴城市。基于地缘优势，达沃市成为菲律宾面向东盟的重要潜在经济枢纽，也是"一带一路"海上丝绸之路沿线的重要新兴城市。达沃市在经济发展中已形成具有特色的产业体系，在全球化背景下，该市在经济开放、产业发展、基础设施、营商环境、区域协调等方面着力塑造新的发展优势，以实现城市的可持续发展。

---

[*] 本文为国家社会科学基金课题"'一带一路'新兴战略支点城市发展路径研究"（批准号：18BGJ019）和上海市哲学社会科学课题"'一带一路'沿线新兴战略支点城市特征与发展路径研究"（批准号：2017BCK005）阶段性研究成果。

[**] 苏宁，上海社会科学院世界经济研究所副研究员，主要研究方向：国际城市比较研究、城市经济；张晓娣，上海社会科学院经济研究所副研究员，主要研究方向：区域经济学；吴真如，上海社会科学院世界经济研究所助理研究员，主要研究方向：国际贸易、区域经济。

一 达沃市经济发展的主要领域与总体战略

（一）达沃市的城市地位与经济发展状况

达沃市位于菲律宾南部，是仅次于马尼拉和宿务的菲律宾第三大城市。该市是棉兰老岛首府，行政区总面积 2433.61 平方公里（其中，城区 293.78 平方公里）。2017 年，该市常住人口达到 170.9 万人，加上流动人口总人口超过 200 万。达沃市是菲律宾唯一处于马尼拉大都会区之外的大城市，是菲律宾南部重要区域经济中心。达沃处于东盟东部增长区（Brunei Darussalam - Indonesia - Malaysia - Philippines East ASEAN Growth Area，BIMP - EAGA，包含文莱、马来西亚、印度尼西亚及菲律宾）的枢纽区域，是菲律宾与 BIMP-EAGA 进行经济互动的重要节点城市。

2010～2015 年，达沃市经济年均增长速度达到 7.1%，超过了菲律宾平均水平 5.9% 和棉兰老岛 6.3% 的经济增速。达沃市增长贡献主要来自服务业，2015 年，达沃市第一产业、第二产业和第三产业增加值构成为 13∶34∶53，其中服务业增加值占比达到 53%。从增长率来看，2018 年，达沃市工业增长率为 10.9%，工业为达沃的经济增长贡献了最大份额，为 4.3 个百分点，高于服务业的 4.0 个百分点和农业的 0.3 个百分点。

（二）达沃市政府发展战略目标

达沃市由莎拉·杜特尔特担任市长。达沃市与整个国家发展的联动性不断增强。达沃市政府将"Davao Life is Here"，即"生活在达沃"作为重要纲领，体现出该市政府对生活舒适度的高度关注。达沃的总体规划方向仍属于"增量规划"，因为达沃市人口持续增长，是人口流入地。从人口结构看，达沃市人口年龄结构呈现低龄组人口多、成年和老年人逐步减少的宝塔形。年轻人充沛对劳动力供给是一项有利条件。

达沃市的战略规划与菲律宾的国家规划相配合。菲律宾国家经济与发展局（The National Economic and Development Authority）于2017年制定的五年规划（2017~2022年）提出的愿景为，"到2040年，菲律宾成为一个繁荣、主要由中产阶级构成的社会，消除贫穷，人们将健康地生活在一个高度信任的社会中，并且凸显城市智慧与创新"。达沃地区为了实现此愿景，在接下来的25年中将采取的战略行动如下。

其一，致力于建设一个繁荣的、消除贫困的、主要由中产阶级组成的社会。在农业、林业、渔业，以及具有全球竞争力和创新性的工业部门以及竞争性服务部门方面实现显著增长；培养合格的大学毕业生，在健康和基础教育方面取得更好的成绩；为贫困、弱势和处于不利地位的部门提供完善的安全网。

其二，促进长期健康生活。执行《2016~2022年菲律宾健康议程》(2016~2022 Philippine Health Agenda）以及《责任父母与生育健康法》(the Responsible Parenthood and Reproductive Health Law），升级卫生设施。

其三，促进社会智慧发展以及创新性培育。应根据相关行业要求审查高等教育机构的课程，实施有效的劳动力市场政策，加强包容性教育，并为熟练工人进行能力评估和认证。

其四，努力建立一个高度信任的社会。增加基本社会服务，增加民众获得小额信贷的机会，优先考虑覆盖城市贫困定居者的住房计划，确保知识产权和农民的土地使用权；减少或消除贪污腐败行为，增进公民对政府程序的参与，并加强司法管理；通过增进公民对和平进程的认知，支持和平进程，形成司法系统五大支柱，并通过对冲突敏感与促进和平的活动以及社会经济建设，提升社区不利地区（GIDA）和受冲突影响地区（CAA），特别是偏僻地区的安定及冲突抵御能力。[1]

---

[1] National Economic and Development Authority, "Davao Regional Development Plan, 2017-2022," National Economic and Development Authority Regional Office XI, 2017.

二 达沃市开放经济发展特点

(一) 达沃市对外开放与投资环境

2017年以来达沃市的投资环境不断优化。2017~2018年，该市投资总量增长1.96%，表现出外界对城市财政政策与安全环境的信心。2014~2018年，该市的注册企业从36461家增长至41292家，资本额达到2800亿菲律宾比索。2012~2014年，达沃的出口总额从15.1亿美元增长至20.7亿美元，经历了快速发展的阶段。国际贸易环境的变化导致区域需求不振，以及厄尔尼诺现象带来的农产品产出减少，2015年以来，达沃的出口总额呈现短暂下降趋势。2015年，该市出口总额为20.03亿美元，2016~2017年，出口额恢复增长，从21.59亿美元增长至23.07亿美元。

该市的出口商品以农产品及资源类产品为主，2017年，排前五的出口商品为香蕉、椰子油、菠萝、椰子粉、橡胶及制品。而该地区的进口处于增长阶段，2012~2015年，达沃的进口总额从10.97亿美元增长至17.04亿美元，2016~2017年，进口总额从16.01亿美元进一步增长至21.38亿美元。2017年，该市主要进口产品为燃油、钢铁、核反应堆部件与机械产品、化肥、化工产品等。达沃的贸易主要处于入超状态，贸易盈余在2014年达到6.25亿美元，近年来盈余有所下降，2017年为1.68亿美元。

(二) 达沃市推动对外开放的条件与政策保障

根据达沃市政府的规定，外来投资享有为期3年的商业税减免，以及2年的物业税减免。如果相关投资项目位于该市的优先发展区，如Calinan、Baguio、Marilog、Paquibato等，相关税收减免期可延长至5年。[①] 菲律宾国家层面的税收减免配套政策包括：个人所得税减免，进口部件关税及相关税

---

① Davao City Investment Promotion Center, "IRR Davao City Investment Incentive Code," 2012.

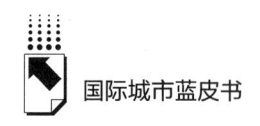

费减免、出口税、关税及港口费用减免、畜牧与基因制品相关税费减免。同时，该市还在医疗健康等重点领域实行非财政类鼓励政策，包括对国外雇佣人员的鼓励、对国外人员的多次往返护照办理、简化进出口流程的菲律宾经济特区（PEZA）电子进口许可系统以及出口申报系统（AEDS）。在商业便利化方面，该市的商业局推出精简企业创办审批流程的"三步骤"流程体系，将文件准备、付款、申报审批"三步骤"流程压缩到48小时以内。

达沃的城市安全环境在菲律宾较为突出。2017年，该市的月均犯罪率为万人4.7件，处于较低水平，2018年进一步降低至万人2.7件，安全环境处于持续向好阶段。该地的商务运营成本较低，最低日工资水平为381~396菲律宾比索。受制于电力与供水等基础设施水平，达沃的平均水费为25.2菲律宾比索，商业电价为每千瓦时8.6菲律宾比索，价格尚可，但供电供水的效率仍有待提高。该市每年院校毕业生为13000人。该市已建构较完善的航空网络，国际方面由新加坡航空、亚洲航空、国泰航空以及厦门航空执飞跨国航线。该市积极与国际国内城市形成伙伴关系，已与8个国外城市及8个国内城市结成姊妹城市。

（三）产业园区与经济特区发展状况

菲律宾在20世纪90年代中期开始发展经济特区，目的是促进投资，包括外商直接投资。过去二十多年，这些经济特区成功吸引了一定的外商直接投资，荷兰、日本、新加坡、美国、韩国都是菲律宾经济特区的主要投资来源国。菲律宾经济区管理局（PEZA）是管理经济特区的政府机关，负责发展、管理及推广经济特区，吸引本地及海外投资。此外，管理局还负责提议用作发展经济特区的合适地点。投资者可以长期（50年）租用经济特区内的土地，并在租约期满后再续约。制造商或私人土地开发商自主寻找开发地点的，必须为这些私人发展地点向PEZA申请资格；其后，取得资格的经济特区企业租户必须向PEZA备案注册，才能享有政策优惠及特别海关资格。截至2017年4月，菲律宾共有366个经济区，其中74个为制造业区。

目前，达沃市在PEZA备案注册的园区有3种类型：1家制造业园区、

11家IT园区、2家农业园区。其中，在Barangay Malagos的农业园区是达沃第一家生态产业园，占地面积为4.5公顷，旨在打造集研发、培训于一体的城市有机示范农业园区，推广环境友好型农业及生态型社区，在区内设立研究所培训工人，使他们的技能能够适应特区内行业的需求。

在政策上，经济特区为企业提供的税收优惠包括：所得税免税期，一般为4~6年，最长为8年；收入总额5%的特别税率；进口设备、备用零件及物资免税，进口用于出口的原材料及物资免税；零增值税；豁免所有地方政府关税、费用、牌照及税项。在经济特区内的开发商和工业投资者将获得相当于总收入5%的税收返还；在经济特区的外资，将被允许拥有企业100%的股权，并可以雇佣5%的海外职员，可以在当地市场销售30%的产品。投资特区的菲律宾投资者，可以在当地市场销售50%的产品。此外，PEZA提供"一站式服务"，满足投资者需求，包括：简化的进出口程序，以及协助为区内工作的外籍非本国居民申请工作签证。

（四）达沃市吸引外部投资的重点领域

1. 农业

2016年，菲律宾达沃地区的新鲜香蕉出口额达8485万美元，占该地区出口总额的12.44%。据统计，2018年，该地区出口商品约60种，其中最受欢迎的是新鲜香蕉；其次是蕉麻纤维，出口额达5237万美元，占该地区出口总额的7.68%；黄金和白银出口额为3380万美元，占4.96%；椰子油出口额为1786万美元，占2.82%；新鲜菠萝出口额为1727万美元，占2.53%。出口的其他商品还包括椰丝椰蓉（出口额为1525万美元）、香蕉泥（出口额为790亿美元）、活性炭（出口额为722万美元）、香蕉片（出口额为399万美元）和橡胶（出口额为306万美元）。达沃市的农业发展机遇包括农业产业化制品以及新技术应用流程改进、有机与环境友好型技术、一体化农场运行体系、节能农场系统、清真屠宰体系、废水与废弃物处理设备。

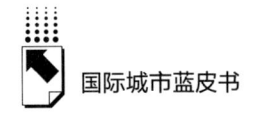

2. 信息与通信技术

信息与通信技术（ICT）及其商务流程外包是达沃市着力推进的开放投资领域。该市成立了达沃 ICT 公司作为促进上述行业贸易的推进机构，目标是该领域增加 7 万个就业岗位。2013～2017 年，该市的 ICT 流程外包行业就业人数从 7700 人增长至 36000 人。其中，2013～2015 年，就业人数增长 161%。该市拥有 94 家服务外包企业及 ICT 相关企业。达沃市的服务外包发展迅速，信息与通信技术及业务流程的外包颇具特色。2005～2015 年，业务流程外包投资额迅速增长。2016 年，达沃市被菲律宾科技部和信息技术与业务流程外包协会评为"卓越中心城市"。2018 年，在服务外包领域的全球城市排名体系"Tholons 全球服务外包目的地"（Tholons Top Global Outsourcing Destinations）中，达沃进入全球前 100 强，列第 75 位，排名较 2017 年上升 10 个位次。

3. 旅游与娱乐业

旅游与娱乐业是达沃市重要的投资领域，也是该市经济的重要组成部分。2013～2017 年，该市年均接待游客 171.3 万人次。2017 年，该市接待游客量达到 201.2 万人次，旅游收入达到 309 亿菲律宾比索。2018 年，该市接待旅游客量达到 230 万人次，2019 年接待游客量达到 300 万人次。该市的旅游资源丰富，风景优美，但区域内的旅游基础设施水平仍不高。因此，达沃着力通过优惠举措促进旅游业的投资。该市对私人企业的新旅游项目投资持积极态度。这些项目包括：旅游运输与娱乐设施、退休度假村、山地主题公园、宾馆、会展—旅游展示中心—博物馆、创意设施、医疗旅游设施、环保与农业旅游公园、自然环境运动、历史文化遗产保护利用项目等。

4. 环保技术与绿色项目

环保领域是达沃市着力推动投资的领域。其中，固体废弃物处理是地方政府重点关注的领域。达沃市大力支持有助于实现绿色城市的新技术。该市鼓励废弃物转化为能源与其他商业的设施方面的投资。主要项目包括：有毒有害废弃物处理设施；河流水源净化系统；清洁发展机制相关项目；收集、隔离、处理、产品化等综合废弃物处理；能源、自然资源与原材料高效使用、温室气体减排类产品制造技术。

5. 新能源

达沃市注重新能源领域的外部投资。该市着力促进生物能源、太阳能、风能以及海洋潮汐能等替代能源的发展。政府关注可再生能源的获取与配置，并鼓励能源企业投资。地热、水力与生物能等潜在可再生能源受到高度关注，以促使经济持续发展。主要关注项目包括可可类生物柴油、太阳能、生物质能、水电、风能等。

三 达沃市产业发展的现状

（一）农业与农产品行业

农业是达沃市政府确定的十大优先支柱产业之一。达沃是菲律宾主要的农产品和原材料产地，被称为菲律宾的"菜篮子"。同时，在过去7年间，该市大力发展农产品出口，主要出口目的地包括日本、中国、韩国、美国、荷兰等。在达沃出口产品结构中，既有香蕉、榴莲、芒果、菠萝、葡萄柚等传统优势农作物，也有可可、椰子、咖啡、橡胶等经济作物。达沃市农业办公室（City Agriculturalist's Office）根据市场需求预测，未来种植面积具有扩张前景的作物包括香蕉（5000公顷）、可可（3000公顷）、咖啡（3000公顷）、榴莲和芒果（3000公顷）。

在食用农产品以外，马尼拉蕉麻（Abaca）是达沃对全球农业经济的一大贡献。蕉麻纤维细长、坚韧、质轻，强度极大、柔软、有浮力和抗海水侵蚀性好，是船用绳缆、钓鱼线、吊车绳索、动力传递缆索和渔网线等的优质材料。达沃是全球第二大蕉麻产地，产量占全国总产量的17.7%。蕉麻产业在国内外都有较大的投资潜力，达沃为蕉麻种植提供了较为充裕的土地供给，达沃副市长Paolo Duterte鼓励当地农户更多地投资蕉麻种植产业，同时呼吁国内外企业在蕉麻的收割、编制等技术领域进行投资。

（二）工业

2018年达沃工业产值占经济总产值的40.1%。其中，制造业（MFG）占该地区工业总产值的57.1%，建筑业（CONS）占36.2%，电力、燃气和供水（EGWS）占4.1%，采矿和采石业（MAQ）占2.6%。从增长率来看，2018年，工业对达沃的经济增长贡献最大，为4.3个百分点，高于服务业的4.0个百分点、农业的0.3个百分点。达沃市工业增长率为10.9%，较2017年（增长19.0%）增速有所减缓。除了电力、燃气和供水部门加速增长外，其他部门均增长放缓。建筑业是工业增长的主要贡献者，增速与2017年的37.9%相比增长了18.1%；采矿和采石业增长了8.3%，低于之前的18.2%；制造业增速从2017年的11.4%降至2018年的6.4%。

2019年达沃市的投资组合创历史新高，比上年增长18%，显示出企业家对当地经济政策、营商环境的信心。新增以及更新注册企业4万多家，注册资本总额高达50亿菲律宾比索，新增投资主要来自日本、中国和马来西亚等国。

（三）旅游业

达沃市被称为菲律宾的"南部王城""棉兰老皇冠上的明珠""生态冒险之都"，旅游业一直是达沃市经济增长的重要驱动力之一。自2013年起，达沃市年均吸引境内外游客170万人次，旅游收入2017年达到309亿菲律宾比索，并且仍在持续增长。2018年达沃游客增长率达到8%，总游客数超过220万人次。近年来旅游业快速发展得益于政府与私人部门之间形成了劳务PPP关系，极大地改善了达沃市的旅游配套设施。达沃市不仅有丰富的动植物生态系统、多样性文化，更是将海岛与山地的风光融为一体。菲律宾鹰隼中心、Apo山、鳄鱼公园、伊甸自然公园、人民公园等都是著名的旅游景点。

从游客结构来看，游客主要来自周边地区，海外游客数量稳定增长，尤其是 8 月本地 Kadayasan 节是国外游客数量的高峰期。海外游客排前 3 位的国家分别是印度、澳大利亚和英国。统计分析表明，游客的停留时长与日均支出成反比，如 2017 年停留时间从 3.5 天增长到 4 天，而日均支出从 4270 菲律宾比索下降到 3964 菲律宾比索。

（四）信息产业

达沃市的信息通信技术/业务流程外包（ICT-BPO）中心是棉兰老岛发展最快的，其就业贡献率自 2013 年起持续增长。全市拥有 94 家 BPO 及 ICT 相关企业，未来 3 年就业总人数预期能达到 7 万人。达沃市建立了较为完善的 ICT 职业技术教育培训体系（TVET），包括 1 家客服呼叫中心培训机构、6 家动画类培训机构、9 家视觉设计培训机构。2002 年，达沃 ICT 理事会在达沃工商联合会的支持下成立，2006 年更名为达沃 ICT 集团，主要负责协调 ICT 与政府间的合作、对话关系，帮助企业获取、解读、遵守政府的法律规章。

2010 年达沃被评选为菲律宾最具潜力的 ICT 城市之一，优势在于：充足的劳动力资源——4 家 IT 教育发展中心，超过 15000 名研究生，全国排名前 5 的优质人力资源；完备的 ICT 基础设施——广泛的宽带网络和光纤覆盖，大量的 IT-BPO 企业。

四 达沃市基础设施状况

长期以来，菲律宾欠发达的基础设施成为其发展中重大的制约因素。据世界经济论坛《2017～2018 年全球竞争力报告》（The Global Competitiveness Report 2017 - 2018），菲律宾竞争力排名第 56 位，基础设施在 137 个国家和地区中排第 97 位。杜特尔特总统执政后大力推进"大建特建"项目（Build Build Build Program），提出了以大规模基础设施建设为核心的经济发展计划，希望通过大力投资基建项目，转变经济增长模式，提高经济竞争力。2017 年菲律宾基础设施投资额占国内生产总值的比重已达 5.3%，菲律宾政

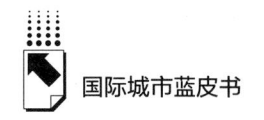

府希望到2022年这一比重提高到7.4%。为此，菲律宾政府计划2017～2022年在基础设施领域投资约8.4万亿菲律宾比索（约为1.13万亿元人民币）。达沃市的基础设施水平在国家政策的支持下得以提升，但仍存在一些短板需要补齐。

（一）空港与海港

在空港方面，达沃有国际机场，国际航线与新加坡、中国晋江等航线相连。达沃机场每日有航班飞往菲律宾各大城市，但航班数量并不多。海港方面，达沃市拥有由多个港口组成的港口群组，在棉兰老岛属于一级物流节点，包括2个政府管控的公有港口、9个私营港口，以及1个出入境客运及符合国内外货物运输标准的渔港综合体。达沃市政府管控的SASA港属于重要的港口，50%的进出口货物途经该港口，港口水深10米。当前，菲律宾针对该港已制订中长期港口能力提升计划。

除此之外，一些国家层面的"硬性"和"软性"制度也不利于达沃的发展。作为一个拥有7000多个岛屿的国家，菲律宾非常依赖于港口等基础设施，但从整体来看，大多数港口需要扩建以容纳大吨位轮船和货物，但因土地私有和永久产权等港口发展受限。除这些"硬性"的宏观层面制度制约外，菲律宾航运业务由少数几家公司垄断，运费较高。同时，基于自外国进口的产品须由本地船公司转运等运输政策，国内两个岛屿之间的运费甚至高于从外国直接进口的费用。具体而言，菲律宾港口之间的平均成本是1.47美元/海里，而印度尼西亚为0.77美元/海里、马来西亚为1.36美元/海里。菲律宾国内航运成本比国际航运更高，例如，马尼拉至达沃航线的航运成本为每海里0.97美元，而马尼拉至曼谷航线的航运成本为每海里0.4美元。这样的"软性"制度成本不容忽视。

"一带一路"倡议提出后，中国与菲律宾的港口建设合作为达沃的基础设施发展带来了新的机遇。2016年，中交疏浚（集团）股份有限公司与菲律宾MegaHarbour港口发展公司就达沃市海港开发项目签署战略合作协议。该海港开发项目计划沿达沃湾约8公里海岸线进行填海造地，填海面积208

公顷，分四个岛进行开发建设，并将用作公办、商业、住宅、港口码头及工业等，填海任务计划于2019年底完成。①

（二）公路与桥梁

达沃市具备一定的道路基础设施支持能力。区域内拥有一级公路（连接10万人以上城镇的公路）453.021公里、二级公路（连接小于10万人城镇的公路）869.556公里和三级公路（其他所有公路）366.114公里。但是，该市道路现状较难支撑城市的快速发展。道路特别是通往港口的道路较为狭窄，交通拥堵问题凸显。因此，达沃市制定了中长期的道路基础设施升级计划，但该计划在实施中面临资金、土地、周边配套等问题。这导致棉兰老岛的4个增长极（达沃、卡加延、桑托斯、三宝颜）并没有很好地联系在一起，没有发挥出区域协同的作用，岛内贸易量甚至不如这些城市与马尼拉和宿务之间的贸易量。

目前中国正在加快推进在达沃市的道路建设项目。规划中由中国修建的达沃高速公路全长23.3公里，总造价约245亿菲律宾比索（约4.8亿美元）。该高速公路项目建成后将缓解达沃市内交通拥堵问题，并提供通向港口和郊区更便捷的通道，缓解交通压力。预计该项目将分三期建成，三期长度分别为8.45公里、8.35公里和6.5公里。桥梁方面也有来自中国投资修建的项目。2018年10月，萨拉市长（Sara Duterte）宣布中国将资助建设达沃市耗资15亿菲律宾比索（约合2亿元人民币）的达沃河Bucana大桥项目。一旦建成将有5座桥梁穿过达沃河。这些公路和桥梁未来将成为达沃高标准公路网的一部分。

（三）通信设施

达沃市通信设施发展势头较好，但由于市场垄断等，通信费用较高，互

---

① 王琳：《中国全面参与菲律宾基建中企将开发杜特尔特老家达沃港》，第一财经网站，https://www.yicai.com/news/5140004.html，2016年10月21日。

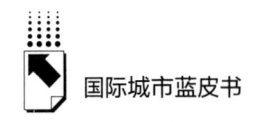

联网的普及率有待提升。菲律宾网上购物等电子商务发展并不顺利，许多围绕电子商务的环节如物流等并不完善。通信设施领域面临的制约因素主要是智能手机的普及度不高，上网费用较高。例如，菲律宾长途电话公司PLDT提供MYDSL宽带，即国内的ADSL，价格为每月1Mkbs999菲律宾比索。安装MYDSL需要先安装PLDT的固定电话，然后申请MYDSL，每月需要支付750菲律宾比索左右的固定电话座机费，总计每月需要支付约1750菲律宾比索（约为235元人民币）的上网费用。上网和通信费用较高导致民众使用智能手机的意愿不高，网上消费、移动支付、智能互联、线下物流等业务的发展处于初级阶段。

（四）电力

菲律宾的电价在亚洲国家居高不下，且仍在上涨。达沃市商业电价为9.03菲律宾比索/千瓦时，约合人民币1.2元/千瓦时。以居民用电为例，一间面积30平方米左右的居室（包括冰箱、空调、电磁炉、电脑等电器）每月的电费超过2000菲律宾比索（约合270元人民币），企业员工生活成本较高。高电价是由电力公司私有化且政府补贴有限，并且严重依赖进口煤炭的发电模式造成的。达沃的煤炭需要主要依靠邻国如印度尼西亚等供应。高电价大幅增加了企业的运营成本，影响了当地的矿业发展。高电价影响了开采后的加工处理环节，不仅矿产资源得不到精加工，而且易造成污染和生态修复成本上升。

除了电价较高外，电力供应不稳定也是一个常见问题。在电力传输中，电线和传输塔的规划很容易受制于社会秩序和土地所有权问题。棉兰老岛的区域安全形势也影响到当地供电安全，电力塔时常遭到破坏。2015年，16个电力塔遭到袭击；仅在2016年1~4月，就有5个电力塔被毁。土地所有者声称政府几十年来没有支付租金，阻止维修工人开展工作，上述受损设施中的一半均无法及时得到维修。这些复杂的形势造成了电力供应不稳定，且损毁后难以快速恢复。同时，尽管达沃地区水资源较为丰富，域内拥有达沃河等地表水源，但水电设施欠缺，可预见的未来，煤炭发电的其他替代选项受到限制，稳定的电力供应仍难以保障。

参考文献

National Economic and Development Authority, "Davao Regional Development Plan, 2017 - 2022," National Economic and Development Authority Regional Office XI, 2017.

Mindanao Development Authority, "Metropolitan Davao Urban Master Plan 2018 - 2040," Palafox Associates, 2018.

Davao City Investment Promotion Center, "IRR Davao City Investment Incentive Code," 2012.

Carillo, C. A., "Davao ICT Group Helps Schools Upgrade Skills," http://www.bworldonline.com/content.php?section=&title=Davao-ICT-group-helps-schools-upgrade-skills&id=7813217, October 2013.

Hinlo, J. and D. Tamayo, "City Level Analysis: Davao City," Background Paper for the Mindanao Jobs Report, 2016.

Abstract

The spreading of Coronavirus has turned a global public health challenge into a series of global economic, social, and political challenges. Involution has become the new policy orient of quiet a few countries, which may lead the temporary meltdown of international flow of people and products into a long-term shrinking of exchange in all the aspects of globalization. As the node and hub of the globalization, world cities must re-evaluate their strategic positions internationally, nationally, and regionally as well as. In this sense, Double Circulation, to seek the balance between globalization and embeddedness, shall not only be the strategic choice of Chinese cities but also the option for the whole city world.

Silk City 2.0 Index. This is the 5th round of such analysis carried out by this Blue Book. Noticing the pandemic situation, a new indicator reflecting the city's public health capabilities is set up during this round of evaluating. Among those 350 sample cities, 30 important node cities have been identified comparing with only 23 important node cities in last round. Singapore, Seoul, and Thailand are the top 3 node cities in channeling OBOR with cities from China.

Urban Innovation. Top 100 global innovation clusters and potential growth centers across Great Britain have been analyzed with suggestions for China city to continuously enhance the science and technology intensity of innovation clusters, This section also introduces London's project as "Europe AI Capital" and Cities inclusive efforts while facing Challenges Arising from Technological Change.

Urban Economy. The section, focusing on post-pandemic recovery, introduce the general strategy for urban economic recovery as well as tactics for investment and employment promotion.

Abstract

Urban Society. This year's cases for urban society section focus on health issue. The concept of Medical Center City has been introduced as a new benchmark for world cities. New York's response to urban population aging has been studied in representing Mega-city's case. Small and Medium-Size Cities' efforts in leveraging the built environment for urban health equity provide another mirror for even more world cities.

Urban Culture. Editors review the policy design and infrastructure development in raising cultural charm of 4 best international metropolis, namely London, New York, Paris and Tokyo. Editors also studied Kuala Lumpur's road map in becoming a City of Culture and Creativity as well as South Perth of Australia its cultural planning. These shall be very enlightening in comparing the cultural development efforts between a developing mega-city and a small community town from developed world.

Urban Ecology. In response to climate change, this section introduces both demand-side solution as consumption intervention promoted by C40 and supply-side solution as building reginal Hydrogen Economy in South Yorkshire.

Urban Governance. For the second year, the analysis of the American mayors'speeches during this year of pandemic has been introduced. This section, using 2 case studies, also discuss how to ensure new technologies not only increase efficiency but also promote fairness in the city life.

Urban Space Development. This section collects three cases of large city, median city, and small city separately to showcase the new wisdom of space development. That are UK's case in awakening large city's sleepy suburb, Medium Cities' guide in Promote fair transportation, and US Best Small Cities' characteristics of winning.

Silk Cities. In global scale, Leading Maritime Capitals of the World have been studied. In regional scale, Arab Cities' state are reported. In city scale, Davao City of Philippine are studied as a case of emerging Silk City.

Contents

Ⅰ General Report

B.1 Double Circulation as an Option for the City World

Su Ning / 001

Abstract: The spreading of Coronavirus has turn a global public health challenge into a series of global economic, social, and political challenges. Involution has become the new policy orient of quiet a few countries, which may lead the temporary meltdown of international flow of people and products into a long-term shrinking of exchange in all the aspects of globalization. As the node and hub of the globalization, world cities must re-evaluate their strategic positions internationally, nationally, and regionally as well as. In this sense, Double Circulation, to seek the balance between globalization and embeddness, shall not only be the strategic choice of Chinese cities but also the option for the whole city world.

Keywords: World City; Globalization; Involution; "Double Circulation"

B.2 Silk Road Node City 2.0 Index (2020 -2021)

Fan Haobing, Jiang Li / 020

Abstract: Based on the research methods of the Silk Road node cities analysis

(2020), this report aims at the prevention and treatment of the COVID – 19. Beneath the policy communication index, a new three-level indicator reflecting the city's public health capabilities is set up to evaluate the node cities emergency response capabilities for abnormal public health events. According to the availability of data, our report contains 138 countries and 350 cities. Through constructing an evaluation index system including partnership, regional influence, growth leadership, and "five links", we have selected 30 important node cities, mainly distributed in Eastern and Western Europe; 18 secondary node cities, mainly distributed in Eastern Europe; 28 general node cities, mainly distributed in Eurasia. These three types of node cities are important carriers for leading the high-quality development of the "Belt and Road" initiative. In addition, the report identified 91 potential node cities mainly in East Asia, Southeast Asia and West Asia. The report summarizes various types of cities that have performed well in the "five links" index to meet different types of investment needs. A comparative analysis with last year shows that there are still obvious differences in the function of the nodes in different regions, but the functional level of the nodes in Southeast Asia, South Africa, Australia and New Zealand has improved significantly. We suggest that in addition to strengthening normalized cooperation with Eastern Europe, Western Europe, and East Asia, the focus should be on building connectivity in Africa, developing financial connectivity in the Americas and Oceania, and paying attention to Southeast Asia's role in the 21st Century Maritime Silk Road, i. e., the construction of economic, financial, trade, shipping and technological innovation centers.

Keywords: "One Belt One Road"; Silk Road City Index; Node City; "Five Links" Cities

Ⅱ　Urban Innovation

B.3　Analysis and Enlightenment of the Top 100 Global Innovation Clusters in 2020　　　　　　　　*Sheng Lei, Zhang Ziyu* / 077

Abstract: The analysis of the top 100 global innovation clusters shows that the global innovation clusters are mainly concentrated in high-income economies and middle-income economies represented by China, and East Asia has gradually become the center of the global innovation clusters. The overall strength of innovation clusters in China has been improved obviously, but there is still a big gap between the innovation intensity of clusters and that of Europe and America. China should continuously enhance the science and technology intensity of innovation clusters, promote the differential development pattern of innovation clusters, and promote the development of innovation cluster cooperation network.

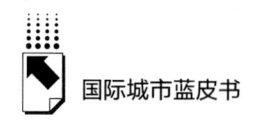

Keywords: Global; Innovation Clusters; Science and Technology Intensity; China

B.4 "Identifying Potential Growth Centres across Great Britain" and its Enlightenments to the Construction of Global Science and Innovation Center Cities in China　　*Ji Weihua* / 092

Abstract: The report, IdentifyingPotential Growth Centres across Great Britain, rated the innovative dynamism of the country's 62 largest cities and towns. Based on the success of the city and the characteristics of the city classification, 6 indexes are concluded and the corresponding data calculation model is established. This paper ranks the city innovation potential through calculation, and obtains the research judgments on the successful allocation of cities, the key factors affecting the potential growth vitality of the region, and the decision criteria of government investment, which will be salutaryreferencesto the construction of the Global Science and Innovation Center city in China.

Keywords: Regional Innovation Dynamics; Index System; Great Britain; Global Science and Innovation Center City

B.5 London's "Europe AI Capital" Project and Its Implications

Chen Chen, Qin Qun / 110

Abstract: In June 2018, The Greater London Government released The Report "London: The AI Growth Capital of Europe", which set out London's vision goals for AI development. Five tasks lay the foundation for future innovation: better digital services, open data, connectivity, digital inclusion, cyber security and innovation. The report also identifies three key factors underpinning the development of AI in London: 1) talent for start-ups, tolerance, diversity and community support; 2) Huge and competitive demand for artificial intelligence; 3) Long-term and leading artificial intelligence research and education. The relevant contents of this report have important reference significance for Some Chinese cities like Shanghai which are committed to building scientific and technological innovation cities with global influence.

Keywords: London; AI; Strategy

B.6 Building More Equitable and Inclusive Cities: Opportunities and Challenges Arising from Technological Change

Sheng Lei, Liu Wenying / 118

Abstract: Rapid technological change can promote urban integration, but technological innovation, as a destructive force, can also exacerbate urban inequality and create many puzzles and challenges for inclusive urban development. City government leaders and service providers need to adhere to some basic principles when promoting scientific and technological innovation and the application of new technologies, this includes combining scientific and technological innovation with structural solutions, Implementing Equity Objectives in project development and implementation, "working with, not on behalf of, traditionally excluded communities," and using technology to track progress, to ensure that scientific and technological progress effectively contributes to more equitable and inclusive cities and communities.

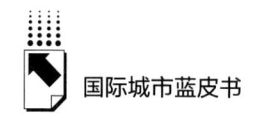

Keywords: Technology Innovation; Equality; Inclusion; City

Ⅲ Urban Economy

B.7 The Strategies for Urban Economic Recovery after
COVID-19　　　　　　　　　　*Su Ning*, *Huang Ximing* / 130

Abstract: This paper, based on the report Ten Ideas for Local Authorities to Help Re-build Economies after COVID-19 which issued by ARUP, tried to provided practical solutions that might be helpful to local government during the post‐COVID-19 phase. The research showed the recovery will followed the four overlapping principles: deliver sustainable economic growth and employment; deliver on other policy aims; harness theopputunitiescoming out of crisis; affordable solutions that can be delivered quickly and existing strategies. Post COVID-19, Authorities play a crucial role in directing national government support, taking the lead on looking after local economies. The cities governments should build immediate response, leading recovery, and longer-term changes and objectives for their strategies to support amore resilient and inclusive economy.

Keywords: Local Government; Urban Economy; Economic Recovery

B.8 Invest Wisely to Promote Economic Recovery
　　　　　　　　　　　　　　　　　　　Yu Quanming / 142

Abstract: Based on the "Emergency Stabilization & Economic Recovery Recommendation" issued by the Smart Growth America in April 2020, this paper discusses some measures to accelerate economic recovery for dealing with emergency in the future. The report points out that emergency has a serious impact on economic development, and measures should be taken to maintain social stability, enhance development activity and maintain economic prosperity. The report puts forward many suggestions from the aspects of infrastructure construction, housing and community development, so as to eliminate the adverse effects of emergencies and promote economic recovery as soon as possible. On the basis of the analysis of the report, some suggestions are put forward for Chinese cities to deal with emergency in the future.

Keywords: Emergency; Economic Recovery; Infrastructure Investments; Housing and Community Development

B.9 The Future is Now: Work Post-Pandemic

Yu Quanming / 151

Abstract: Affected by COVID-19, urban development has experienced such problems as income inequality, unstable employment and economic digitization. For ensuring urban economic recovery and sustainable development and maintain social stability, cities must be able to stabilize employment. Cities can improve post-epidemic employment by reshaping markets, making public services more resilient, and reforming employment insurance and skills retraining programs. Through the above measures, cities will, on the one hand, increase employment opportunities for the labor force, reshape the labor market and promote sustained and sound economic development. On the other hand, cities will safeguard the rights and interests of the labor force, increase the disposable income of the labor force and ensure social stability. This paper discusses some measures for employment in the post-epidemic era and puts forward suggestions for employment in Chinese cities in the post-epidemic era.

Keywords: Employment; Labor Market; City

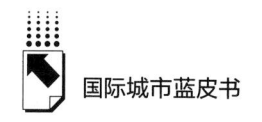

Ⅳ Urban Society

B.10 Medical Center City: A New Benchmark
　　　　for International Cities　　　　　　　　*Hu Suyun* / 160

Abstract: 2019 Hospital City Ranking by Medbelle focuses on the overall hospital ecosystem of the city. The evaluation indicators are mainly divided into three categories, infrastructure, quality of care and access. The ranking shows that international metropolises are often hospital center cities. East Asian countries perform well. Tokyo, Seoul, and Singapore all rank in the top 10, and Beijing in China ranks 83. The indicators for nurses per capita and mental health professionals per capita are low. China big cities needs to improve the per capita and quality indicators of the medical center city, develop international medical services and insurance, strengthen public health advantages, and focus on medical management and health promotion. International communication, public health and safety services should correspond to the actual management and service population, and build a global medical center city with transparent information and safe service.

Keywords: Medical Center City; International Metropolises; Public Health

B.11 Strategic Thinking and Enlightenment of New York's
　　　　Response to Aging　　　　　　　　　*Yu Quanming* / 170

Abstract: Based on the Age of Opportunity: Policy Recommen-dations, this report is released by the center for an urban future in January 2020, the paper discusses the future urban response to aging measures. The report provides a systematic analysis of New York's strategy for dealing with an aging population in the future. The report points out that the elderly should be provided with friendly environment and considerate services in terms of urban facilities, urban services.

The report points out what governments, businesses, families and the elderly themselves should pay attention to and take measures to improve the quality of life of the elderly and ensure the integrity of the service ecosystem for the elderly. Based on the analysis of the report, some suggestions for the future aging of Chinese cities are put forward.

Keywords: New York; Aging; Healthy Lifestyle

B.12 Leveraging the Built Environment for Health Equity: Promising Interventions for Small and Medium-Size Cities

Cheng Peng, Shang Mengmeng / 178

Abstract: The research report "Leveraging the Built Environment for Health Equity" seeks to identify changes to the built environment that small and medium-size cities can make to promote health and health equity. Based on this report, this article introduces six built environment domains, 10 interventions based on three main criteria, and 13 promising practices for small and medium-size cities in the United States. Then puts forward 4 suggestions for the development of healthy city in China: implement the concept of healthy city development, strengthen the health impact assessment of urban planning, construction and management, create a health-oriented urban built environment, pay attention to the health equity of vulnerable groups.

Keywords: Built Environment; Health Equity Interventions; Small and Medium-Size Cities

B.13 Cooperation in Regional Education: The Experience in Ward 8 of the District of Columbia

Tao Xidong, Yu Qimin / 189

Abstract: The Town Hall Education Arts Recreation Campus (THEARC)

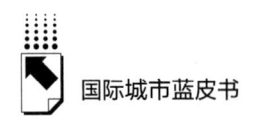

located in Ward 8 of the District of Columbia offers high quality and rich education services to the surrounding communities. As a hinge, the non-profit organization "Building Bridges Across the River" coordinates and promotes effectively inter-organizational cooperation among different educational institutions. These two mechanisms, parent action and organizational agreements, have made great progress in five domains. This paper, based on the report a Preliminary Study of Service Use across Colocated Providers, which issued by the Urban Institute in October 2020, tried to analyze the experience of America and put forward relevant suggestions for China based on the analysis of the actual situation.

Keywords: Regional Education; Inter-organization Cooperation; Town Hall Education Arts Recreation Campus; "Building Bridges Across the River" Organization

V　Urban Culture

B.14 The Cultural Charm of the Best International Metropolis: Policy Design and Infrastructure Development

Hu Suyun, Zhan Chunlin / 198

Abstract: The soft power of urban culture is an important part of the city's influence and competitiveness. Urban culture contains powerful forces that promote the overall economic vitality of the city, improve the quality of the urban living environment, and improve the level of sustainable development of the city. In the annual "World's Best CITIES 2020" released by the Resonance Consultancy, London, New York, Paris and Tokyo ranked in the top Four. Cultural indicators are one of the main contents in the report evaluation system. This article combs the cultural development status of these four global cities. And analyzes the experience of cultural construction and development from the two dimensions of cultural policy support and cultural infrastructure.

Keywords: Global City; Urban Culture; Cultural Construction

Contents

B.15 Kuala Lumpur Aims to Become a "City of Culture and Creativity" *Chen Chen, Qin Qun / 212*

Abstract: Kuala Lumpur as a Cultural & Creative City, a report released by Malaysia's Cultural Economy Development Agency (CENDANA) in 2018 sets out Kuala Lumpur's vision of becoming one of the top 10 internationally recognized Cultural and Creative cities by 2022. The report begins with a description and overview of the dynamics of Kuala Lumpur's cultural and creative economy. Furthermore, the report analyzes the opportunities and key challenges for Kuala Lumpur to become an internationally recognized city of cultural creativity. Finally, the report proposes a major action plan to make Kuala Lumpur an internationally recognized cultural and creative city by 2022. The plan has rich contents, detailed data, clear logic and significant goals, which is of great reference significance for the development strategy of cultural and creative industry in China's megacities.

Keywords: Kuala Lumpur; Culture; Creative; Strategy

B.16 Cultural Planning for South Perth, Australia and its Implications to Chinese Cities *Chen Chen, Qin Qun / 220*

Abstract: In December 2018, the local government of South Perth, Australia, adopted a Cultural Plan with the theme of "Discover, Create and Engage". The plan focuses on the allocation of cultural resources for the community. The strategy extends the connotation and definition of culture, believing that culture is the way residents live, work and play. The plan attaches importance to the sorting out of the current basic situation and data, and provides opportunities for public participation. On this basis, the plan proposes ten implementation-oriented strategies, each with specific objectives, action plans, timetables, and roles for the government. The plan has distinct characteristics, and its planning concept, formulation process and implementation strategy have important reference significance for the implementation of the cultural development strategy of Chinese cities.

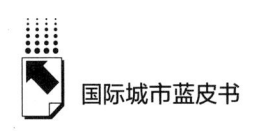

Keywords: City of South Perth; Culture; Community; Strategy

Ⅵ Urban Ecology

B.17 The Future of Urban Consumption in a 1.5℃ World

Yu Quanming / 229

Abstract: This paper, based on The Future of Urban Consumption in a 1.5℃ World in 2019, which explores the impact of urban consumption interventions on climate and consumption interventions that can be taken to reduce greenhouse gas emissions. The report notes that consumer interventions on food, buildings and infrastructure, private transportation, aviation, clothing and textiles, electronics and home appliances will significantly affect climate change and the targets of these measures in reducing emissions. The report also analyses the effects of consumer interventions in the scenario of progressive target and ambitious target. Based on the analysis of the report, suggestions for the future consumption reduction of Chinese cities are put forward.

Keywords: Climate Change; Greenhouse Gas; Consumption Intervention

B.18 Establishing a Reginal Hydrogen Economy in South Yorkshire and Its Enlightenment to the Yangtze River Delta

Fan Haobin / 238

Abstract: The UK has legislated to achieve zero carbon emissions by 2050, leading a modern industrial innovation for clean development mechanism. This report defines the idea of a "Hydrogen Economy" in South Yorkshire and analyses the visions and opportunities for the development in hydrogen energy production, storage and conversion. Also, this reports highlights the opportunities for "Hydrogen Economy" in industrial, heat supply and technological innovation fields in South Yorkshire. Moreover, we give enlightenments and suggestions for establishing the Hydrogen Economy in Yangtze river delta in China.

Keywords: Low Carbon; Hydrogen Economy; The UK

B.19 Conception of "Green New Deal" in American Urban Transportation　　　　　　　　　　*Sheng Lei, Liu Wenying* / 248

Abstract: The United States has a highly prosperous city, but its urban transportation faces many problems that need to be solved, including aging facilities, lagging public transportation, increasing emissions, frequent accidents, and lack of fairness. The green new deal for urban transportation in the United States aims to provide solutions to these problems through policy reforms to make American cities and suburbs greener, safer, healthier, just and prosperous. The new policy of urban transportation in the United States can provide policy enlightenment for the development of urban transportation in China.

Keywords: United States; Transportation; "Green New Deal"

Ⅶ Urban Governance

B.20 Analysis of the American Mayors' Speeches: The Focuses and Difficulties of Urban Governance under the Pandemic
　　　　　　　　　　　　　　　　　Fan Haobin, Jiang Li / 258

Abstract: The Covid-19 bring sunprecedented challenges to the economic development, the public health system, and the ethnicity equality in the United States. The National League of Cities has been tracking changes in urban governance policies of the American cities since March. Through an analysis of the public speeches given by the American mayors from January to April, this report points out the urban vision and mission, the urban economic status, the problems in the public health system, and the social issues that need to be improved. Moreover, this paper highlights the policy tendency of the American cities to deal with the dual crises of the health and economy and demonstrates the focuses and difficulties of urban governance under the pandemic.

Keywords: Urban Governance; Economy Recovery; Public Service

B.21 New Technologies Promote Fairness in Transportation in the USA

Tao Xidong, Yu Qimin / 278

Abstract: During the historical development, the transportation system in the United States lacked sufficient public transportation, which was unfavorable for the poor and people of color to travel. So the US government takes advantage of the convenience brought by new travel technology to supple public transportation with online ride-hailing and micro-transportation. New travel technologies can reduce transport inequality. However if there is no proper guidance, existing inequality will be increased. It is necessary to solve the obstacles in the process of development and promote the fairness of traffic. This paper, based on the report New Mobility and Equity: Insights for Medium-Size Cities, which issued by the The Urban Institute in June 2020, tried to analyze the experience of America and put forward relevant suggestions for China based on the analysis of the actual situation.

Keywords: Technology; Transportation; Fairness

B.22 Blockchain Smart City: An Analyze of Dubai Blockchain Strategy 2020 Achievement Report

Su Ning, Shao Menghao / 287

Abstract: The paper base on the analyze of Dubai Blockchain Strategy 2020. It shows, after applying the Blockchain Strategy and digital technology reform, Dubai will be the first city in the world to conduct applicable government transactions via blockchain by 2020. Dubai government leading innovation and building an ecosystem that will enable Blockchain technology to thrive in both the public and private sectors. The Blockchain strategy is based on three pillars include government efficiency, industry creation and local and international thought leadership. The adoption of Blockchain technology perfectly aligns with the vision of embracing technology innovation citywide, which will enable Dubai to offer the most efficient, seamless, safe, and impactful experiences for its residents and visitors.

Keywords: Dubai; Blockchain Strategy; Smart City

Ⅷ Urban Space Development

B.23 How Flexible Zoning will End the Housing Crisis: The Planning in United Kingdom *Liu Yubo / 299*

Abstract: In recent decades, there has been housing crisis in the UK, especially in large cities with higher housing prices and higher consumption levels. The housing crisis has become more serious. The British Center for Cites Research Institute released a research report in June 2020, which analyzed the causes of the housing shortage in the UK, and believed that the core problem causing the housing shortage in the UK lies in the housing planning system. This kind of highly planned housing system will lead to problems such as a slowdown in housing construction, poor quality of new building houses, regional inequality, and distortion of housing demand. The report pointed out that the establishment of a "flexible zoning system" can improve the housing crisis. According to their suggestion, land use efficiency should be paid more attention to, and government should establish flexible land use system, as well as implement a unified land development tax rate, which is worthy of reference for China.

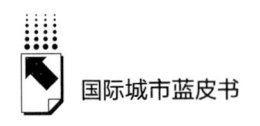

Keywords: Housing Crisis; Zoning System; Land Use Efficiency; Housing Planning

B.24 Activating Sleepy Suburbs to Solve Urban Housing Crisis

Sheng Lei, Liu Wenying / 309

Abstract: The housing problem is one of the Metropolitan Diseases. New housing supply and intensive construction have come to a standstill after the development of many suburban areas around the city. The new housing supply mainly comes from the high-density areas in the city center and the low-density areas in the suburbs, the existing built-up suburbs are sleepy. This paper analyzes several housing supply models in the UK's sleepy suburbs, and puts forward policy suggestions to activate and encourage the intensive development of the sleepy suburbs.

Keywords: "Sleepy Suburb"; Housing Supply; Urban

B.25 Planning Strategies for Medium-sized Cities to Guide New Mobility and Promote Fair Transportation *Yu Quanming / 322*

Abstract: Based on the "Fair transportation in medium-sized Cities" released by the Urban Institute in July 2020, this paper discusses the ways to realize fair transportation in medium-sized cities by new transportation modes. The advantage of medium-sized cities, the report argues, is that they can learn from big cities' strategies for coping with new travel patterns. And medium-sized cities can proactively and efficiently build regulatory frameworks, develop partnerships and achieve transport equity. The report says medium-sized cities need to do more to integrate new forms of travel into fair transport planning. The report also analyzes the key elements of fair transportation planning in medium-sized cities. Based on the analysis of the report, the paper puts forward some Suggestions for future urban transportation planning in China.

Keywords: Medium-sized City; New Mobility; Equitable Mobility

B.26 Analysis and Interpretation ofthe Best Small Cities in
United States *Chen Chen, Qin Qun* / 330

Abstract: Resonance Consultancy launched "The 2020 America's Best Small Cities Report" in 2020. The research object of this report is small cities in the United States. Based on the six core areas of place, product, people, prosperity, programming, promotion, an evaluation index system is established, and the best small cities are ranked based on the comprehensive use of statistical data and qualitative evaluation data. The analysis and interpretation of the ranking results show that: The geographical location layout of the best small cities in the United States has the characteristics of local concentration but overall balance; There is a positive correlation between the population size of a city and its ranking order, that is, the larger the rank is, the higher the rank is; Among the highlights of cities on the list, educational attainment, connectivity, nightlife, household income, parks & outdoors and other important aspects reflect the attractiveness and charm of cities. The characteristics of the best small cities in the United States can be used for reference for the high-quality development of small and medium-sized cities in China.

Keywords: United States; Small City; High-quality Development

IX B&R Cities

B.27 Evaluation System and Ranking of the Leading
Maritime Capitals of the World *Li Na, Xia Wen / 338*

Abstract: The ranking of the leading maritime capitals of the world is another authoritative index in the world following the Baltic index. Based on the research report of the leading maritime capitals of the world 2019, this paper systematically introduces the objective evaluation system of the Leading Maritime Capitals of the World, which includes 25 indicators in five pillars: Shipping Centers, Maritime Finance and Law, Maritime Technology, Ports and Logistics, Attractiveness and Competitiveness. The subjective evaluation is mainly based on the questionnaire survey of more than 200 industry experts in the world. The combination of subjective and objective evaluation is used for evaluating and ranking 50 famous maritime cities. The result indicates that Singapore, Hamburg, Rotterdam, Hong Kong, London and other cities are in the forefront. This report also analyzes the advantages and disadvantages of indicators in the five pillars and provides us with construction of the leading maritime capital of the world.

Keywords: The Leading Maritime Capitals of the World; Evaluation System; Ranking

B.28 The State and the Development Trends of Arab Cities
Su Ning, Zhang Zifan / 353

Abstract: This paper, based on the report The State of Arab Cities2020: Financing Sustainable Urbanization in the Arab Region, issued by United Nations Development Programme, tried to mapped the broad facts and trends of urbanization and infrastructure development in the Arab region. It illustrated main infrastructure role on answering immediate and long-term needs in Arab city. The smart reordering of decentralised municipal finances to build, maintain, and retrofit infrastructure is one of the most narrowly pragmatic and achievable interventions possible for governments and municipalities, with some highly effective small and large-scale examples from across the spectrum of the Arab region. The paper shows, in a region of 22 countries often beset by social tension, exclusion, poverty, and conflict, the planning and implementation of infrastructure augments peace-buildingstabilization, and legitimacy and inclusion, as citizens participate in shaping the environment of their cities. Infrastructure can either be a vehicle for political and social exclusion that cements narrow conceptions of the city, or the engine for political and social inclusivity so vital for the region's women and young people, as well as groups like persons with disabilities, migrant workers, and minority religious and ethnic groups whose human capital and contribution are often wasted through marginalization.

Keywords: Arab City; Urbanization; Infrastructure; Sustainable Development

B.29 The Economic Development Trends of Davao City

Su Ning, Zhang Xiaodi, Wu Zhenru / 364

Abstract: This paper focus on the development trends of Davao City. The analysis showed that Davao City's economic growth has been consistent over the years. As 2019 begins, the city continues to soar with its constant urban development projects, security programs, and favorable business climate. The further development potential of Davao shows the investment opportunities to be given prominence on the areas of trade, tourism, and Information and Communications Technology (ICT).

Keywords: Davao City; Urban Economy; Infrastructure; International Economy Cooperation

社会科学文献出版社

皮 书

智库报告的主要形式
同一主题智库报告的聚合

❖ 皮书定义 ❖

皮书是对中国与世界发展状况和热点问题进行年度监测,以专业的角度、专家的视野和实证研究方法,针对某一领域或区域现状与发展态势展开分析和预测,具备前沿性、原创性、实证性、连续性、时效性等特点的公开出版物,由一系列权威研究报告组成。

❖ 皮书作者 ❖

皮书系列报告作者以国内外一流研究机构、知名高校等重点智库的研究人员为主,多为相关领域一流专家学者,他们的观点代表了当下学界对中国与世界的现实和未来最高水平的解读与分析。截至2020年,皮书研创机构有近千家,报告作者累计超过7万人。

❖ 皮书荣誉 ❖

皮书系列已成为社会科学文献出版社的著名图书品牌和中国社会科学院的知名学术品牌。2016年皮书系列正式列入"十三五"国家重点出版规划项目;2013~2020年,重点皮书列入中国社会科学院承担的国家哲学社会科学创新工程项目。

中国皮书网

（网址：www.pishu.cn）

发布皮书研创资讯，传播皮书精彩内容
引领皮书出版潮流，打造皮书服务平台

栏目设置

◆ 关于皮书

何谓皮书、皮书分类、皮书大事记、
皮书荣誉、皮书出版第一人、皮书编辑部

◆ 最新资讯

通知公告、新闻动态、媒体聚焦、
网站专题、视频直播、下载专区

◆ 皮书研创

皮书规范、皮书选题、皮书出版、
皮书研究、研创团队

◆ 皮书评奖评价

指标体系、皮书评价、皮书评奖

◆ 互动专区

皮书说、社科数托邦、皮书微博、留言板

所获荣誉

◆ 2008年、2011年、2014年，中国皮书网均在全国新闻出版业网站荣誉评选中获得"最具商业价值网站"称号；

◆ 2012年，获得"出版业网站百强"称号。

网库合一

2014年，中国皮书网与皮书数据库端口合一，实现资源共享。

权威报告·一手数据·特色资源

皮书数据库
ANNUAL REPORT(YEARBOOK) DATABASE

分析解读当下中国发展变迁的高端智库平台

所获荣誉

- 2019年，入围国家新闻出版署数字出版精品遴选推荐计划项目
- 2016年，入选"'十三五'国家重点电子出版物出版规划骨干工程"
- 2015年，荣获"搜索中国正能量 点赞2015""创新中国科技创新奖"
- 2013年，荣获"中国出版政府奖·网络出版物奖"提名奖
- 连续多年荣获中国数字出版博览会"数字出版·优秀品牌"奖

成为会员

通过网址www.pishu.com.cn访问皮书数据库网站或下载皮书数据库APP，进行手机号码验证或邮箱验证即可成为皮书数据库会员。

会员福利

- 已注册用户购书后可免费获赠100元皮书数据库充值卡。刮开充值卡涂层获取充值密码，登录并进入"会员中心"—"在线充值"—"充值卡充值"，充值成功即可购买和查看数据库内容。
- 会员福利最终解释权归社会科学文献出版社所有。

卡号：135685974117
密码：

数据库服务热线：400-008-6695
数据库服务QQ：2475522410
数据库服务邮箱：database@ssap.cn
图书销售热线：010-59367070/7028
图书服务QQ：1265056568
图书服务邮箱：duzhe@ssap.cn

S 基本子库
SUB DATABASE

中国社会发展数据库（下设 12 个子库）

整合国内外中国社会发展研究成果，汇聚独家统计数据、深度分析报告，涉及社会、人口、政治、教育、法律等 12 个领域，为了解中国社会发展动态、跟踪社会核心热点、分析社会发展趋势提供一站式资源搜索和数据服务。

中国经济发展数据库（下设 12 个子库）

围绕国内外中国经济发展主题研究报告、学术资讯、基础数据等资料构建，内容涵盖宏观经济、农业经济、工业经济、产业经济等 12 个重点经济领域，为实时掌控经济运行态势、把握经济发展规律、洞察经济形势、进行经济决策提供参考和依据。

中国行业发展数据库（下设 17 个子库）

以中国国民经济行业分类为依据，覆盖金融业、旅游、医疗卫生、交通运输、能源矿产等 100 多个行业，跟踪分析国民经济相关行业市场运行状况和政策导向，汇集行业发展前沿资讯，为投资、从业及各种经济决策提供理论基础和实践指导。

中国区域发展数据库（下设 6 个子库）

对中国特定区域内的经济、社会、文化等领域现状与发展情况进行深度分析和预测，研究层级至县及县以下行政区，涉及地区、区域经济体、城市、农村等不同维度，为地方经济社会宏观态势研究、发展经验研究、案例分析提供数据服务。

中国文化传媒数据库（下设 18 个子库）

汇聚文化传媒领域专家观点、热点资讯，梳理国内外中国文化发展相关学术研究成果、一手统计数据，涵盖文化产业、新闻传播、电影娱乐、文学艺术、群众文化等 18 个重点研究领域。为文化传媒研究提供相关数据、研究报告和综合分析服务。

世界经济与国际关系数据库（下设 6 个子库）

立足"皮书系列"世界经济、国际关系相关学术资源，整合世界经济、国际政治、世界文化与科技、全球性问题、国际组织与国际法、区域研究 6 大领域研究成果，为世界经济与国际关系研究提供全方位数据分析，为决策和形势研判提供参考。

法律声明

"皮书系列"(含蓝皮书、绿皮书、黄皮书)之品牌由社会科学文献出版社最早使用并持续至今,现已被中国图书市场所熟知。"皮书系列"的相关商标已在中华人民共和国国家工商行政管理总局商标局注册,如LOGO( )、皮书、Pishu、经济蓝皮书、社会蓝皮书等。"皮书系列"图书的注册商标专用权及封面设计、版式设计的著作权均为社会科学文献出版社所有。未经社会科学文献出版社书面授权许可,任何使用与"皮书系列"图书注册商标、封面设计、版式设计相同或者近似的文字、图形或其组合的行为均系侵权行为。

经作者授权,本书的专有出版权及信息网络传播权等为社会科学文献出版社享有。未经社会科学文献出版社书面授权许可,任何就本书内容的复制、发行或以数字形式进行网络传播的行为均系侵权行为。

社会科学文献出版社将通过法律途径追究上述侵权行为的法律责任,维护自身合法权益。

欢迎社会各界人士对侵犯社会科学文献出版社上述权利的侵权行为进行举报。电话:010-59367121,电子邮箱:fawubu@ssap.cn。

社会科学文献出版社